一本书读懂中国史

一本书读懂中国史

宛华 主编

中国华侨出版社

北京

图书在版编目（CIP）数据

一本书读懂中国史／宛华主编.—北京：中国华侨出版社，2011.6（2021.5重印）

ISBN 978-7-5113-1447-5

I.①一… Ⅱ.①宛… Ⅲ.①中国历史—通俗读物 Ⅳ.①K209

中国版本图书馆CIP数据核字（2011）第093912号

一本书读懂中国史

主　　编：宛　华

责任编辑：姜　婷

封面设计：阳春白雪

文字编辑：杨　君

美术编辑：宇　枫

经　　销：新华书店

开　　本：720mm×1020mm　　1/16开　　印张：24　　字数：325千字

印　　刷：北京德富泰印务有限公司

版　　次：2011年8月第1版

印　　次：2023年4月第7次印刷

书　　号：ISBN 978-7-5113-1447-5

定　　价：68.00元

中国华侨出版社　　北京市朝阳区西坝河东里77号楼底商5号　　邮编：100028

发行部：（010）88866779　　　　　　　传　真：（010）88877396

如果发现印装质量问题，影响阅读，请与印刷厂联系调换。

前言
Preface

法国历史学家马克·布洛赫曾说："历史以人类的活动为特定的对象，它思接万载，视通万里，千姿百态，令人销魂，因此它比其他学科更能激发人们的想象力。"又如英国著名历史学家汤因比所说："一个人如果能身处在历史感悟之中，他就一定是获得真知的人，因为历史的经验是最为丰富的一座智慧之库。"历史蕴含着经验与真知，它记录了人类社会的成功与失败、兴盛与衰退、辉煌与悲怆、交替与更新，也预示着人类的未来。

面对风云变幻、迅速发展的当今世界，只有了解历史，才能更好地把握现在，创造未来；只有借鉴历史，才能更好地完善自己，充实人生；只有学会反思历史，才能更好地认清未来。

中国是一个拥有五千年灿烂文明史，充满生机与活力的泱泱大国。中华文明源远流长，历史曲折而厚重，其间发生的历史事件、出现的历史人物错综复杂、头绪繁多，要从总体上把握中国历史的发展进程并不是一件容易的事情。相应的，研究者们出版了各种典籍，有的写专门化、不同主题的历史，有的写不同朝代的历史，出现了当代历史研究中的细化和碎片化现象，加上很多历史类图书，动辄数本乃至数十本，阅读起来费时费力，使得普通读者望而生畏，很难找到入门之捷径，对中国历史的面貌缺乏清晰的认识。而让读者在短时间内清晰地了解历史，感悟历史，正是编写本书的初衷。

为了帮助读者迅速掌握中国历史，在本书中，我们按照一定的历史分期，以时间为序，系统介绍中国历史上的重大事件、风云人物、辉煌成就、灿烂文化等，全面反映从传说时代到清朝灭亡的历史全景。本书将中国历史进程划分为华夏源头、中原争霸、九州一统、离析与交融、乾坤变幻、王朝更迭六大篇章，勾勒出中国历史演进的基本脉络，使读者一目了然，便于比较、记忆。

同时，书中还设置了大事记知识板块。"大事记"以编年形式介绍中国历史大事，便于读者系统掌握分散的历史信息，获得知识的补充，从而增加关于中国历史的知识储备。

本书所选取的人物和事件，在保证史料可靠的基础上，力求做到通俗易懂、生动活泼，通过浅显易懂的文字还原历史真相，不戏说、不恶搞，适于想要快速了解祖国历史的一般读者阅读。

在这里，我们用一本小书来解读中国历史，将鲜活的历史人物、丰富的多元文化呈现于读者面前。阅读本书，读者可以在轻松愉悦中了解中国历史发展进程，增长知识和胆略，提高历史修养，进而用开阔胸怀和历史眼光更好地把握现在，展望未来。

目 录
Contents

华夏源头

中华文明源远流长，早在百万年前，就有早期人类生活在这片土地上，可以说，中国是人类起源的中心之一。在经历了传说中的三皇五帝之后，中华大地上产生了国家，进入了新的社会阶段。夏、商、周三代交替，逐步完善了官制，农业、手工业有所发展，其中，青铜器的铸造更达到了较高的水平。

远古文明

远古人类

人类历史究竟应该从哪儿说起呢？在科学比较发达的今天，我们已经知道，人类最早的祖先是一种从古猿转变而来的猿人，这种认识可以从地下发掘出来的化石得到证明。

从我国科学工作者在祖国各地先后发掘出的猿人遗骨和遗物的化石中可以看出：我国境内最早的原始人，是距今有170万年的云南元谋人。另外，还有80万年前的陕西蓝田人、四五十万年前的北京人。

约170万年前，云南元谋地带是一片宽广的亚热带草原和森林。先有枝角鹿、爪蹄兽等第三纪残存的动物在这里生存繁衍。再往后推移一段时间，则是桑氏鬣狗、云南马等早更新世的动物出现在这片草原和森林。它们大多数都是食草类野兽。为了生活下去，元谋人便使用粗陋的石器捕猎它们。在元谋上那蚌村附近的早更新世地层中，元谋盆地内暴露的695米厚、共4段28层的河湖沉积而形成的地层里，发现了两枚上内侧门齿化石。经过考古学家们检测，这两枚牙齿属于170万年前的一个原始人，男性，大约30岁。它确证了中国人的历史起源和存在。在发现这两枚牙齿化石的同时，从褐色黏土层中出土的还有7件元谋人制造和使用的刮削器与脉石英石核。从这一古迹遗址中，我们看到了中华文明的萌芽。

又过了几十万年，也就是80万年至75万年前，在今陕西省蓝田县公王岭地带，生活着一些原始人类。他们低平的前额上，明显地隆起粗壮的眉脊骨。他们打制的石器比较简单，又粗又大，但仔细一看，却发现已经有不同类型石器分工的迹象。这就是著名的蓝田人。他们的化石于1963～1965年在陕西省蓝田县公王岭更新世早期地层中被发现。考古学家研究表明，蓝田人比后来的北京人大脑容量要小一些，大约有778毫升。但是有一点却引起了人们的关注，那就是他们已经能完全直立行走，而且这是已发现的亚洲北部最早的直立人。这个发现的意义十分重大，因为直立起来，是成为人的重要标志。

后来出现的北京人，他们的体质结构已经构成了人的基本特征，但仍然残存着某些猿类的性质。他们的身材矮小，男性平均身高只1.558米左右，女性平均身高约1.435米。他们和现代人相比较，面部稍短而嘴巴特别前伸，看不见下颌，前额比现代人低平，有点向后倾斜。他们的脑壳比现代人厚，大约是现代人的一倍。头盖靠下部膨大，上部收缩。平均脑容量是1075毫升，仅仅是现代人平均脑容量的75%，但是，他们比现代类人猿的平均脑容量大一倍以上，类人猿的脑容量只有415毫升。

北京猿人已经能够制造和使用工具，他们使用的工具有骨器、木器，更多的还是石器。考古学家们以北京猿人制造和使用的工具为依据，证明他们跟动物有了本质上的区别，已经具备了人类的某些特征。

北京猿人还有一个更为进步的举措是已经会人工取火，这是一个确凿无疑的事实。在北京人居住过的洞穴中发现了厚达数米的灰烬层，说明篝火在这里连续燃烧的时间很久，也说明北京人已经懂得保存火种，不需要火时用灰土盖上，使火阴燃，到下次要用火时，扒开灰土，添上草木，经风一吹便能引燃。灰烬中被火烧过的石块、兽骨和朴树籽，则证明北京人已经能使用火烧熟食物。

几十万年过去了，猿人在同大自然的斗争中进化了。我们从遗迹中发现，在北京周口店龙骨山的山顶洞穴里活动的原始人，已经和现代人没有区别。我们把他们称为"山顶洞人"。

山顶洞人的劳动工具同以前使用的工具相比，在质量上有很大提高。他们不但能够把石头打制成石斧、石锤，而且还把野兽的骨头磨制成骨针。

山顶洞人过着群居生活，但他们的群居生活已经按照血统关系固定下来，彼此之间都有血缘关系。每个成员都是共同祖先生下来的，于是产生了原始人群。后来，又逐渐演变为氏族公社。

⊙大事记

约1400万～700万年前，腊玛古猿生活在今南非肯尼亚特南堡、南亚西瓦立克山地、中国开远和禄丰以及土耳其、匈牙利等地，为迄今所知最早的正在形成中的人。

原始文明

母系氏族公社是中国历史进程中比较重要的一个阶段，而仰韶文化遗址是清晰地反映母系氏族公社面貌的一片遗址。仰韶文化的主要区域在河南省西部、陕西省中部和山西省南部一带。它的分布非常广阔，南达汉水中上游，北至河套地区，西及甘肃境内的渭河上游，东到山东省。这些地方分散着母系氏族时的很多村落遗址，而且在某些地区，村落分布十分密集。

妇女在氏族中的地位非常高。有一些地方，发现了以女性为主要地位的埋葬习俗。在陕西省华县元君庙和华阴县横阵村，发现了很多母系氏族的迁移合葬墓。这一发现更进一步证明了当时妇女的重要地位。人死后，大概是先把尸体进行临时处理，遇到氏族中某个地位较高的妇女死亡后，就先直接把她的尸体仰卧埋在葬坑主要位置上，同时将和她同氏族的早死者的尸骨迁移过来，排在一起，同墓合葬。这种以妇女为中心的葬俗，表明女性在氏族中占有重要地位。还有，从半坡遗址和陕西省临潼县姜寨遗址墓葬的随葬品推测，女性一般比男性多。这种现象也说明了当时妇女社会地位很高。

河姆渡文化是中国长江流域下游地区古老而多姿的新石器文化，第一次发现于浙江余姚河姆渡，因而命名。它主要分布在杭州湾南岸的宁绍平原及舟山岛。经科学的方法进行测定，它的年代为公元前5000年至公元前3300年。

河姆渡文化的骨器制作比较进步，有耜、鱼镖、镞、哨、匕、锥、锯形器等器物，都经精心磨制而成，一些有柄骨匕、骨笄上雕刻花纹或双头连体鸟纹图案，就像是精美的实用工艺品。河姆渡文化在农业上以种植水稻为主。在其遗址第4层较大范围内，普遍发现稻谷遗存，这对于研究中国水稻栽培的起源及其在世界稻作农业史上的地位，具有重大意义。

河姆渡文化的农具，最具有代表性的是大量使用骨耜。河姆渡文化的建筑形式主要是栽桩架板高于地面的干栏式建筑。干栏式建筑是中国长江以南新石器时代以来的重要建筑形式之一，目前河姆渡发现为最早。它与北方地区同时期的半地穴式房屋有着明显差别，成为当时最具代表性的特征。因此，长江下游地区的新石器文化同样是中华文明的重要渊薮。它是代表中国古代文明发展趋势的另一条主线，与中原地区的仰韶文化并不相同。

大汶口文化年代约为公元前4300年至公元前2500年，是中国新石器时代晚期的文化典型，其文化遗址最早发现于山东泰安市大汶口村。

大汶口文化的遗存十分丰富。经考古发现有墓葬、房址、窖坑等，墓葬以仰卧伸直葬为主，有普遍随葬獐牙的风俗，有的还随葬猪头、猪骨以象征财富。出土生活用具主要有鼎、豆、壶、罐、钵、盘、杯等器皿，分为彩陶、红陶、白陶、灰陶、黑陶几种，特别是彩陶器皿，花纹精细匀称，几何形图案规整。生产工具有磨制精致的石斧、石锛、石凿和磨制骨器，骨针磨制得十分精细，体现了极高的制作技术。

大汶口文化的发现为山东地区的龙山文化找到了渊源，也是研究父系氏族时期社会状况的重要文化遗存。

⊙**大事记**

约200万~1万年前，人类旧石器时代。打制石器流行，已使用火，晚期大量使用骨、角器。狩猎和采集业发展，血缘家族及母系氏族公社产生。

黄帝战蚩尤

大约在5000年以前，在我国黄河、长江流域一带生活着许多部落。传说以黄帝为首领的部落，最早住在今陕西北部的姬水附近，后来沿着洛水南下，东渡黄河，在河北涿鹿附近定居下来，开始发展畜牧业和农业。

与黄帝同期的另一个部落首领叫作炎帝，当他带领部落向东发展的时候，碰到一个极其凶恶的九黎族的首领蚩尤。传说蚩尤有81个兄弟，全是猛兽的身体，铜头铁额，凶猛无比。他会铸刀造戟，还经常带着他的部落，到处侵扰，闹得周围部落不得安宁。炎帝部落定居山东后，经常受到蚩尤的侵扰，炎帝几次起兵抵抗，但不是蚩尤的对手，被打得一败涂地。

炎帝战败后，带领他的部落逃到涿鹿，请求黄帝帮助复仇。黄帝早就想除掉蚩尤这个祸害，就与炎帝联合在一起，并联络其他一些部落，招集人马，在涿鹿郊外与蚩尤展开了一场殊死决战。

蚩尤也称得上一代枭雄，自不甘示弱。他集结所属81个支族，又联合巨人夸父部族和三苗一部，在兵数上已占据优势，又挟战胜炎帝之余威，并依仗精良的武器装备，气势汹汹地向黄帝扑来。黄帝临危不乱，率领以熊、狼、豹、雕、龙、鸮等为图腾的氏族部众迎击蚩尤。黄帝还利用位居河上游的条件，令大将应龙"高水"，在河上筑土坝蓄水，以抵御蚩尤的攻势。

当时正值浓雾弥漫，大雨倾盆，这很适合来自东方多雨环境的蚩尤族开展军事行动。蚩尤适时利用天气变化不断偷袭黄帝军得手，于是得意忘形，趾高气扬，认为不多时黄帝就不得不束手就擒了。

黄帝毕竟不是等闲之辈，他知道恶劣气候不是己方进攻时机，就主动避敌锋芒，井然有序地组织后撤，因而保存了实力。不多久，风云突变，雨过天晴，黄炎联军反败为胜的契机来了。黄帝当机立断，一声令下，大将常先、大鸿从正面开始了反攻。

黄帝又利用狂风大作、飞沙走石的天时，命风后、王亥把经过训练的300匹火畜组成一支"骑兵"，朝蚩尤军心脏地带长驱直入。黄帝还准备了80面夔牛大鼓，趁风沙弥漫之时擂鼓吹号以震慑敌人。

突如其来的反攻让蚩尤猝不及防，其军队开始自相践踏、慌不择路，终于陷入崩溃，节节败退。蚩尤无心恋战，向南逃跑；而粗犷骄横的夸父不承认失败，率本部奔大鸿军杀来。忽然一阵狂风，夸父眼着沙子，大鸿自不肯放过制敌机会，拦腰砍伤夸父，夸父军四散奔逃。

黄帝身边众多谋臣一再进言不可放走蚩尤，黄帝采纳群臣意见，联合炎帝族和玄女族紧追蚩尤，在冀州之野将之包围。黄帝命令擂鼓击钟，蚩尤军被钟鼓声震得耳聋眼花、溃不成军。

蚩尤落荒南逃，被黄帝擒获并杀于野外。刑天及蚩尤的部下把蚩尤的尸体偷运到河南濮阳西水坡秘密下葬，下葬的日期——正月初八被定为苗家的国难日。不久刑天与黄帝大战，因寡不敌众被黄帝斩首，但刑天的尸身不倒，他的两乳变成双目，肚脐变成了嘴巴，继续舞动兵器战斗。夸父则在潼关被应龙万箭齐发射死，鲜血染红了潼关。黄帝取得了对九黎族的决定性胜利，九黎族这一支力量融入到炎黄族中。

黄帝、炎帝打败蚩尤后，同盟关系破裂，两个部落战于阪泉，即阪泉大战。经过三次艰苦卓绝的战争，黄帝战胜炎帝。炎帝部落的共工与黄帝战争失败，一怒之下用头碰撞不周山，从此天地西北高、东南低。这次战争后，黄帝向南发展，经过52次战争后天下归附，黄帝由此成为黄河中下游部落联盟的大盟主。

传说中，黄帝还是一个大发明家，他不仅发明了在地面上建房屋，还发明了车、船和制作衣裳，等等。这当然不会是他一个人发明的，黄帝只不过是个带头人罢了。传说他的妻子嫘祖亲自参加劳动，也有一些发明，养蚕缫丝就是她的功劳。最初人们不知道蚕的作用，那时候只有野生的蚕，嫘祖就教妇女养蚕、缫丝、织帛。打那以后就有了丝和帛。

黄帝为创造远古时代的文明，立下了汗马功劳，在后代人的心目中占有极其重要的地位，所以人们都尊黄帝为中华民族的始祖，自己是黄帝的子孙。因为炎帝族和黄帝族原来是近亲，后来融合在一起，所以我们常常把自己称为炎黄子孙。

⊙**大事记**

约5000年前，黄帝部落与炎帝部落进行阪泉大战，炎帝部落失败，之后两大部落联盟逐渐融合，成为中华民族的先祖。

尧舜禅让

传说在黄帝之后，出了三个很出名的部落联盟首领，名叫尧、舜和禹。他们原来都是一个部落的，先后被推选为该部落联盟的首领。

尧是我国古代传说中一位著名的贤君。据说他当上部落首领后，处处想着人民，对荣华富贵十分淡薄，住的是简陋的茅屋，过着粗茶淡饭、勤俭朴素的生活。尧为了人民尽心尽责，但他的儿子丹朱却是个不肖之子。尧不愿意传位给儿子，就时常留心天下贤人，准备将帝位禅让给他。有一次，他召集四方部落首领来商议，到会的人一致推荐舜。

尧听说舜这个人很好，便让大家详细说说舜的事迹。大家便把了解到的情况说给尧听：舜有个糊涂透顶的父亲，人们叫他瞽叟（就是瞎老头儿的意思）。舜的生母死得早，后母心肠很坏。后母生的弟弟名叫象，极其傲慢，而瞽叟却很宠他。生活在这样一个家庭里的舜，待他的父母、弟弟都很好。因此，大家认为舜是个德行好的人。

尧听了挺高兴，便把自己两个女儿娥皇、女英嫁给舜。为了考察舜，又替舜筑了粮仓，分给他很多牛羊。舜的后母和弟弟见了，非常妒忌，便和瞽叟一起用计想暗害舜。

有一次，瞽叟叫舜修补粮仓的仓顶。当舜沿梯子爬上仓顶时，瞽叟就在下面放了一把火，想把舜烧死。舜在仓顶上一见起火，想找梯子下来，却发现梯子已经被人拿走了。幸好舜随身带着两顶遮太阳用的笠帽。他双手拿着笠帽，像鸟一样张开翅膀跳下来。笠帽随风飘荡，舜安然无恙地落在地上。

瞽叟和象不甘心失败，他们又叫舜去淘井。舜跳下井去后，瞽叟和象就在上面向井里扔石头，想把舜埋在井里面。但是舜下井后，在井边挖出一个通道，从通道中钻了出来，又安全地回家了。

从此以后，瞽叟和象不敢再暗害舜了。舜还是像过去一样和和气气对待他的父母和弟弟。

尧听了大家的介绍后，又对舜进行了一番考察，认为舜确是个众望所归的人，就把首领的位子让给了舜。这种让位方式，历史上称为"禅让"。

舜担任首领后，又俭朴，又勤劳，跟老百姓一起参加劳动，大家都信任他。过了几年，尧死了，舜想把部落联盟首领的位子让给尧的儿子丹朱来担任，但是遭到众人的一致反对。舜才正式成为了部落联盟的首领。

大禹治水

在尧担任首领期间，黄河流域经常发生水灾，良田沃土，房屋牲畜，都被淹没。这时居住在崇地的一个名叫鲧的部落首领，奉了尧的命令去治理洪水。鲧用了将近9年的时间治理洪水，不仅没有制伏洪水，反而使洪水闹得更大、更凶了。鲧只知道筑造堤坝挡住洪水，却不知道疏通河道，后来，堤坝被洪水冲垮了，灾情便越来越严重。

舜接替尧担任部落联盟首领后，发现鲧的工作失职，便杀了鲧，并让鲧的儿子禹去治理洪水。

禹吸取了父亲治水失败的教训，把以堵为主改为以疏为主。他偕同益、稷二人带领工人四处考察，立了许多标记，最终得出治水方案。他认为黄河水患最严重，其次是济水、淮水和长江。于是，他从壶口起把龙门山开了一条大路，又把砥柱山挖出一条深坑，从孟津往北连开9条大河，使黄河水患平了下去。然后又疏通济水的源头，使济水一面通黄河，一面通山东的汶水，治平了济水之患。他又从河南桐柏山起，把淮水分为两路，一路通山东泗水，一路通山东沂水，把淮河水患平下去了。疏导长江的工程则从四川的岷山做起，也以疏浚河道、加速行洪为主，把长江水引到东海去了。

传说在禹治水的13年当中，他曾经有3次路过自己的家门而不入。他一直想着老百姓仍在遭受洪水的祸害，庄稼被淹，房子被毁，于是，3次经过家门都顾不上进去探望家人。经过多年的努力，禹终于治理好了水患，把洪水引到大海里去，对社会的安定、繁荣、发展起到了积极的推动作用。

人们为了表达对禹的感激之情，尊称他为"大禹"，即伟大的禹。

大禹虽然只是一个封国国君，却很受舜的宠信，每有要事都要请他去商量。每逢舜当众表扬他的功绩，他总说是舜领导得好，指挥得好，运筹得好，是舜的德行、仁政、风范感动了民众，民众拥戴舜的结果。或者说舜慧眼识人，善于用人，把功劳都记在其他几位大臣的账上。舜于是越发觉得大禹仁厚可靠。后来，干脆让大禹直接代替自己摄政，把国家大事全都托付给大禹，让大禹替自己管理了16年国家政事。

通过了16年的观察，舜觉得大禹可以当自己的接班人，就当着众位大臣说要把帝王之位禅让给大禹。大禹多次推辞，并竭力推举舜的儿子商均嗣位。不久，舜突然病逝。大禹为了避免与商均发生冲突，就躲避到夏地的一个小邑阳城去，一躲就是3年。3年中，天下诸侯不去朝见商均，却来朝见大禹。大禹看到了自己的威望和实力，于是在舜死后的第三年，返回故都，南面天下，登天子之位。在他的治理下，部落和平，九州安定。后来，大禹命人铸造了象征九州和平的九鼎。这时，随着生产力的发展，社会产品出现了剩余。那些氏族、部落的首领们利用自己的权力，将剩余产品据为己有，以公有制形式存在的氏族公社开始瓦解。

大禹死后，被大禹选定的继承人东夷首领伯益拒不接受。后来大禹所在的夏部落的贵族便拥戴大禹的儿子启为部落联盟首领。启建立了中国历史上第一个奴隶制国家——夏朝，从此开创了子继父位的世袭制度。

夏"家天下"

天下为家

公天下制度被大禹的儿子夏启破坏后，自然遭到一些人的反对。夏启很有心计，没有急于镇压那些反对他的人，他认为当前最需要做的是收买人心，让民众心服口服地拥护自己。于是夏启在迁都到山西安邑后，严格要求自己，以博得人们对他的信任。他的每顿饭只吃一份普通的蔬菜；睡觉只铺一床粗糙的旧褥子；除了祭神和祭祖以外，他不许演奏音乐来娱乐；他尊敬老人，爱护小孩；谁有本领，他就亲自请来加以重用；谁懂得武艺，他就让谁带兵打仗。

夏启这样收买人心，才过了一年，他的声誉就大大提高了。大家一致认为夏启理所当然地是大禹的继承人了，对于父死子继的家天下制度，人们觉得并没有什么不合理。但后来夏启还是过上了荒淫的生活，喜欢饮酒、打猎、歌舞。他的儿子们也开始了权力之争，他的小儿子武观因此被放逐到黄河西岸，并试图反叛自己的父亲。

夏启死后，他的儿子太康做了君主。太康是个不管政事，昏庸无能的人。他只有一个爱好，那就是打猎。有一次，太康带着随从到洛水南岸去打猎。他越打越起劲，一去竟然100天没回家。

这时，在黄河下游有个夷族，部落首领名叫后羿，后羿的射箭技能非常出众，他射出的箭百发百中。有一个关于后羿的神话，说古时候天空中原有10个太阳，把地面烤得像焦炭似的，致使庄稼颗粒无收。大家请后羿想法子，后羿搭弓射箭，"嗖嗖"几下，将天空中的9个太阳射了下来，只留下一个太阳。从此，地面上气候适宜，不再闹干旱了。后羿看到太康出去打猎，觉得这是个夺取夏王权力的机会，就亲自带兵把守住洛水北岸。等到太康带着一大批猎得的野兽，兴高采烈地归来时，发现洛水北岸排满后羿的军队，拦住他的归路。无奈之下，太康只好流亡在洛水南面。当时后羿还不敢自立为王，另立太康的兄弟仲康当夏王，而他自己却操纵了国家的权力。

仲康死后，后羿赶走了仲康的儿子相，夺了夏朝的王位。他仗着射箭的本领，也作威作福起来。后羿和太康一样，整天打猎，把国家政事交给他的亲信寒浞处理。寒浞瞒着后羿，笼络人心。有一天，后羿打猎回来，寒浞暗地里派人把他杀死。

后羿一死，寒浞便夺了王位，他担心夏族再跟他争夺王位，便杀死了被后羿赶走的相。那时候，相的妻子已经怀了孕，为了保住自己和胎儿的命，相的妻子迫不得已，从墙洞里爬了出去，逃到娘家有仍氏部落，后来生下了儿子少康。

少康从小就十分聪明，有心计。后缗觉得这个孩子很有希望恢复夏王朝，在他刚刚懂事的时候，便把先辈创建夏王朝的故事讲给他听，叮嘱他长大以后一定要报仇雪恨。

少康从小受到这种报仇雪恨的教育，果然发愤图强，为夏朝复兴做准备，先在外祖父有仍氏的部落担任管理畜牧的官。浇（寒浞长子）知道少康长大后，便又派人来杀害他。少康逃到虞舜的后代有虞氏那里。有虞氏的首领虞思觉得少康很有出息，就任命他为部落里管理膳食的官，学习管理财物的本领。后来，虞思又把自己的女儿嫁给少康，把一块叫纶的地方交给他管理。纶这个地方有5平方千米大小，有很好的田地，并有500名士兵。这样，少康就建立起恢复夏朝的根据地和武装。

少康宣扬他的祖先夏禹的丰功伟绩，以此来号召人们支持他复兴故国。少康把那些被后羿和寒浞搞得妻离子散、家破人亡、流浪在外的夏朝旧官吏召集到纶地，叫他们跟着自己重建夏朝。他先派一个名叫艾的大将去刺探浇的实力，又派自己的儿子予攻打浇的儿子戈豷的领地，削弱浇的力量。艾和予都出色地完成了任务。少康对于浇的情况已经了如指掌，趁势消灭了浇的儿子戈豷，这样一来使得浇处于孤立无援的地步。

一切都准备就绪后，少康便从纶地起兵，向夏朝的旧都城安邑杀去。这时候寒浞已经死去，浇虽然想抵抗，怎奈力量过于弱小，最终被少康消灭，天下又回到了夏禹子孙的手里。

夏朝从太康到少康，中间大约有一百年的时间，在这段时间里，国家一直处于混战状态。长期的战乱使生产荒废，民不聊生。少康执政以后，首先要做的就是发展农业。少康深知要想得到人民的拥护，就要关心人民的生产和生活。所以，少康即位后，恢复了夏王朝稷官管理农业生产的制度。同时，他又恢复了水正的官职，重新整治黄河、管理水利工程。

除此之外，少康还分封他的小儿子去越国世代祭祀祖先大禹的陵墓。还有一件事常常使少康感到心中不安，那就是夷族和夏朝之间的斗争仍在继续。为了杜绝这种祸患再次发生，少康决定征战夷族，以显示夏王朝的实力和威风。但可惜的是，少康很早就过世了，征服东夷成了他的未竟之业。后来，少康的儿子予即位。他继承了少康的遗志，积极地准备征服东夷。传说为了战争的需要，予制造了许多进攻武器，还发明了一种可以避箭的护身衣，叫作"甲"。

予终于战胜了夷族，夏的势力范围又扩大了。

⊙**大事记**

约公元前2070~前1600年，夏朝是中国历史上第一个奴隶制王朝，国家机器已经建立，历法，农业、手工业有较大的发展。

殷商盛象

伊尹辅政

夏朝最后一个君主叫桀，是个暴君。约公元前1600年，汤的军队占领了夏朝的首都斟鄩（今洛阳地区），夏王朝灭亡，汤建立了商王朝。汤，又叫成汤或成唐，有时候，后人也叫他商汤。甲骨文记载他名叫大乙，就是这个人把夏桀消灭掉的。

灭夏的战斗胜利后，商汤在3000诸侯的拥立下称王，宣告商王朝的建立。商汤从残暴的夏桀身上吸取了教训，总结出夏桀是因为老百姓的反对才灭亡的。于是，他便以身作则，为老百姓做好事，整饬朝纲，将阿谀奉承的奸臣赶走，重用忠心为国的大臣。商汤这一系列的举动深受各地诸侯的欢迎。商朝的建立和兴旺，有力地促进了生产力的发展，使古代文明的进步获得转机，使中国成为伟大的文明古国之一。

伊尹，出生于伊水流域（今河南洛阳附近），在他年龄很小的时候，就被卖到了有莘国（今开封陈留一带）做奴隶。

有一回，商汤的左相仲虺去给夏桀送贡品，途中在有莘国停留了几天。无意中，他发现送饭菜的奴隶伊尹才智出众，交谈之下，发现伊尹果然是个贤人。

回国后，仲虺就向商汤举荐了伊尹。求贤若渴的商汤，立即派了一名使臣带着聘礼，到有莘国去请伊尹。使臣到了有莘国后，明察暗访，费了很大劲儿，才在野外的一间小茅草屋里找到了伊尹。使臣上下打量了一番这个又黑又矮、蓬头垢面的伊尹，实在看不出这个人有什么出众之处，不由得显出一副傲慢无礼的神情来，他对伊尹说道："你就是伊尹吧，你的运气来了，我们商王想见你，赶快收拾东西跟我走吧！"伊尹被使臣傲慢无礼的言行激怒了，立即以一种凛然不可侵犯的态度，从容地回答说："我伊尹虽然贫寒，但我有田种，有饭吃，过得像尧舜一样痛快，为什么要去见你们商王呢？"商国的使臣讨了个没趣儿，只好垂头丧气地回商国了。

有莘国的国君听说商汤派使臣来请伊尹，他怕伊尹被商国请回去对自己不利，就找了个借口把伊尹抓了起来。后来仲虺亲自来请时，伊尹已失去了人身自由。

仲虺回商国后，把伊尹面临的处境向商汤汇报了一遍，商汤十分失望。后来，仲虺想出了一个主意，便对商汤建议向有莘国君求婚，让伊尹作为陪嫁奴隶，和有莘国君的女儿一起到商国来。这样，不仅可以请来伊尹，而且可以使有莘国免除疑虑。商汤表示赞同，马上派人到有莘国去求婚。使臣到了有莘国，向有莘国求婚，有莘国的国君答应了商汤的要求，于是伊尹作为陪嫁奴隶来到了商国。

伊尹来到了商国后，经过交谈，商汤感到伊尹果然是个了不起的人才，于是就任命伊尹为商国右相，和仲虺共同策划处理各种国事。就这样，伊尹由一个奴隶一跃成为商国的宰相。在伊尹的辅助下，商国的势力更加强大，最后终于灭掉了摇摇欲坠的夏王朝，建立了商朝。

商汤死后，伊尹成为商朝的重要辅臣。商汤原来有三个儿子，大儿子太丁死得早，于是汤死后，伊尹扶持商汤二儿子外丙继位做了商王。但是外丙不久也死了，于是伊尹又立他的弟弟中壬为王。过了不久，中壬又死了，伊尹只好立商汤的长孙太甲为王。

太甲从小生长在帝王之家，过着无忧无虑的生活，因此他即位后，政务民事从不过问，整天只知寻欢作乐。

对于太甲能否做好国王，伊尹很是担心，因此他辅太甲，用力最勤。太甲刚一即位，伊尹就在祭祀先王的典礼上作了长篇训话（后题为《伊训》），教导太甲要继承先王遗志，勤于政事，努力修身治德，以使商朝的江山能够永不消逝。还作了《肆命》，陈述天命之无常，劝诫太甲。不久后，再作《徂后》，以远古君主兴亡之事劝谏太甲以史为鉴，避免亡国厄运……

伊尹一再教导太甲要勤政爱民，不能耽于游乐，但太甲根本听不进去。伊尹看到太甲执迷不悟，心想：太甲这样放纵下去说不定将来会成为夏桀一样的人。由于劝诫毫无结果，伊尹在和其他大臣商议后，把太甲软禁在汤墓附近的桐宫（今河南偃师县西南），让他静心思过。

三年的时间过去了，看到太甲稚气脱尽，生活简朴，与三年前相比判若两人，伊尹非常高兴，便亲自携带商王的冠冕衣服到桐宫，迎接太甲返回亳都再登王位，把国政交还太甲。桐宫三年，太甲好像变了个人。他早起晚睡，关心百姓疾苦。诸侯见太甲宽厚仁德，待人诚恳，因而都来归附；百姓见君王和蔼可亲，关心人民，因而都同心爱戴……

太甲复位后，实行了一系列好的政策，诸侯归顺，百姓安居乐业，商朝仿佛又回到了商汤当政的时候。传说太甲死后，伊尹作《太甲训》3篇，称颂太甲，并尊他为太宗。太甲死后，沃丁即位，伊尹自觉年老，不再参与朝政。伊尹于沃丁八年病死，相传他活了一百多岁。沃丁以天子之礼隆重地安葬伊尹，用牛羊豕三牲祭祀，并亲自为伊尹戴孝三年，报答他对商王朝的贡献。伊尹的名字见于甲骨文，记载他历享后代商王的隆重祭祀。伊尹树立了中国历史上第一位名臣形象，在商王朝的建立和巩固中起了不可估量的作用，特别是他的政治主张对整个商代都起到了关键性的作用。

"实维阿衡，实左右商王！"这是一首颂扬商朝开国历史的乐歌中的歌词，是歌颂伊尹担任"阿衡"官职辅佐商王的功绩的。伊尹辅佐了汤、太甲、沃丁等五位商王，是名副其实的五朝元老。像伊尹这样的辅佐大臣，在商朝还有很多，他们在维护商朝的长治久安中起到了非常重要的作用，伊尹是其中最杰出的一位。

⊙**大事记**

公元前16世纪，商朝国君太甲继承王位后施政无道，伊尹将其放逐桐宫三年，待太甲修德后，复回朝执政。

盘庚迁都

商汤建立商朝时，将国都定在亳（今河南商丘）。后来300年当中，前后5次搬迁都城。其原因是多方面的，有王族内部经常争夺王位，发生内乱的缘故；还有黄河下游常常闹水灾的缘故。有一次洪水泛滥，把都城全淹了，商朝就不得不迁都。

从商汤到盘庚，商王朝经历了18个国王。前九王统治时期，基本上能继承商汤开创的事业，统治也比较稳定，因此都城一直在亳。可是从中丁到阳甲，商统治集团开始腐朽起来。在王室贵族当中，争夺王位的斗争愈演愈烈，兄弟之间、叔侄之间，甚至父子之间，展开你死我活的斗争。动乱的结果，致使王位更替频繁，这就是所谓的"九世之乱"，商朝王权的势力逐渐削弱。

在这种情况下，奴隶主加紧了对平民和奴隶的剥削，阶级矛盾也尖锐起来，再加上水涝、干旱等自然灾害，使商朝很快地衰落下去。原来臣服于商朝的一些少数民族和诸侯国也都纷纷反叛。为了摆脱这种困难的局面，商王曾采取了迁都的办法，但都没有从根本上解决问题。盘庚就是在这种情况下，在他的哥哥阳甲死后做了商王。

盘庚在诸商王中，是一个很有作为的国王。他既通晓自己国家和民族的历史，又有一套现实的统治办法；他能很好地笼络、使用商朝功勋旧臣，又能不被这些人左右、利用。因此，在盘庚继承王位的时候，尽管他还很年轻，却能率领商朝的臣民摆脱困境。为了改变当时社会不安定的局面，他决心再一次迁都。

可是，迁都的想法遭到大多数贵族的反对，他们贪图安逸，都不愿意搬迁。还有一些有势力的贵族煽动平民起来反对，一时间闹得满城风雨。

在强大的反对势力面前，盘庚丝毫没有动摇迁都的决心。他把反对迁都的贵族找来，耐心地劝说他们："迁都是为了我们国家的安定。你们要理解我的苦心，不要产生无谓的惊慌。我的主意已定，不容更改。"

迁都于殷，盘庚是经过了周密考虑的。新都殷地处黄河以北，不仅有着优厚的地理条件，还有着可控四方的战略优势，可以有效防御北方、西北地区各方少数民族的侵扰。另外，殷还是商的先祖起源活动的地方，盘庚以恢复"成汤之政"为目标，有利于号召人民。从政治上来说，迁殷之后远离了旧都奄（今山东曲阜），可以摆脱王族在旧都发展起来的各种势力，避开其锋芒，摆脱其牵制影响，巩固自己的政权。从经济上看，避开因年久失修而水涝不止的泗水流域，迁到一片肥沃的土地上，更有利于农业生产的发展。

盘庚坚持迁都的主张终于挫败了反对势力，他带着平民和奴隶，渡过黄河，搬迁到殷（今河南安阳小屯村）。仅仅迁都，并不能彻底改变朝政混乱的局面。盘庚立即实行了一系列有效的措施。他一扫昔日王族奢侈淫逸的风习，一切从简，使人们的思想行为安于质朴。紧张的营建开垦、艰苦奋斗的建设改变了商人的精神面貌，昔日贪污腐化、争权夺利的内耗得到抑制。盘庚选贤任能，惩恶扬善，论功行赏，重新以法度正天下，整顿朝政。此外，他也十分注意团结民心，减轻剥削，得到了人民的支持；同时打击了侵扰边境的少数民族游牧部落，安定了边疆。这样，商的势力又渐渐强盛起来，王权得到巩固。以后200多年，一直没有迁都。所以商朝又称作殷商。

盘庚迁都是商朝历史的转折点，对商朝的巩固和发展起到了相当重要的作用。历史证明盘庚是位富有远见卓识、具有非凡魄力的君王，他顶住了来自各方面的压力，迁都成功，去奢就俭，根治腐败，盘庚也因此被称为中兴贤王。

从那以后，又经过3000多年的漫长岁月，商朝的国都已变为废墟。到了近代，人们在殷地旧址上已发掘五六十座宏大宫殿宗庙基址，发现大中型夯土基址和小型房子百余座，发掘铸铜作坊等手工作坊10多处，还有上千座的祭祀坑、殉葬坑、车马坑。因为那里曾经是商朝国都殷的遗址，就把那里命名为"殷墟"。殷墟遗址面积约30余平方千米，中心区域是宫殿区和王陵区，其外为居民区和手工业作坊区，再外则是墓葬区。宫殿区和王陵区均处在洹河南北两块高地上。王室作坊分布于宗庙区周围，呈卫星状分布着家族墓地以及其他邑落。整个国都布局合理，沿洹河而建。在宫殿区的西、南边都发现了相当宽阔的壕沟，均是人工挖掘，起着城墙护卫的作用。

从殷墟出土的文物中，有龟甲（就是龟壳）和兽骨10多万片，上面都刻着很难辨认的文字。经过考古学家的研究，才把这些文字弄明白。当时，商朝的统治阶级很迷信鬼神。他们在祭祀、打猎、出征时，都要用龟甲和兽骨来占卜吉凶。占卜之后，就把当时发生的情况和占卜的结果用文字刻在龟甲、兽骨上。现在，我们把这种刻在龟甲、兽骨上的文字叫作"甲骨文"。我们今天使用的汉字就是从甲骨文演变过来的。

在殷墟上出土的文物中，还发现了大量的种类繁多的青铜器皿、兵器，工艺制作都很精巧。有一个叫作"后母戊"的大方鼎，重量为875千克，高130多厘米，上面还刻着富丽堂皇的花纹。从这件青铜器上可以看出，在殷商时期，冶铜的技术和艺术水平都是很高超的。

⊙**大事记**

约公元前1300年，商王盘庚将都城迁到殷，在殷墟出土的甲骨文是我国最早的文字体系。

姜太公钓鱼

盘庚死后，又传了11个王，最后王位传给了纣。

纣本来是帝乙少子，而此时以嫡庶为中心的宗法制度已初步形成，即立嫡不立长，纣是帝乙正妻所生，得立为太子。纣天资聪敏，身体魁伟，勇力超人，能赤手与猛兽搏斗，能说会道，恃才傲物。帝乙死后，纣即位为商王。

纣王喜淫乐，好酒色，修建了许多苑囿台榭。纣王宠爱美女妲己，妲己让他干什么他就干什么；高筑"鹿台"，命乐师师涓作"兆里之舞""靡靡之乐"等淫声怪舞；又"以酒为池，悬肉为林"，不分昼夜地饮酒作乐，不理朝政，不祭鬼神，成为一个罕见的无道昏君。

纣王荒淫无道，引起百姓怨恨、诸侯离异。为重振自己天子威风，纣王作"炮烙之法"：用青铜制成空心铜柱，中间燃烧木炭，将铜柱烧红，但凡有人敢于议论他的是非的，全部绑在铜柱上，活活烙死。

纣的凶残暴虐，加速了商朝的灭亡。这时候，在西部的周部落正在一天天兴盛起来。

周本是一个古老的部落。夏朝末年，这个部落活动在陕西、甘肃一带。后来，为了躲避戎、狄等游牧部落的侵扰，周部落的首领古公亶父率领周人迁移到岐山（今陕西岐山县东北）下的平原，并在那里定居下来。

周部落首领传至古公亶父的孙子姬昌（后来称为周文王）的时候，部落已经很强大了，这对商朝构成了很大的威胁。于是，纣王派人把周文王拿住，关在叫羑里（在今河南汤阴县一带）的地方。周部落的贵族把许多美女、骏马和珍宝，献给纣王，又给纣王的亲信大臣送了许多礼物，才把周文王赎了回来。

周文王见纣王昏庸残暴，民心失尽，就决定讨伐商朝。但是，他身边缺少一个有军事才能的人来帮助他带兵打仗。他便开始留心物色这样的人才。

有一天，周文王带着他的儿子和兵士到渭水北岸去打猎。在渭水边，一个老头儿在河岸上坐着钓鱼。大队人马过去，那个老头儿丝毫不为所动，还是安安静静钓他的鱼。文王看了很惊奇，就下了车，走到老头身边，跟他交谈起来。

经过一番谈话，知道他叫姜尚（又叫吕尚，"吕"是他祖先的封地），是一个精通兵法布阵的高人，于是，周文王恳请姜尚同他一起回宫。

因为文王的祖父曾经盼望得到一位帮助周族兴盛起来的人，而姜尚正是这样的人，所以后来人们叫他太公望；在民间传说中，又称他为姜太公。

太公望做了周文王的助手后，一面发展生产，一面训练兵马。周族的势力越来越大。没过几年，周族逐渐占领了商朝统治下的大部分地区，归附文王的部落也越来越多了。但是，正当周文王打算征伐纣王的时候，却害了一场病死去了。

牧野之战

周文王死后，他儿子姬发继承了王位，就是周武王。周武王拜太公望为师，让他的兄弟周公旦、召公奭做太公望的助手，继续整顿内政，训练兵士，准备讨伐商纣王。

这时，商纣王的暴政已经达到了极点。商朝的贵族王子比干和箕子、微子十分担忧，苦苦地劝说他改邪归正。商纣王不但不听，反而将比干杀了，还残忍地叫人剖开比干的胸膛，挖出他的心，说要看看比干的心长什么样子。迫于无奈，箕子装疯卖傻总算免了一死，被罚做奴隶，囚禁起来。微子看见商朝已经没有希望，便离开了国都朝歌。

在公元前11世纪，周武王得知商纣王已经到了众叛亲离的地步，认为时机已经成熟，于是便遍告诸侯：殷有重罪，不可不征伐！武王请精通兵法的太公望做元帅，领5万精兵，渡过黄河东进。800诸侯在孟津会师。周武王在孟津举行誓师大会，历数了纣王昏庸无道、残害人民的罪状，鼓励大家同心讨伐纣王。

公元前1046年一月，周武王统率兵车300乘、虎贲3000人及甲士4.5万人，声势浩大地东进伐纣。

一天，在周武王进军时，有两个老人挡住了军队的去路，要见武王。原来，这两人是孤竹国（在今河北卢龙）国王的儿子，哥哥叫伯夷，弟弟叫叔齐。孤竹国王钟爱叔齐，想把王位传给他。伯夷得知父王的心意后，便主动离开了孤竹国，叔齐也不愿接受王位，也躲了起来。他们两人在周文王在世的时候，一起投奔周国，并定居下来。他俩听到武王要去讨伐纣王，就赶来阻止，并说这是大逆不道的行为。

太公望知道这两人是一对书呆子，吩咐左右将士不要为难他们，把他们拉走就是了。后来这两个人拒食周粟，躲到首阳山（在今山西永济西南）上绝食自杀了。

一月下旬，周军抵孟津关隘，会合了庸、卢、彭、濮、羌、蜀、髳、微等反商各国。短暂休整后，于一月二十八日继续挥戈东进，从汜地渡过黄河后进入中原，旋北上百泉，折而东行，直抵朝歌近郊牧野。二月四日拂晓周军在牧野安营扎寨，周武王召集群臣进行战略部署。

周军日夜兼程到达牧野的消息传入朝歌，商廷上下惊恐万分。商纣王大骂群臣尸位素餐，办事不力。无奈之下纣王只得征兵组织抵御，但东夷人的叛乱牵制了商朝主力军队，远在山东平叛的闻仲军这时已无时间赶回朝歌应战周军。纣王就把大批奴隶临时武装起来，与国都守军整编成一支17万人的军队，自己亲自统率，开赴牧野周军屯地。

二月五日，周军庄严誓师。阵前武王义正词严地声讨商纣王听信谗言诛杀肱股重臣、宠信妲己、不理朝政等累累罪行，周军深受激励，斗志昂扬，皆愿在伐纣战争中赴汤蹈火，誓死效命。武王又郑重宣读了纪律条文并布置了作战阵形，求整忌乱来提高战斗力。

战前充分动员后，武王命令周军对纣王军发起总攻。武王决定先发制人，他让太公望率2万精锐突击部队以迅雷不及掩耳之势突袭商军。纣王还未部署周密，商军就被周军冲击，阵脚顿时大乱。而商军中的奴隶和战俘之前从未受过严格的军事训练，战斗意志和纪律性都很差，再加上内心憎恨纣王从前对他们的虐待，并不愿意为之拼命；现在遭治军严谨、训兵有素的周精兵疾攻，根本就难以抵挡，遂纷纷掉转戈矛攻向商正规军。商纣王尽管体魄健硕，能以一当十，无奈己军起义反戈，又收不住阵脚，只能尽力招架。

周军元帅太公望深通谋略，运筹帷幄，即调骁将南宫适、洪锦各统5000人马从左右两面夹击商军。商军哪能经得住这两支生力军的猛攻，终于开始溃退。纣王知大势已去，拼命向东杀开一条血路逃回朝歌，商军17万人众瞬时土崩瓦解。

太公望下令乘胜攻打商都，武王又亲领1.5万精锐加入总攻，其中有兵车300乘。周军将士个个奋不顾身，猛冲商军。逃回朝歌后，商纣王看到大势已去，就于当夜躲进鹿台，烧了一把火，跳到火堆里自焚了。武王率大军进入朝歌，百姓们列队欢迎仁义之师。从汤到纣，商王朝历17代30王（不包括汤长子太丁）至此告亡。

周武王把国都从丰迁到镐京（今陕西西安市西），建立了周王朝。

⊙**大事记**

公元前1046年，周武王起兵伐纣，灭亡了商朝。商朝从汤至纣，共17代30王。

西周灭亡

周公辅政

把商纣王的军队彻底消灭后，武王进入商都，将商的畿内分为邶、鄘、卫3个国家，以邶封纣子禄父（即武庚），鄘、卫则由武王之弟管叔鲜、蔡叔度分别管制，合称三监。另外还有一说是管叔监卫、蔡叔监鄘、霍叔监邶，以监视武庚。安排好后武王派兵征伐尚未臣服的商朝诸侯，据记载征服者有99国，臣服652国。武王还师西归，在他新迁的都邑镐京举行大型典礼，正式宣告周朝的建立。

周王朝建立后，所面临的政治形势十分严峻。武王以"小邦"之君统治如此规模的区域，随时都会发生诸侯叛乱的局事。为了巩固政权，适应新形势的需要，武王决定按功行赏，理顺统治集团的内部关系，实行以周王室为中心的分封政治制度。首先受封的功臣主要有：太公望、周公旦、召公奭等人。为了控制广阔的新征服地区，周朝仍然应用商的分封制，把王族、功臣以及先代的贵族分封到各地做诸侯，建立诸侯国。先后受封的有鲁、齐、燕、卫、晋、宋、虢等71个诸侯国。

周武王建立周王朝后仅仅4年就生病死了，他的儿子姬诵即位，就是周成王。那时，周成王只有13岁，不能处理政务。于是由武王的弟弟周公旦辅助成王掌管国家大事，行使天子的职权。历史上，通常不直接称呼周公旦的名字，只称周公。

周公尽心尽力辅助成王，管理政事，但还是遭到周武王的弟弟管叔、蔡叔的猜忌，他们在外造谣说周公有野心，想篡夺王位。

这时，纣王的儿子武庚不满足于周朝封给他的殷侯地位，想重新恢复殷商的王位。武庚一听说周朝内部动荡不安，就和管叔、蔡叔串通起来，联络了一批殷商的旧贵族，还煽动东夷中几个部落，起兵叛乱。

武庚和管叔等人制造的谣言，很快传到镐京，一时谣言四起，连召公奭听了也怀疑起来。成王年小，更分不清事实真伪，所以对这位辅助他的叔父也不太信任了。

周公内心很痛苦，他首先向召公奭推心置腹地表明心意，告诉召公奭，他绝没有野心，让召公奭顾全大局，不要听信谣言。他这番诚恳的话感动了召公奭，消除了大家对周公的误会。周公在调和了内部的矛盾之后，毅然调动大军，亲自东征武庚。

这时候，东方有几个部落都与武庚串通一气，蠢蠢欲动。周公授权给太公望：各国诸侯，有不服周朝的，都由太公望征讨。这样，由太公望控制东方，周公自己全力讨伐武庚。

周公花了3年时间，终于平定了武庚的叛乱，杀了武庚。周公平定了叛乱，把管叔革职，将蔡叔充军。管叔觉得自己没有脸面去见他的哥哥和侄儿，便上吊自杀了。

周公东征结束时，抓获了一大批商朝的贵族。因为他们反抗周朝，所以叫他们是"顽民"。周公觉得让这批人留在原来的地方容易滋生事端；同时，又觉得镐京远离东部的广大中原地区，控制起来很不方便，他就在东面新建一座都城，叫作洛邑（今河南洛阳市），把殷朝的"顽民"都迁到那里，派兵监视他们。这样一来，周朝就有了两座都城。西都是镐京，又叫宗周；东部是洛邑，又叫成周。

周公辅助成王执政了7年，不仅加强了周王朝的统治地位，而且还为周朝制定了一套典章制度。到周成王满20岁的时候，周公把政权交还给成王。

周成王死后，他的儿子康王即位。这段时间前后约50年，是周朝强盛和统一的时期，这就是历史上所说的"成康之治"。

⊙大事记

公元前1042年，周武王去世，年幼的成王继位，武王弟周公旦恐诸侯不服成王，代成王摄政，行使天子职权。

烽火戏诸侯

公元前781年，太子宫湦即位，这就是周幽王。周幽王又是一个昏君，只知吃喝玩乐，不理政事。

幽王继位的第二年，泾、渭、洛地区发生强烈地震。百姓的生命财产遭受巨大损失，动荡不安的政局日益加剧。

周幽王不仅残暴昏庸，而且耽迷女色。他整日派人四处寻找美女。有一个叫褒珦的大臣，劝谏幽王节制享受，幽王不仅不听，反而把褒珦判了罪。

褒珦被关入监狱3年，褒族人十分焦急，他们想了各种办法，解救褒珦。有人说，用珍宝赎罪；也有人说，找个美女送去，替褒珦赎罪。

后来，褒珦家人将褒姒进献给周幽王。周幽王一见褒姒貌若天仙，马上就把褒珦释放了。从此，幽王整天与褒姒在后宫饮酒作乐，将朝政抛在脑后。

然而，幽王虽然宠爱褒姒，但褒姒性格内向，不喜笑颜，任凭幽王想尽一切办法讨她欢心，褒姒都笑不出来。

有一天，幽王忽然心血来潮，让人在宫外贴一个布告：有谁能逗王妃娘娘笑一次，就赏他1000两金子。

奸臣虢石父得知后，马上向幽王献计，用"烽火戏诸侯"的玩笑来博取褒姒一笑。烽火是古代军情危急时的报警信号，周王朝在骊山上建有20多座烽火台，每隔几里便有一座，专门用来防备西戎的进攻。一旦西戎来犯，烽火台上的烽火会像接力棒一样点燃，一个地点一个地点传下去，附近的诸侯远远见了就会发兵来救援。

第二天，幽王兴致勃勃携爱妃褒姒上了骊山。他们白天在骊山吃喝玩乐，到了晚上，让士兵把烽火台的烽火点了起来。附近的诸侯一见黑烟滚滚的烽火狼烟，以为西戎兵打来了，立即率兵来援。赶到时，却不见西戎兵的影子，只听见山上丝竹管弦之声。这时虢石父从山上下来说，大家辛苦了，这里没有什么事，大王和王妃放烟火不过想取个乐，你们回去吧！

诸侯们从老远跑来，却被幽王耍乐一番，一个个气得肺都要炸了，掉转马头就走。褒姒在山上，借着火光看到诸侯们气愤、狼狈的样子，真的笑了一下。幽王瞧见了她这一笑，不由得心花怒放，马上赏给虢石父1000两金子。

幽王自宠幸褒姒以后，被她迷得神魂颠倒，竟然想废掉太子宜臼，改立褒姒生的儿子伯服为太子。

周幽王在幽王五年（公元前777年）废申后及其太子宜臼的时候，遭到大臣卿士极力反对，但周幽王一意孤行。宜臼被废后，逃难到其母家申国。这时候周王朝的力量十分衰微，只是一个中等诸侯国，齐、鲁、晋、卫已不听从周王朝的命令而独立。申侯虽不满周幽王，但还没有公然叛周。幽王八年（公元前774年），周幽王立褒姒子伯服为太子，遂使周、申之间矛盾趋于表面化。幽王九年（公元前773年），申侯与犬戎及邻侯联合，准备反周。第二年（公元前772年），周幽王针锋相对，与诸侯结盟于太室山，并派兵讨伐申国以示威。幽王十一年（公元前771年），申侯与邻国、犬戎举兵讨伐镐京。幽王下令点起烽火求援，结果各路诸侯对上次的羞辱记忆犹新，加上对幽王昏庸乱政的不满，连一个救兵也没有派。犬戎兵很快攻破周都镐京，把逃到骊山脚下的幽王和伯服杀了，把美貌的褒姒抢走了。

幽王死后，申侯、鲁侯和许文公在申国立原来的太子姬宜臼为王，这就是周平王。平王后来回到镐京，看到镐京已被犬戎人破坏得面目全非，只好于公元前770年，东迁至洛邑。历史上把周朝定都镐京的时期，称为西周；迁都洛邑之后，称为东周。

⊙大事记

公元前771年，申侯与缯、西夷犬戎攻周，杀周幽王于骊山，西周亡，平王迁都洛邑，东周开始。

中原争霸

　　春秋时期，中国社会各个领域都发生了极大的变化，周朝赖以立国的分封制逐渐瓦解，各个诸侯国相互征伐、兼并。到了战国时期，几个强大的诸侯国相继实行变法，封建生产关系逐渐确立，其中，秦国从中脱颖而出，最终吞并六国，实现了统一大业。

春秋图霸

齐桓公称霸

周王朝迁都到洛邑以后的东周，分为"春秋"和"战国"两个时期。春秋时期，周王室几经衰落后，周天子名义上是各国共同的君主，而实际上，他的地位只等同于一个中等国的诸侯。一些比较强大的诸侯国家经常使用武力兼并小国，大国之间也互相征伐，争夺土地。强盛的大国诸侯，可以号令其他诸侯，成为诸侯国的霸主。

春秋时期第一个称霸的是齐国（都城临淄，在今山东淄博）。齐国原是姜尚的封地。

公元前686年，齐国发生了内乱。在这次内乱中，国君齐襄公死于非命。襄公有两个兄弟，一个叫公子纠，当时在鲁国（都城在今山东曲阜）；一个叫公子小白，当时在莒国（都城在今山东莒县）。两个人身边都有辅佐的能人，辅佐公子纠的叫管仲，辅佐公子小白的叫鲍叔牙。两个公子听到齐襄公被杀的消息，都准备回齐国争夺君位。

鲁国国君庄公决定亲自把公子纠送回齐国。管仲对鲁庄公说："公子小白在莒国，离齐国很近。万一回到齐国去，事情就不好办了。让我先带一路人马在路上截住他。"

正如管仲所预料的那样，公子小白在莒国的护送下眼看快要赶到齐国了，管仲在路上截住了他。管仲拈弓搭箭，向小白射去。小白中箭倒在车里。

管仲以为小白真的死了，就不慌不忙地护送公子纠向齐国而去。可是，管仲却不知他射中的不过是公子小白衣带的钩子，公子小白大叫倒下，原来是假装的。等到公子纠和管仲进入齐国国境，小白和鲍叔牙早已赶到了国都临淄，小白自然做了齐国国君，这就是齐桓公。

齐桓公即位以后，为报一箭之仇，立即发兵攻打鲁国，并且逼迫鲁庄公杀掉公子纠，把管仲送回齐国治罪。鲁庄公无可奈何，只好照办。

管仲被关在囚车里押送到了齐国。鲍叔牙立即向齐桓公推荐管仲，说他是个很有才能的人，可以帮助齐桓公干一番大事业。

齐桓公也是个豁达大度的人，听了鲍叔牙的话，不仅没有治管仲的罪，还任命管仲为相，让他管理国政。

管仲相齐后，尽心辅佐齐桓公的霸业，对齐国进行了一系列的改革。在政治上，他推行国、野分治的参国伍鄙之制；在经济上，实行租税改革，采取了一些有利于农业、手工业发展的政策；在管理上，他号召礼法并用，知礼可以使民众懂得廉耻，明法可以让民众遵守规矩，两者结合起来，便可以使国力大增。在国内政治经济形势得到改善和稳定的基础上，管仲积极促使齐桓公采取尊王攘夷、争取与国的手段，以建立霸权。管仲的这些政策为齐国称霸准备了物质条件。

齐桓公五年（公元前681年），是齐桓公霸业的开始之年。此前，齐国曾几度与邻近的鲁国交战，结果都没有取得多少胜利。这使齐桓公与管仲看到，仅靠齐国自己的力量，是不能称霸于天下的。于是，他们想到了利用周天子。

齐桓公首先与周室结亲，他迎娶周庄王之女共姬，向全国诸侯表明自己与周天子的亲近关系。在拉拢到周天子之后，齐桓公又以尊崇周天子为口号，取得各国诸侯的支持。

公元前681年，齐桓公奉周釐王之命，通知各国诸侯到齐国西南边境上的北杏（今山东东阿县北）开会。这时候，齐桓公在诸侯中的威望并不高。通知发出以后，只有宋、陈、蔡、邾四个国家来了。还有几个接到通知的诸侯国，像鲁、卫、曹、郑（都城在今河南新郑）等国，采取观望的态度，没有来。齐桓公便以此为突破口，杀鸡骇猴，制伏了鲁国，随后，齐桓公又软硬兼施，把卫国和郑国拉入同盟。

齐桓公七年（公元前679年），在齐国的帮助下，原先国内政局很混乱的宋国和郑国也实现了初步的稳定。齐桓公的霸主地位终于被各诸侯国认可，齐国开始称霸中原。

⊙大事记

公元前770年，周平王将周朝国都迁到洛邑（今河南洛阳），东周开始。

曹刿论战

公元前684年，也就是齐桓公即位的第二年，齐桓公又派兵攻打鲁国。鲁庄公对一再欺负他们的齐国，忍无可忍，决心跟齐国决一死战。

齐国的行径，也激起鲁国百姓的愤慨。有个鲁国人曹刿去见鲁庄公，要求参加抗齐的战争。鲁庄公高兴地接见了曹刿，并向他问策。

曹刿见到鲁庄公后，就自己心中的疑虑询问了鲁庄公，他问鲁庄公用什么与齐交战。鲁庄公说："暖衣饱食，不敢独自享用，一定分于他人。"曹刿说："小恩小惠不能施之于众，老百姓不会因此为你与齐国拼命。"鲁庄公又说："祭祀用的牛羊玉帛，不敢夸大其词，祝史的祷告一定据实反映。"曹刿说："这种诚心不能代表全部，神灵不会因此赐福。"鲁庄公接着说："每逢百姓打官司的时候，我虽然不能把每件事都查得很清楚，但是都会尽最大努力处理得合情合理。"曹刿这才点头说："我看凭这件得民心的事，可以和齐国拼上一场。"

而后曹刿请求跟鲁庄公一起到战场上去，看见曹刿胸有成竹的样子，鲁庄公同意了他的请求。于是两个人坐在一辆兵车上，带领人马出发了。

两军在长勺（今山东莱芜东北）列开阵势。齐军凭借人多势众，最先擂响了战鼓，发动进攻。鲁庄公准备马上让士兵反击，曹刿连忙阻止道："等一下，还不到时候呢！"

齐桓公求胜心切，命令齐军击鼓发动第二次攻击。鲁庄公又准备让鲁军倾巢出动迎击齐军，曹刿认为齐军士气仍然旺盛，就劝鲁庄公不要传令进攻，再等一等。鲁军的坚守再一次让骄横的齐军无功而返。齐军士气开始下降，没有了刚来时的锋芒。齐桓公遭受重大挫折却未取得一丝战果，岂肯善罢甘休？短暂休整后他又下令擂响第三通鼓，鲁军还是按兵不动。齐军兵士以为鲁军胆怯怕战，耀武扬威地向鲁军冲杀过来。曹刿这才对鲁庄公说："现在可以下令反攻了。"

鲁军阵地上擂响了进军鼓，兵士顿时士气高涨，像猛虎下山般扑了过去。齐军兵士面对勇猛的鲁军，没有丝毫的心理准备。一会儿就招架不住鲁军的攻势，一齐溃败下来。鲁庄公欲下令紧追。曹刿说："且慢！"他登上一辆戎车远眺齐军，只见齐军战车乱行，战旗东倒西歪，知道齐桓公这次是真败了，而不是诈诱鲁军深入齐军营地，于是跳下车对鲁庄公说："可以追击了。"庄公号令实施追击，鲁军争先恐后，一鼓作气把齐军赶出了鲁国。

鲁军反攻胜利后，鲁庄公对曹刿镇静自若的指挥，暗暗佩服，可心里想不明白这个仗是怎么打胜的。回到宫里后，他先向曹刿慰问了几句，接着说道："齐军头回击鼓，你为什么不让我出击？"

曹刿说："打仗这件事，全凭士气。对方擂第一通鼓的时候，士气最足；第二通鼓，气就松了一些；到第三通鼓，气已经泄了。对方泄气的时候，我们的兵士却鼓足士气，这时我们擂鼓出击哪有不打赢的道理？"

鲁庄公这才品味过来，称赞曹刿的见解高明。在曹刿指挥下，鲁军击退了齐军，鲁国也稳定下来。

⊙**大事记**

公元前613年，《春秋》记载"秋七月，有星孛（彗星）入于北斗"，为世界上对哈雷彗星的最早观测记录。

重耳流亡

重耳是晋献公的儿子，晋献公宠爱一个妃子骊姬，想把骊姬生的儿子奚齐立为太子。后来晋献公年纪大了，想到立嗣的问题，便狠了狠心，将原来的太子申生杀了。申生一死，晋献公的另外两个儿子重耳和夷吾都感到性命难保，便都逃到别的诸侯国避难去了。

晋献公死后，夷吾回国夺取了君位。夷吾觉得留着重耳是个祸患，便想除掉重耳，重耳不得不到处逃难。重耳在晋国时很有声望，一批有才能的大臣都愿意辅佐他。

重耳在狄国一住就是12年，后来有人行刺他，只好逃往卫国。卫国国君看他时运不济，也不肯接待他。重耳一班人一路流亡到齐国。那时齐桓公在位，待他不错，送给重耳不少车马和房子，还把本族一个姑娘嫁给他。重耳觉得留在齐国挺舒适，便不再想回国的事，可是跟随的人都思念晋国。于是，众人商量了个办法，把重耳带出了齐国。

后来，重耳又到了宋国。正赶上宋襄公生病，他手下的臣子对重耳的随从狐偃说："宋襄公是非常器重公子的，但是我们实在没有能力帮助你们回晋国去。"

狐偃明白宋国的意思，便与重耳等人离开宋国，又到了楚国。楚成王把重耳当做贵宾，还用招待诸侯的礼节招待他。由此，重耳十分尊敬楚成王。两个人渐渐成了朋友。

有一次，楚成王邀请重耳到王宫去，在宴会上开玩笑说："公子要是将来回到晋国当上国君，那么会怎样报答我呢？"

重耳说："我愿意和贵国永远友好。如果两国交兵打仗，在两军相遇时，我一定退避三舍。"等宴会结束，楚国大将子玉对楚王说："重耳言谈没有分寸，我看他是个忘恩负义的人。不如趁早杀掉他，免得以后吃他的亏。"

楚成王对子玉的意见不置可否，正好秦穆公派人来接重耳，成王就让重耳到秦国去了。

当初秦穆公帮助重耳的异母兄弟夷吾回晋国当了国君。没想到夷吾做了晋国国君以后，不仅不感恩戴德，还和秦国发生了战争。夷吾死后，他儿子又同秦国发生事端。于是，秦穆公决定帮助重耳回国。

秦穆公派人向重耳提亲，愿意将女儿怀嬴嫁给重耳。重耳大惊，自己已六十有一，与秦穆公年龄相仿，若做了他的女婿，以后晋秦相交，岂不凡事都吃亏三分？再说当年秦穆公为笼络夷吾，已将怀嬴嫁与入秦为质的夷吾之子子圉，秦晋翻脸后，子圉逃回晋国，怀嬴实为重耳侄媳。如今穆公提此要求，如何回答是好？重耳的谋士赵衰长思半晌，对重耳说："听说怀嬴美貌而有才华，穆公及夫人视为掌上明珠，如今提出此议，正是看重公子。公子如拒绝，就无法结好于秦国，自然无法得到秦国倾力相助。古人说，'欲人爱己，必先爱人；欲人从己，必先从人。'臣意公子不可拒绝穆公的美意。"重耳为难地说："怀嬴是我侄媳，我怎可乱辈夺爱？"狐偃说："公子今日赴秦，意在图晋，君位尚且可夺，何在乎区区一女子？"重耳想想有理，便依言允婚。

公元前636年，秦国的大军护送重耳渡过黄河，从此流亡了19年的重耳在晋国当上了国君。这就是晋文公。

退避三舍

晋文公即位以后，治理内政，发展经济，晋国又渐渐强盛起来。晋文公的机智、仁慈、勇敢与宽厚都预示着他将成为中原霸主。

这时候，逃往郑国的周朝天子周襄王派人到晋国讨救兵。原来周襄王有个异母兄弟叫太叔带，联合了一些大臣，向狄国借兵，夺取了周襄王的王位。

晋文公马上发兵攻打狄人，狄人大败，晋文公又杀了太叔带和拥护他的一帮人，护送天子重返京城。

周襄王设宴款待，并允许晋文公向自己敬酒。晋文公乘机请求周襄王，自己死后能用天子葬礼的仪制安葬。周襄王说："这是天子的典章。现在还没有人能取代周王室，天下不能有两个天子，那样您也不会喜欢的。"周襄王宁肯损失土地，也不愿损害周礼，他将阳樊、温、攒茅、原等地的田地赏赐给晋文公。

周襄王二十年（公元前632年），楚国攻打宋国，宋襄公的儿子宋成公又来向晋国求救，说楚国派大将子玉率领楚、陈、蔡、郑、许五国兵马攻打宋国。大臣们都同意出兵救援宋国，扶助有困难的国家，以建立霸业。

晋文公知道，要拥有中原霸主的地位，就得打败楚国。他便将部队编为上、中、下三军（三阵），于公元前632年1月渡过黄河。根据战略方案，晋军进攻卫国并将其占领，又于3月攻克曹都陶丘，俘虏曹共公。因为曹、卫是楚的依附国，晋文公以为楚军必然弃宋而北上救曹、卫。然而楚不为所动，仍全力围攻宋都，宋再次向晋告急。

晋文公感到进退两难：一来若不救宋，则对不住宋襄公当年的礼遇，而且宋敌不过楚而降之会使晋失去一个盟友，对晋称霸中原计划不利；但若移兵救宋，则使原定诱楚决战曹、卫之地的战略意图泡汤；且南下主动攻楚一来违背了自己在楚国对楚成王的承诺。二来使晋军远离本土，劳师耗财，对手又是强大的楚国，取胜很难。晋文公一筹莫展。这时元帅先轸有了良策，他主张让宋国贿赂齐、秦两国，由齐、秦出面劝楚罢兵；并把曹、卫的一部分土地赠送于宋，使宋坚定抗楚决心；楚与曹、卫是盟友，看到自己盟国的土地为宋所拥有，更不会放过宋国，齐、秦再善意劝解楚也不会听的；齐、秦这样一定怨恨楚不给面子，就会放弃中立而站到晋国一边，晋国实力就将压倒楚国，楚军就须小心了。

晋文公大赞"妙谋"，立即实行。楚国果然不听齐、秦劝解，继续围宋。齐、秦恼楚眼空一切，于是宣布与晋国结盟抗楚。

楚成王见晋军降曹灭卫，深知其实力非比寻常，而又结盟齐、秦，形势已开始对楚不利，就命令楚军退到申地，并撤回戍守齐国穀邑的申叔军，令尹子玉也被要求撤去宋围，避免与晋军交锋。他训诫子玉，晋文公德高望重，并非等闲之辈，晋军不好对付，凡事量力而行，适可而止。但骄傲自负的子玉对楚成王之言不以为然，坚持要与晋军决一死战，并派伯棻去向楚成王请战，要求增兵。楚成王此时优柔寡断，最后抱着希望楚军侥幸取胜的心理同意了子玉的请求，但他又畏晋强大，怕失败了元气大伤，只派西广、东宫、若敖之六卒等人的少量兵力北上增援。

子玉得到支援，更坚定了与晋作战的决心。他派大夫宛春使晋，提出"休战"条件：晋让曹、卫复国，楚则撤离宋国。晋大夫子犯（即狐偃）

认为子玉太无礼，晋应主动南下击楚；晋中军主帅先轸轻轻摇头以示不妥，他再次献策晋文公，表示这回管教楚师铩羽而归。

晋文公私下答应曹、卫复国，但前提是曹、卫必须与楚绝交；并扣留宛春以激怒子玉北上挑战。子玉见曹、卫已附晋，而楚使被扣，认为受到巨大侮辱，勃然大怒，下令撤去宋围，移军北上伐晋。

子玉先派人要求晋军释放卫、曹两国国君。晋文公却暗地通知这两国国君，答应恢复他们的君位，条件是他们先跟楚国断交。曹、卫两国真的按晋文公的意思做了。

子玉本想救这两个国家，不料这两个国家不讲道义倒先来跟楚国绝交，气得他率领全军直奔晋军大营。

楚军一进军，晋文公立刻下令往后撤。这种做法让许多晋军将领费解。狐偃解释说当初楚王曾经帮助过主公，主公在楚王面前许过愿：万一两国交战，晋国会退避三舍。今天后撤，就是为了信守这个诺言啊。

子玉见晋军不战而退，以为晋文公胆怯，不过徒有虚名，于是催军追逐。楚军中有人感到事有蹊跷，建议持重收军，伺机再追；子玉斥责他们当断不断，贻误战机，认为聚歼晋军，夺回曹、卫指日可待。楚军追晋军至城濮。

晋军在城濮屯兵，齐、秦两军和刚被解围的宋成公军队赶来会合。而楚军此时军分三阵，严阵以待。公元前632年的四月四日，晋军向楚军发起攻击，晋下军佐将胥臣把驾车马匹蒙上虎皮，突然攻向楚右军——战斗力最差的陈、蔡军，陈、蔡军遭此突袭，加之又被虎皮迷惑，顿时溃散。

接着晋军又"示形动敌"。晋上军主将狐毛在战车上竖两面大旗，引车后撤假装退却；晋下军主将栾枝也用战车拖曳树枝使尘土飞扬，造成晋后军也退却的假象以诱楚军出击。子玉不知是计，命楚左翼子西进击。晋中军主帅先轸见楚军上当，便命佐将郤臻率最精锐的中军迎击楚左军，而狐毛、栾枝也乘机回军侧击楚左翼。楚左军陷入重围，后退又无路，只能接受被歼的命运。子玉见两翼均被消灭，情知无力挽回败局，无奈下令中军脱离战场，才没有全军覆灭。

晋文公连忙下令，吩咐将士们不要追杀，把楚军赶跑就是了。子玉带着残将败兵向后败退，自己觉得没法向楚成王交代，就在半路上自杀了。

晋国打败楚国的消息传到周都洛邑，周襄王和大臣都认为晋文公立了大功。晋文公趁机约了各国诸侯开了个大会，订立了盟约。这样，晋文公就成为中原霸主。

⊙**大事记**

公元前632年，晋、宋、鲁、齐等盟于践土，周襄王派人赴盟，共立晋文公为霸主。

殽之战

公元前628年冬，孟明视、西乞术、白乙丙奉秦穆公之命率秦军偷越晋境的崤山伐郑。晋国卿大夫先轸得到消息后对晋襄公说："秦国违背蹇叔的忠谏，因为贪婪中原的土地而劳民伤财，攻打偏远的国家，这是上天给予我们的机会，不能错过！我们应攻灭它，否则会留下祸患；诚请主公率军进攻秦军。"下军主帅栾枝提出异议："在秦国的帮助下文公才得以归国即位，我们若进攻秦国，岂不是违背先君的遗命吗？"先轸答道："秦不为我们国丧而悲痛，反而趁机攻打我们的同姓国家，他们如此无礼，我们还同他们讲什么恩惠？我听说，'一日纵敌，数世之患'，为我们的后代着想，不能算违背先君遗命。不遵循天意是不吉利的！"晋襄公于是同意出兵。

公元前627年春，晋襄公把丧服染成黑色，以先轸为中军元帅率晋军南渡黄河，控制了崤山北麓的险要路段，又联合了姜戎军队，晋军埋伏在原上，姜戎军多伏于沟谷，布好袋形阵以待秦军。

这时秦军已抵滑国境内，值郑国商人弦高在滑国贩牛，他判定秦师将袭郑，决定作出点牺牲以求挽救郑国。于是他牵12头牛假托奉郑君之命，犒劳秦军。孟明视等3将不知是假，还以为郑国已知道秦军来袭的消息并作好了防范准备，他们怕攻郑攻不下来，围困郑国又没有长期的补充资源，遂放弃伐郑计划，灭了滑国后撤军回秦。

孟明视对晋军埋伏于崤山毫无所知，秦军很自然地进入晋军包围圈。当四月十三日秦师全部进入崤山北麓狭谷隘道时，先轸令旗一挥，埋伏于两侧的晋军和姜戎军蜂拥而出，杀向秦军。秦军哪里来得及布阵防御抵抗？顿时被冲得七零八落，而兵车又无法回旋御敌，终于全军覆没，无一人得脱，孟明视等3将全成了俘虏。

晋襄公的母亲文嬴原是秦国人，不愿同秦国结仇，她对得胜回朝的襄公说："秦国和晋国原是亲戚，一向友好。如果把孟明视这些人杀了，恐怕两国的冤仇越结越深，还是把他们放了，让秦君自己去处置他们吧。"

晋襄公觉得母亲说得有道理，就把孟明视等人释放了。

元帅先轸一听让孟明视跑了，立刻去见晋襄公，说："将士们拼死拼活，好不容易把他们捉住，怎么轻易把他们放走呢？"他一面说，一面气得向地上吐唾沫。晋襄公听了，也感到后悔，立即派阳处父将军带领一队人马飞快地去追孟明视等人。

孟明视等3人快到秦国的时候，秦穆公听到全军覆没，便穿了素服，亲自到城外去迎接他们。

孟明视等人跪在地上请罪。秦穆公说："责任在于我，没有听你们父亲的劝告，害得你们兵败受辱，我不怪你们。再说，也不能因为一个人犯了一点小过失，就抹杀他的大功啊！"

孟明视等人感激涕零，从这以后，他们认真训练军队，一心一意要报仇雪耻。

公元前625年，孟明视要求秦穆公发兵攻打晋国，去报崤山之战的仇，秦穆公同意了。孟明视等3员大将率领400辆兵车打到晋国。晋襄公早有防备，又一次打败了孟明视。

这一来，秦国就有人说孟明视是无能之辈。附近的小国和西戎一看秦国连打败仗，纷纷脱离秦国的管制。但秦穆公仍旧没有治他的罪。孟明视把自己的财产和俸禄全拿出来，送给在战争中阵亡将士的家属。他天天苦练兵马，一心要报仇雪耻。这年冬天，晋国联合了宋、陈、郑三国打到秦国的边界上。孟明视嘱咐将士守住城，不准随便跟晋国人交战，结果又让晋国夺去了两座城。

又过了一年，也就是崤山之战后的第三年。孟明视做好一切准备，在国内挑选精兵强将，拨发了500辆兵车。秦穆公还拿出大量的粮食和财帛，安顿好将士的家属。将士们斗志旺盛，浩浩荡荡地出发了。

秦军渡黄河的时候，孟明视对将士说："咱们这回出征，只能成功，不能失败，我想把船烧了，大家看行不行？"大伙说："烧吧！打胜了会有船的。打败了，就不回来了。"孟明视的兵士们士气高涨，憋了几年的仇恨全在这时候迸发出来。没过几天，秦军就夺回了上次丢失的两个城，接着又攻下了晋国的几座城池。

面对秦国的凌厉攻势，晋国上下惊慌失措。晋襄公跟大臣商量以后，命令只许守城，不许跟秦国人交兵。

看到晋国人龟缩在城里不敢出来，有人向秦穆公建议："晋国已经认输了，他们不敢出来交战。主公不如埋了崤山兵士的尸骨再回去，也可以洗刷以前的耻辱了。"于是，秦穆公率领大军到崤山，收拾起3年前死亡将士的尸骨，掩埋在山坡上，并带领孟明视等将士祭奠了一番，才班师回国。

⊙**大事记**

孟明视虽然屡败于晋军，但秦穆公对他仍然信任。终于在公元前624年率秦军攻晋，夺得晋国城池，报了殽之战的仇。

一鸣惊人

秦国打败晋国，报了崤山之仇后，一连十几年两国相安无事。这期间，南方的楚国却一天比一天强大起来。

公元前613年，楚庄王熊旅继位。当年楚庄王还不满20岁，掌握楚国大权的是他的两个老师——斗克和公子燮。年轻的楚庄王根本不把国家大事放在心上，一切事务全由斗克和公子燮两人决断。在他即位的前三年时间里，白天打猎，晚上饮酒作乐，并下了一道命令：谁要是敢来劝谏，就处死谁。

三年过去后，楚庄王毫无悔改之意，仍然日夜歌舞欢宴不止。此时的朝廷政事，混乱不堪，公子燮和公子仪便乘机发动叛乱。幸好朝廷中有庐戢与叔麇两位忠臣，他们当机立断平定了叛乱。但此时，楚国的周边国家陈、郑、宋等小国都依附了晋国。楚国的国势已经危如累卵了。

一天，大臣成公贾实在看不下去了，他请求面见楚庄王。在富丽堂皇的宫殿里，钟鼓丝竹之声绕梁不绝，楚庄王的面前几案上摆满美酒佳肴，楚庄王正在一面饮酒，一面欣赏美女们翩翩起舞。庄王一见成公贾便问道："大夫来此，是想喝酒呢，还是要看歌舞？"成公贾话中有话地说："有人让我猜一个谜语，我怎么也猜不出，特此来向您请教。"楚庄王听说要让他帮着猜谜，觉得挺有趣，便一面喝着酒，一边问道："什么谜语，这么难猜？你说说。"成公贾于是清清喉咙说道："南山上有一只大鸟，三年里站在大树上不飞不动也不叫，这是只什么鸟？"楚庄王沉思了一会，说："这是一只与众不同的鸟。这种鸟三年不飞，一飞冲天；三年不鸣，一鸣惊人。你的意思我明白了，你下去吧！"

成公贾以为楚庄王已幡然醒悟，朝政会有新的变化，就兴冲冲地告诉了好友大臣苏从，两人眼巴巴地等待。可是，楚庄王照旧宴饮享乐。

苏从见楚庄王依旧没有变化，便冒死直谏楚庄王。他才进宫门，便大哭起来。楚庄王问道："先生，为什么事这么伤心啊？"苏从回答道："我为自己就要死了伤心，还为楚国即将灭亡伤心。"楚庄王很吃惊，便问："你怎么能死呢？楚国又怎么能灭亡呢？"苏从说："我想劝告您，您听不进去，肯定要杀死我。您整天观赏歌舞，游玩打猎，不管朝政，楚国的灭亡不是在眼前了吗？"楚庄王听罢勃然大怒，抽出佩剑指着苏从心窝说："你不知我下的禁令吗？"苏从面无惧色，从容不迫地说："我知道，但是楚国政事已不可收拾，活着也没什么意思，请大王赐臣下一死！"说罢延颈怒目而视，正气凛凛。楚庄王也用眼珠子紧瞪着苏从。突然，他将宝剑插入剑鞘，上前紧走几步，双手紧紧抱住苏从双肩，激动地说："你才是我要寻找的国家栋梁呀！"

楚庄王立刻下令罢去乐师鼓手、歌妓舞女。然后与苏从相对而坐，促膝谈心。苏从此时才知道，原来楚庄王因为当时朝政十分复杂，权臣乱政，依附者甚多，忠奸难辨，才故意装糊涂。这样做就是要让奸臣充分暴露，让忠肝义胆的贤臣挺身而出，然后做他的助手。

第二天，楚庄王上朝，召集文武百官，振乾立纲。楚国从此蒸蒸日上，他首先整顿内政，起用有才能的人，将伍举、苏从提拔到关键的职位上去。当时楚国的令尹斗越椒野心勃勃，想要篡位。楚庄王便任命了三个大臣去分担令尹的工作，削弱了他的权力，防止斗越椒作乱。楚庄王一边改革政治，一边扩充军队，加强训练军士，准备与晋国决战，雪城濮之战的恨。

⊙**大事记**

公元前656年，楚国修建了最早的长城，做防御之用。此后，各国相继兴建长城。

楚庄王争霸

楚国经过整顿军队发展生产，出现了富国强兵的新局面，楚庄王认为与中原诸侯争霸的时机成熟了。

公元前606年，楚国讨伐陆浑的戎族，这是邻近东周的小国。得胜之后，楚庄王令大军在洛邑近郊举行一次盛大的阅兵式。一时间，洛邑周围旌旗蔽日，枪矛如林，鼓声号声震天动地。这一来可把那个挂名的周天子吓坏了，他摸不清楚庄王打的是什么主意，慌忙派殿前大臣王孙满前去打探消息。

王孙满见楚庄王后，代表周天子对楚庄王及楚军表示慰问，并送上了犒劳的礼物。

楚庄王和王孙满交谈了一会儿后，楚庄王问王孙满："我听说大禹铸有九鼎，从夏传到商，又从商传到周，成为世界上的宝贝，现在放在洛阳。

这鼎有多大？有多重？"王孙满听话听音，心中对楚庄王此番阅兵用意也已明白大半了。原来九鼎是用九州贡铜铸成，它既代表了九州，又象征着国家权力。现在楚庄王居然问起九鼎，表明了他有夺取周天子权力的野心。王孙满是个善辩的人，面对楚庄王大逆不道的言行，他说："治理天下的人，主要靠德服人，不是靠鼎的作用。过去大禹有德，远方部落进贡山川珍奇。禹以美金铸鼎，周身饰鬼神和万物图案，护佑小民防祸备荒。后来，夏桀无德，鼎移至殷人之手；纣王暴虐，鼎归于周。由此可见，朝政清明，鼎虽轻不移；朝政昏乱，鼎虽重但必迁。至于九鼎的大小轻重，别人是不应当过问的。"

楚庄王听了王孙满的话，知道自己还没有灭掉周朝的能力，也就带兵回去了。回国后，楚庄王请来楚国一位有名的隐士孙叔敖当令尹（楚国的国相）。孙叔敖当了令尹以后，开垦荒地，挖掘河道，奖励生产，增强国力。

公元前598年，陈国发生内乱，楚国出兵征服了陈国，然后又迫使郑国归附。后来，郑国派人前往晋国，表示愿意服从。楚庄王得知这一消息，勃然大怒，于第二年亲率楚军进攻郑国。

楚军很快到了郑国新郑城下。郑襄公命兵士深沟高垒，坚守不出，又派人前往晋国求救。楚国日夜攻城，3个月后，由于晋兵久久未至，楚军最后攻陷新郑。

来救援郑国的晋军主将是荀林父，他听说新郑已被攻克，便下令班师回国。副将先縠不听命令，偷偷率部分人马渡河追击楚军。荀林父见军队有分裂的危险，他控制不了先縠率领的兵马，于是横了横心，就下令三军渡河，与楚军主力决战。

楚庄王下令对晋军发起进攻，并亲自擂起战鼓助威。楚军将士如排山倒海般冲向晋军。由于晋军将领意见不一致，不能统一指挥，一下就被击溃了。晋军战败，渡黄河时，自相践踏落水淹死的不计其数。有人劝楚庄王追上去，把晋军赶尽杀绝。楚庄王说："楚国自从城濮失败以来，一直抬不起头来。这回打了这么大的胜仗，总算洗刷了以前的耻辱。晋国、楚国都是大国，早晚总得议和，何苦多杀人呢？"说着，立即下令收兵。

公元前593年，楚庄王又使宋国降服。这样一来，楚庄王就问鼎成功，成了春秋五霸之一。楚庄王也真不愧把自己说成是一只一鸣惊人的大鹏鸟。

⊙大事记

公元前606年，楚庄王攻伐陆浑戎，兵抵周朝郊野，问鼎中原。

公元前605年，郑国的子公因为食鼋之事与郑灵公产生冲突，遂与子家合谋杀死灵公。

老子论道

老子，姓李名耳，字聃，楚国苦县（今河南鹿邑）厉乡曲仁里人，东周时曾任守藏史，掌管图书典籍。相传孔子曾向他问过"礼"，他却给孔子讲述许多深奥的道理，使孔子折服于他。

老子曾做过周朝"守藏室之史"，所以他谙于掌故，熟于礼制，不仅有丰富的历史知识，并且有广泛的自然科学知识。他和孔子是同时代的人，较孔子年辈稍长，世称"老子"。公元前520年，周王室发生争夺王位的内战，这场长达5年的内战，最终以王子朝失败告终。王子朝失败后，席卷周室典籍，逃奔楚国。老子所掌管的图书也被带走。于是老子遂被罢免而归居。老子由于身受当权者的迫害，为了避免祸害，不得不"自隐无名"，流落四方。后来，他西行去秦国，经过函谷关（在今河南灵宝县西南）时，关令尹喜知道他将远走隐去，便请老子留言。于是老子写下了5000字的《道德经》。相传老子出关时，骑着青牛飘然而去，世不知其所终。

《道德经》又名《老子》《老子五千文》，是中国道家的主要经典，全面反映了老子的哲学思想。全书共81章，分上下两篇：上篇37章为《道经》，讲的是世界观问题；下篇44章为《德经》，讲的是人生观问题。全书文辞简奥，哲理宏富，且体系完整，内容丰富，涉及宇宙、社会、人生、军事、政治、医学等各个方面。

《老子》以"道可道，非常道"开篇，提出了一个最高的哲学概念"道"。老子哲学就是由"道"推演出来的，他也因此成为道家的始祖。

老子把天、地、人等宇宙万物连贯成为一个整体，突破了古代哲学以政治和伦理为轴心的局限。老子认为"道"是先于天地生成的，是天地万物之源，宇宙间的一切，包括人在内都是天地万物的一部分，"人法地，地法天，天法道，道法自然"。老子这种思想实际上就是中国古代最早的一种"天人合一"思想，这一思想为后来的庄子所继承和发展。这种"天人合一"的整体观念，对中国古代的各个领域都产生了深远的影响。

老子思想中最大的闪光点是他的朴素的辩证法思想。老子观察到宇宙间的万事万物都存在着互相矛盾的两个对立面，"有无相生，难易相成，长短相形"，世间万物有阴阳、刚柔、强弱、兴废等分别。他还发现对立的事物能够向其相反的方向转化，如"物壮则老""兵强则灭""木强则折""祸兮福之所倚，福兮祸之所伏"。为了防止物极必反，导致衰落，老子主张"去甚去奢去泰"，就是要去掉那些极端的、过分的举动，始终保持着像"道"那样冲虚而不盈满的状态。

老子朴素辩证法思想表现在军事战略方面就是"善为士者不武，善战者不怒，善胜敌者不与"，同时还要注意"将欲弱之，必固强之""将欲夺之，必固与之"。他还提出了以柔弱胜刚强的指导思想，比如，天下没有比水更柔弱的东西，但以水攻坚，没有攻不下的，以此来说明柔弱能胜刚强。老子的道的本性是自然的，他提出了天道自然的观念。他认为天地的运行是自然而然、不假外力的。人也应该和万物一样，是自然的，人生必须消除主观和外在的干涉，使其自然发展。

在自然人性论的基础上，老子提出了"无为而治"的政治论。老子把人民的饥荒、贫困看作是多欲的统治者横征暴敛的结果。人民起来为"盗"，轻生冒死，其责任完全在于统治者。老子主张用"天之道"来取代"人之道"，"损有余以补不足"，这样就能够解决社会所存在的一切弊端。

老子提倡的"无为"而治，是对统治阶级的"有为"进行的揭露和抨击。老子提倡这种"无为"之治的目标是建立一个"小国寡民"的社会，也就是"使民复结绳而用之，甘其食，美其服，安其居，乐其俗。邻国相望，鸡犬之声相闻，民至老死不相往来"。

千百年来，老子的思想深刻地影响着中国的哲学、伦理道德、政治、文化，甚至是中国人的思维。他的思想为战国时代的庄子等人所继承，形成了道家学派。《老子》也被奉为道教的三大经典之一，尊称《道德经》。

⊙**大事记**

公元前594年，鲁国实行"初税亩"，即按亩征税的田赋制度，是承认私有土地合法化的开始。

孙武论兵

孙武，世俗尊称其为孙子或孙武子。孙子的祖先本姓田，是齐国王族。其祖父田书颇有军事指挥才能，曾被封一块封邑，获赐孙姓。父亲孙冯，做过齐国的卿相。孙氏家族后因无法忍受齐国内部激烈的权力纷争，去了吴国。在吴国，孙武一边耕田，一边写作兵书。后得好友伍子胥的7次推荐，被吴王拜为大将，孙武很快就为吴国训练出一支纪律严明、能征善战的军队来。

孙武不愧为一个有战略思想的伟大军事家，在他的努力下，吴国不但很快从一个贫弱小国，发展为实力强大的诸侯国，还实现了吴王阖闾称霸诸侯的梦想。公元前506年，在柏举之战中，孙武仅以3万兵力就击溃了楚国20万大军，攻占了楚国的都城。吴王阖闾死后，夫差即位，孙武又辅佐夫差征服越国、讨伐齐国、与晋国争霸，使得吴国的国势达到了顶峰，吴王也成为春秋时代又一个霸主。司马迁曾这样评价孙武：吴国的胜利是和孙武分不开的，正是在孙武的指挥下，吴军才能击败强大的楚国，威震齐晋，名扬诸侯。

孙武的主要思想都集中在《孙子兵法》中。传世本《孙子兵法》13篇，是孙武一派兵家的著作，其主要内容和核心思想属于孙武，但经过他的门生和战国兵家的整理补充。该书中所描写的战争规模，似是战国时代的情况。现存的《孙子兵法》是经过三国时代曹操删定编注的，全书分为13篇：《计》《作战》《谋攻》《形》《势》《虚实》《军争》《九变》《行军》《地形》《九地》《火攻》《用间》，总结了春秋至战国时期长期战争的经验，揭示了战争的一些规律，具有朴素的唯物主义思想和原始的军事辩证法思想。其思想内容主要有三方面：

一、战略指导思想

战略论是孙子军事学说的主体部分。孙武在此书中首次提出了战略概念——"庙算"，具体论述"安国保民"的最高目标、"五事七计"的全局运筹、"不战屈敌"的止战谋划、"知彼知己"的作战指挥等战略思想。在战略论中孙子提出"安国全军""唯民是保"的战略目标，把"重战""慎战"作为根本用战原则，并从其对待战争的严肃态度出发，评述了"五事七计"的重要性。"重战"，即重视战争，提高警惕，加强戒备，应取态度是："无恃其不来，恃吾有以待之；无恃其不攻，恃吾有所不可攻也"。慎战即开始须慎重，其原则是："非利不动，非地不用，非危不战"。"五事七计"书中详述"道"（治道）"天"（天时）"地"（地利）"将"（将帅）"法"（法度）五要素，及其"主孰有道、将孰有能、天地孰得、法令孰行、兵众孰强、士卒孰练、赏罚孰明"等七个对战备全局作正确估计的七个条件。但孙子并没有认为军事力量越强越好，而是主张顾及国力，有限地发展军事。孙子反复强调要以"伐谋""伐交"作为优先的决策，总结"不战而屈人之兵"的"全胜战略"。而在实战中争取一"军"、一"旅"、一"卒"、一"伍"之"全"仍不失为上策。如此，"谋""攻"思想已贯彻到底。

孙子关于"知彼知己"和"致人而不致于人"之说，为作战指挥的战略原则，并尽可能"策之而知得失之计，作之而知动静之理，形之而知死生之地，角之而知有余不足之处。"争取"先机之利""致人""不致于人"，掌握战争的主动权。

二、作战策略思想

以战略为基础，孙子提出相应用兵策略。其重要策略原则有六：其一，因利制权，因敌制胜。其二，奇正相生，出奇制胜。其三，避实击虚，击其惰归。其四，我专敌分，以众击寡。其五，攻其无备，出其不意。其六，示形用诈，诡道制胜。

三、军事哲学思想

孙子论"天"："阴阳、寒暑、时制也"，是自然界之天；论"道"："令民与上同意也"，具有民本主义因素。在书中把具有理性思维的人，放在认识和掌握战争规律的主体地位，并详细分析了战争对客观条件的依赖关系。孙子重视矛盾的相互依存，尤其重视矛盾的相互转化，说"乱生于治，怯生于勇，无恒形"，关键是造成"胜兵先胜"的条件，促使矛盾向有利方面发展。《孙子兵法》除三个主要方面以外，各篇均有其主题思想，又构成一个完整的思想体系。

孙武的战略思想对后世产生了巨大的影响："世俗所称师旅，皆道《孙子》十三篇"，孙膑、吴起的兵书吸收了很多孙武的思想；曹操亲自为《孙子兵法》做过注释；唐太宗曾赞曰："观诸兵书，无出孙武。"宋神宗颁定《孙子兵法》为"武书七经"之首。毛泽东曾赞誉它"至今仍是科学的真理"。

孙武以及他的《孙子兵法》在国际上也很有影响，唐代时传到日本，1772年，《孙子兵法》被译成法文版本，英国的汉学家称《孙子兵法》为"世界最古的兵书"，美国人则盛赞孙子是"古代第一个形成战略思想的伟大人物"。孙武的确堪称"百世兵家之祖"。

孙武的军事思想还被广泛地应用于政治、外交、经济、科技、体育竞赛等社会生活的各个方面，《孙子兵法》在现代企业经营管理和商业竞争中也具有不可估量的指导意义。

⊙大事记

公元前514年，吴王阖闾命伍子胥营建阖闾城，即今天江苏苏州。

公元前513年，晋顷公命人铸刑鼎，颁布范宣子所定的刑书。

先师孔丘

孔子名丘，字仲尼，是鲁国陬邑（今山东曲阜）人，春秋末年的思想家、政治家和教育家，同时也是儒家学派的创始人。孔子的祖先是殷商王室的后裔，居住在宋国，后来为了避祸才逃到鲁国，定居下来。孔子的父亲名叫叔梁纥，曾以勇敢和臂力过人立下战功。叔梁纥在66岁左右与未满20岁的颜徵在结婚。婚后两人曾到山东曲阜东南的尼山拜神求子；后来生下了孔子，便取名为"丘"，字"仲尼"。

孔子3岁时就遭受了丧父之痛，母亲颜氏把他带到当时鲁国的都城曲阜。由于父亲早逝，家中贫困，孔子只好瞒着母亲，辍学在叔孙氏家放牛。叔孙氏家有许多藏书，孔子经常借来阅读，成了知识渊博的人，孔子的名声也渐渐传开了。

20岁时，孔子的妻子为他生了一个儿子，鲁昭公闻信，派人送来鲤鱼，表示祝贺。昭公赐鱼之事，使孔子在曲阜声名鹊起。随后季平子根据孔子的业绩，擢升他为管理人口生育的司职吏。孔子上任以后，施行了五条措施，鲁国人奔走相告，外邦人陆续迁入，鲁国人口剧增。孔子不到30岁，就已经掌握了"六艺"，也就是礼仪、音乐、射箭、驾车、识字、计算。此外，还掌握了以《诗经》《尚书》《礼记》《乐经》《周易》《春秋》为代表的各种文献资料，真正是才高八斗、学富五车了。这样一来，许多人都愿意拜他为师，他便办了一些私塾，收了许多学生并提出有教无类的教育方针。

孔子在34岁时，赴洛阳会见道家学派的创始人老聃。这一次会见，使孔子学到了周朝的礼乐及文物制度。孔子对老子的道家思想佩服得五体投地，称他为云中之龙。公元前513年，鲁国发生"三桓"之乱，鲁国掌权的三家大夫——季孙氏、孟孙氏、叔孙氏把鲁昭公轰下了台。这时，孔子也在鲁国待不下去了，只好来到齐国。这一次齐景公待他很客气，还向孔子询问了治国的道理。孔子提出了"正名"的主张，即所谓"君君、臣臣、父父、子子"，也就是说，君、臣、父、子都应当名副其实，各自都按等级名分的要求行事。齐国宰相晏婴认为孔子学说不过是书生之见罢了，并非齐国的当务之急。齐景公听从晏婴的话，决定不用孔子。这样，孔子便离开齐国，又回到鲁国教书，跟他学习的人越来越多。

到了公元前501年，鲁定公任命孔子做了中部宰，后来又提升为司空、司寇。这时，齐国要与鲁国假意会盟的事引起了孔子的注意。他建议鲁定公防备齐国的阴谋，多带一些大将和兵马前去。在夹谷会盟上，孔子发挥了重要作用，使鲁国在外交上取得了胜利。鲁定公被胜利冲昏了头脑，以为天下太平了，便不过问政事，整天吃喝玩乐。孔子想劝说他，但他总是躲着孔子。无奈之下，孔子便离开了鲁国。

孔子先后到过卫国、曹国、宋国、郑国、陈国、蔡国、楚国。这期间，孔子曾经在陈、蔡之间受困，7天没吃上饭，但孔子依旧不改其初衷，坚持讲诵弦歌，表现了他乐观豁达的人生态度。

公元前484年，孔子又回到了鲁国。鲁哀公和大臣们多次向孔子问政，但最终还是没有起用孔子。此后的5年里，孔子专心从事文献整理和教育事业，删《诗经》《尚书》，定《礼记》《乐经》，修《春秋》，授徒多达3000多人，其中，道德高尚精于六艺的就有72贤人。

公元前479年，孔子去世。孔子死后，为后代留下了丰富的思想遗产。孔子强调仁，这是充满人道主义的光辉思想，也是春秋时期社会动荡不安的客观反映。经孔子编著整理保存下来的诸如《春秋》《尚书》《诗经》等书籍，对后世的学术思想影响极大。

卧薪尝胆

晋国在邲打了败仗，霸业开始衰落。楚国渐渐强盛起来。此后，晋楚争霸，各不相让。后来，经宋国调停才罢兵讲和。

在中原局势渐趋平静的时候，南方的吴越争霸开始了。吴国的国王阖闾，依靠伍子胥、孙武等人的辅佐，在柏举之战中打败了楚国。但就在吴军攻入郢都的时候，越国军队向吴国发起了进攻，从而揭开了吴越争霸的序幕。

吴王阖闾得知越国攻吴的消息，立即从前线回师攻打越国。公元前496年，越王允常病死，其子勾践继位。吴王阖闾趁越国刚刚遭到丧事，发兵攻打越国，两军在槜李展开大战。结果，吴军大败，阖闾中箭受了重伤。阖闾临死前，对儿子夫差说："千万不要忘记越国的仇恨。"

夫差即位后，发誓一定要打败勾践，为父亲报仇。他任命伍子胥为相国，伯嚭为太宰，励精图治，准备攻打越国。

过了两年，勾践探知夫差昼夜练兵，就想先发制人。吴王夫差率兵迎战，双方大战于夫椒。结果，越军大败，勾践战败逃到会稽山上，被吴国追兵围困起来。

勾践以为局面已临近最后关头，准备杀妻与吴王决一死战。他手下有两个很有才能的人，一个叫文种，一个叫范蠡。他们认为一味蛮干，只有死路一条，不如先贿赂吴国权臣伯嚭，以求生路。便暗中派人把一批越女和奇珍送给他，托他在夫差面前说好话。伯嚭果然接受礼物，在夫差面前劝说一番。

夫差不顾伍子胥的反对，答应了越国的求和条件，但要勾践到吴国去赎罪。

勾践把国家大事托付给文种后，就带着夫人与大夫范蠡去了吴国。夫差派人在其父阖闾墓旁筑了一个石屋，将勾践夫妇、君臣赶进屋中，换上囚衣，去做喂马的苦役。夫差每次坐车出去，叫勾践牵马，叫范蠡伏在地上当马镫。

这样过了两年，勾践在吴国吃尽了苦头。文种又给伯嚭送去珍宝美女，请他在夫差面前进言放回勾践。夫差对伯嚭一向唯命是听，又觉得勾践这两年的表现的确是真心归顺了他，也就微笑点头了。

勾践在吴3年，受尽苦难。周敬王二十九年（公元前491年），吴王夫差赦勾践归国。自此，勾践广纳贤士，立志报仇雪恨。为了不忘屈辱，磨砺志气。他自己身穿粗布衣服，不吃肉食，住在简陋的屋子里，把席子撤去，用柴草做褥子；在吃饭的地方悬挂一个苦胆，每逢吃饭的时候，先尝一尝苦胆，然后大喊一声："勾践，你忘记会稽的耻辱了吗？"他不断激励自己，振作精神。这就是"卧薪尝胆"故事的由来。

勾践亲自与百姓一起共同劳作，让夫人织布裁衣，与民同甘共苦。经过长期的艰苦奋斗，"十年生聚，十年教训"，越国最终从失败中重新崛起。

面对越强吴弱的发展态势，伍子胥忧心如焚，他对夫差说："我听说勾践卧薪尝胆与百姓同甘共苦。"夫差不仅不听，反而疏远了伍子胥。又过了两年，夫差带兵进攻齐国，得胜而归。文武官员全说恭维话，只有伍子胥在夫差面前批评说："这次进攻齐国，只能算是一次小胜利。如果越国不灭，才是心腹大患。"吴王夫差大怒，赐伍子胥一把宝剑，令他自杀了。不久，勾践留下文种处理朝政，自己与范蠡率精兵5万袭击吴国，打败吴国守军，杀了吴国太子。

公元前473年，勾践再次进攻吴国，把夫差包围在姑苏山上。随后，越军消灭了吴军。勾践封给夫差一块地方甬东，在会稽东边的一个海岛。夫差痛悔自己相信伯嚭之言，而忠言却听不进去，于是他以布蒙面，伏剑自杀了。勾践以国王的礼节埋葬了夫差，又诛杀了伯嚭。

吴越战争是春秋时期的尾声。到了公元前475年，进入战国时期，我国封建社会开始了。

战国争雄

三家分晋

东周时期，诸侯国内有大夫采邑，一个采邑实际是一个小国。因为诸侯兼并，某些诸侯国土地扩大了，国内某些采邑也跟着扩大起来。大采邑间由开始兼并到盛行兼并，与诸侯兼并走着同样的道路，不过两种兼并的作用却明显有所不同。诸侯兼并破坏了被灭国的宗族，加强了本国内的宗族；采邑兼并则是破坏了国内失败的宗族。家族代宗族而兴起，这主要是战争的结果。

食采邑的贵族有两类。一类是国君的儿子，按规定，一人得以继承君位，其余食采邑做大夫，如鲁国的三桓，郑国的七穆，齐国的高、国、崔、庆等。一类是有功的异姓人，也得食采邑做大夫，如晋国六卿中范氏、赵氏，齐国陈氏等。大夫的采邑与名位都是子孙世世继承不绝，国君在这些世袭贵族中选出一人或数人做卿，助国君掌管国政。到后来，华夏诸侯国如晋、齐、鲁、宋、郑、卫等国，卿也成为子孙世袭，国政被几家世卿把持，某些宗族变成强宗，采邑变成强国。

大夫被宠或有功或有权力，可以获得国君的赏田、赏人，也可以向国君请赏，或瓜分其他宗族的土地，甚至可以瓜分公室。鲁国在公元前562年，季孙、孟孙、叔孙三家三分公室，作三军各得一军；到公元前537年，三家又四分公室，季孙得二，孟孙、叔孙各得一，季孙私属甲士多至7000人。

东周前期，诸侯武力兼并，晋悼公兴霸业，先给人民免旧欠，救灾难，轻赋敛，赦罪人等好处。东周后期，齐国田氏、晋国的韩赵魏三家，政治上比较开明，所以成为大夫兼并的最后胜利者。

在周代初年的所有封国中，晋国的面积最大，力量最强，最有资格统一天下。

晋国国君的权力衰落后，实权由范、中行、赵、魏、韩、智六家大夫把持，他们又以自己的地盘和武装，争权夺利，互相攻战。后来只剩韩、赵、魏、智四家。四家中智伯瑶势力最大，野心也最大。智伯瑶打算下一步侵占韩、赵、魏三家的土地，于是把赵襄子、魏桓子、韩康子三大夫请到家中，设宴款待。席间智伯瑶对三家大夫说："晋文公时，晋国是中原霸主，后来霸主地位被吴、越夺去了。为了重振晋国雄风，我主张每家献出一百里土地和相应的户口交国君掌管。"韩康子害怕智伯瑶的势力，首先表示赞同，愿把韩家土地和一万家户口交给国家；魏桓子心里不愿意，但也不得不表态，也把百里土地和九千家户口交给智家，智伯瑶见赵襄子一言不发，便用言语威胁他。赵襄子性格耿直，看智伯瑶贪婪的样子，非常气愤，便说："土地是祖宗遗产，要送给别人，我实在不敢做主。"智伯瑶听罢立刻翻脸，智、赵席上争吵不休，赵襄子一甩袖子走了。智伯瑶立刻决定讨伐，并亲自带兵马为中军，让韩为右军，魏为左军三军直奔赵城。赵襄子寡不敌众，边战边退，退到晋阳（今山西太原）闭关固守。整整打了两年的仗，智家军就是攻不下赵城。

智伯瑶无计可施，十分恼火。一天智伯瑶绕赵城察看地形时，看到晋阳城东北有晋水河，水势湍急，受到启发。智伯瑶便命令士兵筑坝蓄水，想把晋阳全城淹没。

大水淹进晋阳城以后，赵襄子焦虑不安，愁眉不展，就与谋士张孟谈探讨对策。赵襄子说："目前百姓情绪稳定，只是水势若再往上涨，全城就难保了，这可怎么办呢？"张孟谈分析说："攻城不如攻心。我看韩、魏把土地割让给智家，并不是心甘情愿的，我们何不派人游说，把韩、魏争取过来，请他们帮我们一起对付霸道的智伯瑶。"赵襄子同意这主意，就派张孟谈连夜出城，直奔韩、魏两营。韩、魏二大夫正担忧自己的前途，经张一说，都赞同合力对付智伯瑶。

第二天深夜，智伯瑶在营帐里睡得正香，突然听见一阵喊杀声。他连忙披衣察看，发觉床下到处是水，以为大堤决口的水从晋阳城漫过来了，心里还挺高兴。但出帐外一看，兵营里一片汪洋，士兵被突来的大水，弄得惊慌失措，乱作一团。智伯瑶惊魂未定，转瞬间，三家军分由韩、赵、魏大夫带领，撑着木筏，从四面八方冲杀过来，打得智家军措手不及，被砍死的和淹死在水里的不计其数，智伯瑶也死于乱刀之下。

韩、赵、魏全歼了智家军，并乘势瓜分了晋国土地。公元前403年，三家派使者上洛邑去见周天子，要求晋封他们为诸侯。周天子见木已成舟，也就顺水推舟送个人情，正式晋封韩康子、赵襄子、魏桓子三人为诸侯。

从此以后，韩、赵、魏都成为中原大国，与秦、楚、燕、齐四个大国并称为"战国七雄"。

⊙大事记

公元前476年，齐国田氏大于公室，田氏一族不但掌握国政，其封邑也大于齐平公。

公元前458年，晋国四卿合谋灭范氏、中行氏。晋国六卿由此变为四卿，斗争更加激烈。

商鞅变法

在战国七雄当中，秦国的政治、经济、文化各方面落后于中原各诸侯国。

公元前361年，秦国的新君即位，这就是秦孝公。他下决心发愤图强，把秦国治理成强国，他做的第一件事就是搜罗人才。卫国的一个贵族公孙鞅（就是后来的商鞅），在卫国的时候，国君不重用他。听说秦国在招揽人才，便来到秦国，托人引荐给秦孝公。

商鞅对秦孝公说："一个国家要富强，必须发展农业，奖励将士；治理国家，必须有赏有罚，赏罚分明，朝廷就会树立起威信，一切改革也就容易施行了。"商鞅的一席话非常符合秦孝公的心意。可是秦国的一些贵族和大臣却竭力反对。

过了两年，秦孝公控制了朝廷，稳定了君位，就拜商鞅为左庶长（秦国的官名），并把改革制度的事全权给予商鞅决断。

于是，商鞅起草了一个改革的法令，但是担心老百姓不信任他，不遵守新法令。他便想了个法子，叫人在都城的南门竖了一根三丈高的木头，下命令说："谁能把这根木头扛到北门去，就赏这个人10两金子。"不一会儿工夫，南门口围了一大堆人，大伙儿你瞧我，我瞧你，就是没有一个人上前扛木头。商鞅知道老百姓不相信他的命令，就把赏金又加了40两。可是，赏金越高，看热闹的人越觉得不近情理，仍旧没人敢去扛。正在大伙儿犹豫不定的时候，从人群中跑出来一个人，那人说："我来试试。"边说边扛起木头就走，一直扛到北门。商鞅立刻派人赏给扛木头的人50两金子。这件事立即传播开了，一下子轰动了秦国。从此，老百姓都知道左庶长的命令不可含糊。

为了进一步巩固秦国的统治，加强中央集权，商鞅于周显王十九年（公元前350年）进行更大规模的变革。

"开阡陌封疆"，废除井田制。"开阡陌封疆"就是废除土地国有，把标志土地国有的阡陌封疆去掉。井田制首废于晋六卿中的赵氏。商鞅变法吸收赵氏改革的经验，并加以发展，在秦国境内正式废除井田制，确认地主和自耕农的土地所有制，在法律上公开允许土地买卖，并将政府拥有土地的授田制度扩大，便于地主经济的发展，增加地主阶级的地税收入。

大力推行县制。商鞅第二次变法以前，在秦国某些地区就已存在县一级的行政机构。商鞅变法将这一行政机构推行于全国，使之成为秦国地方政权的基本组织形式。最初设置的县有30多个，其后，随着国土的扩张，又增加了许多。每县设县令和县丞，全县最高行政长官是县令，县丞是县令的助手。此外还设县尉，掌管全县军事。县制的普遍推行，把地方政权和军权集中到中央，巩固了中央集权的封建统治。

统一度量衡。此前，各地度量衡不一，不便于贸易往来。统一斗、桶、权、衡、丈、尺等度量衡后，地区间的商业往来十分便利，商业很快就兴旺起来，这一切对赋税和俸禄制的统一产生了积极作用。

从商鞅变法以后，秦国的农业产量增加了，军事力量也强大了。不久，秦国进攻魏国，从河西打到河东，最后攻下了魏国的都城。

公元前350年，商鞅又推行第二次改革。这次改革遭到了许多贵族、大臣的反对。有一次，秦国的太子犯了法。商鞅对秦孝公说："国家的法令人人都要遵守。如果当官的人不去遵守，老百姓就不信任朝廷了。太子犯法，应当惩罚他的师傅。"后来，商鞅治了太子的两个师傅公子虔和公孙贾的罪，一个割掉了鼻子，一个在脸上刺上字。这样一来，一些贵族、大臣都不敢触犯新法了。

周显王十七年（公元前352年），大良造商鞅率兵围安邑（今山西夏县西北），安邑降秦。第二年，商鞅又率军攻魏之固阳，迫使固阳归秦。秦因此越过洛水，收复公元前408年被魏夺走的部分河西之地。扩大疆域，迁都咸阳。咸阳南临渭河，北依高原，地处秦岭怀抱，既便于往来，又便于取南山之物产。咸阳城规模宏伟，城内建筑有南门、北门、西门，由商鞅监修的咸阳宫在城内，是由众多的宫殿连接而成的宫殿群，雄伟壮观。为了加强秦国的统治，商鞅按照中原风尚、习俗，将秦的社会风俗改变。这次变法同样获得了巨大成功，秦的国力在变法之后继续上升，为秦统一六国创造了条件。

⊙**大事记**

公元前338年，支持商鞅变法的秦孝公去世，商鞅因谋反罪而遭五马分尸、灭族之祸，但秦法未废。

胡服骑射

北方的赵国看到秦国恃强凌弱的做法，知道只有发愤图强，才能国泰民安。赵国的国君武灵王，是个很有远见的国君，面对周边的诸侯国日益强大，便考虑着赵国的发展前途。

周赧王八年（公元前307年），赵武灵王率军攻取中山国的房子（今河北高邑西南）之后，大军直达无穷之门（今河北张北），又自北而西到达黄河边，考察了赵国北面的游牧部族地区。赵武灵王意识到，在北方山地和丘陵地区不能使用车战，少数民族身着的服装骑马射箭的作战技术则显示出特有的长处。于是他就着手进行军事改革。

有一天，赵武灵王对他的臣子楼缓说："咱们国家东边有齐国、中山（古国名），北边有燕国、东胡，西边有秦国、韩国和楼烦（古部落名），我们如果不强大起来，随时都会遭受灭顶之灾。要发愤图强，就必须改革一番。我觉得咱们穿的长袍大褂，干活打仗都不方便。相比之下，北方的少数民族的短衣窄袖，倒是很灵活。我打算效仿他们的风俗，把我们的服装改一改，你看怎么样呢？"

楼缓一听，连声说好，他说："咱们效仿他们的穿着，也能学习他们打仗的本领啦！"

赵武灵王说："对啊！咱们打仗全靠步兵，或者用马拉车，这样终究不如骑马灵活机动。我们学他们的穿着，就是要学他们那样骑马射箭。"

这个想法一传开去，就遭到许多大臣的反对。公子成是赵武灵王的叔父，在赵国影响力很大。他先是以不能"变古之教，易古之道"为由拒绝穿少数民族服装。赵武灵王于是亲至公子成家，反复说明事与礼可以随时代而变，并讲述少数民族服装的优越性，赵要想永远立于不败之地，就得改革以加强军事实力。赵武灵王表示要继承赵简子、赵襄子的事业，振兴赵国。赵武灵王的慷慨陈辞，令公子成备受感动，于是第二天他便换服上朝。公子成对改革的支持，使得赵武灵王有信心将这项军事改革坚决贯彻下去。

赵武灵王向全国发布命令。这时有王族赵文、赵造和王子傅周绍等大臣向赵武灵王进谏以质疑胡服骑射，不断陈述习俗、礼教的不可变更性，希望他收回成命。赵武灵王批驳说："三代不同服而王，五伯不同教而政""法度制令，各顺其宜，衣服器械，各便其用"。批评他们不知时变，不谙治国。他们最后不得不接受了变革。

赵武灵王看到条件已经成熟，就发布了一道改革服装的命令。不久，赵国人不分贫富贵贱，都穿上了新式服装。一开始，人们还觉得有点不习惯，后来觉得实在方便灵活得多。

赵武灵王接着又号令国人学习骑马射箭。他把攻下的原阳（今山西大同北）改为"骑邑"，用来培训骑兵。大臣牛赞进谏："使不得，大王！国家和军队的常规是不能改变的。"赵武灵王立即驳斥他：依你说，经济发展，社会进步了，国家和军队还应该是一成不变吗？"今重甲循兵，不可以踰险；仁义道德，不可以来朝。"牛赞被斥责得无言以对。从这里可以看出，赵国胡服骑射改革的过程是艰难而又曲折的。这不只是单纯的易服，而且还是一场尖锐的思想政治斗争。

赵国原来的服装是宽袍大袖，里三层外三层，十分繁琐；改服后变成紧身短装，束皮带，穿皮靴，轻巧利索，很适合马上训练、作战。赵武灵王组织培养出一支强大的骑兵，使之成为赵国军队中一个重要组成部分，为赵国发展成为东方六国最强国作出了卓越贡献。春秋以来，骑兵虽已出现，但数量很少，在军队中地位无足轻重。赵武灵王通过骑射改革，建立起强大的骑兵队伍，这为中原国家军队的发展提供了范例。

赵武灵王的改革很快收到了成效。胡服骑射举动不仅拓展了赵国的疆土，壮大了赵国的实力，而且使赵国继晋之后与燕国同为北方民族融合的中心，也为中原的生活方式带来了新的因素。公元前305年，赵武灵王亲自率领骑兵打败了临近的中山，又收服了东胡和临近几个部落。到了实行胡服骑射以后的第7年，中山、林胡、楼烦都被收服了，赵国的土地扩大了许多。

赵武灵王经常带兵外出打仗，把国内的事务交给儿子处理。公元前299年，他把国君的位子传给了他的儿子，就是赵惠文王。赵武灵王自己改称叫主父（意思是国君的父亲）。

⊙大事记

公元前307年，赵武灵王实施胡服骑射，使赵国军事实力明显增强。

屈原投江

屈原出生在公元前340年的农历寅月寅日。生于动荡不安的乱世，空负绝世才华和救世之志，却只能感叹报国无门，在一次次的打击和流放中体味忧世、忧生、忧民的精神之痛，这就是屈原悲剧的一生。20多岁时受到楚怀王的信任，先后做过左徒和三闾大夫的官职，地位相当显赫，"入则与王图议国事，以出号令；出则接遇宾客，对应诸侯"，一度是楚国内政外交的关键人物。为挽救楚国的危亡，屈原提出了内修弊政，改革图强，外联齐国，抗秦图存的"美政"纲领。然而，在旧贵族的造谣中伤、陷害诋毁之下，他很快便遭到疏远，并在5年后遭受了人生中的第一次沉重打击，被流放到汉北。然而他绝不肯就此放弃。公元前292年，已回到楚国宫廷的屈原，因不懈坚持"美政"路线，而被放逐江南。屈原一生遭到楚王的两次放逐，过了20多年的流浪生活。评价屈原的一生，可以说他是一个伟大的诗人，又是一个怀才不遇的政治家。

楚国被秦国打败后，楚怀王又想重新和齐国联合起来。这时，秦昭襄王继王位，他很客气地写信给楚怀王，请他到武关（在陕西丹凤县东南）相会，当面订立友好盟约。

屈原劝楚怀王不要去，他说，秦国一定会设下圈套等着我们上当。

正如屈原预料的那样，楚怀王刚进入秦国的武关，立刻被秦国预先埋伏下的人马截断了后路。在会见时，秦昭襄王逼迫楚怀王把黔中的土地割让给秦国，楚怀王拒绝，秦襄王便下令把楚怀王押到咸阳软禁起来，并派人通知楚国让他们拿土地来赎人。

楚国的大臣们听到国君被押，非常气愤，拒绝了秦国的无理要求，并立太子为国君，这个国君就是楚顷襄王。

楚怀王在秦国被软禁一年多，吃尽苦头，后来病死在秦国。楚国人为楚怀王被害死心里很气愤，大夫屈原更是怒不可遏。他劝楚顷襄王搜罗人才，远离小人，鼓励将士，操练兵马，为国家和怀王报仇雪耻。

可是他的劝告却招来了令尹子兰和靳尚等人的仇视。他们抓住一切机会在顷襄王面前诬陷屈原。楚顷襄王听信谗言，把屈原革了职，放逐到湘南去。

屈原到了湘南以后，经常在汨罗江（在今湖南省东北部）一带徘徊，吟诵着伤感的诗歌。有一天，屈原在汨罗江边遇见一位打鱼的渔夫。渔夫对屈原说："您不是楚国的大夫吗？怎么会落到这种田地呢？"屈原说："我落到这个地步，是因为许多人都是肮脏的，只有我是干净的；许多人都喝醉了，只有我还醒着。"

公元前278年，楚国国都被秦国攻破。一直支持着屈原人生的精神支柱——国家，就此坍塌了，屈原内心的孤愤随着国破山河碎而彻底泯灭。怀着绝望的心情他走向汨罗江，投江自尽，以身明志，以死殉国！

屈原的人生之痛，造就了中国文学之幸。从《九歌》到《九章》，从《哀郢》到《离骚》，从《橘颂》到《天问》，屈原所有的痛苦、愤怒、哀怨、孤独都通过与楚地民歌相结合，而化为响彻天地的吟唱，回荡在时间的尽头，这就是"楚辞"——一种在香草美人的意象中寄寓理想，在上天入地的境界中探索真理，在不拘一格的言语中抒写忧伤的崭新文体。由屈原"自铸伟词"所开创的楚辞的天空一经产生便是群星璀璨，而《离骚》则是所有星座中最灿烂的一颗。《离骚》全长373句，2490字，是中国文学史上第一首由诗人自觉创作、独力完成的长篇抒情诗。诗人以自身为原型，从多方面树立了一个具有高尚品格和出众才华的抒情者光彩照人的形象。

通过屈原的作品可以感受到屈原伟大的人格和高尚的情操，他以国家兴亡为己任，追求"举贤荐能、修明法度"的美政理想。在《离骚》中，屈原对贵族统治集团争权夺利、贪婪嫉妒、仗势欺人、蔑视法度等腐朽现象进行了无情的揭露。屈原耿直的性格和他那国家利益高于一切的爱国思想在《离骚》中得到充分的体现，当国君的做法不利于国家时，他也同样在作品中表现出自己的不满和愤怒。

屈原是中国古代第一位具有爱国主义思想的浪漫主义大诗人，他开创了楚辞文体，形成了中国文学史上最早的浪漫主义文学流派，和《诗经》一起构成了中国诗歌的两大源头，在中国文学史上占有极其重要的地位，对后世文学产生了无穷的影响。屈原的作品有自己独特的艺术风格，他大胆使用浪漫主义手法，运用神话传说，展开丰富的想象，抒发了自己奔放的情感和对美好理想的追求，表达了自己的政治理想，以及对腐败的统治者的不满和对人民的痛苦生活的深切同情和关怀。在反映现实矛盾，抒发内心感情时，他继承并发扬了《诗经》的传统，巧妙地使用比兴手法，委婉而且深入地表述自己的观点。屈原在诗歌的语言和表现形式上也做了变革，不仅加长了句子，还加大了篇幅，相对《诗经》来说，更有利于增加内涵，深入地表达思想。

完璧归赵

赵惠文王在位时，得到了楚国丢失的和氏璧。这时，强大的秦国曾几次派兵攻打赵国。因赵国大将廉颇英勇善战，秦国占不到丝毫便宜。

公元前283年，秦昭襄王得知赵国得到了和氏璧，便派使者对赵惠文王说："秦国愿意用15座城池换取和氏璧。"

赵王和大将军廉颇等大臣商议对策。他们考虑到，如果把和氏璧给了秦国，秦国不守信，只会白白地被骗；要是不给，秦国会借口攻打赵国。他们讨论了许久也没想出一点办法。后来决定先找个使者去秦国周旋，但又没有理想的人选。这时，有人推荐蔺相如可以出使。

秦昭襄王听说赵国使臣来到，立即在别宫接见了蔺相如。蔺相如捧着和氏璧恭敬地献给秦王，秦王高兴地接过观赏。随后，递给左右大臣们传看，又传给姬妾和侍人们赏玩，大臣们祝贺秦王得到稀世珍宝。

蔺相如在朝堂上等了半天，发觉秦王没有换城的诚意。可是和氏璧已落到秦王手中，怎么才能拿回来呢？蔺相如急中生智对秦昭襄王说："这玉璧确实好，但还有个小瑕疵，让我指给大家看。"秦王信以为真，叫手下把璧交给蔺相如。蔺相如捧璧退了几步，身子靠着殿柱，怒气冲冲而理直气壮地说："当初大王派使者送国书，言明愿意以15城换这块玉璧。赵国大臣都认为大王在骗人，我却认为普通百姓交朋友都讲信用，何况秦国是泱泱大国。赵国诚心实意派我把璧送来，大王却态度傲慢，在一般殿堂接见我，显然是没有诚意换璧。现在请按诺言以城换璧。如果大王逼迫我，我就把我的脑袋和这块璧一起撞碎在柱子上。"说完蔺相如抱着玉璧用愤怒的目光斜视着柱子，做出要去撞的样子。

秦王唯恐砸碎了玉璧，赶紧劝他不要这样做，并连连表示歉意。他马上命令大臣把地图拿来，指着那换璧的15座城给蔺相如看，蔺相如知道秦王又在使用欺骗手段，也将计就计。他对秦昭襄王说："和氏璧是无价之宝，在我把它带来之前，我国举行隆重仪式，斋戒5天。大王也要斋戒5天，我才敢献上和氏璧。"

秦王想，反正你也跑不了，就答应斋戒五日。蔺相如回到住处，叫自己的随从化装成百姓的模样，把和氏璧藏在怀中，从小路偷偷地回国去了。

5天后，秦王在朝廷备了九宾大礼接见赵使蔺相如。蔺相如对秦王说："秦国自穆公以来的20多个君主，没有一个是讲信用的。我实在怕被骗，所以派人把璧先送回赵国了。"秦昭襄王听到这里，大发雷霆，气呼呼地对蔺相如说："我今天举行这么大的仪式，你竟敢把和氏璧送回去。来呀！把他绑起来。"

蔺相如不慌不忙地说："请大王息怒。天下诸侯都知道秦国是强国，赵国是弱国，只有强国欺负弱国，从来没有弱国欺负强国的道理。如果大王真心想要和氏璧的话，请先交15座城给赵国。弱国是不敢背信弃义而得罪大王的。如果杀了我，天下人也就看透您的用心，都知道秦国是不讲信誉的国家。望你们仔细地想一下吧！"秦王与大臣们被说得哑口无言。秦王只得在正殿上以欢送赵国特使的礼节把蔺相如送回去。

蔺相如因完璧归赵，为赵国立了大功，赵惠文王提拔他为上大夫。秦昭襄王本来也没打算以城换璧，便再没提过这件事。

⊙大事记

公元前283年，赵国以廉颇为上卿。廉颇大破齐师，攻取晋阳。此后廉颇为赵国掌兵数十年。

纸上谈兵

公元前262年，秦昭襄王派大将白起向韩国进攻，切断了上党郡（治所在今山西长治）和韩都的联系。在形势危急的情况下，上党的韩军将领打发使者去赵国请降。赵孝成王派军队接收了上党。过了两年，秦国又派王龁带兵把上党团团围住。

赵孝成王得知消息，连忙派廉颇率领20多万大军去援救上党。他们到长平（今山西高平县西北）时，听说上党已经落入秦军之手。

王龁转而进军长平。廉颇连忙叫兵士们修筑堡垒，坚守阵地准备作长期抵抗的打算。王龁无计可施，只好派人回报秦昭襄王。

秦昭襄王请范雎出主意。范雎说："要打败赵国，必须把廉颇调开。"他沉思了一会儿，想出了一条计策。

过了几天，赵孝成王听到左右纷纷议论，说："秦国就是怕让年轻有为的赵括带兵；廉颇老了不中用了，眼看就快投降啦！"

他们所说的赵括，是赵国名将赵奢的儿子。赵括自幼爱学兵法，谈起用兵之道，口若悬河，自以为天下无敌，不把任何人放在眼里。

赵王听信了左右的议论，叫人把赵括找来，问他能不能打败秦军。赵括说："秦国的大将白起比较难对付。但是王龁没有什么了不起的，不过是廉颇的对手。要是换上我，打败他轻而易举。"

赵王听了很高兴，就拜赵括为大将，去接替廉颇。这个决定遭到了蔺相如的反对，可是赵王听不进去蔺相如的劝告。

赵括的母亲也给赵王上了一道奏章，不赞成赵王派他儿子去换廉颇。赵王把她召了来，问她什么原因。赵母说："他父亲临终时再三嘱咐我说，'赵括这孩子把用兵打仗看作儿戏似的，派不上用场。将来大王不用他还好，如果用他为大将的话，只怕赵军断送在他手里。'所以我请求大王千万别让他当大将。"

赵王说："你不要管了，我已经决定了。"

赵括替换廉颇的消息传到秦国，范雎知道自己的反间计成功，就秘密派白起代替王龁为上将军，去指挥秦军。白起其人非同一般，伊阙一战斩韩魏军24万；南破楚都郢，焚楚夷陵；华阳斩魏、赵军15万；战功显赫，威震东方，纸上谈兵的赵括又怎是他的对手？赵括上任，一反廉颇所为，更换将吏，改变固守防御战略，让大小将领大为不满。接着他制定了进攻方案，传令准备出击。

公元前260年八月，赵括率赵军主力出城进攻秦军。两军稍事交锋后，白起命秦军佯败后撤，诱敌深入。赵括误认为秦军抵挡不住，便挥师紧追。当赵军前进到长壁后，预伏在这里的秦军主力精锐迎面扑来，赵军攻势受阻；白起又组织了一支轻装突击队直插过来。正面的秦军主力已让赵军疲于应付了，又怎经得起这一股新生力量的冲击？赵军渐渐抵挡不住，赵括欲退兵，但为时已晚：白起埋伏于两翼的2.5万秦兵在赵军与秦军主力战斗时已迂回到赵军侧后，抢占了西壁垒高地，截断了赵军的退路，赵军被全面包围。白起见袋形阵已成，为防止这"庞大猎物"逃脱，"口袋"还得系上口，他即派精骑5000迅速插入赵军营垒间，牵制、监视守营的那部分赵军。赵军被围困，只得筑垒坚守。

赵王大惊，忙派兵增援。秦王知道赵派援兵后，便往河内（河南黄河以北地区）征发年满15岁的男丁参加长平之战，堵截赵国援军，断其粮道。九月，赵军已被困46天，粮尽援绝，内部自残以人肉充饥；赵军还不时受到秦军突击队的冲击，死亡的阴影笼罩着全军。突围4次失败后，赵括孤注一掷，亲领赵军精锐强行突围，结果再遭惨败，赵括本人也中箭身亡。赵军失去主帅，又身心疲惫，便放弃抵抗，白起怕赵军日后反叛，只让年少体弱的240人归赵，其余全部坑杀于长平。

秦赵长平之战，结果以赵国的惨败而告终，赵军先后死亡达45万人，秦军也死亡过半。赵国实力由此大为削弱。

⊙大事记

公元前270年，秦将胡阳经上党进攻赵国阏与，赵将赵奢率军救阏与，大破秦军。

公元前260年，秦赵长平之战历时3年，以赵国大败，白起坑赵卒40万结束。

毛遂自荐

秦国大将白起在长平打败赵军后，挥师长驱直入，包围了赵国都城邯郸。情况万分危急，赵王派遣平原君赵胜出使楚国，请求援兵。平原君是赵国的相国，又是赵王的叔叔。平原君接受了使命后，决定选拔20名文武全才的宾客同他一起去楚国。

平原君在数千名门客中仔细挑选，选来选去只选出19人，再也选不出合适的人选了。正在为难之时，门客毛遂走到平原君面前自我推荐。平原君感到陌生，忙问："你在我这里几年了？"毛遂答："3年了。"

平原君对他没有一点印象，便笑着说："一个真正有才能的人，处身在世上正像一把锥子放在袋子里，锐利的锥尖很快就会露出来。你已经来3年了，我没有听到周围的人夸奖过你，因此还是请你留在家里吧！"毛遂从容不迫地说："我这把锥子要是早就放进口袋里它就不是只露一点尖角了，而是整个锥子都露出来了。我今天请您把我放进口袋里。"平原君频频点头，表示赞许，同意毛遂跟大家一起前往楚国。

他们到了楚国，平原君反复对楚王说联合抗秦的好处和不联合抗秦的弊端，然而谈判进行得十分艰难。楚王任凭平原君怎么说，就是不同意出兵。

毛遂见谈判没有丝毫进展，便几步跨上台阶，高声喊道："合纵不合纵，三言两语就可以说清楚了，怎么从早晨说到现在，还决定不下来，这是为什么？"

楚王听了这样盛气凌人的话，不高兴地问平原君："这个人是干什么的？"

平原君答："这是我的门客毛遂。"

楚王一听是门客，便大声呵斥道："我在跟你主人谈判，没你的事，赶快给我走开。"

毛遂紧握宝剑凑近楚王跟前说："大王竟然呵斥我，是依仗楚国军队多吧？现在大王与我只有十步的距离。大王此刻的性命就握在我的手里，你兵再多，也帮不上忙。听说从前商汤只有70里地，后来做了天下之王。周文王土地也不多，诸侯都服从他的调遣，难道他们都依仗军队吗？不是！他们只是发挥他们在诸侯中的威望和把握有利的形势。现在楚国有5000里土地，百万雄兵，本来可以做霸主了，您自己也以为楚国强大，没有一个国家可以相比。但是白起只领几万兵力，就把楚国打败，还烧毁了楚王祖先的坟墓，这应是楚国百年不忘的家仇国恨。连我们赵国人都感到可恨，大王却一点也不感羞惭。联合抗秦，不仅为了赵国，更是为了楚国。您还呵斥什么？"

楚王连连点头赞同。就这样，楚王代表楚国，平原君代表赵国，在楚王宫殿上签订了联合抗秦的盟约。楚国按盟约派兵日夜兼程赶到邯郸救援。

⊙**大事记**

公元前262年，楚国任命春申君为相，当时战国四公子"辅国持权"，养士成风。

公元前259年，秦军乘长平之战胜利之机包围了赵国的都城邯郸，历时两年未能攻下。其后魏公子信陵君窃符救赵，大败秦军于邯郸城下。信陵君由此不敢再回魏国去。

窃符救赵

楚国派兵救赵的同时，魏国也同意出兵救援赵国。魏国领兵的大将是晋鄙。

秦昭襄王得知魏、楚两国发兵的消息，亲自前往邯郸督战。他派人对魏安釐王说："秦国早晚会把邯郸打下来。谁敢来救邯郸，等我灭了赵国，就攻打谁。"魏安釐王害怕了，连忙派人去追晋鄙，叫他停止前进，按兵不动。

赵孝成王见魏军驻扎在邺城，不来救援，十分着急，他叫平原君给魏国公子信陵君魏无忌写信求救。平原君的夫人是信陵君的姐姐，两家是亲戚关系。

信陵君接到信，一再央求魏安釐王命令晋鄙进兵，无论信陵君怎么说，魏王也不答应。信陵君没有办法，对门客说："大王不愿意进兵，我决定自己去赵国，与秦军拼个死活。"他手下的很多门客都愿意跟信陵君一起去。

信陵君有个他最尊敬的朋友，叫作侯嬴。临行前信陵君去跟侯嬴告别，侯嬴说："你们这样去救赵国，像把一块肥肉扔到饿虎嘴边。"

侯嬴接着说："听说国家的兵符藏在大王的卧室里，只有如姬能把它拿到手。当初如姬的父亲被人害死，是公子叫门客找到那仇人，替如姬报了仇。为了这件事，如姬非常感激公子。如果公子请如姬帮忙，让她把兵符盗出来，如姬一定会答应。公子拿到了兵符，就能接管晋鄙的兵权，然后带兵救援赵国。这比空手去送死不是强多了吗？"

信陵君马上派人去求如姬，如姬一口答应了。当天午夜，如姬趁魏王睡觉的时候，把兵符盗了出来，交给一个心腹，送给了信陵君。

侯嬴见信陵君拿到了兵符，又对信陵君说："将在外，君命有所不受。万一晋鄙接到兵符，不肯交出兵权您打算怎么办？"信陵君皱着眉头答不出来。

侯嬴说："我已经替公子想好了。我有个朋友叫朱亥，是魏国数一数二的大力士，公子可以把他带去。要是晋鄙能痛痛快快地把兵权交出来最好；要是他推三阻四，就让朱亥来收拾他。"

信陵君带人到了邺城，假传魏王的命令，要晋鄙交出兵权。晋鄙验过兵符，仍旧有点怀疑，不愿意交出兵权。这时站在信陵君身后的朱亥大喝一声："你不听大王的命令，是想造反吗？"他边说边从袖子里拿出一个40斤重的大铁锥，向晋鄙的脑袋上砸过去，结束了晋鄙的性命。

当下，信陵君选出8万精兵，由他亲自指挥，向秦国的兵营冲杀。秦将王龁没防备魏国的军队会突然进攻，慌忙抵抗。

这时邯郸城里的平原君见魏国救兵赶到，也带着赵国的军队杀出来。两下一夹攻，一下子打败了围城的秦军。

荆轲刺秦王

尉缭得到重用后，用计拆散了燕国和赵国的联盟，秦国趁机攻占了燕国的几座城池。

燕国的太子丹原来留在秦国当人质，他见秦王政有兼并列国的野心，又夺去了燕国的土地，便设法逃回了燕国。太子丹回国后，寻找能刺杀秦王政的人。

太子丹物色了一个很有本领的勇士，名叫荆轲。他把荆轲奉为上宾，把自己的车马给荆轲坐，让荆轲一起享用自己的饭食、衣服。

公元前230年，秦国灭韩国。两年后，秦国大将王翦攻占了赵国都城邯郸，向燕国进军。燕太子丹十分着急，就去找荆轲，商议如何刺杀秦王。

荆轲说："要挨近秦王身边，必须先让他相信我们是去向他求和的。听说秦王早就想得到燕国的土地督亢（在河北涿县一带），还有流亡在燕国的秦国将军樊於期，秦王正在悬赏抓他。我要是能拿着樊将军的头和督亢的地图去进献，秦王一定会接见我。这样，我就可以下手了。"

太子丹说："把督亢的地图带去没有问题，但是樊将军受秦国迫害来投奔我，我怎么忍心伤害他呢？"

荆轲知道太子丹不忍心杀樊於期，就私下去找樊於期，跟樊於期说："我决定去行刺，怕的就是见不到秦王的面。现在秦王正在悬赏捉拿你，如果我能够带着你的头颅给他送去，他一定会接见的。"樊於期二话没说，拔出宝剑，刎颈自杀了。

荆轲临行前太子丹交给他一把锋利的匕首，这是一把用毒药煮炼过的匕首，只要被它刺出一滴血，就会立刻气绝身亡。太子丹又派了个年仅13岁的勇士秦舞阳，做荆轲的助手。

荆轲出发时，太子及宾客都穿白衣戴白帽到易水边为他饯行。荆轲的朋友高渐离击筑，荆轲慷慨悲壮地唱道："风萧萧兮易水寒，壮士一去兮不复还！"唱完上车离去，头也不回一下，表明了他义无反顾的决心。

荆轲到了咸阳。秦王政一听燕国派使者送来了樊於期的头颅和督亢的地图，十分高兴，就传令在咸阳宫接见荆轲。

到了秦国的朝堂上，荆轲从秦舞阳手里接过地图，捧着装了樊於期头颅的木匣上去，献给秦王政。秦王政打开木匣，里面果然装着樊於期的头颅。秦王政又叫荆轲把地图拿来。荆轲把一卷地图慢慢打开，到地图全都打开时，荆轲事先卷在地图里的那把浸过毒的匕首就露了出来。

秦王政见了，惊呼。荆轲连忙抓起匕首，左手拉住秦王政的袖子，右手握着匕首向秦王政的胸口刺去。

秦王政使劲挣断了那只袖子，便往外跑。荆轲拿着匕首追了上来，秦王政一见跑不了，就绕着朝堂上的大铜柱子跑。荆轲紧紧地在后面追，两个人在柱子的周围转起圈来。

过了一会儿，有个伺候秦王政的医官，急中生智，把手里的药袋向荆轲扔了过去。荆轲一闪身的工夫，秦王政往前一步，拔出宝剑，砍断了荆轲的左腿。这时候，侍从的武士一拥而上，杀死了荆轲。台阶下的勇士秦舞阳也死在了武士们的刀下。

秦始皇统一天下后，高渐离借击筑之机，扑击秦始皇，也失败被杀。秦始皇因此不再接近诸侯各国的人。

⊙**大事记**

公元前230年，秦灭韩，俘虏韩王安，以其地置颖川郡。

九州一统

　　秦朝是中国历史上第一个统一的多民族中央集权王朝。秦始皇实行的郡县制等行政制度，统一文字、度量衡、车轨等经济文化措施，对于消除分裂，加强各地交流具有重要作用。两汉时期，民族融合进一步加强，对外交流逐渐扩大，尤其是实行"罢黜百家，独尊儒术"，形成了中国2000年思想文化的基础。

天下归秦

天下归一统

嬴政在亲政后，用了大约九年的时间，确立自己的绝对权威。对六国的斗争也由先前的蚕食变为吞并。他根据李斯的建议，确立了"先取韩，以恐他国"的策略。从公元前230年起，嬴政全面发动了兼并六国的统一战争。

战国后期，七雄中只有赵国是可以勉强与秦国抗衡的国家。但是公元前260年的长平之战，赵国惨败，40万赵军被坑杀，赵国实力大损，其他国家更加无力抵御秦国的进攻。

嬴政亲政，更把削弱赵国的军事实力作为统一的重要一步，并于公元前236年和公元前232年先后两次进攻赵国，但由于赵国大将李牧的英明指挥而没有成功，不过也使赵国的实力大为削弱。

公元前230年，秦王嬴政令内史腾率领大军转而进攻韩国，韩国几乎没有进行任何抵抗，就被秦军迅速攻下其都城新郑，并俘虏了韩王安。韩国灭亡，秦国在此设颍川郡。

第二年，即公元前229年，秦王嬴政派大将王翦率兵从上党进攻赵国，赵国仍然由李牧率兵抵抗，双方相持达一年之久。于是秦国使用反间计，以重金贿赂赵王宠臣郭开，向赵王诬陷李牧，结果李牧被罢，后被处死。这样，赵国无人可以统兵抗敌。于是，王翦在公元前228年俘虏赵王，并攻入赵国都城邯郸。赵国灭亡。

灭赵同时，秦已兵临燕境。燕国自知无力抵抗，于是太子丹孤注一掷，重金雇勇士荆轲，公元前227年遣其入秦刺杀秦王，结果刺杀未遂。

秦王政杀了荆轲后，余怒未消，他立即命令大将王翦加紧攻打燕国。燕国哪里抵挡得住秦军的攻打，很快就溃败下来。秦军不肯罢休，非要抓住太子丹不可。燕王喜被逼无奈，只好杀了太子丹，向秦国求和。

秦王政打败了燕国，又听从尉缭的计策，派王翦的儿子王贲带兵10万进攻魏国。魏王派人向齐国求救，齐王建没有回应。

公元前225年，王贲灭了魏国。灭魏同时秦已策划伐楚。秦王问诸将灭楚需多少兵力，青年将领李信说需20万，而老将王翦则认为非60万不可。秦王以为王翦年老怯战，否定了他的意见，而派李信、蒙恬领兵20万攻楚。公元前225年秦军南下伐楚，楚将项燕率军抵抗。初时秦军进展顺利，在平舆和寝击败楚军，进抵城父。但楚国毕竟地大兵多，项燕在城父集结数十万楚军发起反击，打败秦军，李信败逃回国。秦王方知王翦估兵不虚，屈尊亲自登门向王翦赔礼，命他征楚。

公元前224年，大将王翦带领60万人马，浩浩荡荡向楚国进攻。楚国也出动全国兵力奋起抵抗。

王翦到了前方后，修起了壁垒，坚守不出。楚国大将项燕一再挑战，他也不理睬。

几个月的时间一晃而过，双方的将士都因为无仗可打而心烦。王翦四处巡视，见将士们无所事事，就想了个办法：让大家每天吃饱睡好后，比赛跳远、蹦高和投掷石块。这样一来，将士们不像原来那样无所事事，士气消落，而是生机勃勃、士气高涨，无形中成了全军大练兵。而楚军屡次挑战不成，整日无所事事，军中烦躁、懒散风气日盛。

过了一段时间，项燕认为王翦是上这儿来驻防的，就不怎么把秦国的军队放在心上了。没想到项燕没有防备的时候，秦军突然发起进攻，60万人马一拥而上。楚国的将士如梦方醒，晕头转向地抵抗了一阵，便各自逃命去了。秦军一鼓作气打到寿春（今安徽寿县西），俘虏了楚王负刍。楚国就此灭亡了，这一年是公元前223年，秦王政二十四年。

王翦灭楚之后，回到咸阳，由他的儿子王贲接替做大将。公元前222年，王贲灭掉燕国，进而攻占了赵国最后留下的代城。

这时候只剩下一个齐国了。齐王建向来不敢得罪秦国，每回遇到诸侯向他求救，他总是拒绝。他满以为齐国离秦国远，只要死心塌地听秦国的话，就不会遭到秦国的进攻。等到其他五国一一被秦国吞并掉，他才慌手慌脚。

公元前221年，王贲带了几十万秦兵直扑临淄。没有几天，秦军就攻进了临淄，齐王建也束手就擒了。

自从公元前475年进入战国时期起，各诸侯国经过250多年的征战，终于被秦国各个击破，结束了长期的诸侯割据的局面，建立了一个统一的多民族的封建国家秦王朝。

⊙大事记

公元前225年，秦围攻魏国首都大梁，以黄河水灌大梁，大梁城破，魏国灭。

公元前222年，秦平定楚江南地，置会稽郡。

公元前222年，秦军俘房代王嘉，赵亡。

千古第一帝

秦朝以前，统治者最高的称号是王。商、周时君主都称为王。后来周王室衰微，群雄并起，各诸侯国君也相继称王。但是，经过10年左右的兼并，其他六国的国王都成了阶下囚。秦王面对自己取得的成就，深感"王"的称号不足以显示自己的地位。于是，秦王下令说："寡人以眇眇之身，兴兵诛伐暴乱，赖宗庙之灵，六王咸伏其辜，天下大定。今名号不更，无以称成功，传后世。其议帝号。"

于是王绾、冯劫、李斯等人与博古通今的博士们商议后，对秦王嬴政说："以前五帝时，不过统治方圆千里之地，而且周边的少数部落只是时向时离，但是天子也没有办法。现在，陛下兴义兵，平定天下，这是自古以来没有的功业，三皇五帝也没法与陛下相比，所以请陛下尊称秦皇，自称为朕，命令称为诏。"但嬴政认为应采用上古帝位号，称"皇帝"，并立即制命天下。在制命中，嬴政决定自称始皇帝，后世继承皇位者以数计，为二世、三世，直至万世，传之无穷。这样，秦始皇就成为秦王嬴政的称号，皇帝也就成为中国封建社会最高统治者的专称。

为了神化皇权，秦始皇在议定帝号后，还规定了玉玺制度。由秦始皇下诏，李斯书写，后由工匠制成的玉玺，上面勾交五条龙，方四寸，其文为"受命于天，既寿永昌"，成为皇权的象征。

在确定皇帝的称号后，秦始皇为了加强集权，对原来的中央和地方管理体制进行了变革，在中央设立三公九卿，在地方实行郡县制，官吏都由皇帝任命。

秦朝的三公指的是丞相、御史大夫、太尉。丞相是百官之长，它的职责是协助皇帝处理全国的政事。秦丞相多设左、右二人。秦朝建立之初，分别以隗状、王绾为左、右丞相，后来则有右丞相冯去疾和左丞相李斯。在秦始皇统治时期，不但丞相的任免完全由皇帝决定，而且各项政事的处理，也完全取决于皇帝，丞相并无决断之权。

御史大夫，负责监察工作，同时还要帮助丞相处理政事。在秦朝以前就有御史一职，但只是很低微的一种官职。秦始皇为了牵制相权，加强监察，于是改设御史大夫，位列三公。

太尉的职责是协助皇帝处理军事事务，是中央政府中的最高军事长官。太尉在战时有领兵作战的权力，但是没有权力调兵，军队的调动权只属于皇帝一人。

在三公下，秦朝还设有九卿（但是数目不只是九），分掌朝廷和国家的不同行政事务，分别受丞相、御史大夫和太尉的领导，并直接听命于皇帝。秦朝的九卿主要有掌宗庙礼仪的奉常、掌宫殿掖门户的郎中令、掌宫门卫屯兵的卫尉、掌舆马的太仆、掌刑辟的廷尉、掌诸义蛮夷的典客、掌亲属的宗正、掌谷货的治粟内史、掌山海池泽之税的少府、掌列侯的中丞、掌皇后太子家的詹事。

以三公九卿为主的中央行政机构，是秦朝封建专制政治体制的核心，是绝对听命于皇帝的最高权力机关。

为加强皇权，秦始皇加强了思想控制，其中最主要的措施就是焚书坑儒。

公元前213年，秦始皇在咸阳宫中举行盛大宴会，庆祝寿诞，参加宴会的有文武百官及博士70人。

宴会上，博士们都向秦始皇祝寿。周青臣首先祝颂道："他时秦地不过千里，赖陛下神灵明圣，平定海内，放逐蛮夷，日月所照，莫不宾服。以诸侯为郡县，人人自安乐，无战争之患，传之万世。自上古不及陛下威德。"对于周青臣这番歌功颂德之辞，秦始皇十分高兴。这时博士齐人淳于越则奏道："臣闻殷周之王千余岁，封子弟功臣，自为枝辅。今陛下有海内，而子弟为匹夫，卒有田常、六卿之臣，无辅拂，何以相救哉？事不师古而能长久者，非所闻也。今青臣又面谀以重陛下之过，非忠臣。"这样，淳于越就再次提出了分封制的问题。

于是秦始皇命众臣对淳于越的观点进行讨论。此时已担任丞相的李斯说："五帝不相复，三代不相袭。"认为不同的时代，有不同的统治方法，这些儒生借古非今，使得百姓的思想混乱。因此，李斯向秦始皇建议道："臣请史官非秦记皆烧之。非博士官所职，天下敢有藏《诗》《书》、百家语者，悉诣守、尉杂烧之。有敢偶语《诗》《书》者弃市。以古非今者族。吏见知不举者与同罪。令下三十日不烧，黥为城旦。所不去者，医药卜筮种树之书。若欲有学法令，以吏为师。"秦始皇根据李斯的建议，下令在全国"焚书"。第二年，秦始皇又进行了坑儒。

秦始皇坑儒是由几个方士的畏罪逃亡引起的。

随着统一大业的完成，秦始皇祈求长生的欲望越来越强。早在公元前219年，秦始皇东巡，来到齐国故地。齐地的方士徐福投秦始皇所好，告诉秦始皇东海中有蓬莱、方丈、瀛洲三座仙山，并宣称只要挑选数千名童男、童女，乘几十艘大船，带足礼物，便可入海求见仙人。秦始皇竟信以为真，随即按徐福所说的去做，结果徐福率船东渡，却一去不回。

公元前215年，秦始皇又派方士卢生去寻找仙人及长生不老的仙药，但是卢生仍旧是空手而归。卢生还以谎言蒙骗秦始皇说："臣等寻仙求药，因为有妨碍的东西，所以常常不能遇到。只要皇帝时常秘密出行，居地无人知晓，真人就会到来，长生之药便可求得。"秦始皇对卢生的话信以为真，并说："朕十分仰慕真人！"还按照卢生的话去做。但是卢生等人还是没有找到仙药，他们知道不可能永远隐瞒欺骗下去，于是便四处散布流言，说仙药求不得是因为秦始皇独断专权，性格暴躁。然后卢生等人带着骗取到的钱财偷偷地逃离咸阳。

秦始皇见卢生等人寻求仙药长久不得，心中生疑，但是因为寻求仙药之事早已天下皆知，且秦始皇也自称"真人"，所以仍希望能够找到仙药。可是，卢生等的出逃使得咸阳百姓议论纷纷，秦始皇知道后，大怒，说："朕先前收尽天下不用的书，尽毁去；然后召集天下方士儒生，优待他们，以求太平，炼寻仙药，可是徐福等人竟一去不回，卢生等人还在背后诽谤朕，妖言惑众，朕要一一查问卢生在咸阳的同伙。"于是秦始皇下令审讯儒生，这些人互相告发，共查得460人，全部被活埋于咸阳城外的骊山温谷。所以，骊山温谷也叫坑儒谷，据说到现在这个地方的土仍然是红的。

秦始皇"焚书坑儒"虽然加强了思想控制，但是，对于中国文化来说，则是一次严重的摧残，标志着封建文化专制主义的到来。

⊙大事记

公元前221年，秦统一六国，秦王政自称始皇帝，定官制，废分封，行郡县，统一度量衡等制度。

公元前213年，李斯向秦始皇建议，除医卜、种树、秦记之书外，其余书籍皆应烧掉。秦始皇下令焚书。

统一规制

秦国是消灭其他六国而统一起来的，但是由于七雄并立时间长，各国在文字、货币、度量衡等方面有很大差异。秦统一六国后，为加强统治、维护统一，实行了统一文字、货币、度量衡的措施。

汉字产生后，经过长期的发展演变，至春秋战国时期，随着社会的动荡和急剧变化，各地文字的形体和读音都有所不同，出现了"言语异声，文字异形"的现象。当时，同样的字，不同的国家往往写法不同。典型的例子是"马"的诸多字形：在齐国有3种写法，在楚、燕国有另外2种的写法，在韩、赵、魏还有2种不同的写法。这不但不利于文化的发展和各地人民间的交流，而且给秦朝的各种文书、档案的书写、阅览和传播造成巨大困难。

面对这种情况，秦始皇接受李斯的建议，于公元前221年发布"书同文"的诏令，规定以秦国小篆为统一书体，与小篆不同者全都废掉。为了在其他六国推广小篆字，秦始皇命李斯、赵高、胡毋敬分别用小篆书写《仓颉》《爰历》《博学》3篇，作为文字范本。

李斯等人所书的小篆字范，其实是对中国几千年来文字自然发展的一次总结。尽管上述3篇范本早已失传，但是小篆被大量使用在秦始皇出巡时的纪事石刻中。据记载，这些石刻大多是李斯的手笔，其中《泰山刻石》存有九字，《峄山刻石》有南唐的摹本，《琅玡台刻石》尚存86字。这些小篆字形结构有较大的变化：字体整齐划一，布局紧凑，笔划匀称，很明显地纠正了六国文字结构繁杂、难写难认的缺点。

在秦朝，除了小篆以外，还流行一种比小篆更为简易的隶书。这种字体，以前认为是程邈创造的，但是实际上是人们在抄写公文狱讼时，仓促中用不规则的草书篆体，渐渐创造出来的。这种"草篆"最初主要由狱吏使用，所以叫隶书。秦始皇对隶书也进行了整理，经过整理后的隶书，笔画直线方折、结构平整、书写方便，不仅民间使用甚广，且各级政府的官方文体也多用隶书，只有少数重要诏书除外。

秦始皇统一文字，有利于统一多民族国家的发展。从此，汉字的结构基本定型。

春秋战国时期是我国商品经济迅速发展的时期，不同的国家，铸币也往往不同。但是，铜币已成为当时流通领域里的主要货币，各国的铜币在形状、大小、轻重以及计算单位上却有很大差异。从形状上看，当时各国的铜币可以分为布币、刀币、圆钱、铜贝四类。布币的形状类似金属农具镈（布），主要在赵、魏、韩等国使用。刀币的形状像刀，主要在齐、燕、赵国流通。圆钱分为外圆内有方孔和圆孔两种，主要是在秦、东周、西周以及赵、魏的黄河沿岸地区使用。铜贝形状类似海贝，俗称"蚁鼻钱"，主要是在楚国使用。

币制的不统一，严重阻碍着各地商品的流通及统一国家的财政收支。所以，秦统一后，秦始皇下令统一全国货币，采取的措施主要有三项：首先，将铸币权收归国家，禁止地方和私人铸币。对于私自铸币者，不仅没收其所铸钱币，还要拘捕和严惩私自铸币者。其次，明确规定货币种类。秦朝的法定货币为黄金和铜钱，黄金属于上币，铜钱属于下币。铜钱为圆形方孔钱，上面铸有"半两"的字样，每钱重十二铢。再次，废除原来六国使用的布币、刀币、铜贝等各种货币，不准以龟贝、珠玉、银锡等充当货币。

秦始皇统一货币，消除了各地区间币制上的不统一状态。秦王朝制定的圆形方孔钱，成为中国封建社会货币的基本形制，沿用了两千多年。

秦统一前，各国的度量衡也十分混乱，计量单位不统一。单以长度而论就有数种传世铜尺可以为证，如长沙楚国铜尺两边长度分别为22.7厘米和22.3厘米；安徽寿县楚铜尺长为22.5厘米；洛阳金村铜尺长22.1厘米。1尺的长度相差多达0.6厘米。在量制方面，各国的差异更大。齐国自田氏以来，实行以升、豆、登、种为单位，即"五升为豆，各自其五以登于釜，十釜为种"，而魏国则以益、斗、斛为单位。至于衡制方面则更加混乱，单位名称差别更大。楚国的衡器是天平砝码，以铢、两、斤为单位；赵国则以镒、釿为单位；东周、西周以孚为单位。

度量衡是商品交换中必不可少的，而且是国家收取赋税的重要标准。秦统一后，秦始皇下令，以秦国的度量衡为标准，统一其他六国的度量衡器。具体措施是将统一度量衡的诏书全文刻在新制作的度量衡标准器上。这样既可以提供更多的标准器，又可以宣传秦始皇的功绩。统一后，秦朝的度制以寸、尺、丈、引为单位，以十为进位制度；量制方面以龠、合、升、斗、桶（斛）为单位，也是十进制；衡制方面以铢、两、斤、钧、石为单位，进位是24铢为1两，16两为1斤，30斤为1钧，4钧为1石。

文字、货币、度量衡的统一，在中国历史上占有重要地位，成为维护中国封建国家统一的重要基础。

⊙ **大事记**

公元前219年，为向岭南进军，秦始皇命人在湘水、漓水间开凿灵渠。

病亡沙丘

公元前210年，秦始皇在最后一次出巡中于沙丘宫病死。

秦始皇一生曾5次出巡各地。第一次是在公元前220年，巡行陇西、北地。第二次出巡则在公元前219年，这次出巡的主要目的是东抚东土、封祀泰山。秦始皇登临泰山封禅时，于半山坡曾遇暴风骤雨，不得不避雨于大松树下。雨过天晴后，秦始皇称赞松树遮雨有功，于是当即封之为五松大夫，百官则高呼皇帝万岁。现在泰山山腰的五松亭，据说就是秦始皇当年封禅的避雨处。第三次出巡是在公元前218年。秦始皇再次东出函谷关巡行东方，当其车驾行至河南阳武博浪沙时，从道旁的杂草树丛中突然跳出一个人，将手中的凶器掷向安车。但是当时秦始皇坐在安车后面的专车中，并没有受伤。这个刺客为张良所选派，他以120斤的大铁锥袭击秦始皇，也没有成功。秦始皇十分愤怒，下令搜遍天下，张良于是改名换姓逃走。第四次出巡则是巡行碣石和北边。

公元前212年，有一陨石落在东郡，有人在上面刻上了"始皇帝死而地分"。秦始皇听说后，便派人到东郡调查此事，但没有结果，于是便下令把陨石落地附近的居民全部杀掉。此后，秦始皇一直不高兴。到秋天，朝廷使者在一天夜里路过华阴平舒时，突然有人持着一块玉璧，拦住使者，说："今年祖龙死！"使者正待查问，那人则放下璧，转身逃走。秦始皇闻听此事，召使者询问，并不解其意，退朝后，方想到祖龙就是指人的祖先。于是命人仔细查看玉璧，这玉璧竟是秦始皇几年前不慎掉入江中的那块。秦始皇更加觉得不可思议，于是命人占卜，依据占卜的结果，秦始皇迁徙北河榆中3万家，并决定于公元前210年再次出巡。

秦始皇这次出游，本来是打算随行官员只带左丞相李斯，但是其子胡亥也要随从，秦始皇便应允了。十月，秦始皇一行从咸阳出发巡行江南，一路上，秦始皇游云梦，登庐山，过会稽，游兴正浓，并没有感觉到阴冷潮湿的江南天气对他的身体有什么不良影响。然后他们渡江北上，至琅琊，沿海滨寻仙求药，在海上捕杀大鱼。此行，秦始皇非但没有求得长生不死之药，而且海风的侵袭，使得秦始皇因长期巡行而下降的体质，已无法抵御病魔。当车驾到达沙丘平台时，秦始皇已经病入膏肓，只好在沙丘宫住下来，不久病死于沙丘宫。

据记载，秦始皇在病危期间，曾留下遗诏赐位于扶苏，但是遗诏落到了赵高、李斯手中。面对秦始皇的突然死亡，赵高、李斯决定秘不发丧，知道秦始皇死讯的只有胡亥、赵高、李斯及秦始皇身边的几个宦者。为不引起人们的怀疑，李斯等人决定将秦始皇尸体放在辒辌车中运至咸阳。但是时值七月，天气炎热，没过几日，秦始皇的尸体便发出臭味。他们只好命令随后的车载一石鲍鱼，用鱼的臭味掩盖尸体的臭味，所以，沿途臣民并不知秦始皇已死。

另一方面中车府令的赵高则利用这一时机，勾结李斯，篡改遗诏，立胡亥为太子，并以"为人子不孝""为人臣不忠"的罪名赐死扶苏。

不久，皇帝车驾回到咸阳，李斯等先宣读篡改过的遗诏，立胡亥为太子。然后胡亥以太子身份主持秦始皇的葬礼，并继皇位，是为秦二世。

秦始皇一生50年，但这50年却使秦始皇成为千古一帝。他开创了中国第一个统一的封建专制主义的多民族国家，统一了文字、货币、度量衡，并确立了郡县制，对后世影响深远。可是，另一方面，秦始皇又是一代暴君，后期的暴政导致秦朝二世而亡。

⊙大事记

公元前209年七月，陈胜、吴广在大泽乡起义，掀起了秦末战争的序幕。

陈胜、吴广起义

胡亥夺取皇位的这一年，即公元前209年七月，爆发了我国历史上第一次大规模的农民起义，领导这次起义的人是陈胜、吴广。

秦二世元年（公元前209年）七月，征发闾左（秦时贫弱农户居闾之左，富者居右）900人戍守渔阳（今北京密云）。陈胜、吴广都被征调，担任屯长。

陈胜又叫陈涉，是阳城（今河南省登封县东南）人。吴广又叫吴叔，是阳夏（今河南省太康县）人。

陈胜对自己的苦难遭遇一直愤愤不平，可更不幸的事情又落在了他的身上。他和吴广以及其他的穷苦农民一共900多人，被秦二世征发去渔阳驻防。

那时候正赶上雨季，他们走到蕲县大泽乡（今安徽省宿县西南）的时候下起了大雨。大泽乡靠近淮河的支流浍河，地势低洼，大水淹没了道路，无法前行。他们只好停下来，等天晴了再走。按照秦朝的律法，叫你什么时候到达什么地方，你就得按时到达，误了日期，就要杀头。陈胜、吴广计算了一下，估计无论如何也不能按期到达渔阳，这样，他们已经犯下死罪了。

陈胜、吴广一起商量办法。陈胜说："如今要是逃走，抓回来是死；起来造反，夺天下大不了也是死。这样下去等死，还不如拼出一条生路呢！"

吴广认为陈胜说得有道理，便决定跟着陈胜干一场。当时的人们很迷信，想要号召众人起来造反，除了假借扶苏等人的名义外，还得采用装神弄鬼一类的办法，取得众人的信任。他们为此想出了办法。

第二天，火夫上街买鱼回来，剖开一条鲤鱼的时候，在鱼肚子里发现一块绸子，绸子上用朱砂写着"陈胜王"三个字。这件事一下子就传开了，众人都认为这是老天爷的旨意，原来陈胜是个真命天子呀！

过了几天，陈胜和吴广带领着一大帮人，趁押送他们的军官喝醉了酒，故意去要求释放他们回家。军官一听，又急又气，先抽打了吴广几鞭子，接着又拔出剑来要杀吴广。这时大伙儿一拥而上，陈胜乘机杀死了军官。

陈胜、吴广杀死了军官，大伙儿都感到出了一口恶气。看到大伙儿都很齐心，陈胜、吴广就决定立即起义。他们派人上山砍伐树木、竹竿作为武器。然后，用泥土垒个平台，作为起义誓师的地方。还做了一面大旗，旗上绣上了一个大大的"楚"字。陈胜自立为将军，吴广为都尉。起义军首先攻下大泽乡，进而攻占蕲县及附近各县。中国历史上第一次大规模的农民起义就这样爆发了。

陈胜、吴广在大泽乡起义的消息很快传开，附近穷苦的老百姓扛着锄头、铁耙、扁担，纷纷赶来加入起义军，起义军一下子壮大了起来，并且很快地占领了陈县。陈胜在陈县称了王，国号"张楚"，很长成为全国农民起义的中心。

为推翻秦朝统治，陈胜于八月封吴广为"假王"，令其率主力西击荥阳（在今河南中部），进而入函谷关（今河南灵宝东北）夺占秦朝腹地；宋留率部入武关（今陕西丹凤县东南），迂回咸阳；武臣、陈余率部攻取六国故地。吴广久攻荥阳不下，陈胜又以周文为将军，领兵绕过荥阳，进攻关中。周文攻破函谷关，屯军于戏（今陕西临潼东北）。这时起义军已有兵车千辆，战士几十万。

秦二世见起义军打到了都城附近，即令少府章邯把修建骊山陵墓的数十万刑徒和奴产子编成军队迎击农民军。同时，又从边塞调回王离的30万军队以保卫都城。周文率领的农民军，虽然英勇作战，但缺乏训练，且没有作战经验，又孤军深入，在秦军的突然袭击下，接连受挫，被迫退出函谷关，在曹阳驻守待援。

这时，武臣的东路农民军在河北旗开得胜，对秦朝官吏恩威兼施，连取30余城，在攻占旧赵都城邯郸后，武臣在张耳、陈余的怂恿下自立为赵王。陈胜为了顾全大局，勉强予以承认，并命他率军西上，支援周文。武臣置若罔闻，以陈余为大将军，张耳为丞相，公然割据自立。六国旧贵族纷纷割据称王，韩广称燕王，魏咎为魏王，田儋为齐王。陈胜所遣各部义军互不接应，六国旧贵族又变身割据者，严重削弱了反秦力量，起义军陷入孤立无援又腹背受敌的境地。曹阳的农民军与兵力庞大的秦军苦战两月，损失惨重，又无援助，终告失败，周文自杀。章邯乘胜猛扑，占领渑池。

随着反秦斗争的进行，起义军自身的矛盾和弱点也逐渐暴露。围攻荥阳的起义军内部发生内讧，将领田臧因与吴广意见不合，竟假借陈胜之命杀死吴广，自立为将军，致使军心涣散。章邯乘机率秦军直扑荥阳，田臧率军迎战章邯，兵败身死，余部溃散。陈胜依旧坐守陈县，章邯率军直扑陈县，在城西与张贺所率农民军展开激战，陈胜亲自督战。由于众寡悬殊，而秦军又挟战胜周文、田臧之余威，士气高昂，农民军终败，张贺战死，陈县失陷。12月，退至下城父（今安徽涡阳东南）的陈胜为车夫庄贾杀害，余部投奔其他反秦武装。宋留闻讯，在南阳降秦。轰轰烈烈的陈胜、吴广起义在秦王朝的残酷镇压下历经半年失败了。

⊙**大事记**

公元前209年九月，刘邦在萧何、曹参等的支持下，收兵两千余人，起兵于沛，自称沛公。

公元前209年，项梁、项籍（即项羽，籍为名，羽为字）起兵于吴。

刘邦和项羽

陈胜、吴广起义以后，各地的百姓纷纷响应。农民起义像一阵风暴，很快就席卷了大半个中国。

在南方会稽郡有一支强大的起义队伍，领导这支队伍的首领是项梁和他的侄儿项羽。项梁是楚国大将项燕的儿子，秦国大将王翦攻灭楚国的时候，项燕兵败自杀，项梁一直想重建楚国。他的侄儿项羽身材魁梧，力大无比，跟项梁学了不少本领。

项梁本是下相（今江苏宿迁西南）人，因为与人结了仇，躲避到会稽郡吴中来。他能文能武，吴中的年轻人都很敬佩他，把他当老大哥一样看待。项梁教这些年轻人学兵法，练本领。这时，他们听说陈胜起义，觉得是个建功立业的好机会，就杀了会稽郡守，占领了会稽郡。不到几天，就拉起了一支8000人组成的队伍。因为这支队伍里都是当地的青年，所以称为"子弟兵"。

项梁、项羽带着8000子弟兵渡过长江，攻克了广陵（郡名，治所在今江苏扬州市），接着又渡过淮河，向北进军。一路上又有各地方的起义队伍来投奔项梁。

第二年，刘邦带着一支100多人的队伍，来投靠项梁。

刘邦是沛县（今江苏沛县）人，在秦朝做过亭长（秦朝十里是一亭，亭长是管理十里以内的小官）。有一次，上司要他押送一批民夫到骊山做苦工，在去往骊山的山路上，每天总有几个民夫跑掉，刘邦想管也管不了。这样下去，到了骊山，刘邦也交不了差。

有一天，他把民夫们叫到一起，对大家说："你们到骊山去做苦工。累不死也得被打死；就算不死，也不知道哪年哪月才能返回家乡。我现在放你们走，大家各自去找活路吧！"

民夫们非常感激刘邦，当时就有几十个民夫愿意跟着他走。刘邦就带着这些人逃到芒砀山躲了起来。

沛县县里的文书萧何和监狱官曹参知道刘邦是个好汉，都愿意与他交好，他们之间来往不断。

等到陈胜打下了陈县，萧何和沛县城里的百姓杀了县官，并让人到芒砀山把刘邦接了回来，请他当了沛县的首领，大家称他"沛公"。不久，张良也投到了刘邦麾下。

项梁见刘邦也是一个人才，就拨给他人马。从此，刘邦成了项梁的部下。

这时各地起义军的领导权都落在旧六国贵族手里，彼此争夺地盘，互相攻打。秦国的大将章邯、李由想趁机把起义军各个击破。

面对这种形势，项梁在薛城开始整顿起义队伍。为了增强号召力，项梁听了谋士范增的建议，立楚怀王的孙子为楚王。因为楚国人对当年楚怀王受骗死在秦国一直愤愤不平，所以大家把他的孙子仍称为楚怀王。

⊙**大事记**

公元前208年，吴广、陈胜相继被害，项梁推立楚怀王的孙子为王，仍称楚怀王。旧六国贵族纷纷复国。

公元前208年，楚怀王与诸将相约："先入定关中者王之。"

巨鹿大战

项梁整顿了起义军后，打败了秦朝大将章邯。项羽、刘邦带领另一支队伍，杀了秦将李由。不久，章邯重新补充了兵力，趁项梁不备，发动了猛烈的进攻。项梁死在了乱军之中，项羽、刘邦也只好退守彭城。

章邯打败项梁，认为楚军已经元气大伤，就暂时放弃攻击楚军，带领秦军北上进攻赵国（这个赵国不是战国时代的赵国，而是新建立起来的一个政权），很快就攻下了赵国都城邯郸。赵王歇逃到巨鹿（今属河北），坚守不出。

章邯派秦将王离包围巨鹿，自己率大军驻扎在巨鹿南面的棘原。为了给王离军运送粮草，他在棘原和巨鹿之间修筑了一条粮道。

赵王歇一面守城，一面派人向楚怀王求救。当时，楚怀王正在筹划进攻咸阳。见赵国来求援，就任命宋义为上将军，项羽为次将，范增为末将，率领大军救援赵国。同时派刘邦西击关中，直捣秦朝都城咸阳。当时，秦军还很强盛，诸位将领都不愿先入关，唯独项羽，因为急于替叔父项梁复仇，主动请缨，要和刘邦一起进军关中。可是项羽初次领兵作战攻克襄城时，因为怨恨襄城军民誓死抵抗，曾经下令屠城，蒙上了"慓悍祸贼"的恶名，所以怀王和一些老将拒绝了他的请求，派素有仁厚之名的刘邦进军关中。怀王与诸位将领约定，先入定关中的人就封为关中王。这一约定，为日后刘、项的争端埋下了种子。

公元前207年十月，宋义率领楚军开到安阳。当时，巨鹿的赵军已经危在旦夕，可是宋义却因畏惧秦军的声势，在安阳一直停留了46天，迟迟不肯进军。这下可急坏了项羽。

项羽对宋义说："现在军营里粮食不多了，但是上将军却按兵不动，自己喝酒作乐，这样对得起国家和兵士吗？"宋义不但不听，还下了道命令：军中如有不服从指挥的，立即斩首。

当时，连日淫雨，天气寒冷，楚军又是远路而来，军粮不足，士兵们衣服单薄，饥寒交迫。此时的战争形势十分危急，秦军一旦攻破赵国，就会更加骄横，到那时，楚军势单力孤，更难以对抗秦军。国家安危，系于巨鹿一战，而宋义却停兵不前，终日歌酒宴会，丝毫不知体恤士卒，更不忧心国事，还送儿子出使齐国，和齐相田荣勾结。

项羽看到这种情况，又是气愤，又是焦虑。十一月的一天清晨，按捺不住的项羽终于趁参见宋义的时候，拔剑杀掉了宋义，然后公告全军，说宋义意图谋反，自己已经按楚王的密令将他处死。众将领推举他代理上将，楚怀王知道以后，也只得正式任命他为上将军。

当时，前来救援赵军的各路人马，都已经在巨鹿城下安营扎寨，但是因为畏惧秦军，都逡巡不前，不敢与秦军交战。只有项羽一马当先，在公元前207年十二月，以非凡的气概指挥楚军北上，向巨鹿进发。

项羽先派部将英布、蒲将军率领2万人做先锋，渡过漳水，切断秦军运粮通道，把章邯和王离的军队分割开来；自己率领数万楚军渡过滔滔漳水，向北岸的秦军营地进发。

过了河，项羽命令将士，每人只带三天的干粮，把军队里做饭的锅砸掉，把渡河的船凿沉（文言叫作"破釜沉舟"）；然后，对将士说："咱们这次打仗，没有回头路可走，三天之内，一定要打败秦兵。"

这时的楚军，前面是几十万秦军主力，后面是波涛汹涌的漳水。一旦战败，就只能被秦军残杀，或者葬身漳水，几乎已经陷入绝境。楚军将士都明白得很，只有全力以赴，击败秦军，才能绝地求生。于是，楚军人人奋勇，个个争先，以迅雷不及掩耳之势冲向秦军阵地。一时间，巨鹿城下杀声震天，经过一连9次激烈的战斗，楚军终于击破了秦军，脱离了险境。

项羽率军进攻秦军的时候，前来援赵的各路将领都慑于秦军淫威，远远地作壁上观。项羽击溃秦军之后，立即召见他们。这些人个个胆战心惊，进入项羽的大营之后，都膝行而前，头都不敢抬。这一战，项羽显示出坚决果敢的战斗精神和无所畏惧的英雄气概，各路诸侯都对他佩服得五体投地，项羽成了楚军和各路义军的最高军事统帅，威震四方。这一年，项羽刚刚25岁。

巨鹿之战后，项羽立即引兵南下，进驻漳水南面，进攻章邯率领的秦军主力，两军对峙了数月之久。秦二世在奸臣赵高的挑拨之下，不断派人责备章邯战斗不力，章邯日夜担心自己会被权奸暗算，赵将陈余又劝他倒戈反秦。正当他犹豫不决之时，项羽派蒲将军领兵渡过三户津，一举战败秦军，项羽自己也在汙水大破秦军。经过两次打击之后，章邯终于决定投降，秦军主力部队被瓦解了。

战斗结束后，项羽召见诸侯将领，众将进入辕门时，个个跪行，不敢仰视。项羽从此威震诸侯，成为诸侯上将军，统领诸侯之兵。

⊙**大事记**

公元前207年，项羽率军破釜沉舟，于巨鹿大战秦军，秦军大败，项羽为诸侯上将军。

公元前207年，赵高杀秦二世，立子婴为主，不再称皇帝，改称秦王；子婴杀赵高。

公元前206年十月，刘邦进军灞上，秦王子婴出降，秦朝灭亡。

公元前206年，项羽尊楚怀王为义帝，自立为西楚霸王，同时分封十八诸侯。

鸿门宴

项羽在巨鹿大战中打败了王离，收降了章邯，而后率领40万大军开到函谷关，看见关口有兵把守着，不准项羽的军队进关。项羽得知是刘邦的将士守着关口，肺都要气炸了，命令将士猛攻函谷关。关口很快被打开，项羽军队长驱直入，直到了新丰、鸿门（今陕西临潼东北）才驻扎下来。这里离刘邦军队驻扎地灞上只有40里路，项羽决定第二天攻打刘邦。

项羽的叔父项伯和刘邦的谋士张良是好朋友，他怕打起仗来张良会送命，就连夜赶到刘邦军营告知张良，叫张良赶快逃命。

刘邦、张良乘机以礼相待，并当即结成儿女亲家。刘邦对项伯说："我进入关中后，登记户籍，封闭府库，未敢擅取丝毫财物，一心等待项将军的到来。至于派兵守卫函谷关，也是为了防止意外。我日夜盼望项将军的到来，岂敢背叛？希望您能替我说个明白。"项伯欣然应允，并与刘邦约定，让他次日亲自去拜谢项羽。

项伯连夜赶回楚营，转达了刘邦的心意。他还对项羽说：刘邦具有丰功伟绩而去攻打他，是没有道理的，不如以礼相待。其时，项羽重兵在握，并不在意刘邦，况且攻打刘邦师出无名，于是便听从项伯的建议，撤销了次日清晨进攻灞上的计划。

第二天一大早，刘邦就带领张良、樊哙和100多人赶到鸿门，拜见项羽。刘邦装作十分热情地说："我和将军一起攻打秦朝，您在黄河的北面作战，我在黄河的南面作战。没想到我能先打进关中，攻破咸阳，今天有机会和将军见面，真是件令人高兴的事。听说有些小人在您面前挑拨我和您的关系，请将军千万别听信这些话。"项羽是个直性人，见刘邦这样可怜兮兮，怒气很快就烟消云散了。项羽叫人摆上酒席，举杯劝刘邦喝个痛快，态度越来越和气。

酒席上，范增一再给项羽使眼色，并多次举起胸前佩挂的玉瑗作暗示，要项羽下决心杀掉刘邦。项羽默不作声，好像没看见一样。范增急了，找个借口走出营门。他把项羽的堂兄弟项庄找来，交代他说："项王心肠太软，你到席上敬酒，然后舞剑助兴，趁机杀了刘邦。"项伯见项庄在宴席前不怀好意地舞起剑来，害怕刚结的亲家刘邦吃亏，也拔出宝剑说："一个人舞剑没有两个人来劲。"就用身子护着刘邦，与项庄对舞起来，项庄没机会对刘邦下手。

张良见形势危急，找个机会溜了出去，对樊哙说："宴会上项庄拔剑起舞，总想对沛公下毒手。"樊哙听了急得大喊："我去同他们拼了！"他带上宝剑和盾牌赶到帐前，把几个阻拦的卫兵撞倒，怒目圆睁地冲了进去。

项羽看到冲进一个怒容满面的人，急忙按住剑把，喝问道："你是什么人？"张良急忙上前解释说："他是沛公的车夫樊哙，一定是肚子饿了。"项羽用赞叹的口气说："好一个壮士！快赏给他一斗酒，一只猪腿。"项羽看了樊哙一会儿，越发觉得这人豪壮，说："壮士，还能喝酒吗！"樊哙粗声说："我死都不怕，还怕喝酒吗！当初，楚怀王跟大家有约：谁先打败秦军攻破咸阳，谁就做王。如今沛公先打进咸阳，他没拿一点东西，只是封了库房把军队驻在灞上，等到大王您的到来。如此劳苦功高的人，大王不但没给他奖赏，反而听信小人的挑拨，想去杀害他，这不是跟秦王没区别了吗？大王这种做法未免太不近情理了！"项羽一时答不上话来，招呼樊哙坐下。樊哙就挨着张良坐下了。刘邦镇定了一会儿，假装要上厕所，樊哙和张良也跟着出去了。刘邦想趁早溜回军营，又怕没有告辞失了礼数。樊哙说："干大事业的人不拘泥于小礼节。如今我们好比任人宰割的鱼肉，性命都难保了还讲什么礼数！"

刘邦走后，张良在外面等了好一会儿，估计刘邦已经到达军营了，才进去对项羽道歉说："沛公酒量小，今天喝多了，不能当面来向大王辞别。他嘱咐我奉上白璧一双敬献给大王，玉杯两只送给亚父。"项羽接过白璧，放在席位上，范增气得把玉杯扔在地上，又用宝剑劈碎，叹着气说："唉，真是没用的人，不值得让我操心！将来争夺项王天下的人，一定是刘邦。等着瞧吧，将来咱们这些人都会成为刘邦的俘虏！"

鸿门宴拉开了楚汉战争的序幕。

⊙**大事记**

公元前206年十二月，项羽在鸿门设宴招待刘邦，刘邦在张良的帮助下机智脱身。

公元前206年十二月，鸿门宴后刘邦撤出咸阳，项羽带兵进入咸阳，杀死子婴，放火烧秦宫室，掳财宝而走，秦人对其大为失望，更加心向刘邦。

公元前205年，项羽派人谋杀义帝，刘邦为义帝发丧，约各路诸侯共讨项羽。

楚汉之争

刘邦听从萧何的建议，拜韩信为大将，执掌兵权，准备攻打关中。萧何整顿后方，训练人马。公元前206年，汉王和韩信率领汉军进攻关中。

战争开始后，由于关中的老百姓对"约法三章"的汉军本来就有好感，所以，汉军每到一处，士兵、百姓都不愿抵抗。不到三个月的时间，刘邦就消灭了秦国降将章邯的兵力，牢牢地控制了关中地区。项羽得知刘邦攻占了整个关中，准备率兵来打。但是齐国的田荣也起来反抗项羽，把项羽所封的齐王赶下台，自立为王，项羽只好扔了刘邦这一头带兵去镇压田荣。

刘邦趁项羽和齐国相持不下的时候，率军东进，攻下了西楚的都城彭城。项羽赶紧往回撤兵。双方展开了一场大战。战斗一开始，双方谁也不知道对方有多少人，只打得昏天黑地，尸横遍野。到最后，汉军战败，刘邦的父亲太公和妻子吕氏也被楚军俘虏。

刘邦一面领着残兵败将，退到荥阳成皋一带，严密布防。另一方面派韩信带领兵马向北收服了魏国、燕国和赵国的地盘，又派陈平用重金挑拨项羽和范增的关系。项羽本来疑心很重，听信了谣言，真的怀疑起范增来。范增一气之下告老还乡，又气又伤心的他死在路上。范增一死，项羽身边少了一位得力的谋士，汉军的压力也随之减轻了。刘邦又叫彭越在后方截断楚军的运粮道，有效地控制了楚军。楚汉双方这样对峙了两年多。

公元前203年，项羽决定亲自带兵去攻打彭越。临走时，他再三叮嘱成皋守将曹咎，无论如何也要坚守城池不许出战。刘邦见项羽一走就向曹咎挑战。曹咎说什么也不战。后来刘邦叫士兵整天隔着汜水辱骂楚军。曹咎受不了刘邦士兵的辱骂，渡江作战被刘邦打得大败。曹咎觉得没脸见项羽，就抹脖子自杀了。

项羽听说成皋被汉军占领，曹咎自杀，急忙赶回来，楚汉两军在广武（今河南荥阳县东北）又对峙起来。

正当刘邦想和项羽决一死战的时候，项羽派人给刘邦传话说："现在天下不安定，都是由于你我两人相持不下造成的，你敢不敢与我比试高低，别让老百姓受连累了。"刘邦也叫使者回话说："我愿意比文斗智。"刘邦和项羽各自出阵来，刘邦为了叫项羽在楚、汉军面前威风扫地，便历数项羽有"十大罪状"。

项羽听刘邦述说自己的"十大罪状"，忍无可忍，也不回答，回头作了个暗示。钟离昧带领弓箭手一阵乱箭齐发，刘邦刚要回头，胸口已经中了一箭。他忍住疼痛，故意弯下身，大叫道："不好，贼兵射到我的脚趾了。"众将士急忙把他扶到营里，叫医官医治。张良怕军心动摇，便劝刘邦勉强起来，坐在车上巡视军营。

项羽见刘邦没死，还能巡视军营，而楚军粮草已供应不上，感到进退两难。

刘邦重伤在身，见双方相持不下，也非常着急。这时，洛阳人侯公从中调和了一下，双方定下协议，楚汉双方以荥阳东南的鸿沟为界，鸿沟以东属楚，鸿沟以西属汉，双方各守疆土，互不侵犯，罢兵息战。协议达成后，项羽把太公和吕氏也放了回来。

⊙**大事记**

公元前205年，刘邦、项羽在彭城展开大战，汉军死伤二十余万，刘邦仅数十骑遁逃。

公元前202年，汉军在垓下围攻楚军，项羽在乌江边自刎，刘邦称帝，建汉朝。

四面楚歌

楚汉议和还不到两个月，刘邦便组织了韩信、彭越、英布三路大军会合一处，在韩信统率下，追击项羽。

公元前202年，项羽被汉军围困在垓下（今安徽灵璧县东南），韩信在垓下的周围布置了十面埋伏。项羽的人马少，粮食也快吃光了。他想带领人马冲杀出去，但是汉军和各路诸侯的人马里三层外三层，项羽打退一批，又来一批；杀出一层，还有一层，项羽没法突围出去，只好回到垓下大营，吩咐将士小心防守。这天夜里，项羽在营帐里愁眉不展。他身边有个宠爱的美人名叫虞姬，看见他闷闷不乐，便陪伴他喝酒解愁。

项羽要虞姬离开垓下，回彭城或是回她的故乡，虞姬温柔地加以拒绝。要死就死在一块儿，她的念头非常单纯。项王战死，她也不独活。

到了午夜，只听得一阵阵西风吹来，风声里还夹着歌声。项羽仔细一听，歌声是从汉营里传出来的，唱的都是楚人的歌曲，楚军士兵那本已冰冷的心，顿时有如春回大地，冰消雪融，流水淙淙，万物苏生；他们好像回到了故乡的村庄，看见了那熟悉的山水、田野、牛羊，家乡父老的一张张笑颜、企盼的目光……楚军士卒不觉坐起身来，不顾严寒，走出营帐，向汉军营寨远眺，因为正是那篝火兴旺的地方传来了楚地的民歌乐曲……于是一群又一群的楚兵情不自禁地向那令他们向往的一堆堆温暖的篝火走去，项羽听四面到处是楚歌声，失神地说："完了！恐怕刘邦已经打下西楚了！汉营里怎么有那么多的楚人呀。"

项羽愁绪满怀，忍不住唱起一曲悲凉的歌来：

力拔山兮气盖世，
时不利兮骓不逝。
骓不逝兮可奈何，
虞兮虞兮奈若何？

项羽唱着唱着，不禁流下了眼泪。旁边的虞姬和侍从也都伤心地哭了起来。

当天夜里，项羽跨上乌骓马，带了800个子弟兵冲出汉营，马不停蹄地往前跑去。天亮后，汉军才发现项羽已经突围出去，连忙派了5000骑兵紧紧追赶。项羽一路奔跑，渡过淮河时，跟着他的只剩下100多人了。

但后面的追兵又围了上来。项羽对跟随他的士兵们说："我从起兵到现在有8年了，经历过70多次战斗，从来没有失败过，才当上了天下霸王。今天在这里被围，这是天要叫我灭亡，并不是我打不过他们啊！"

项羽说罢又几次冲出重围，一直到了乌江（在今安徽和县东北）边。此时，他的身边只剩下二十几个人了。恰巧乌江的亭长有一条小船停在岸边。亭长劝项羽马上渡江，说："江东虽然小，可还有1000多里土地，几十万人口。大王过了江，还可以在那边称王。"

项羽苦笑了一下说："我当年在会稽郡起兵时，带了8000子弟渡江。到今天他们没有一个能回去。我一个人回到江东，即便是江东父老同情我，立我为王，我也没脸见他们呀。"

项羽说完跳下马来，对亭长说道："我知道您是位长者，我骑这匹战马已有5年，所向无敌，曾经一日行走千里，不忍心杀掉它，就送给您吧。"项羽把战马送给乌江亭长后，令骑士全部下马步行，与追上来的汉兵展开肉搏战。他们杀了几百名汉兵，楚兵也一个个倒下。项羽受了十几处创伤，最后在乌江边拔剑自杀了。

项羽死后，楚地全部向汉军投降，唯鲁地不降。刘邦率大军想要屠城，兵至曲阜城下，还可听到城中的弦歌诵读之声，认为鲁人坚守礼义，为君主死节，便拿出项羽的人头令鲁人观看。鲁地父老见项羽已死，这才投降汉军。当初，楚怀王曾始封项羽为鲁公。项羽死后，鲁地最后投降，因而按照鲁公封号应享有的礼义，将项羽安葬在谷城。

刘邦为项羽发丧，洒泪而去。项羽的各支宗族，刘邦都不加以诛害。刘邦封项伯为射阳侯，项襄为桃侯，项佗为平皋侯，但都赐姓为刘。

西汉盛衰

大风歌

刘邦打败了项羽，建立了一个比秦朝更强大的汉王朝。公元前202年，汉王刘邦正式做了皇帝，这就是汉高祖。汉高祖定都洛阳，后来迁都到长安（今陕西西安）。

西汉初年，刘邦大封功臣，异姓王有7人，史称"异姓诸王"。这些王侯据有关东广大区域，势力强大，朝廷奈何不得。异姓王的存在为汉朝的长久稳定留下无穷隐患。

公元前202年七月，距离刘邦称帝不到半年，燕王臧荼首先叛乱，刘邦亲自率兵征讨。两个月以后，臧荼成为阶下囚，刘邦又立长安侯卢绾为燕王。九月，颍川的原项羽部将利几谋反，没多久即被刘邦平定。一时举国上下，谈兵色变，有人告发楚王韩信意图谋反，刘邦决定采纳陈平的建议，采取智取的办法。他假装巡游云梦（古大泽，在今湖北南部和湖南北部），命令各路诸侯于十二月在陈县会集。韩信见到诏令后，虽然有点儿疑惧，但自认为没有什么过失，便前往会见刘邦。武士当即将韩信逮捕押往洛阳，刘邦废其王号，改封他为淮阴侯。韩信因此非常忧郁。他经常称病不上朝，还常常发牢骚："果真像别人所说的那样，'狡兔死，走狗烹；飞鸟尽，良弓藏；敌国破，谋臣亡'。天下已经安定，我固当亡。"

公元前197年，有人说韩信与陈豨谋反。陈豨是刘邦子赵王如意的部下，如意年幼，长期留居长安，加上代地无主，陈豨独自掌握两地大权。据说，陈豨与韩信商定反汉，以韩信为内应，陈豨带将守边，内外呼应。公元前197年的秋天，刘邦借"太上皇驾崩"的名义召见陈豨，陈豨称身体不适，不应召见，并与王黄、曼丘臣一同造反，自立为代王。刘邦亲自赴邯郸坐镇，派周勃等率军北征。当时陈豨部将侯敞、王黄、张春四处招兵买马，号召反叛，叛乱几乎波及华北全境。而刘邦则处于劣势，他多次以羽檄征集彭越、英布等人，但无人应召。最后刘邦采用重金收买陈豨手下部将的计谋，方得以将陈豨打败。到了公元前195年，樊哙斩陈豨于灵丘（今属山西）。

刘邦亲自征讨陈豨时，要求韩信随军出征，韩信以身体不适为借口，没有一同前往。后来有人检举韩信想利用刘邦出征的机会，策划在长安动手，与陈豨里应外合。皇后吕雉与丞相萧何设计将韩信骗入宫中处死，并诛灭了其亲人家属。至此，在反楚战争中立下赫赫战功的韩信不复存在了。

公元前196年三月，梁王彭越的部下告发他谋反，刘邦不动声色地遣使前往梁王王都定陶，乘其不备，一举将彭越逮捕，押往洛阳。刘邦念其战功，没有将其处死，只是将其贬职为民，发放蜀地。恰巧在去流放地的途中，彭越偶遇从长安去洛阳的吕后。彭越自以为遇见了大救星，恳求吕后向刘邦求情，殊不知吕后为人刚毅，心肠狠毒。她假装答应了彭越的要求，将彭越带回了洛阳。她不但没有践约为彭越求情，反而对刘邦说让彭越这种有才能、有威望的人去蜀地是自留祸患，不如斩草除根。刘邦认为其妻言之有理，改判彭越死刑，并灭其全族。

韩信与彭越的死对英布震动很大，同病相怜的处境使得他不得不首先防范。他暗中部署兵力，小心刺探周围各郡的动静。后来有人将英布的活动报告给刘邦，刘邦派遣使者到淮南国查明情况。英布得知此事，如惊弓之鸟，只好于公元前195年七月宣布反叛。叛乱之初，英布气焰很高，他认为刘邦已61岁高龄，又身患疾病，无法也不会再带兵出征了，他信心十足地东进击杀了荆王刘贾，占据了大片的土地。刘邦深知年老体衰，意图让太子刘盈率兵出征。但太子宾客认为英布是善于用兵的猛将，诸将曾经与高祖一同打江山，平起平坐，威望较高，恐怕未必肯听太子的调遣，因此太子的出征，前景令人担忧。于是他们策划让吕后去请求皇帝亲自出征。刘邦思前想后，觉得别无选择，只好不顾年老体衰，于十月亲率大军东征，连连打败英布的队伍。十月，刘邦与英布在蕲西短兵相接，英布不敌，逃往江南，被当地人杀死于乡民田舍。英布所发动的叛乱是刘邦在位期间最大的一次叛乱，这次叛乱的平定，对汉王朝的长治久安起到重要的作用。

汉高祖平定了英布叛乱后，在凯旋的路上，回故乡沛县住了几天。他邀集了故乡的父老子弟和以前的熟人，举行了一次宴会。他在与父老乡亲团聚畅饮当中，想起过去自己战胜项羽的经历，又想到以后要治理好国家，可真不容易。想到这里，汉高祖感慨万千，情不自禁地唱道：

> 大风起兮云飞扬，
> 威加海内兮归故乡，
> 安得猛士兮守四方。

⊙大事记

公元前202年，刘邦即位后召田横进京，田横自杀，跟随他的死士五百余人皆自杀，是为田横五百士。

刘邦称帝后，大封同姓王，叔孙通为汉朝制定了朝仪。

公元前201年，匈奴冒顿自立为单于，大举进攻燕、代等地，秦朝蒙恬所得匈奴故地尽失。

公元前200年，汉高祖北击匈奴，被围白登山，史称"白登之围"。

白马之盟

汉高祖晚年时宠爱戚夫人。戚夫人生了个孩子，名叫如意，被封为赵王。汉高祖觉得吕后所生的太子刘盈性格软弱，担心他成不了大事，倒是如意说话做事很合自己的心意。因此，想废掉太子刘盈，立如意为太子。

他为这件事召集大臣们商量，但大臣们都反对，连他一向敬重的张良也不同意。大臣们还把当时很有名望的四个隐士——"商山四皓"（就是白发老人的意思）请了来，帮助辅佐太子刘盈。这样一来汉高祖就没法废掉太子了。

汉高祖知道自己快不行了，便把大臣召集在他跟前，吩咐侍从宰了一匹白马，要大臣们歃血为盟。大臣们当着高祖的面，歃了血，发誓说："从今以后，不是姓刘的不可以封王，不是功臣不可以封侯。谁违背这个盟约，大家就共同讨伐他。"汉高祖病情越来越重了，便叫吕后进去，嘱咐后事。

公元前195年，汉高祖逝世。吕后封锁了消息，秘密地跟他的一个心腹大臣审食其说："大将们和先帝都是一起起兵的，这些人很难控制。如今先帝去世，他们就更靠不住了，不如把他们都杀了。"

审食其觉得这事不好办，就约吕后的哥哥吕释之做帮手。吕释之的儿子吕禄偷偷地把这个秘密消息泄露给他的好朋友郦寄，郦寄又把这件事告诉他父亲郦商。

郦商听到这消息，马上去找审食其，对他说："听说皇上去世4天了。皇后不发丧，反倒打算杀害大臣。这样做，一定会激起大臣和将军们的反抗，不仅天下会大乱，只怕您的性命也难保。"

审食其害怕了，忙去找吕后。吕后也觉得杀大臣这件事没有十足的把握，就下了发丧的命令。

大臣们安葬了汉高祖，太子刘盈即位，就是汉惠帝。吕后做上了太后。

汉惠帝仁弱孝顺，高祖死后，国家大权落入吕后手中。吕后怨恨戚姬和赵王如意，高祖一死，吕太后命永巷令将戚姬囚禁在宫内幽禁犯罪嫔妃的永巷之中，同时派使者召赵王如意入京。赵王的相国周昌认为这次召见是凶多吉少，便让赵王声称病而不前往。为敦促赵王来京，使者往返再三，周昌仍是坚持不让赵王入京，并对派来的使者说："高帝把赵王嘱托给我，赵王又年少，私下听说太后怨恨戚夫人，想要征召赵王入京，一起杀害，我因此不敢放赵王前往。况且赵王也真是有病在身，不能奉诏前往。"

使者返京后，把周昌说过的话如实向太后汇报，太后大怒，认为只要有周昌在赵王身边，就难以把赵王召到京来。她决定首先征召周昌，周昌不得不奉诏入京。到达长安后，周昌拜见吕太后，太后骂周昌："你不知道我最怨恨戚氏吗？你不放赵王来京，是何道理？"

周昌沉默不言，从此便推托有病而不肯入朝，3年后悲愤而死。

周昌到达长安后，吕太后又再次派使者召赵王来京，赵王动身离开赵都邯郸。

汉惠帝知道太后要加害弟弟如意，便亲自把如意接到宫里，他俩吃饭睡觉都在一起，使吕太后没法下手。

有一天早晨，汉惠帝起床出外练射箭。他想叫如意一起去，一看如意睡得很香，不忍叫醒他，便自己出去了。等惠帝回宫，看到如意已经死在床上了。惠帝知道弟弟是被毒死的，抱着尸首大哭了一场。

吕太后杀了如意，还残酷地把戚夫人的手脚都砍去，挖出她的两眼，给她吃了哑药，把她扔在厕所里。

后来，汉惠帝看见戚夫人被太后折磨成这个样子，不禁放声大哭，然后生了一场大病。他派人对太后说："这种事不是人能干得出来的。我是太后生的，但没有治理天下的能力。"从那以后，汉惠帝很少过问朝廷的事务。

⊙**大事记**

公元前194年，吕后掌权后，杀死赵王如意及其母戚夫人，手段之残忍使惠帝受到刺激，从此不理朝政。

周勃夺军

汉惠帝一直没有儿子，吕太后作主从外面找来一个婴儿，对外说是惠帝生的，立为太子。公元前188年，惠帝一死，这个婴儿接替了皇位。小皇帝不能处理朝政，吕太后便名正言顺地临朝执政。

吕太后为了巩固自己的权力，要立吕家人为王，向大臣们征求意见。右丞相王陵提起汉高祖临终前与大臣们立下白马盟约的事，不赞成吕太后的想法。吕太后大为不满。

陈平、周勃说："高祖平定天下，分封刘家的子弟为王，这当然是对的；现在太后临朝，封自己的子弟为王，也没有什么不可以。"散朝以后，王陵批评陈平和周勃违背了誓言。

陈平、周勃说："您别着急。当面在朝廷上和太后争论，我们比不上您；将来保全刘家天下，可就要靠我们了。"

从这以后，吕太后就陆续把她的娘家人，像吕台、吕产、吕禄等一个个都封了王，还让他们掌握了军权。朝廷大权几乎控制在吕家的手里了。

吕太后临朝的第八个年头，患了重病。临死前封吕产为相国掌管南军；赵王吕禄为上将军，掌管北军，并且叮嘱他们说："现在吕氏掌权，朝廷里有很多大臣不服。我死了以后，你们要带领军队保卫宫廷，不要出去送殡，提防被人暗算。"

吕太后死后，兵权都在吕产、吕禄手里，他们便策划发动叛乱。

朱虚侯刘章得知了吕家的阴谋，就派人去通知哥哥齐王刘襄，约他出兵攻打长安。

齐王刘襄起兵，吕产得到了这个消息，立刻派将军灌英带领兵马去征讨。灌英一到荥阳，就跟部将们商量说："吕氏想夺取刘家天下。如果我们向齐王进攻，这不等于帮助吕氏叛乱吗？"

大家商量了一下，决定按兵不动，暗地里通知齐王，要他联络诸侯，等时机成熟，一起起兵讨伐吕氏。齐王接到通知，马上就地安营扎寨，停止前进。

周勃、陈平知道吕氏要发动叛乱，便想先发制人，但是兵权掌握在吕氏手里，必须想办法夺回兵权。他们想出个主意，派人鼓动郦寄去劝说吕禄道："太后死了，皇帝年纪又小，您身为赵王，却留在长安带兵，大臣诸侯都怀疑您。如果您能把兵权交给太尉，回到自己的封地，齐国的兵就会撤退，叛乱也就会平息。"吕禄相信了郦寄的话，把北军交给太尉周勃掌管。

周勃拿到了将军的大印，马上赶到北军军营中去，向将士下了一道命令："现在吕氏想夺刘家的天下，你们看怎么办？支持吕家的把右臂袒露出来，帮助刘家的把左臂袒露出来。"

北军中的将士本来都是向着刘家的。命令一传下去，军中士卒纷纷祖露左肩，呼声震天。周勃很顺利地将北军控制，成为反吕的一支主要部队。接着，周勃命令朱虚侯刘章率兵千人以进宫护卫皇帝为名，伺机捕杀了统率南军的相国吕产，后又捕杀吕禄，并分派人手去捕杀诸吕，不论老少全部处死。至此，吕氏集团被剿灭，统治大权又回到刘氏集团手中。

诸吕之乱平定后，周勃、陈平等大臣密商选立皇帝。大臣们一致认为，代王刘恒适合即帝位。因为现即帝位的少帝和各位王子都不是惠帝亲生，代王却是汉高祖的儿子，而且为人宽厚，待人仁慈，其母薄氏也很善良，不会出现拥尊自立的现象。最为关键的一点是代王年龄最大，全国上下无可争议。于是，周勃、陈平等人亲迎代王入长安而即帝位。闰九月，代王刘恒一行由代到长安，在群臣拥戴下即皇帝位，是为太宗孝文皇帝。文帝即位后，大赦天下，积极推行休养生息政策，开创了汉朝盛世。

⊙**大事记**

公元前180年，吕后去世，周勃、陈平、刘章等平定诸吕之乱，后立代王刘恒为帝，是为汉文帝。

公元前179年，汉文帝派陆贾出使南越，南越王赵佗去帝号，向汉朝称臣入贡。

晁错削藩

汉景帝即位后，也采用休养生息的政策，治理国家。景帝当太子的时候，有个管家的官员叫晁错，挺有才能，大家都称他"智囊"。后来，汉景帝把他提升为御史大夫。

秦朝实行的是郡县制，但是汉高祖打下天下后，分封了22个诸侯国，这些诸侯都是汉高祖的子孙。到了汉景帝时，诸侯的势力变得强大起来，土地又多，像齐国就有70多座城。有些诸侯不受朝廷的约束，简直成了独立王国。

晁错见各诸侯国的发展态势很有可能造成国家分裂的危险，就对汉景帝说："吴王私自开铜山铸钱，煮海水取盐，招兵买马，动机不纯，不如趁早削减诸侯国的封地。"

汉景帝有点犹豫，说："削地只怕会引起他们造反。"

晁错说："诸侯想造反的话，削地会反，不削地将来也会反。现在造反，祸患小；将来他们势力大了，再反起来，祸患就大了。"

汉景帝觉得晁错的话很有道理，便下定决心，削减诸侯的封地。过了不久，朝廷找了些理由，削减了诸侯的封地。有的被削去一个郡，有的被削掉几个县。

正当晁错与汉景帝商议要削吴王刘濞的封地时，吴王刘濞先造起反来了。他打着"惩办奸臣晁错，救护刘氏天下"的旗号，煽动其他诸侯一同起兵造反。

公元前154年，吴、楚、赵、胶西、胶东、淄川、济南7个诸侯王发动叛乱。历史上称为"七国之乱"。

叛军声势很大，汉景帝惊恐之余，想起汉文帝临终时的嘱咐：国家有变乱，就让周亚夫带兵出征。于是，他拜善于治军的周亚夫为太尉，统率36名将军去讨伐叛军。

那时候，朝廷中有人妒忌晁错，说七国发兵完全是晁错的过错，如果杀了他，七国就会退兵。接着，有一批大臣上奏章弹劾晁错，说他大逆不道，应该杀头。汉景帝看了这个奏章，竟昧着良心，批准了。

这样，一心想维护汉家天下的晁错，竟莫名其妙地被杀了。

汉景帝杀了晁错，下诏书要七国退兵。这时候，吴王刘濞已经打了几个胜仗，夺得了几座城池。他听说要他拜受汉景帝的诏书，冷笑说："现在我也是个皇帝，为什么要拜受别人的诏书？"

这时，汉军营里有个叫邓公的官员，到长安向景帝报告军情。汉景帝问他："你从军营里来，知不知道晁错已经死了？吴楚答应退兵了吗？"

邓公说："吴王一直有造反的野心。这次借削地的借口发兵，哪里是为了晁错呢？陛下把晁错杀了，恐怕以后没人敢替朝廷出主意了。"

汉景帝这才知道自己错杀了晁错，悔恨之余，决定以武力平叛，于是派遣太尉周亚夫率兵征讨。周亚夫以坚壁固守的战术，多次挫败吴楚联军的进攻。吴楚联军的士卒饿死、投降、失散的很多，只得败退。三月，吴王刘濞残部数千人退守丹徒（今江苏镇江），被东越人所杀。其他诸王也战败自杀、被杀，历经3个月的"七国之乱"遂被平定。

"七国之乱"的平定，在很大程度上解决了汉高祖分封同姓王所引起的矛盾，巩固了汉王朝中央的统治，并为日后汉武帝以推恩令进一步解决诸侯王国问题创造了必要的条件。

汉景帝平定了叛乱，仍旧封七国的后代继承王位。但是从那以后，诸侯王只能在自己的封国里征收租税，取消了他们干预地方行政的资格，大大削弱了他们的权力，汉朝的中央集权才得以巩固。

⊙**大事记**

公元前154年，吴、楚等七个诸侯王以"清君侧"之名发动叛乱，建议削藩的晁错被景帝腰斩。景帝后派周亚夫等率军平定"七国之乱"。

公元前150年，汉景帝立夫人王氏为皇后，胶东王刘彻为皇太子，刘彻即后来的汉武帝。

武帝初登

公元前156年的一天深夜，汉景帝忽得一梦：一头红色的猪从天而降，只见这头猪身裹祥云，从太虚幻境来到宫中。紧接着，高祖刘邦也飘然而至，对景帝说："王夫人生子，应取名为彘。"汉景帝猛然惊醒，才发现是一场梦。

这王夫人本名娡，母亲臧儿，本是项羽所封燕王臧荼的孙女，因家道衰落，嫁给同乡的王仲为妻，生下王娡。王娡聪明伶俐，容貌俊美清雅。据传，有一相面术士见到王娡后，大惊失色地称赞道："此女贵不可言，当匹配天子，生天子，母仪天下！"这时王娡嫁人，并生有一女。后来赶上官中选秀，其母想方设法将她混成秀女送入宫中。当时还是皇太子的汉景帝见她貌美，遂纳入自己宫中。汉景帝即位后封王娡为"美人"，宫中都称她为"王夫人"。

　　说来也奇怪，第二天临近午夜，王夫人果然产下一男婴，婴儿的啼哭声从王夫人住处传出，消息立刻传到汉景帝那里。汉景帝听说后兴奋异常，急忙乘驾赶到王夫人住处。新生儿被裹在襁褓里，发出响亮的啼哭声。景帝满脸喜色地走上前去，端详着自己的第九个儿子。儿子在父亲充满慈爱的注视下，竟然停止了哭声。王夫人欠身榻上，温柔地对景帝说："请皇上给皇儿赐名吧！"汉景帝这时又想起了昨夜梦中的情景，于是给他起名彘。刘彘就是后来大名鼎鼎的汉武帝。

　　刘彘自幼聪明，三岁能背典籍，无遗漏，汉景帝大为惊异，于是大为宠爱。一天，景帝把刘彘抱在膝头上，问道："我儿愿意当皇帝吗？"刘彘用稚嫩的声音答道："做皇帝不由儿臣，我愿天天在父皇膝前嬉戏，不失为子之道。"景帝暗暗惊叹："三岁小儿竟如此口齿伶俐，真是天资聪颖啊！"于是就有了立刘彘为太子的打算。

　　汉武帝的童年和少年的宫廷生活，决定了他一生的命运，并给他54年的皇帝生涯打上了深深的烙印。

　　汉武帝虽然也是汉景帝的儿子，但是按照当时的继承顺序，皇帝的位子根本轮不到他。汉景帝在公元前153年就立皇子刘荣为太子，与此同时封刘彘为"胶东王"。但是刘荣的母亲栗姬和刘彘的母亲王美人都不是皇后，和栗姬相比，王美人并不怎么得宠。公元前151年，汉景帝废薄皇后，眼看皇后之位就要落到栗姬手中。但是，栗姬自从亲生儿子被立为太子后，就目空一切，专横跋扈，脾气越来越乖戾。汉景帝终于忍无可忍，公元前150年正月，他不顾朝臣反对，下诏废皇太子刘荣为临江王，将栗姬打入冷宫。

　　皇太子之位暂时空缺，诸子为争夺皇位继承权展开了激烈斗争。刘彘被立为太子，他的姑母长公主刘嫖起了关键的作用。刘嫖是窦太后的女儿，汉景帝的姐姐，她不仅受到窦太后的宠爱，与汉景帝的关系也非常密切。长公主生有一个女儿，名阿娇。长公主一心想让阿娇当皇后，她本来想把阿娇许配给太子刘荣，可遭到栗姬的回绝，长公主由此和栗姬结仇。王美人抓住这一机会，极力讨好长公主。碰巧一天年仅五六岁的刘彘到长公主家玩耍，长公主见他聪明可爱，于是抱在膝上问道："我儿想要娶个媳妇吗？"刘彘答道："想。"长公主指着左右侍女问刘彘："她们之中你喜欢哪一个呀？"刘彘摇摇头，表示一个也不喜欢，最后长公主指着自己的女儿问他："阿娇好不好？"刘彘这才高兴地说："好！我要是能娶阿娇做媳妇，一定要给她盖一座金屋，让她住在里面。"长公主听了非常高兴，后来在征得汉景帝同意后，便把阿娇许配给了刘彘。这样，长公主和刘彘的关系更近了一层，看到刘荣的太子之位被废，长公主和王美人乘机活动，终于说服汉景帝。公元前150年四月，汉景帝立王美人为皇后，接着立7岁的胶东王刘彘为皇太子，改名彻。

刘彻从公元前150年被立为太子，到公元前141年汉景帝驾崩，继承皇位，其间做了9年太子。在这9年中，聪颖过人的皇太子深得汉景帝的宠爱。他一方面协助汉景帝处理政务；另一方面博览群书，广泛涉猎琴棋书画、诗歌辞赋，这为他以后五十余年的政治生涯奠定了基础。汉景帝后元三年（公元前141年），汉景帝为已年满16岁的皇太子举行了隆重的冠礼。不料冠礼大典之后，汉景帝突然患病，医治无效，正月二十七日驾崩于未央宫。国不可一日无君，皇太子当日在汉景帝灵前继承皇帝大位，君临天下，一代名君汉武帝登上了皇帝的宝座。

汉武帝统治时期是中国历史上的一次转变。他统治下的西汉王朝是中国历史上的第一个黄金时代。处于鼎盛之中的大帝国无论是文治还是武功都达到了中国封建社会的高峰。在政治上，武帝颁行推恩令，制定左官律、附益法，实施"酎金夺爵"，基本上改变了汉初以来诸侯王强大难治的局面；实行一系列打击地方豪强的有效措施；创立刺史制度，加强对地方的控制和监督；同时，汉武帝削弱了丞相权力，任用酷吏，严格刑法，设立太学、建立察举制度，加强中央集权的统治力量。在经济上，将冶铁、铸钱、煮盐收归官营；设立均输、平准官，运输和贸易由国家垄断，将物价平衡；实行算缗告缗，打击富商大贾；治理黄河，大力兴修水利，广开灌溉；实行代田法，改进农具，推动农业生产的发展。在思想上，采纳董仲舒建议，"罢黜百家，独尊儒术"，巩固君主集权，使大一统的儒家思想成为封建统治思想。在民族关系上，多次派兵攻打匈奴，解除了匈奴对北部边郡的威胁；前后两次派遣张骞出使西域，实现和发展了与西域地区的交流，促进了经济文化的繁荣；又遣使至夜郎、邛、筰等地宣慰，加强对西南地区的控制和开发；还统一了南越地区，设立南海、苍梧等9郡。

汉武帝在位54年，为以汉族为主体的统一的多民族的封建国家的巩固和发展作出了重要贡献。武帝时期，西汉成为亚洲最富强繁荣的多民族国家，也是中国历代封建王朝中的盛世之一。

⊙**大事记**

公元前140年，董仲舒三次上书，献"天人三策"，提出以儒家学说作为统治思想。

公元前139年，窦婴等因尊儒而被崇尚黄老之学的窦太后罢官。

罢黜百家，独尊儒术

"罢黜百家，独尊儒术"是公元前140年，汉武帝尊崇儒术，将百家学说排斥于官学之外的思想措施。"罢黜百家，独尊儒术"确立了儒家思想在中国社会和文化中的主导地位，不仅巩固了汉朝政权，而且对中国历史的发展和传统文化的凝聚产生了极其深远的影响。

西汉初年，汉高祖继续实行秦代的挟书律，禁止私人收藏《诗经》《尚书》等，儒家学术活动几乎灭绝，清静无为的道家思想被统治者大力提倡。这些政策短期内适应了长期战争后恢复生产、稳定社会秩序的要求。无为而治、休养生息的政策造就了文景时期的社会安定、政治开明、文化复兴的繁荣局面。

但随着时代的发展，黄老学说已经不适应时代潮流。汉武帝时期，王国势力强大并凌驾于朝廷之上，商人豪强大力兼并土地，匈奴不断骚扰边界，强化专制主义中央集权制度已经成了统治者的迫切需要。而儒家的大一统思想、神化皇权的观念以及仁义学说，恰好适应了这种要求。年轻力壮的汉武帝要大有作为，建立千秋帝业，也需要这种新的思想武器。

汉武帝即位后，首先举行的一件大事是召集天下文士，亲自出题考试。大儒董仲舒提出，诸子学说使国家不能保持一贯的政策，法令制度常常改变不利于封建的专制统治，建议政府只用讲儒学的人为官。武帝采纳了董仲舒的建议，把各地举荐来的非儒学的诸子百家一概罢斥，同时任用考试优秀的儒家学者。这样一来，只有学习儒家学术才有做官的机会。武帝又改组领导班子，起用了一大批好儒学的人，如用好儒术的田蚡做丞相等，以此来褒扬儒学，贬斥道家等诸子学说。

汉武帝的改革激怒了黄老学说的首要代表窦太后。窦太后大力打击儒家，并找借口把鼓吹儒学的人投入监狱。窦太后去世后，武帝重用儒生，把官府里非儒家的博士一律免职，排斥黄老刑名等百家学术于官学之外，这就是有名的"罢黜百家，独尊儒术"。武帝提倡的儒学，是在原来孔子仁义学说的基础上吸收了阴阳五行家神化皇权、鼓吹君权神授的思想，又接受法家君王独尊、增设刑法、任用酷吏的学说，成为一种儒家王道与法家霸道杂合的思想。

汉武帝的独尊儒术与秦始皇的焚书坑儒目的都是为了统一思想，巩固封建统治，只是他们采用的手段不一样。秦始皇烧掉诸子百家书籍，企图用暴力手段来达到目的，结果失败了。汉武帝则采用引导的办法，提倡儒家学说，确立儒学为官学，从而开创了两千多年来儒家学说独盛的局面，儒家由此成了中国封建社会的主流思想。

⊙**大事记**

公元前138年，张骞第一次出使西域。汉武帝派张骞出使西域联络大月氏，以图夹击匈奴。

公元前133年，汉武帝听从王恢的建议，在马邑设谋，诱击匈奴，失败后王恢自杀。

公元前130年，汉武帝派大臣出使夜郎、邛等地，置都尉，称为通西南夷。

张骞出使西域

汉武帝初年的时候，汉武帝从投降过来的匈奴人那里，得知了有关西域（今新疆和新疆以西一带）的情况。他们说有一个被匈奴打败的月氏国，向西迁移到西域一带。

汉武帝想，月氏在匈奴西边，如果汉朝能跟月氏联合起来，断绝匈奴跟西域各国的交往，这不是等于断了匈奴的右臂吗？于是，他下了一道诏书，征求能到月氏去联络的人。

有个年轻的郎中（官名）张骞，觉得这件事很有意义，便自告奋勇去应征。随后又有100多名勇士应征，其中有个叫堂邑父的匈奴族人，也愿意跟张骞一块儿去找月氏国。

公元前138年，汉武帝就派张骞带着应征的100多个人出发了。但是要到月氏，中途必须经过匈奴占领的地界。张骞他们小心地走了几天，还是被匈奴兵给发现了，全都做了俘虏。

他们被匈奴扣押了10多年。日子久了，匈奴对他们管得不那么严了。张骞偷偷找到堂邑父，两人商量了一下，趁匈奴人不防备，骑上两匹快马逃走了。他们一直向西跑了几十天，历尽千辛万苦，逃出了匈奴地界，进入了一个叫大宛的国家。

大宛和匈奴是近邻，当地人能听懂匈奴话。张骞和堂邑父便用匈奴话与大宛人交谈起来。大宛人给他们引见了大宛王，大宛王早就听说汉朝是个富饶强盛的大国，听说汉朝的使者到了，非常高兴，后来，又派人护送他们到康居（约在今巴尔喀什湖和咸海之间），再由康居到了月氏。

月氏被匈奴打败以后，迁到大夏（今阿富汗北部）附近，在那里建立了大月氏国。大月氏国王听了张骞的来意，不感兴趣，因为他们不想再跟匈奴结仇。但是张骞毕竟是个汉朝的使者，也很有礼貌地接待了他。

张骞和堂邑父在大月氏住了一年多，没能说服大月氏国共同对付匈奴，只好返回长安。在回国的途中，又被匈奴人扣留了一年。这样，直到公元前126年，张骞等人才回到长安，见到汉武帝。

张骞在外面整整过了13年才回来。汉武帝认为他立了大功，封他为太中大夫。到了卫青、霍去病消灭了匈奴主力、匈奴逃往大沙漠北面以后，汉武帝再次派张骞去结交西域诸国。

公元前119年，张骞和他的几个副手，拿着汉朝的旌节，带着300个勇士，还有1万多头牛羊和黄金、绸缎、布帛等礼物去西域建立友好关系。张骞到了乌孙（在新疆境内），乌孙王亲自出来迎接。张骞送给他一份厚礼，建议两国结为亲戚，共同抵御匈奴。

过了几天，张骞又派他的副手们带着礼物，分别去联络大宛、大月氏、于阗（在今新疆和田一带）等国。乌孙王派了几个翻译作他们的助手。

这些副手去了好久还没回来。张骞决定不再等下去了，乌孙王便派了几十个人护送张骞回国，顺便一起到长安参观，还带了几十匹高头大马送给汉朝皇帝。

汉武帝见乌孙人来了，很是高兴，又瞧见乌孙王送的大马，就格外优待乌孙使者。一年后，张骞生病死了。张骞派到西域各国去的副手也陆续回到长安。副手们把到过的地方合起来一算，总共到过36个国家。

从那以后，汉朝和西域各国建立了友好交往的关系。汉武帝每年都派使节去访问西域各国，西域派来的使节和商人也络绎不绝。中国的丝和丝织品，经过西域运到西亚，再转运到欧洲，后来人们把这条路线称做"丝绸之路"。

飞将军李广

公元前129年，匈奴侵犯汉朝边境。汉武帝派卫青、公孙敖、公孙贺、李广四位将军带兵抵抗。在这四名将军中，李广的年纪最大，立下了无数战功。

李广是陇西成纪（今甘肃秦安县北）人，他的先祖叫李信，在秦始皇时当过将军。李广能骑善射，武艺高强。汉文帝前元十四年（公元前166年），匈奴大举入侵萧关（今甘肃东南）时，李广应征入伍，参加抗击匈奴。

到了汉景帝时期，李广担任陇西都尉，不久，又调任骑郎将。李广每到一地，都以和匈奴奋力拼杀出名，他的战略战术更让匈奴谈之色变。

汉景帝中元六年（公元前144年），匈奴骑兵入侵上郡（今陕西榆林东南）、雁门（今山西原平北），掠夺汉皇室狩猎场的马匹。汉吏卒与之交战，死亡2000余人。当时李广任上郡太守，率领百余骑兵外出巡视，归途中遇匈奴数千骑兵。李广的随从都很害怕，想逃走，李广忙阻止，认为大军离此数十里，如果以百骑逃走，匈奴骑兵勒马追赶，马上就会被斩杀；如果原地不动，匈奴兵会认为是大军的诱饵，必定不敢攻击。于是，李广命令部下前进至距匈奴阵2里左右，下马解鞍，表示并不忙着离去。

匈奴军中有一位骑着白马的监军到阵前观望，李广率十余骑将他射杀，后回到军中便解鞍纵马，卧地休息。时近黄昏，匈奴骑兵对李广的举止迷惑不解，以为汉军在附近有伏兵，不敢轻易攻击。入夜，匈奴军担心遭受汉大军袭击，向北撤退。天亮后，李广率军平安返回大营。

武帝即位后，朝廷里的大臣们都夸奖李广是员猛将，武帝便把李广从上郡太守的任上调往京师，担任未央宫的警卫。

这一次李广和卫青、公孙贺、公孙敖四路人马去抵抗匈奴，匈奴的军臣单于早已得到了消息。匈奴人最害怕的就是李广，单于便把大部分兵力集中在雁门，并设了埋伏，要活捉李广。匈奴人事先挖下陷阱，再和李广对阵，假装被打败了，引诱李广去追赶他们。李广看到前面是平展的草地，没有想到匈奴人挖好了陷阱，就等他中计了。李广追着追着，只听"呼啦"一声，李广连人带马都掉进了陷阱，被匈奴人活捉了。

匈奴人捉住了李广，生怕他跑了，就把李广装在用绳子结成的网兜里，用两匹马吊着。

李广躺在网兜里，一动不动，像死了一样。走着走着，他微睁眼睛，偷偷地瞧见旁边一个匈奴兵骑着一匹好马，便使出全身力气，一跃跳上马，夺了那个匈奴的弓箭，将那个匈奴兵打翻在地，拼命地往回跑。几百个匈奴骑兵在后面追，李广一连射死了前面的几个追兵，终于逃了回来。

李广虽然跑了回来，但是打了败仗，按军法应当斩首。后来李广花钱赎罪，回家做了平民。过了不久，匈奴又来进犯汉朝边境，李广被重新起用，到右北平做了太守。

李广有多年的防守经验，他行动快，箭法精，忽来忽去，敌军总是摸不清他的打法，所以匈奴人称他为"飞将军"。在他驻守右北平期间，匈奴人不敢来犯。

李广闲暇无事时，便带上一些将士外出打猎。当时右北平山里有不少老虎，李广一连射死了好几只。有一次，李广外出打猎，突然瞧见迎面的乱草丛中蹲着一只斑斓猛虎，正准备向他扑过来。李广急忙拈弓搭箭，用足全身力气，一箭射去，凭他百发百中的箭法，射个正着。将士们赶快提着剑跑过去捉老虎，可是跑近一看，都愣住了，原来草丛中并没有老虎，只有一块奇形怪状的大石头，李广的那支箭，竟然射进了石头里！

飞将军李广一箭射进石头的消息，很快传开了。匈奴人听了，更加害怕李广，急急忙忙地往西迁移，再也不敢来侵扰右北平一带的边境地区了。

汉元狩四年（公元前119年），李广跟随卫青征战漠北，因奉命绕道东线，不幸迷失方向，贻误战机。卫青命长史追究治罪于李广。当时，李广已是60多岁的高龄，不愿受辱，慨然自杀。李广平日爱恤士卒，深受部下敬重。李广死后，士卒失声痛哭，悲痛不已。

⊙大事记

公元前129年，匈奴进攻上谷，汉武帝派卫青、公孙敖、李广、公孙贺等人率军出击，除卫青外，余皆失利。

公元前128年，汉武帝启用李广为右北平太守，匈奴称其为"飞将军"，数年不敢侵犯右北平。

公元前124年，汉武帝派卫青率六军出击塞外，大败匈奴，因功封卫青为大将军。

河西之战

汉武帝时国力鼎盛，为巩固边防开始反击匈奴。关内侯卫青出身低微，他的父亲是平阳侯曹寿家里的差役。卫青长大后，当了平阳侯家的骑奴。后来，卫青的姐姐卫子夫在宫里受到汉武帝的宠幸，卫青的地位才渐渐显贵起来。

霍去病是卫青的外甥。霍去病从18岁开始就在皇帝左右担任侍卫，他擅长骑马射箭。公元前123年，匈奴又来进犯，霍去病也跟着卫青一起去抗击匈奴。

匈奴听说汉军大批人马杀来，立即往后逃走。卫青派4路人马分头去追赶匈奴兵，决定歼灭匈奴主力。卫青自己坐镇大营，等候消息。可是到了晚上，4路兵马回来了，谁都没有找到匈奴的主力，有的杀了几百个匈奴兵，有的连一个敌人也没找到，无功而返。

这次出击，霍去病是以校尉的职务带领800名壮士组成的一个小队，这是他第一次带兵打仗。他们一直向北追赶了几百里路，才远远望见匈奴兵的营帐。他带手下兵士偷偷地绕道抄过去，瞅准最大的一个帐篷，猛然冲了进去。霍去病眼疾手快，一刀杀了一个匈奴贵族。他手下的壮士又活捉了两个，而后乘乱杀了2000多匈奴兵。

卫青正在大营等得焦急，只见霍去病提了一个人头回来，后面的兵士还押来了两个俘虏。经过审问，原来这两个俘虏，一个是单于的叔叔，一个是单于的相国，被霍去病杀了的那个，是单于爷爷一辈的王。霍去病因此被封为冠军侯。

公元前121年，匈奴骑兵万余攻入上谷。同年三月，汉武帝派骠骑将军霍去病率精骑万人出陇西，越乌鞘岭，进击河西地区的匈奴。霍去病采用先突然袭击而后连续进击的战术，长驱直入，驰进匈奴脩濮部落；又渡过狐奴河，转战6天，连破匈奴5个小王国，降服者赦之，反抗者杀之。匈奴军措不及防，向北退走。

霍去病知道大军长途跋涉，宜速战速决。于是不敢逗留，即刻率军翻越焉支山（今属甘肃），向西北急驰千余里以寻匈奴主力决战。在皋兰山下遭遇匈奴浑邪王、休屠王军队，两军展开一场恶战，汉军挟胜余威，猛烈冲杀。浑邪王、休屠王却是仓促应战，部署并未完善，就遭到霍去病军暴风雨般的打击，自然难以招架。二王自知不敌，便下令匈奴军后撤，汉朝军队的紧逼使匈奴军队无法有秩序地退走。匈奴士兵前面跑得慢的被后赶上来的撞倒后就再也爬不起来，后面跑得慢的被汉军赶上，都做了刀下之鬼。这一战匈奴大败，被霍去病军斩首8900余人，浑邪王子、相国、都尉等多人被俘，休屠王的祭天金人也被汉军缴获。霍去病凯旋回到长安，汉武帝亲自出城迎接，加封2200户。是年，霍去病仅20岁。

汉武帝此次派霍去病征匈奴的初衷本是试探霍去病的军事潜能，不曾想霍去病竟是如此骁勇善战，一举击溃河西匈奴。武帝感谢上苍又赐给他一个比卫青还优秀的大将，抗匈雄心更受鼓舞。同年夏天，武帝再命令霍去病统军北击匈奴，为了防止东北方向的匈奴左贤王乘机进攻，他又派李广、张骞率偏师出右北平，攻打左贤王以策应霍去病主力军的行动。

匈奴伊稚斜单于闻知亦不甘示弱，他亲率大军侵入代郡、雁门。霍去病自宁武渡河，翻越贺兰山后至居延海，然后转兵南下至小月氏（今酒泉）陈兵张掖，挺进2000里至祁连山一带，迂回到河西走廊北面敌人后方，而后以秋风扫落叶之势率部对匈奴发起迅猛攻势，大破匈奴主力军。同时西逐诸羌，打通了河西走廊之路。

是役，霍去病军共杀敌3万余人，俘匈奴王5名及王母、王子、将相百余人，收降浑邪王部众4万，全部占领河西走廊。

东线右北平方面，李广率4000骑先行，不料被左贤王4万骑包围。危难时刻，李广尽显"飞将军"本色：他令部下结为圆阵，士兵持弩向外。匈奴连续发起冲击，汉军箭如雨下，阵始终未破；战罢多时，弓箭将尽，李广令军士持弩不发，自己以大黄连弩射匈奴裨将数人，匈奴军惊恐，于是攻势稍缓。战至日暮，汉军兵士都面无人色，独李广依然意气风发，众将无不叹服。第二天双方又展开激战，李广军危急，幸好博望侯张骞及时赶到，匈奴军见不能取胜，撤兵而去。

河西之战夺回了河西走廊，打开了通往西域的大门，使匈奴的生存空间被压缩至年降水量很少的苦寒之地。

⊙大事记

公元前121年，霍去病出击匈奴，俘获休屠王祭天金人，匈奴浑邪王降汉。

公元前123年，汉武帝派卫青率兵两次出击匈奴，第一次大获全胜，第二次除霍去病一部外，皆失利。

公元前119年，汉武帝命卫青、霍去病率军出击匈奴，为漠北之战，汉军大胜。

司马迁写《史记》

司马迁，字子长，汉夏阳（今陕西韩城）人。司马迁约生于汉景帝中元五年（公元前145年），卒于汉武帝征和三年（公元前90年），是西汉著名历史学家和散文家，自幼深受父亲司马谈的学术思想熏陶。司马谈，是汉武帝时的太史令，崇尚道家，曾以黄老学说为主，著有《论六家要旨》，对儒、墨、名、法、阴阳、道等各家学说，进行过批判和总结。这种家学传统，对司马迁影响很大。司马迁自幼好学，博闻强记，10岁的时候便通读《左传》《国语》等史籍。青少年时，曾师从古文学家孔安国学习《古文尚书》，向今文学家董仲舒学过《春秋》《公羊》学。他涉猎的范围很广，使他积累了丰富的文化知识，精通天文历法、史学、儒学等各家学说。20岁时，开始到各地游历，足迹遍及名山大川。此次远游，使他开阔了眼界，认识了社会，累积了知识，并对其进步历史观的形成产生了巨大的影响。回长安以后，入仕郎中，其间随武帝巡游了很多地方。西汉元鼎六年（公元前111年）奉命"西征巴蜀"，到达邛、筰、昆明一带，从而进行了第二次大游历。西汉元封元年（公元前110年），其父司马谈病逝，西汉元封三年（公元前108年），继任父职做了太史令，时年38岁。这样，使他有机会阅读宫廷收藏的大量文献典籍。此时，在他的主持下，西汉元鼎元年（公元前116年）冬制成新历——《太初历》。同年，司马迁开始撰写巨著《史记》。

苏武被匈奴扣押的第二年，汉武帝派"二师将军"李广利带领3万人进攻匈奴，打了败仗，几乎全军覆没。西汉天汉二年（公元前99年），在汉朝对匈奴的战争中，李广的孙子李陵担任骑都尉，带着5000名步兵跟匈奴作战。后来，寡不敌众，又没救兵，李陵被匈奴俘虏，投降了。

消息传来，大臣们都谴责李陵贪生怕死。汉武帝也收押了李陵的妻儿老母，但司马迁却为李陵辩护。他说："李陵带领5000步兵，深入敌人的腹地，打击了几万敌人。他虽然打了败仗，可是杀了很多敌人，也可以向天下人交代了。李陵不想马上死，自有他的打算。他一定还想将功赎罪来报答皇上。"

汉武帝认为司马迁这样为李陵开脱罪责，是有意贬低李广利（李广利是汉武帝宠妃的哥哥），不禁勃然大怒，说："你这样替投降敌人的人辩解，我看是存心反对朝廷。"他命令侍从把司马迁送进监狱，交给廷尉审问，最后被判为宫刑（一种阉割性器官的肉刑）。

司马迁在身心上受到极大摧残，痛苦之中，数欲"引决自裁"，但恨《史记》未能成稿，以坚韧不拔的精神，忍辱发愤地过了8年。出狱之后，任中书令，继续笔耕。西汉征和二年（公元前91年），历经18年终于完成《史记》的写作。这部巨著问世之后，当时称为《太史公书》或称《太史公记》，也叫《太史公》。

全书130篇，由本纪12篇、表10篇、书8篇、世家30篇、列传70篇组成，计52.65万字。它记载了上起黄帝轩辕氏，下迄汉武帝太初四年（公元前101年），近3000年的历史。

"本纪"是全书的提纲，专取历代帝王为纲，以编年的形式，提纲挈领地记载了上起轩辕，下迄汉武这一历史阶段的国家大事。

"表"以年表形式，按年月先后的顺序，以清晰的表格，概括地排列各个历史时期的人事，或年经国纬，或年纬国经，旁行斜上，纵横有致。分世表、年表、月表三类，以汉代年表为详。

"书"记载了各种典章制度的演变，以及天文历法等，以叙述社会制度和自然现象为主体，对礼乐、天文、历法、经济、水利等制度的发展状况进行了系统记述，具有文化史性质。

"世家"记载了自周以来开国传世的诸侯，以及有特殊地位的人物事迹，其中主要包括春秋战国以来的诸侯国君、汉代被封的刘姓诸侯子侄以及汉朝所封的开国功臣。此外，还有《孔子世家》《陈涉世家》和《外戚世家》。

"列传"记载了社会各阶层代表人物的事迹，其中有著名的思想家、政治家、军事家、文学家等，另外还包含了儒林、酷吏、游侠、刺客、名医、日者、龟策、商人的传记。该部分以"扶义俶傥，不令己失时，立功名于天下"为标准。一部《史记》，就是一条五光十色的历史人物画廊。天才画家司马迁，以其天纵之才，把3000年风起云涌的历史中的风流人物，活灵活现地驱于笔端，魅力无穷，常读常新，千百年来，一直受到人们的喜爱。

一部血泪凝成的《史记》，不仅是历代正史的开山之作，而且也成为了以后2000多年中国叙事文学的渊薮。它是古代散文的典范，其写作技巧、文章风格、语言特点，对"唐宋八大家"、明代的"前后七子"、清代的桐城派都有着巨大而深刻的影响。它情节曲折、人物形象栩栩如生的特点，也对后代小说的创作积累了丰富的经验。至于那些活跃在历史浪花里的人物，则成为明清戏曲里的鲜活的舞台形象。

《史记》具有诗的意蕴和魅力。虽然在形式上是历史，但它也许是中国文学史上最伟大的浪漫主义的抒情篇章。在司马迁的身后，有着无数的异代知音，有着无数的风云人物，他们在追随着那一个浪漫的时代，在追随着浪漫时代里的那位为着渺茫命运奋斗不息的悲剧英雄司马迁。

昭君出塞

汉武帝时期,国力强盛,便改变了对匈奴的政策,展开了对匈奴的反击战争。匈奴在汉朝的重击下,希望停止战争,重新建立和亲关系,汉武帝同意和亲,但条件是匈奴必须嫁女、称臣、纳贡。匈奴无法接受,汉匈关系没有什么进展。

汉宣帝在位的时候,由于有霍光等大臣辅助,国家渐渐强大起来。那时候,匈奴由于贵族内部争权夺利,国势渐渐衰落。后来,匈奴发生分裂,五个单于分立自治,互相攻打不休。其中一个单于名叫呼韩邪,被他的哥哥郅支单于打败了,丢掉不少人马。呼韩邪和大臣商量后,决心跟汉朝和好。呼韩邪还亲自带着部下来见汉宣帝。

呼韩邪是第一个来中原朝见的单于,汉宣帝像招待贵宾一样招待他,亲自到长安郊外去迎接他,为他举行了盛大的欢迎仪式。呼韩邪临行时,与汉朝使者订立了此后"汉朝与匈奴合为一家,世世代代不相侵犯"的友好盟约。

公元前49年,汉宣帝死去,汉元帝即位。呼韩邪第三次到长安,提出愿意做汉家的女婿,结为亲戚,加强汉匈友好。汉朝经历了近百年的战火侵扰,也希望内外和平安宁。汉元帝答应了呼韩邪的要求,决定从后宫的宫女中挑选出合适的人选,嫁给单于。

后宫中有个叫王昭君的宫女,是我国四大美女之一,有空谷幽兰般的姿色和才情。汉元帝时,昭君正值青春年华,因容貌秀丽、聪慧可人、琴棋书画俱精而被选入宫。汉宫中宫女众多,汉元帝便让画工为宫女画像,自己凭像选人。宫女于是无不巴结、贿赂画工。昭君拒绝贿赂画工,她不相信自己的美丽会因为画工的笔而被埋没,但贪婪的画工把她画得平平庸庸,致使艳如桃李的她在后宫待了10年之久。而匈奴单于向汉朝求婚给了昭君一个机会,她自愿前往匈奴。在临别大会上,昭君服饰华丽、容貌丰美,呼韩邪无限喜欢。汉元帝则惊叹后宫藏有如此惊艳绝伦的美女,想挽留住昭君，可是君无戏言，只有眼睁睁地忍痛割爱。汉元帝吩咐办事的大臣选择吉日，让呼韩邪单于和王昭君在长安成亲。

呼韩邪单于得到这样一个年轻貌美的妻子，又是高兴又是感激。在汉朝和匈奴官员的护送下，王昭君离开了长安，千里迢迢地来到了匈奴单于的领地。

到了匈奴后，呼韩邪单于封王昭君为"宁胡阏氏"（王后），意思是说王昭君嫁给匈奴，会带来和平安宁。呼韩邪单于娶了王昭君很满意，他上书向汉元帝表示愿意为汉朝守卫边疆，让汉天子和百姓永享和平、幸福。

王昭君出塞的时候带去很多礼物，她在塞外同匈奴人民和睦相处，爱护百姓，教给当地妇女织布、缝衣和农业生产技术，受到人民的爱戴。

王昭君在匈奴生有一子，取名伊屠智牙师，长大后被封为右日逐王。汉成帝建始二年（公元前31年），呼韩邪单于去世。依匈奴风俗，昭君下嫁复株累单于（呼韩邪单于与大阏氏之子），又生二女。

昭君出塞后，匈奴与汉朝得以长期和睦相处，汉匈民族间政治、经济、文化有所沟通并相互发展，边境安宁，百姓免遭战争之苦。为了让人们记住王昭君的功勋，汉元帝下诏将昭君出塞这一年改元竟宁。

⊙**大事记**

公元1年，汉平帝即位，王莽的姑母太皇太后王政君临朝，王莽掌握朝廷实权。

王莽篡位

王昭君离开长安不久，汉元帝就逝世了。他的儿子刘骜即位，是为汉成帝。汉成帝是个荒淫的皇帝，他当了皇帝后，朝廷的大权逐渐被外戚掌握。成帝的母亲、皇太后王政君有8个兄弟，除了一个死去的以外，其他人都封了侯。其中要数王凤的地位最显赫，他被封为大司马、大将军。

王凤掌了大权，他的几个兄弟、侄儿都十分骄横。只有一个侄儿王莽与众不同，他像平常的读书人一样，做事谨慎小心，生活也比较节俭。人们都说王家子弟中，王莽是最好的一个。

王凤死后，他的两个兄弟先后接替他的职位，后来又让王莽做了大司马。王莽很注意招揽人才，有些读书人慕名前来投奔他。

汉成帝死后，在10年之内，换了两个皇帝——哀帝和平帝。汉平帝登基时才9岁，国家大事都由大司马王莽做主。很多大臣都吹捧王莽，说他是安定汉朝的大功臣，请太皇太后封王莽为安汉公。王莽说什么也不肯接受封号和封地。

王莽越是不肯受封，越是有人请求太皇太后册封他。据说，朝廷里的大臣和地方上的官吏、平民上书请求加封王莽的人多达48万人。有人还收集了各种各样歌颂王莽的文字，使王莽的威望越来越高。

渐渐长大的汉平帝越来越觉得王莽的行为可怕、可恨，免不了背地里说些抱怨的话，这些话被传到了王莽的耳中。

有一天，大臣们给汉平帝过生日，王莽借机献上一杯毒酒。汉平帝没想到王莽胆敢做出这种事，接过来喝了。

没过几天，汉平帝就得了重病，死去了。王莽假惺惺地哭了一场。汉平帝死的时候才14岁，没有儿子，于是由王莽摄政，第二年，王莽改年号为居摄元年。三月，王莽立只有两岁的刘婴（宣帝玄孙）为皇太子，号称"孺子婴"，以效仿周公摄政旧事，为篡汉自立作准备。西汉居摄三年（公元8年），梓潼（今属四川）人哀章制作铜匮，内藏"天帝行玺金匮图"与"赤帝行玺某传予黄帝金策书"，假说是高祖遗命令王莽称帝。于是，王莽便到高帝祠庙接受铜匮，即天子位，定国号为"新"。至此，西汉灭亡。

王莽自立为帝后，为了巩固政权，在全国实行改革，推行新制。

从西汉居摄二年（公元7年）到新天凤元年（公元14年），王莽先后进行了四次币制改革。西汉居摄二年（公元7年），他下令铸造大钱、契刀、错刀，与汉五铢钱共为四品，一齐流通于市。两年后，又改币制，将错刀、契刀、五铢钱废除，另铸一铢小钱和十二铢大钱并行。新始建国二年（公元10年），三改币制，把货币总称"宝货"，分为钱货、金货、银货、龟货、贝货、布货，总称"五物、六名、二十八品"。天凤元年（公元14年），四改币制，又实行金、银、龟、贝等货币，废除大、小钱，改行货布、货泉二品。

新始建国元年（公元9年），王莽下令将全国土地改为王田，奴婢改名为私属，都不能自由买卖。还规定一家男子不超过8人而种田数额超过一井（九百亩）的，应把多出来的田分给九族乡邻中没有田或少田的人；本身无土地的亦按一夫一妇授田百亩的制度授予田地。

同年，王莽下令制造标准的度量衡器，颁行天下，作为统一全国的度量衡标准。

新始建国二年（公元10年），王莽诏令在全国实行五均、赊贷和六筦法。政府在长安、洛阳等大城市设立五均官，负责管理工商业经营和市场物价，收取工商税。赊贷规定由政府办理，年利息为十分之一。五均赊贷和政府经营的盐、铁、酒、铸钱及收山泽税，合称为"六筦"。

除此以外，王莽对中央和地方的官名、官制、郡县地名、行政区划，也多次改变。

王莽大规模的改革，并没有起到维护新莽政权的作用，相反，改制后的结果触及到大地主商人的利益，加剧了统治阶级的内部矛盾。制度本身的弊病，也给人民带来了更大的灾难，因此很快导致了王莽政权的覆灭。

⊙**大事记**

公元6年，王莽立孺子婴为皇太子，自称"假皇帝"。

公元8年，王莽建立新朝，西汉亡。

公元17年，新市（今属湖北）人王匡率饥民起义，据绿林山，后称"绿林军"。

公元18年，琅邪人樊崇起义于莒（今山东莒县），后称"赤眉军"。

绿林、赤眉起义

公元17年，荆州发生饥荒，老百姓到沼泽地区挖野荸荠充饥，野荸荠越挖越少，便引起了争斗。新市（今属湖北）有两个有名望的人，一个叫王匡，一个叫王凤，出来调解，受到农民的拥护。王匡、王凤就把这批饥民组织起来举行起义。南阳人马武、颖川人王常、成丹等率众参加。他们的根据地在绿林山中，故称为"绿林军"。

新地皇二年（公元21年），绿林军在云杜（今湖北河沔）击败荆州两万官军，乘胜占取竟陵（今湖北钟祥）、安陆（今湖北安陆）等地，起义队伍日益增大。

王莽派了两万官兵去围剿绿林军，被绿林军打得溃不成军。投奔绿林山的穷人越来越多，起义军很快就发展到5万多人。

这时候，另一个起义领袖樊崇带领几百个人占领了泰山。不到一年时间，就发展到1万多人，在青州和徐州之间来往打击官府、地主。

樊崇的起义军纪律严明，规定谁杀死老百姓就处死谁，谁伤害老百姓就要受惩罚。这样一来，得到了老百姓的拥护。

公元22年，王莽派太师王匡（和绿林军中的王匡是两个人）和将军廉丹率领10万大军去镇压樊崇起义军。樊崇为了避免起义兵士跟王莽的兵士混杂，叫他的部下把自己的眉毛涂成红色，作为识别的记号。这样，人们都称樊崇的起义军为"赤眉军"。

赤眉军于成昌与王莽10万军队展开激战。少不更事的王匡根本没有作战能力，两军刚一交锋就败下阵来。见太师夺路而逃，部下也纷纷调转马头，紧随其后的廉丹部队也被冲散了。廉丹眼看败局已定，无力回天，便将帅印交予王匡，最后战死。

成昌一役，是赤眉军与王莽军队的第一次大交锋，也是最后一次。因为南阳一带的反莽运动已经兴起，王莽只能龟缩在洛阳一带防守，再也无力出重兵与赤眉军决战了。

成昌大捷后，赤眉军乘胜向西发展，人数已多达10万人。

绿林、赤眉两支起义大军分别在南方和东方打败王莽军的消息一经传开，其他地方的农民也纷纷起义。另外，还有一批没落的贵族和地主、豪强也乘机起兵造反。

南阳郡春陵乡（今湖南宁远北）的汉宗室刘縯、刘秀两人，怨恨王莽废除汉朝宗室的封号、不许刘姓人做官的做法，发动族人和宾客七八千人在春陵乡起兵。他们和绿林军三路人马联合起来，接连打败了王莽的几名大将，声势越来越强大。

绿林军将士们认为人马多了，必须推选出一个负责统一指挥的首领，这样才能统一号令。一些贵族地主出身的将军，利用当时有些人的正统观念，主张找一个姓刘的人当首领，这样才能符合人心。

于是，春陵兵推举刘縯，可是其他各路的将领都不同意。经过商议，众人立了破落的贵族刘玄做皇帝。

公元23年，刘玄正式做了皇帝，恢复汉朝国号，年号"更始"，所以刘玄又称更始帝。更始帝拜王匡、王凤为上公，刘縯为大司徒，刘秀为太常偏将军，又封了其他的将领。从此，绿林军又称为汉军。

⊙**大事记**

公元23年，绿林军拥立汉宗室刘玄为帝，年号更始；刘秀于昆阳大战中取得胜利。

公元25年，赤眉军攻入长安，刘玄投降，更始政权灭亡。

昆阳大战

王莽听到起义军立刘玄为皇帝，顿时感到坐立不安。后来又听说起义军打下了昆阳（今河南叶县），更是急得像热锅上的蚂蚁，他立即派大将王寻、王邑率领43万兵马，从洛阳出发，直奔昆阳。

驻守在昆阳的起义军只有八九千人。有些起义军看见王莽的军队人马众多，担心抵抗不住，主张放弃昆阳，退到原来的据点去。刘秀对大家说："现在我们兵马和粮草都很缺乏，在这种情况下，全靠大家同心协力，才能战胜敌人；如果放弃昆阳，起义军各部也会被敌军各个击破，那就什么都完了。"

大家认为刘秀说得有道理，可是王莽军兵力实在太强大，死守在昆阳终究不是个办法。于是派刘秀带一支人马突围出去，到定陵和郾城去调救兵。当天晚上，刘秀带着12个勇士，骑着快马，趁黑夜偷偷出了昆阳城。王莽军没有防备，刘秀等人就冲出了重围。

王莽军不久将昆阳围得水泄不通。大将严尤向王邑进言："昆阳虽小，但易守难攻。敌人主力在宛城，我们不如绕过昆阳赶往宛城寻歼其主力，到那时昆阳敌人受震动，城可不战而下。"但王邑拒绝说："非也非也！我军百万之师，所过当灭，今屠此城，喋血而进，前歌后舞，岂不快哉？"于是陈营百余座，挖地道，造云车，猛攻昆阳不已。王凤、王常率全城军民顽强抵挡，多次挫败敌人的进攻，敌军消耗很大。

严尤见昆阳久攻不下，再次向王邑进言："围城应该网开一面，使城中一部分守军逃出至宛城，散布兵危消息，以使敌人情绪消沉，军心动摇，其士气低落下来后，城必可破！"但又为刚愎自用的王邑拒绝，他认为不久昆阳就会告破。

刘秀到了定陵，把定陵和郾城的人马全部带到昆阳去解围。但是有些起义军将领舍不得丢掉得到的财产，不愿去昆阳。后来，刘秀说服了众人，带着全部人马赶赴昆阳。到了昆阳，刘秀见昆阳仍未失守，而王莽军队形不整，士气低落，疲惫不堪，心下大喜。他立即投入战斗，亲率1000轻骑为前锋，冲到王邑军阵前挑战。王邑以其人少不足畏惧，就派了3000人迎战。刘秀急忙挥军疾冲猛杀，转眼间王莽军百余人被砍死，剩下的败退回去。初战告捷，城内城外的起义军士气都为之一振，斗志立时高涨了许多。

刘秀为了更进一步振奋士气，同时动摇敌人军心，便假造宛城已为起义军攻克的战报，用箭射入昆阳城中；又故意遗失战报，让王莽军拾去传播。这一消息顿时一传十，十传百，城内军民守城意志更加昂扬，而城外王莽军情绪则更加沮丧。胜利的天平已开始向起义军这边倾斜了。刘秀见效果已经达到，便精选勇士3000人迂回到敌军侧后偷渡昆水，而后猛攻王邑大本营。

此时，王邑仍不把刘秀放在眼里，他担心州郡兵主动出击会失去控制，就令他们守营勿动；自己和王寻率万人迎战刘秀的3000义勇。然而王邑的轻敌应战怎挡得住刘秀部署严密的进攻？万余兵马很快被冲得阵势大乱，而州郡兵诸将却因王邑有令不得擅自出兵，谁也不敢去救援。于是王邑所部大溃，王寻也被杀死。王莽军余部见主帅都溃退了，也纷纷逃命。刘秀乘势掩杀，城中王凤、王常见王莽军崩溃，即从城内杀出，与刘秀部内外夹攻王邑。王邑军互相践踏，死伤无数，狼狈向洛阳方向逃去。昆阳大战消灭了王莽主力的消息传到各地，百姓纷纷起来响应起义军。

更始帝派大将申屠建、李松率领起义军乘胜向长安进攻。王莽集团内部一片混乱。王莽的心腹刘歆、王涉和董忠等准备发动政变，清除王莽。事情败露后，刘歆自杀，董忠被诛。大臣内叛，军事外破，王莽开始陷入完全被动的局面。起义军则趁机大举进攻：王匡率兵直捣洛阳；李松、申屠健等进逼武关。各地也都纷纷响应，杀掉他们的牧守，自称将军，用汉年号，以待诏命。王莽仍在负隅顽抗，招集囚徒为兵，企图阻挡起义军。但囚徒兵很快背叛王莽，掘王莽祖坟，烧王莽祖庙。析县人邓晔、于匡也支持起义军，迫使析县宰和武关都尉投降，攻杀王莽军右队大夫。王莽走投无路，便带领群臣到南郊哭天，祈求苍天保佑。但王莽越哭，起义军越近，长安很快便被起义军包围得严严实实。九月，起义军占据长安，长安人张鱼、朱弟率众起义响应，冲入宫廷，将宫室焚毁。王莽抱头鼠窜，逃到未央宫中的渐台，妄图借台周围的池水将起义军阻挡，但起义军已经把宫室团团围住，一时乱箭四射，不久就攻占了渐台。王莽已毫无退路，被商人杜吴所杀。起义军将王莽的头传到南阳，挂在南阳市示众，"百姓共提击之，或切食其舌"。

王莽新朝共历经15年，在礼义、职官、货币、土地、税贷等方面多次进行改制，导致了经济混乱，社会矛盾激化，最后终于葬送在农民起义的熊熊烈火中。

⊙大事记

公元25年，刘秀假托谶纬之术，在鄗称帝，后来定都洛阳，他所建立的朝代被称为东汉。

东汉挽歌

光武中兴

昆阳一战，使刘縯和刘秀名扬天下。有人劝更始帝把刘縯除掉。更始帝便找了个借口，杀了刘縯。

刘秀听说他哥哥被杀，知道自己的力量打不过更始帝，就立刻赶到宛城（今河南南阳市），向更始帝赔礼。

更始帝见刘秀不记他的仇，很有点过意不去，就封刘秀为破虏大将军，但没有重用他。后来，攻下了长安，更始帝才给刘秀少数兵马，让他到河北去招抚各郡县。

这时候，各地的豪强大族有自称将军的，有自称为王的，还有自称皇帝的，各据一方。更始帝派刘秀到河北去招抚，正好让刘秀得到一个扩大势力的好机会。他到了河北，废除王莽时期的一些严酷的法令，释放了一些囚犯。同时，不断消灭割据势力，镇压河北各路农民起义军。整个河北几乎全被刘秀占领了。

刘秀留寇恂、冯异等据守河内，与更始政权留守洛阳的朱鲔相持，自己亲率大军北征，击败尤来、大枪、五幡等部起义军。四月，挥军南下，于温县大败新市、平林两军，于河南击溃赤眉、青犊两军，大体解除了对河北的严重威胁。此时，刘秀手下的将领开始商议为刘秀上尊号，称帝位，并使人造《赤伏符》以传"天命"。刘秀装模作样"三推"之后，便"恭承天命"，自立为皇帝，这就是汉光武帝。

更始帝先建都洛阳，后来又迁到长安。他到了长安以后，认为自己的江山已经坐稳，便开始腐化起来。原来的一些绿林军将领，看到更始帝整天花天酒地，不问政事，都十分不满。

赤眉军的首领樊崇看更始帝腐败无能，就立15岁的放牛娃刘盆子为皇帝，率领20万大军进攻长安，不久就攻占了函谷关。更始帝眼看赤眉军就要攻到长安了，便率领文武百官逃到城外。樊崇进入长安后，派使者限令更始帝在20天内投降。更始帝没办法，只好带着玉玺向赤眉军投降。

赤眉军声势浩大地进了长安，可是几十万将士的口粮发生了困难，长安天天有人饿死。这样一来，长安的混乱局面就无法收拾了。无奈之下，樊崇带着军队离开长安，向西流亡。但是别的地方粮食也一样困难；到了天水（在今甘肃）一带，又遭到那里的地主豪强的拦击。樊崇没辙，又带着大军往东走。

汉光武帝这时已占领了洛阳，他一听到赤眉军向东转移，就带领20万大军分两路设下了埋伏。他派大将冯异到华阴，把赤眉军往东边引。赤眉军被诱到崤山下，冯异让伏兵打扮得和赤眉军一模一样，双方混战在一起，分不出谁是赤眉兵，谁是汉兵。赤眉军正在为难的时候，打扮成赤眉军模样的汉兵高声叫嚷"投降""投降"，赤眉军兵士一看有那么多人喊投降，没了主意，一乱就被缴了武器。

公元27年一月，樊崇带着赤眉军向宜阳（今河南宜阳县）方向转移。汉光武帝得到消息，亲自率领预先布置好的两路人马截击，把赤眉军围困起来。赤眉军无路可走，樊崇只好派人向汉光武帝请降。汉光武帝把刘盆子、樊崇等人带回洛阳，给他们房屋田地，让他们在洛阳住下来。但是不到几个月，就加上谋反的罪名，把樊崇杀了。

全国平定后，光武帝于建武十三年（公元37年）开始安置有功之臣。他采取了两条措施：一是不让拥有重兵的功臣接近京师；二是对功臣封赏而不用。邓禹、贾复等开国元勋明白光武帝的意思后，率先解去军职，倡导儒学。刘秀对功臣只赏不用的政策是东汉政权重建过程中重要的一步，也是较为成功的一项治国安邦的措施。

刘秀深切地认识到，要使国家真正地长治久安，必须安民，与民休息，才能保持社会稳定，才能发展社会生产。

首先是给老百姓一个安定的社会环境。刘秀生长在民间，经历过王莽的残暴统治，知道耕作的艰难及百姓的疾苦。因此建立东汉后，通过废除王莽的繁苛法令，恢复汉初的简政轻刑，给百姓创造一个宽松的社会环境。此后，他多次下诏裁减各地的监狱，不断地告诫各级官吏尤其是地方官吏要体恤百姓、宽松执法。光武帝初，派卫飒担任桂阳太守。卫飒到任后，了解到桂阳地处边远、礼俗落后，便从教育入手，设立学校，端正风俗，不长时间便使境内风气大为改观。桂阳郡的含洭、浈阳、曲江原来是越族居住的地方，沿着河岸靠山居住的，多是一些在战乱中逃进深山的百姓，他们因为地处偏僻，也不向官府交纳田租。卫飒组织人凿山开道五百多里，一路设置亭传、邮驿，不仅方便了那里的交通，也减轻了人民的负担，百姓逐渐搬到道路两边居住，使当地经济迅速发展起来，也开始向官府交纳田赋了。

其次是有效减轻人民的负担。光武帝认为官吏的奢侈、官僚机构设置无度以致冗官无数，是百姓的最大负担。因此他在位期间，始终提倡节俭。公元37年，一国使者向光武帝献上一匹可日行千里的名马和一柄宝剑，光武帝接受后便下诏把这匹千里马送去驾鼓车，把宝剑赐给骑士。在光武帝的垂范下，节俭在东汉初年形成风气。在提倡节俭的同时，光武帝对冗官进行裁汰。公元30年，光武帝在河北、江淮、关中刚刚平定的情况下，下诏归并了郡、国10个，县、邑、道、侯国400多个。并官省职，直接减少了行政开支。

再次是提高奴婢的社会地位。西汉中期以来，大量的平民沦为奴婢，成为严重的社会问题。为此，光武帝曾连续6次下诏释放奴婢。同时，他还在一年之内连续下诏3次，禁止杀、伤和虐待奴婢，使奴婢的地位有所提高。

最后就是要设法解决土地问题，使百姓和土地结合在一起，便于发展社会生产。西汉中期以来，大规模的土地兼并使土地急剧集中。但那些占有土地的豪强们却不如实地向国家申报土地、交纳田赋。为准确地掌握全国的垦田数目和户口名籍，打击豪强，保证赋税收入和徭役征发，光武帝于公元39年下令在全国"度田"即丈量土地，同时也核定人口。但在度田过程中，官吏们和豪强相互勾结，或抵制清查，或隐瞒不量，而对百姓土地却是多量，连墙头地角、房前屋后也不放过。光武帝了解到这种情况后，曾经先后诛杀了大司徒、河南尹及郡守十多人，引起了一场大规模的地方骚乱。地方上的豪族大姓纷纷起来叛乱，光武帝用镇压和分化相结合的手段，好不容易才平息了叛乱。

光武帝刘秀通过集权加强了中央的统治，通过休养生息使人民安心从事生产，经济得到发展，社会比较稳定，这一历史时期被称为"光武中兴"。

⊙大事记

公元31年，杜诗为南阳太守，他兴利除害，政治清平。尤其发明了水排（水力鼓风机），为冶铁技术史上一大改革。

公元41年，汉光武帝任命马援为伏波将军，南击交趾，至公元43年平定岭南。

公元43年，董宣为洛阳令，因不畏豪强，被赞为强项令。

汉明帝求佛

汉光武帝活到63岁时，得病死了。太子刘庄继承皇位，这就是汉明帝。

有一回，汉明帝做了个梦，梦里出现一个金人，头顶罩了一圈光环，绕殿飞行，一会儿升上天空，向西去了。第二天，他向大臣们询问这个头顶发光的金人是谁。沉默了许久，一位大臣终于说，启禀皇上，我敢说，那绝不是一个荒唐的梦境，那是一个祥瑞之梦。我听说很多年前，我们的邻居大月氏国曾有佛的降临，那是一个至高无上的神，一个智慧无比的佛。从越来越多的描述来看，这位佛的形象与陛下的描述十分相似，金色袍服，项有光圈，看来，陛下梦中所见，无疑是佛了。

说话的是被人们称为最博学的一位大臣傅毅。傅毅的一番宏论并非无中生有，也非是对明帝的某种阿谀。在他很年轻的时候（约公元前2年），傅毅就已经从大月氏国的使者那里得到关于佛的消息，虽然那只是一个模糊的概念，但越来越多的民间祭祀表明，一种从未有过的文化现象正在中国这个古老的国土上兴起，这是一种不可忽视的文化现象，它预示着这个崇尚于神灵的民族将会有一种新的崇拜。

与此同时，包括明帝在内的所有人都想东汉起建武十七年（公元41年）发生过的一件事情。明帝的异母兄弟楚王刘英就因为经常在自己的宫中进行某种秘密的祭祀而被人告上了宫廷。当时告发他的人说，楚王刘英如若不是妄图起事，又何必在自己的宫中进行那种秘密的祭祀呢？于是，楚王刘英被遣往江南一带，最终因郁闷而亡。

既然明帝的梦是一个祥瑞之梦，而梦中的金人正是从大月氏国传来的关于佛的消息，这一消息对于一个伟大的民族来说，应该是一个光明的前兆。当然，谁也无法进一步说清那个佛的详情，包括他的形象、他的言说、他的理论等。当下明帝就向他的臣子们说，你们中间，有谁愿意前往大月氏国，以迎请佛的到来？大殿内又是长时间的沉默，终于，郎中蔡愔说，启禀皇上，微臣愿意前往。紧接着，博士弟子秦景也说，微臣也愿意前往。

这是东汉永平七年（公元64年）一天的上午，明帝作出了派使者出使天竺的决定。

蔡愔和秦景跋山涉水，到达了天竺国。天竺人听到中国派来使者求佛经，表示欢迎。天竺有两个沙门（就是高级僧人），一个名叫摄摩腾，另一个名叫竺法兰，帮助蔡愔和秦景了解了一些佛教的理义。后来，他们在蔡愔和秦景的邀请下决定到中国来。

公元67年，蔡愔、秦景给两个沙门引路，用白马驮着一幅佛像和四十二章佛经，经过西域，回到了洛阳。

尽管汉明帝不懂佛经，也不清楚佛教的道理，但对前来送经的两位沙门还是很尊敬的。第二年，他命令在洛阳城的西面仿照天竺的式样，建造一座佛寺，把送经的白马也供养在那儿，把这座寺取名叫白马寺（在今洛阳市东）。

汉明帝虽然派人求经取佛像，但他其实并不懂佛经，也不相信佛教，倒是提倡儒家学说。朝廷里的大臣们也不相信佛教，所以到白马寺里去拜佛的人并不多。

⊙**大事记**

公元73年，窦固遣班超出使西域；西域与汉绝65年，至此复通。

投笔从戎

汉光武帝建立了东汉王朝后，让大学问家班彪整理西汉的历史。班彪有两个儿子，一个叫班固，另一个叫班超，还有一个女儿叫班昭。班彪在几个孩子幼小的时候，就教他们学习文学和历史。

班彪死了以后，汉明帝任命班固为兰台令史，继续完成他父亲整理历史书籍的事业，就是《汉书》（一部记载西汉历史的书）。班超跟着他哥哥做抄写工作。哥俩都很有学问，可是性情和志趣不一样，班固喜欢研究百家学说，致力于他的《汉书》，而班超却不愿意皓首穷经地在案头写东西。

后来，班超听到匈奴不断地掳掠边疆的居民和牲口，就扔下了笔，气愤地说："大丈夫应当像张骞那样到塞外去立功，怎么能在书房里待一辈子呢？"就这样，他下决心放弃文案工作，去立战功。

公元73年，班超投笔从戎，以代理司马之职，随窦固大军，大败匈奴呼衍王，一直追击匈奴军队到蒲类海，并占领了伊吾庐（今新疆哈密）。在这次战役中，班超机智勇敢，深得窦固的赏识。

窦固为了抵抗匈奴，采用了汉武帝的办法，派人到西域去，与各国建立友好关系，共同对付匈奴。他赏识班超的勇气才干，派班超出使西域。

班超带着36个随从，先到了鄯善（在今新疆境内）。鄯善原来是归顺匈奴的，因为匈奴逼他们纳税进贡，勒索财物，鄯善王十分厌恶。这次看到汉朝派了使者来，他很高兴，非常殷勤地招待班超一行。

几天后，班超发现鄯善王对待他们忽然变得冷淡了。班超料想到其中必有变故，他从鄯善的侍者口中得知匈奴也派使者来了，鄯善王对何去何从犹豫不定。班超立即与同行的36个随从密商，必须先发制人，夜袭匈奴使者。于是，班超布置随从们乘夜纵火烧了匈奴营帐，将匈奴使者全部杀死。第二天，班超把鄯善王请来，鄯善王看到匈奴使者的人头，非常惊叹汉家将军的英勇行为，马上打消疑虑，摆脱匈奴的统治，与汉家复通友好。

班超回到洛阳，汉明帝提拔班超做军马司，又派他去于阗联络。于阗王接见班超的时候，并不怎么热情。班超劝他脱离匈奴，跟汉朝交好。于阗王犹豫不决，找来巫师向神请示。班超见巫师装神弄鬼，借神的名义不愿与汉朝结交，便拔刀杀了巫师。最后，于阗王同意和汉朝和好，并主动把匈奴派去奴役他们的"监护使者"杀了。

班超在西域联合弱小民族，团结抗暴，先后打败莎车（今新疆沙车一带）、龟兹、焉耆（今新疆焉耆一带）等国，匈奴北单于在西域北道上的势力也被驱逐出去，西域50多国又同东汉王朝建立起友好的关系。

⊙**大事记**

公元79年，汉章帝诏诸儒会于白虎观，讲论五经同异，并命班固将讨论成果编成《白虎通德论》，作为官方典籍公布。

公元89年，窦宪出征北匈奴，出塞3000余里，命班固在燕然山刻石纪功。

班固著《汉书》

班固（公元32～92年），字孟坚，东汉扶风安陵（今陕西省咸阳）人。班固的父亲班彪是东汉光武帝时的望都长。班彪博学多才，专攻史籍，是著名的儒学大师。他不满当时许多《史记》的续作，便作《后传》65篇，以续《史记》。班固从小就非常聪明，9岁便能作诗文，长大之后，班固熟读百家书，并深入研究。渊博的学识以及很强的写作能力，为他以后的作史创造了十分有利的条件。在他23岁那年即东汉建武三十年（公元54年），班彪去世，班固私自修改国史，因此被捕入狱。他的弟弟班超赶到洛阳，为班固申辩。当明帝审阅地方官送来的班固的书稿时，十分欣赏班固的才华，并任他为兰台令史，负责掌管图籍，校定文书。他与陈宗、尹敏、孟异等共同撰成《世祖本纪》。随后迁任为典校秘书，又写了功臣、平林、公孙述的列传、载记28篇。后来明帝命令班固继续完成他原来所欲著述的西汉史书。班固通过一再的思索之后，经过潜精积思20余年，终于在东汉建初七年（公元82年）年完成了《汉书》。《汉书》一写成，影响就很大。汉和帝永元元年（公元89年），班固以中护军随大将军窦宪出征北匈奴。东汉永元四年（公元92年），窦宪以外戚谋反而畏罪自杀，班固因此受到牵连。先被免官，后有人因曾受班固家奴侮辱便借机搜捕班固入狱。不久，班固死于狱中，时年61岁。班固死后，《汉书》尚未完成的八表和《天文志》主要由他的妹妹班昭继续完成。

《汉书》是我国第一部纪传体断代史，体制全袭《史记》而略有变更，《史记》包括本纪、表、书、世家、列传五种体裁，《汉书》有纪、表、志、传，改"书"为"志"，没有世家，凡《史记》列入世家的汉代人物，《汉书》均写入"传"。《汉书》这种体裁上的改动是符合历史时势变化的，是合理的。同时，《汉书》的体例较《史记》有了一些创新。在纪部分，《汉书》不称"本纪"，而改称为"纪"，在《史记》的基础上，《汉书》增立《惠帝纪》，以补《史记》的缺略；在《武帝纪》之后，又续写了昭、宣、元、成、哀、平等6篇帝纪。在表的部分，《汉书》立38种表，其中6种王侯表是根据《史记》有关各表制成的，主要记载汉代的人物事迹。只有《古今人表》和《百官公卿表》，是《汉书》新增设的两种表。《古今人表》专议汉代以前的古代人物，表现了班固评论人物的论事标准，暗示出他对汉代人物褒贬的立意，且网罗甚富，亦不无裨益。而《百官公卿表》记述了秦汉官制和西汉将相大臣的升迁罢免死亡，是研究古代官制史、政治制度史的重要资料，有重要的学术价值。在志部分，《汉书》改《史记》的"书"为"志"，而又予以丰富和发展，形成我国史学上的书志体。

《汉书》将《史记》的《律书》《历书》并为《律历志》，《礼书》

《乐书》并为《礼乐志》，增写《史记·平准书》为《食货志》，改《史记·封禅书》为《郊祀志》《天文志》，《河渠书》为《沟洫志》，还创设了刑法、五行、地理、艺文四志。《汉书》十志比较《史记》八书在先后次序上也有所不同，《汉书》的志包括律历、礼乐、刑法、食货、郊祀、天文、五行、地理、沟洫、艺文10种。其中，改变或者并八书名称的有律历、礼乐、食货、郊祀、天文、沟洫6种，但它们的内容或不同，或有所增损。如《食货志》在继承了《平准书》部分材料的同时，又增加新的内容，分为上、下两卷。上卷记"食"，叙述农业经济情况；下卷载"货"，介绍工商及货币情况。《史记》列传篇题的定名，或以姓，或以名，或以官，或以爵，多不齐一，且排列顺序难为论析。《汉书》则一律以姓名题篇，排列顺序是先专传，次类传，后四夷和域外传，最后是外戚和王莽传，整齐划一。《汉书》将《史记》的《大宛传》扩充为《西域传》，详细记述了西域几十个地区和邻国的历史，是研究古代中国各兄弟民族和亚洲有关各国历史的珍贵资料。

《汉书》主要的特点体现在：

第一，《汉书》较真实地记述和评论了西汉一代的政绩及其盛衰变化，从一统功业的角度，对于各时期所取得的成就进行了热烈的称颂。在评述西汉政治时间，用"时""势"或"天时"变异来表达历史是发展的看法。

第二，广泛地评价了各种人物在西汉政治中的作用。书中记述到汉代的兴盛，是由于有众多的文臣武将和智谋极谏之士，在中央和地方的各方事务中竭其忠诚，作出贡献。

第三，以很多笔墨记录了王室及大臣聚敛财富，奢侈淫逸，皇权的争夺、外戚的专横，以及封建统治阶级的淫奢，反映了人民的痛苦生活和反抗斗争。

第四，详细记述了古代尤其是汉代的政治典制，表现了西汉文化的发展规模及其重要价值。其中《刑法志》记述了古代的兵学简史，叙述刑法典核详明，首尾备举，论其变化正本清源。《食货志》系统地记述了自西周以至王莽时期的农政和钱法，反映了1000多年以来社会经济发展的重要侧面。《地理志》先叙由古之九州说而进至秦的郡县变迁，是中国地理最为详尽的记载。

《汉书》是史书体例上的一个重大飞跃，继《汉书》之后，断代史为后来历代正史所效仿，因此《汉书》在我国史书体例的发展上具有重要意义。

⊙ **大事记**

公元91年，东汉复置西域都护，以班超为都护，驻节龟兹。

公元102年，封郑众为鄛乡侯，宦官封侯由此开始。

蔡伦改进造纸术

谈到中国的造纸术，就不能不说到蔡伦。他在造纸技术的发明和发展上的卓越贡献将彪炳史册，万古流芳。

蔡伦，字敬仲，桂阳人，是东汉时期杰出的科学家。蔡伦从东汉明帝刘庄末年开始在宫禁做事。汉和帝刘肇登基之后，他很快成了和帝最宠信的太监之一，负责传达诏令，掌管文书，并参与军政机密大事。

史载蔡伦非常有才学，为人敦厚正直，曾多次直谏皇帝。因为其杰出才干，他被授尚方令之职，负责皇宫用刀、剑等器械的制造。在他的监督之下，这些器械都制造得十分精良，后世纷纷仿效。

在做尚方令期间，蔡伦系统总结了西汉以来造纸方面的经验，并进行了卓有成效的试验和革新。在原料的选用方面，他不仅变废为宝，大胆取用麻头及敝布、渔网等废品为原料，而且独辟蹊径，开创利用树皮的新途径。此举使造纸技术从偏狭之处挣脱出来，大大拓宽了原料来源，降低了造纸的成本，使纸的普及应用成为可能。更值得一提的是，他用草木灰或石灰水对原料进行浸沤和蒸煮的方法，既加快了麻纤维的离解速度，又使其离解得更细更散，大大提高了生产效率和纸张的质量。这也是造纸术的一项重大技术革新。

东汉元兴元年（公元105年），蔡伦将自造的纸呈给汉和帝，受到大力赞赏，朝野震动。人们纷纷仿制，"天下咸称'蔡侯纸'"。汉安帝年间（公元106~125年），汉和帝的皇后邓太后因蔡伦久侍宫中，做事勤恳且颇有成绩，封他为龙亭侯。

后来蔡伦被卷入一起宫廷事件，起因是窦后（汉章帝的皇后）让他诬陷安帝祖母宋贵人。等到安帝亲政，着手调查这件事情，让蔡伦自己到廷尉处接受惩罚。蔡伦觉得很受屈辱，就自杀了。

蔡伦虽然死了，但是他对造纸技术的贡献将永存史册。蔡侯纸的出现，标志着纸张取代竹帛成为文字主要载体时代的到来。廉价高质量的纸张，有力地促进了知识、思想的大范围传播，使古代大量文字信息得以保存，促进了人类文明的进步。

在造纸术没有发明以前，我国古代使用龟甲、兽骨、金石、竹简、木牍、缣帛作为书写材料。龟甲、兽骨、金石对书写工具要求很高，需要刻。简牍呢，笨重不便，而且翻阅起来，中间串的绳很容易断裂，造成顺序混乱。缣帛虽轻便，可是价格十分昂贵，一般人消费不起。纸的发明，满足了人们对轻便廉价书写材料的迫切需求，引发了书写材料的一场空前的革命。

造纸术一经发明，就被人们广泛使用。在以后的朝代里，人们对造纸术进行不断的改良和提高，工艺越来越先进，纸的质量也越来越高，品种也越来越丰富。造纸的主要原料也从破布和树皮发展到麻、柯皮、桑皮、藤纤维、稻草、竹以及蔗渣，等等。

我国发明的造纸术，对世界文明影响深远。造纸术大约在7世纪初传入朝鲜，隋时传入日本。8世纪，唐朝工匠将造纸术传入阿拉伯，在撒马尔罕办起造纸厂，此后又传入巴格达。10世纪传入大马士革、开罗，11世纪传入摩洛哥，13世纪传入印度，14世纪传入意大利，然后传到德国和英国，16世纪传入俄国和荷兰，17世纪传入美国，19世纪传入加拿大。

潘吉星在《造纸术的发明和发展》一文中这样总结道："我国古代在造纸技术、设备、加工等方面为世界各国提供了一套完整的工艺体系。现代机器造纸工业的各个主要技术环节，都能从我国古代造纸术中找到最初的发展形式。世界各国沿用我国传统方法造纸有1000年以上的历史。"从上述论述中，我们不难看出，我国的造纸术在公元前2世纪到18世纪近2000年里，一直处于世界领先水平。

⊙大事记

公元109年，东汉朝廷以国用不足为名，开始卖官鬻爵。

公元117年，张衡制造出大型天文计时仪器漏水转浑天仪。

公元121年，许慎所著《说文解字》成书。

张仲景和华佗

张仲景，名机，约生于公元150年，卒于公元219年，东汉南阳郡（今河南南阳）人，是东汉末年著名的医学家，被后人尊称为"医圣"。

史载张仲景自幼聪颖好学，喜欢研究岐黄之学，对名医扁鹊很是推崇，并以其为榜样。他拜同乡著名中医张伯祖为师，因其刻苦，很快便尽得真传。

汉灵帝时，张仲景被举为孝廉，继而出任长沙太守。他虽居要职，却淡泊名利，不屑于追逐权势，他心里所关心的是百姓的疾苦。传说他为太守之时，每逢初一、十五停办公事，亲自到大堂之上为百姓诊病，号称为"坐堂"。至今药店仍称做"堂"，应诊医生被称为"坐堂医生"。

东汉末年，战乱频繁，瘟疫横行，民不聊生。张仲景虽然也在居官之暇行医，但是所救治之人毕竟有限。他在做官与行医的利弊权衡之间犹豫不决。这时，南阳病疫流行，他的家族在10年之内，竟死去了三分之二的人口。面对这种打击，张仲景决定辞官行医，悬壶济世。

张仲景在行医过程中，不仅潜心学习汉代以前的医学精华，而且虚心向同时代的名医学习，博采众家之长。他向"王神仙"求医的传说在民间广为流传。

张仲景听说当时襄阳有个很有名的王姓外科医生，治疗疮痈很有一套，人称"王神仙"。于是就整装出发，为了学到本领，他隐姓化名，自愿给"王神仙"做药店伙计。他的勤奋聪明很快就取得了"王神仙"的欣赏和信任。有一次，"王神仙"给一个患急病的病人看病，所配的药方里有一味药剂量不够。张仲景觉得有问题，但还是照方抓药。结果，病人病情加重，"王神仙"束手无策。张仲景挺身而出，自告奋勇一展身手，果然手到病除。"王神仙"很吃惊地看着眼前这位年轻人，知道他大有来历，一问才知他是河南名医。"王神仙"深受感动，遂将其技艺倾囊相授。

张仲景"勤求古训，博采众方"，凝聚毕生心血，于3世纪初著成《伤寒杂病论》16卷。原本在民间流传中佚失，后人搜集和整理成《伤寒论》和《金匮要略》两部书。

《伤寒杂病论》是中医四大经典之一，它系统总结了汉朝及其以前的医学理论和临床经验，是我国第一部临床治疗学的专著。

《伤寒论》是一部阐述多种外感疾病的著作，共有12卷，著论22篇，记述397条治法，载方113个，总计5万余字。《伤寒论》论述了人体感受风寒之邪而引起的一系列病理变化，并把病症分为太阳、阳明、少阳、太阴、厥阴、少阴等"六经"，进行辨证施治。

《金匮要略》是一部诊断和治疗各种疾病的书，共计25篇，载方262个。《金匮要略》以脏腑脉络为纲，对各类杂病进行辨证施治。全书包括了40多种疾病的诊治。

在《伤寒杂病论》中，张仲景还创造了世界医学史上的三个第一，即：首次记载了人工呼吸、药物灌肠和胆道蛔虫治疗方法。

《伤寒杂病论》成书之后，成为中国历代医家研究中医理论和临床治疗的重要典籍。隋唐以后，更是远播海外，在世界医学界享有盛誉。从晋朝开始到现在，中外学者整理研究该书的专著超过1700余部，可见其影响之深远。

医圣张仲景以及他所创立的学术思想，已成为全人类的共同财富，他当之无愧受到万世千秋的景仰！

华氏家族本是望族，但到华佗时已经衰微了。幼年的华佗在攻读经史的时候，就很留心医药。他从古代名医济世救人的事迹中获得启发，树立了解救苍生苦难的理想。

在当时的社会里，读书人都以出仕做官为荣，可是华佗却选择了另一条道路，以医为业，替百姓看病，并且矢志不移。青年时期的华佗，看到的是外戚宦官专权、官场腐败。当时有很多人举荐华佗做官，都被他拒绝了。不为良相，便为良医，华佗决心终身为百姓行医。

华佗行医，并无师传。他主要是通过精研前代的医学典籍，在继承前人的基础之上，结合自己的实践总结，加以归纳，从而创立新的学说，自成一派。由于他天资聪颖，加上学习得法，理论联系实际，他的医术迅速提高，成为远近闻名的医学家。

中年的华佗，因中原动乱而"游学徐土"。他坚持深入民间，为百姓治病，足迹遍及当时的徐州、豫州、青州、兖州各地。根据他行医地名查考，大抵是以彭城为中心，东起甘陵（今山东临清）、盐渎（今江苏盐城），西达朝歌（今河南淇县），南至广陵（今江苏扬州），西南则到谯县（今安徽亳州），也就是在今天的江苏、河南、山东、安徽等广大地区。华佗学识渊博，医术高超，创造了许多医学奇迹，其中最突出的就是用麻沸散进行外科手术。

华佗的医术仁心，受到了广大人民的热爱和尊崇，他高超的医术常为人们所津津乐道。民间关于他的传说故事不胜枚举。像《三国演义》里关公刮骨疗伤，就是华佗做的手术。传说有一位郡守患病，百医无效。郡守的儿子找到华佗，对他详述病情，恳求施治。华佗到后看过，问病的时候，语气很不好，说话也很狂傲，索要的诊费非常高。这还不算，华佗压根就没有治病，临走的时候还留信大骂郡守白痴。郡守大怒，吐黑血，老毛病一下就好了。

经过数十年的医疗实践，华佗的医术已到了炉火纯青的地步。在临床诊治方面，他灵活运用养生、针灸、方药和手术等手段，辨证施治，疗效极好，被誉为"神医"。他精通内科、外科、妇科、小儿科和针灸科等，尤擅外科。

华佗的医名远播，使得曹操闻而相召。原来曹操患有头风病，找了很多医生都不见效。华佗只给他扎了一针，曹操头痛立止。曹操为了给自己看病，强把华佗留在自己府里。但是华佗立志为民看病，不肯专门侍奉权贵，于是就请假回家。曹操催了几次，华佗都以妻病为由不去。曹操大怒，专门派人将他抓到许昌，仍请他治自己的头风病。华佗直言要剖开头颅，实施手术。曹操以为华佗要谋害自己，就把他关进牢中准备杀掉。有谋士进谏相劝，曹操不听，还是处死了华佗。华佗临死，将所著医书交给狱吏，希望可以救济百姓。狱吏胆小，怕担责任，不敢要。华佗无奈之下，一把火烧了医书。后来曹操爱子曹冲患病，百医无效，曹操才后悔杀了华佗。

华佗晚年著有《青囊经》《枕中灸刺经》等多部著作，可惜都已失传。他发明了一套"五禽戏"来强身健体，还培养了许多弟子，其中广陵吴普、西安李当之和彭城樊阿都是有名的良医。

⊙**大事记**

公元132年，汉顺帝立贵人梁氏为皇后，封皇后之父梁商为执金吾，梁氏家族登上政治舞台。

公元142年，朝廷派遣杜乔、张纲等八人分行州郡，七人皆受命，只有张纲埋了车轮，说："豺狼当道，安问狐狸！"以表达对梁冀专权的不满。

黄巾起义

东汉末年，土地兼并严重，豪强地主势力日益扩张；宦官专权，吏治腐败，统治集团日趋腐朽，社会矛盾日趋激化；且天灾人祸不断，流民颠沛流离。走投无路的农民被迫奋起反抗，终于酿成了东汉中平元年（公元

184年）中国历史上第一次有组织、有准备、全国性的农民起义——黄巾起义。

东汉外戚和宦官两大集团的争权夺利，使朝政混乱，吏制腐败。水旱、虫蝗、风雹、地震、牛疫等自然灾害频繁。灵帝时河内、河南地区大饥荒。农民起义此起彼伏。

巨鹿郡有弟兄3个，老大名叫张角，老二名叫张宝，老三名叫张梁。3个人不仅有本领，还常常帮助老百姓排忧解难。

张角通晓医术，给穷人治病，从来不要钱，深得穷人的拥护。他知道农民只求安安稳稳地过日子，可眼下受地主豪强的压迫和天灾的折磨，多么盼望有一个太平世界啊！于是，他决定利用宗教把群众组织起来，便创立了一个教门叫太平道。

随着他和弟子们的传教广泛深入民间，相信太平道的人越来越多。大约花了10年的时间，太平道传遍了全国。各地的教徒发展到几十万人。

张角和其他组织者商议后，把全国8个州几十万教徒都组织起来，分为36方，大方有一万多人，小方六七千人，每方选出一个首领，由张角统一指挥。

他们秘密约定36方在"甲子"年（公元184年）三月初五那天，京城和全国同时举行起义，口号是："苍天已死，黄天当立；岁在甲子，天下大吉。""苍天"，指的是东汉王朝；"黄天"，指的是太平道。张角还派人在洛阳的寺庙和各州郡的官府大门上，用白粉写上"甲子"两字，作为起义的暗号。

可是，在离起义的时间还有一个多月的紧要关头，情况发生了变化，起义军内部出了叛徒，向东汉朝廷告了密。

面对突然变化的形势，张角当机立断，决定提前一个月举事。36方的起义农民接到张角的命令后，同时起义。因为起义的农民头上全都裹着黄巾作为标志，所以称做"黄巾军"。

汉灵帝得到消息后，惊慌失措，忙拜外戚何进为大将军，派出大批军队，由皇甫嵩、朱儁、卢植率领，兵分两路，前去镇压黄巾军。

然而，各地起义军声势浩大，把官府的军队打得望风而逃。起义之初，起义军进展顺利：河北黄巾军生擒皇族安平王刘续、甘陵王刘忠；南阳（今河南南阳）黄巾军斩杀太守褚贡，围攻宛城；汝南黄巾军在召陵（今河南漯河市东北）打败太守赵谦军；广阳（今北京市西南）黄巾军攻破蓟县，杀幽州刺史郭勋。

起义军发展壮大后，张角自称天公将军，其弟张宝称地公将军，张梁称人公将军。张角、张梁驻广宗，张宝驻下曲阳，作为农民军中央基地，率部在冀州一带攻城掠地，同时节制各路义军；南阳黄巾军由张曼成率领，在南方扩张势力；汝南黄巾军由波才、彭脱率领，活动于颍川（在今河南禹州）、陈国（在今河南淮阳市）一线，成为黄巾第三大主力。黄巾军从北、东、南三个方向对京师洛阳形成包围之势。

黄巾农民军的"遍地开花"引起了东汉朝廷的恐慌。汉灵帝从温柔乡中醒来，匆忙组织武装镇压。他下令大赦党人，以缓和统治阶级内部矛盾；又下诏令各地严防起义军势力渗透，并积极调兵进剿。灵帝命国舅兼大将军何进统率左、右羽林军，加强洛阳防御，拱卫京师；左中郎将皇甫嵩、右中郎将朱儁率4万步骑进攻颍川黄巾军；北中郎将卢植率北军和地方军队进攻河北黄巾军。

张曼成率南阳黄巾军进攻中原战略要地宛城，遭南阳太守秦颉顽抗，张曼成战死。赵弘继为指挥，攻克宛城，部众发展至10余万人。六月，刚刚剿灭颍川起义军的朱儁，把屠刀挥向南阳黄巾军，与荆州刺史徐璆、南阳太守秦颉合兵两万余人围攻宛城。黄巾军拼死抵御，坚守两个多月。

朱儁见城坚难攻，遂退兵以诱敌，暗中设伏。赵弘不明虚实，出城追击，遭朱儁伏兵重创，被迫退回城中。但元气大伤的黄巾军已无力守城，余部于十一月向精山（今河南南阳市西北）转移，被官军追上，大部战死。

河南黄巾军被镇压后，东汉朝廷将重点转向河北。因卢植久攻广宗不下，何进改派东中郎将董卓接替卢植。但董卓恃勇轻敌，被张角大败于下曲阳。十月，朝廷再调皇甫嵩进攻广宗，适值张角病死，黄巾军失其主帅，士气受挫。皇甫嵩趁机在夜间发动突袭，起义军仓促应战，张梁等3万余人战死。十一月，皇甫嵩移师转攻下曲阳，张宝等10余万人被杀。至此，黄河南北的黄巾军主力先后被官军及地方豪强武装消灭。

公元185年农历四月，波才率部击败朱儁，进围皇甫嵩于长社（今河南长葛东北）。但因缺乏作战经验，依草结营，时值大风，皇甫嵩乘夜顺风纵火，起义军大溃；皇甫嵩随即联合朱儁、曹操三军合击黄巾军，斩杀起义军数万。官军乘胜进击汝南、陈国黄巾军，阳翟（今禹州）一战，波才战死；彭脱的黄巾军也在西华被击溃。八月，东郡（今河南濮阳市西南）黄巾军与官军大战于苍亭，7000余人被屠杀，主将卜己身死。颍川、汝南、东郡三郡黄巾军主力悉数被歼。

黄巾起义虽仅9个月便失败了，但起义的余波却持续了20多年。黄巾起义瓦解了东汉王朝的统治，外戚宦官的黑暗统治也因此结束了。

⊙**大事记**

公元184年，张角与张宝、张梁称天公、地公、人公将军，率众起义，因皆着黄巾，故称"黄巾起义"。

离析与交融

三国两晋南北朝是中国社会一个大分裂的时期，在数百年的时间里，只有西晋有短暂的统一，其他时间中华大地上由汉族和各少数民族建立的政权有 20 多个。这一时期虽然社会矛盾尖锐，但民族融合加速，为以后的大一统帝国出现奠定了基础。

三国鼎立

袁绍拥兵自重

汉灵帝在黄巾起义的风潮中，一命呜呼了。他死后，年仅14岁的皇子刘辩继承皇位，这就是汉少帝。由于少帝年幼，何太后便按惯例临朝。这样一来，朝政大权就落入了外戚、大将军何进的手里。

袁绍，字本初，汝南汝阳（今河南商水西北）人。他出生于一个世代为官的地主家庭，从祖上袁安起，一直到袁绍的父亲袁逢，四代人中出了5个"三公"，人称"四世三公"。

由于何太后不同意消灭宦官，袁绍就劝何进密召驻扎河东的董卓带兵进京，用武力胁迫何太后。不料董卓还没有到达洛阳，宦官已得到消息，提前下手把何进杀死了。袁绍得知消息后，就和他的兄弟袁术带兵进宫，将搜捕到的宦官全部杀死了。

这时，董卓已率关西军进入洛阳。为了控制住局面，董卓假造声势，收编了何进的部下，独掌了朝政大权。此后，他便想废掉少帝刘辩，但又害怕众人不服，便找袁绍来商量，希望能借重袁绍的影响来控制朝野内外。谁知袁绍表示坚决反对，两人话不投机，拔刀相向。袁绍待在京师，总担心董卓对他下手，便匆匆离开了京师。

袁绍走后，董卓立即废掉少帝刘辩，另立陈留王刘协为帝，这就是汉献帝。袁、董虽然反目成仇，但袁绍世代为官，是当时声名显赫的世家大族，董卓顾及袁绍势力太大，为了缓和同袁绍的矛盾，就听从一些官员的劝告，任命袁绍为渤海太守。

袁绍号召各地豪强贵族势力反对董卓废立皇帝，董卓因此而杀死袁氏一族在洛阳和长安的50多人。董卓残忍地对待袁氏家族，反而使袁绍更具有号召力。在反对董卓的队伍中，有一支不太引人注目的队伍，带领这支队伍的首领名叫曹操。

⊙大事记

公元184年，张角、张宝、张梁借太平道发动起义，汉末黄巾大起义爆发，虽然主力被镇压，但它瓦解了腐朽的东汉政权。

公元189年，大将军何进被宦官杀死，袁绍率兵诛杀宦官，同时董卓带兵进入洛阳，控制了朝政。

枭雄曹孟德

曹操，字孟德，小名阿瞒，沛国谯县（今安徽亳州）人。他父亲夏侯嵩是汉桓帝时大宦官曹腾的养子，随曹腾改姓了曹。

曹操从小就很聪明机警，善于随机应变。当时汝南名士许劭以善于评论人物著称，曹操特地登门拜访，请他品评自己。许劭起初不肯评说，经曹操再三追问，他才说："你在治世时，会成为能干的大臣；在乱世里，会成为奸雄。"

曹操在20岁的时候，当了一个叫洛阳北部尉的小官。洛阳是一座大城，皇亲国戚、达官显贵很多，他们经常胡作非为，没人敢管。曹操到任后，命令手下人做了十几根五色棒，高高挂起，表明无论是什么人，只要触犯法规、禁令，就要挨棒子。大宦官蹇硕的叔叔依仗权势，违法乱纪。一天，他违反禁令，深更半夜提刀乱闯，被巡夜的当场捉住，挨了一顿五色棒的痛打。从此以后，谁也不敢违反禁令，洛阳的治安有了好转，曹操的威名一下子传开了。

公元190年，曹操和各路讨伐董卓的大军，在陈留附近的酸枣（今河南延津西南）集合，组成一支"反董"联军，大家共同推举袁绍作为联军的盟主。

董卓听说各地起兵的消息，心惊胆颤。他不顾大臣们的反对，决定迁都长安。汉献帝被迫离开洛阳后，董卓下令放火焚城。一时间，洛阳成了一片火海，致使洛阳的百姓流离失所，尸骨弃野。

这时，在酸枣附近集结的各路讨董大军都按兵不动，彼此观望。曹操看到这种情形，义愤填膺，带领手下5000人马，向成皋进兵。曹操的人马刚刚到了汴水，便遭到了董卓部将徐荣的攻击。双方力量对比悬殊，一交手，曹操便败下阵来。

曹操损兵折将，回到酸枣。他看到起义讨伐董卓的同盟军不能与他一起成就大事，就单独去了扬州，在那里招兵买马，养精蓄锐。

⊙大事记

公元190年，袁绍、曹操等组成讨董联军，董卓裹挟汉献帝，迁都长安，烧毁洛阳宫室，劫掠百姓。

公元192年，司徒王允收买董卓义子吕布，除掉董卓；文学家、书法家蔡邕因受连累被杀。

王允除董卓

董卓到了长安后，就自称太师，要汉献帝尊称他是"尚父"。

他看到朝廷里的大臣们人心涣散，对他没有什么威胁，也就寻欢作乐起来了。他在离长安200多里的地方，建筑了一个城堡，称作郿坞。郿坞的城墙修得又高又厚，他把从百姓那里搜刮得来的金银财宝和粮食都贮藏在那里，单说粮食一项，30年也吃不完。

郿坞筑成以后，董卓得意地对人说："如果大事能成，天下就是我的；如果大事不成，我就在这里安安稳稳度晚年，谁也打不进来。"

董卓有一个心腹，名叫吕布，勇力过人。董卓把吕布收作干儿子，叫吕布随身保护他。他走到哪里，吕布就跟到哪里。吕布的力气特别大，射箭骑马的武艺，十分高强。那些想刺杀董卓的人，因为害怕吕布的勇猛，就不敢动手了。

司徒王允想除掉董卓，他知道要除掉董卓，必须先打吕布的主意。于是，他就常常请吕布到他家里，一起喝酒聊天。日子久了，吕布觉得王允待他好，也就把他跟董卓的事情向王允透露一些。

原来，董卓性格暴躁，稍不如他的意，就不顾父子关系，向吕布发火。

有一次，吕布无意中冲撞了他，董卓竟将身边的戟朝吕布掷去。幸亏吕布眼疾手快，侧身躲过了飞来的戟，没有被刺着。为此，吕布心里很不痛快。

王允听了吕布的话，心里挺高兴，就把自己想杀董卓的打算也告诉了吕布。吕布答应跟王允一起干。

公元192年，汉献帝生了一场病，身体痊愈后，在未央宫接见大臣。董卓得到通报从郿坞到长安去。为了提防有人刺杀他，他在朝服里面穿上铁甲，在乘车进宫的大路两旁，派卫兵密密麻麻地排成一条夹道护卫。他还叫吕布带着长矛在身后保卫他。他认为经过这样安排，就万无一失了。

孰不知，王允和吕布早已设好计策。吕布安插了几个心腹勇士扮作卫士混在队伍里，专门在宫门口等候。董卓的坐车刚一进宫门，就有人拿起戟向董卓的胸口刺去。但是戟扎在董卓胸前铁甲上，刺不进去。

吕布见此情景，立即举起长矛，一下子戳穿了董卓的喉头。随即，吕布从怀里拿出诏书向大家宣布："皇上有令，只杀董卓，别的人一概不追究。"董卓的将士们听了，都高兴地呼喊万岁。

长安的百姓听到奸贼董卓死了，欢声雷动，举杯相庆。可是，过了不久，董卓的部将李傕、郭汜攻入长安，杀死了王允，赶走了吕布，长安又陷入混乱动荡之中。

董卓在历史上被视为罪恶滔天的残暴之徒，人们习惯将东汉末年国家分崩离析的社会状况记在他的头上。

⊙大事记

公元192年，董卓部将李傕、郭汜打着为董卓报仇的旗号进兵长安，杀死王允，赶走吕布。自此东汉陷入军阀混战之中，名存实亡。

迁都许城

东汉王朝经历了董卓之乱后，已经名存实亡，各地州郡割据一方，官僚、豪强趁机争城夺地，形成了大大小小的割据势力。

经过几年的苦心经营，曹操的势力渐渐壮大。他打败了攻进兖州（今山东省西南部和河南省东部）的黄巾军，在兖州建立了一个据点。他还将黄巾军的降兵补充到自己的军队中，扩大了武装。后来，他又打败了陶谦和吕布，成为一个强大的割据势力。

公元195年，长安的李傕和郭汜发生火拼，互相攻伐。在这种情况下，外戚董承和一批大臣带着献帝逃出长安，回到洛阳。这时的洛阳宫殿，早已被董卓烧光了，到处是瓦砾碎石、残垣断壁、荆棘野草。汉献帝到了洛阳，没有宫殿，就住在一个官员的破旧住房里。一些文武官员，没有地方住，只好搭个简陋的草棚，遮风避雨。这些还不算，最大的难处是没有足够的粮食充饥。

这时候，曹操正驻兵在许城（今河南许昌），听到这个消息，就和手下的谋士商量，把汉献帝迎过去。随后，他派出曹洪带领一支人马到洛阳去迎接汉献帝。

董承等大臣怀疑曹操另有图谋，发兵阻拦曹洪的人马。后来，曹操亲自到了洛阳，向他们说明：许城有粮食，但是不便运输到洛阳来，只好请皇上和大臣们暂时迁到那里，免得在洛阳受冻挨饿。

汉献帝和大臣一听许城有粮食，都赞同了迁都的建议。公元196年，曹操把汉献帝迎到了许城。从那时起，许城成了东汉临时的都城，因此改称为许都。

曹操在许都给汉献帝修建了宫殿，献帝便正式上朝了。曹操自封为大将军，从此以后，曹操以汉献帝的名义向各地州郡豪强发号施令。

但是日子一久，由于要支付大批官员和军队的粮食供应，许都的粮食也发生困难了。经过十年混乱，到处都在闹饥荒。如果粮食问题不解决，大家也无法在许都待下去。

有个叫枣祗的官员向曹操提出一个办法，叫作"屯田"。他请曹操把流亡的农民召集到许都郊外开垦荒地，农具和牲口由官府提供。每年收割下来的粮食，官府和农民平分。

曹操接受了枣祗的建议，下令实行屯田。不久，许都附近的荒地就开垦出来了。一年下来，原来已经荒芜的土地获得了丰收。

曹操用皇帝的名义号令天下诸侯，又采用屯田的办法，解决了军粮供应问题，还吸收了荀攸、郭嘉等一批有才能的谋士，也就奠定了成就霸业的基础。

⊙**大事记**

公元192年，曹操击败青州黄巾军，将其收编为"青州兵"，实力得以壮大。

公元196年，曹操将汉献帝接到许都，自此挟天子以令诸侯；同时，曹操下令开始在许都屯田，此为曹操屯田制的开始。

煮酒论英雄

曹操把汉献帝迎到许都的这一年，徐州牧刘备前来投奔他。那时，刘备驻守的徐州被袁术和吕布联军夺了去。

刘备是河北涿郡（今河北涿州）人，是西汉皇室的宗亲。他从小死了父亲，家境败落，跟母亲一起靠贩鞋织席过日子。他对读书不太感兴趣，却喜欢结交豪杰。有两个贩马的大商人经过涿郡，很赏识刘备的气度，就出钱帮助他招兵买马。

当时，到涿郡应募的有两个壮士，一个名叫关羽，一个名叫张飞。这两人武艺高强，又跟刘备志同道合，日子一久，3个人的感情真比亲兄弟还亲切。

刘备投奔曹操以后，曹操和刘备一起去攻打吕布。吕布兵败被杀。回到许都后，曹操请汉献帝封刘备为左将军，并且非常尊重刘备，走到哪儿，都要刘备陪在他身边。

这时候，汉献帝觉得曹操的权力太大了，又很专横，便要外戚董承设法除掉曹操。他写了一道密诏缝在衣带里，又把这条衣带送给董承。

董承接到密诏，就秘密地找来几个亲信，商量如何除掉曹操。他们觉得自己力量不够，认为刘备是皇室的后代，一定会帮助他们，就秘密与刘备联络。刘备果然同意了。

此后过了不久，曹操邀请刘备去喝酒。两个人一面喝酒，一面说笑，谈得很投机。他们谈着谈着，很自然地谈到天下大事上来了。曹操拿起酒杯，说："您看当今天下，有几个人能算得上英雄呢？"

刘备谦虚地说："我说不清楚。"

曹操笑着对刘备说："我看啊，当今的天下英雄，只有将军和我曹操两个人。"

刘备心里想着跟董承同谋的事，正感觉不安，听到曹操这句话，大吃一惊，身子打了一个寒战，手里的筷子掉在了地上。正巧在这时，天边闪过一道电光，接着就响起一声惊雷。刘备一面俯下身子捡筷子，一面说："这个响雷真厉害，把人吓成这个样子。"

刘备从曹操府中出来，总觉得曹操这样评价自己，将来会丢了性命，便等待机会离开许都。

事也凑巧，袁绍派他儿子到青州去接应袁术，要路过徐州。曹操认为刘备熟悉那一带的情况，就派他去截击袁术。刘备一接到曹操的命令，就赶紧和关羽、张飞带着人马走了。

刘备打败了袁术，夺取了徐州，决定不回许都去了。

到了第二年春天，董承和刘备在许都合谋反对曹操的事败露了。曹操把董承和他的3个心腹都杀了，并且亲自发兵征讨刘备。

刘备听说曹操亲自带领大军进攻徐州，慌忙派人向袁绍求救。袁绍手下的谋士田丰劝袁绍乘许都兵力空虚的时候偷袭曹操，袁绍没有听从。

曹操大军进攻徐州，刘备兵少将寡，很快就抵挡不住，最后只好放弃徐州，投奔冀州的袁绍。

⊙大事记

公元198年，曹操将吕布围于下邳，引河水灌城，吕布投降后被杀。

公元199年，刘备率关羽等攻据徐州，不久即被曹操击破，刘备转而投奔袁绍。

官渡之战

袁绍看到刘备兵败后，才感到曹操是个强大的敌人，决心进攻许都。

公元200年，袁绍调集了10万精兵，派沮授为监军，从邺城（冀州的治所，在今河北临漳西南）出发，进兵黎阳（今河南浚县）。他先派大将颜良渡过黄河，进攻白马（今河南滑县）。

当时，曹操的部下刘延驻守白马，坚守不出。曹操虽亲率大军驻扎在官渡（今河南中牟县），但是兵力却很少，只有三四万人，没有办法分兵来救。曹操很是着急。谋士荀攸向曹操献计说："我军兵少，面临强敌，正面交锋恐怕不易得手，应该分散袁绍的兵力。曹公您领兵向延津（今河南延津北）推进，摆出要渡黄河进攻袁绍后方的阵势，袁绍一定分兵向西，然后我们用轻骑突袭白马，攻其不备，一定可以擒获颜良。"曹操认为荀攸说得很有道理，便按他说的去做，进军延津。

袁绍知道后，十分惊慌，急忙命令黎阳的袁军星夜赶到延津渡口，截住曹军，不让他们过河。曹操见袁绍中计，便立即率领轻骑直扑白马。当时围攻白马的是袁绍的大将颜良、郭图，他们自恃兵多将广，又有黎阳做后盾，麻痹轻敌。曹军到白马后立即发动袭击，颜良、郭图毫无防备，被杀得大败。

袁绍听到这个消息，决定孤注一掷，全军渡河，追击曹军。沮授一再劝告袁绍，但袁绍向来刚愎自用，不听劝告，率大军渡过黄河朝延津以南而来，并派大将文丑率精兵追击曹军。

曹操见袁绍军追来，下令以后军为前军，绕道西进；令徐晃率600多名精锐骑兵在树丛中埋伏起来。文丑率大军追到，见路上扔满车辆物资，士兵们纷纷跳下马抢东西。这时曹军突然杀出，袁军仓促应战，大败而逃。文丑被一刀砍死，袁军士兵逃降的不计其数。

袁绍一再战败，一心想跟曹操决一死战。沮授经仔细分析，认为袁军新败不宜决战，曹操虽胜，但兵少粮缺，只要与曹长期对峙，曹操必败。袁绍骄傲成性，无人能劝，亲率大军直逼官渡。官渡离许昌不到200里地，是许昌的屏障，也是南北咽喉要道。一旦官渡失守，许昌危在旦夕。这时曹操只有死守官渡。曹军作战勇猛，又占有地利，袁绍攻了好几次，都无功而返，两军处于相持状态。

粮草缺乏的曹军被困官渡已一个多月，再也坚持不下去，曹操决定退守许都。荀彧正在许都留守，知道后便给他来信，让他再坚持一下，事情可能会有转机。在袁绍那里，许攸一眼看破曹操困境，认为曹操兵少，此时又去集中力量与袁军对抗，许都一定空虚；如果派一支精锐轻骑去偷袭许都，一定能攻下，也能把献帝控制在手中，再来讨伐曹操，曹操必被擒。即使许都攻不下，也会造成曹操首尾不能相顾的局面，曹操必败。但袁绍不听从他的建议。

许攸在袁绍手下郁郁不得志，想起曹操是他的老朋友，就连夜投奔了曹操。曹操在大营里刚脱下靴子，正想入睡，听说许攸来投奔他，高兴得顾不上穿靴子，光着脚板跑出来迎接许攸。他一见许攸的面便说："您来了，真是太好了！我的大事有希望了。"

许攸说："我知道您的情况很危急，特地来给您透露个消息。现在袁绍有一万多车粮食、军械，全都在乌巢放着。那里的守将是淳于琼，他的防备很松。您只要带一支轻骑兵去袭击，把他的粮草全部烧光，三天之内，袁兵就会不战自败。"

曹操得到这个重要情报后，立刻布置好官渡大营防守，自己带领5000骑兵，连夜向乌巢进发。他们打着袁军的旗号，对沿路遇到袁军的岗哨说，他们是袁绍派去增援乌巢的。曹军顺利地到了乌巢，放起一把火，把一万多车粮食，烧了个一干二净。乌巢的守将淳于琼匆忙应战，也被曹军杀了。

乌巢被烧，袁绍决定偷袭曹操大营，切断他的归路，而不派兵去救乌巢。张郃、高览被袁绍派去攻打曹军大营。张郃深知，如果粮草被烧，袁军将无法支持，必败无疑，他便去劝袁绍，但没有效果。张郃只好硬着头皮，同高览领着几万大军攻打官渡曹军大营。他们刚到达官渡，就遇到曹军的顽强抵抗，背后又受到从乌巢得胜回来的曹操的猛攻。张郃见袁绍成不了大事，便与高览率军投降了曹操。

袁绍经此打击，实力大大削弱，袁绍的士兵不攻自乱，曹操率军奋力冲杀，袁军大败，7万多人被杀死，袁绍慌忙带着儿子袁谭和800骑兵，向北逃窜。官渡之战结束后，曹操继续向袁绍的地区进兵。公元202年，袁绍病死。公元205年，曹操对袁谭发动进攻，袁谭兵败被杀，袁绍的另外两个儿子袁熙和袁尚逃往乌桓。公元206年，曹操攻下了冀、青、幽、并四州，统一了北方。

孙策入主江东

正当曹操经营北方的统一大业时，南方有一支割据势力渐渐壮大起来，这支队伍的首领就是入主江东（今长江下游的江南地区）的孙策、孙权两兄弟。

孙策，字伯符，吴郡富春（今浙江富阳）人，出生于当地一个名家大族。他的父亲孙坚因镇压农民起义有功，朝廷封他为长沙太守。

孙坚后来又参加了讨伐董卓的联军。他到鲁阳（今河南鲁山县）时遇上袁术，被袁术封为破虏将军。在袁术和刘表争夺荆州的战斗中，孙坚打先锋，击败了刘表的大将黄祖。孙坚乘胜追击，不料，在追击途中被黄祖手下一名躲藏在树丛中的士兵用暗箭射死。

孙坚死后，长子孙策接替他的职务，统领部队，继续在袁术手下供职。孙策打起仗来勇猛异常，总是一马当先，当时人们都称他为"孙郎"。

孙策想继承父志，干一番大事业，但总感到在袁术手下难以施展自己的抱负。于是千方百计寻找机会脱离袁术，另寻出路。正巧孙策的舅舅、江东太守吴景这时被扬州刺史刘繇赶出丹阳，孙策便向袁术请求，去平定江东，替舅舅报仇。

孙策带领袁术拨给他的1000人马到江东去，以此来开辟自己的地盘。他一路上招募兵士，从寿春到达历阳（今安徽和县）时，已招募了五六千人。这时，孙策少年时的好朋友周瑜正在丹阳探亲，听说孙策出兵，就带领一队人马前来接应，帮助他补充了粮食和其他物资。这样，孙策进一步充实了自己的力量，而且增加了一个得力助手。

孙策带领军队，渡过长江，先后几次打败刘繇的军队，最后把刘繇从丹阳赶走，还攻下了吴郡和会稽郡，同时控制了江东大部分地区。

孙策到江东后，军纪严明，不许士兵抢掠百姓财物、侵害百姓利益，深得江东百姓的欢迎。

孙策平时爱好打猎。有一天，他追赶一头鹿，一直追到江边，他的马快，跟从他的人都被远远地甩在后面。这时，原吴郡太守许贡的三个门客正好守在江边。孙策在攻下吴郡时，杀了太守许贡，因此，许贡的门客一直在寻找机会替许贡报仇。他们见机会来了，便一齐向孙策突发冷箭。孙策的面颊中了一箭。

孙策的病情很快恶化，他自知好不了了，便把张昭等谋士请来，对他们说："我们现在依靠吴、越地区的人力资源，长江的险固，可以干一番事业，请你们好好辅佐我的弟弟。"

他又把孙权叫到面前，把自己的官印和系印丝带交给他，说："带领江东的人马，在战场上一决胜负，和天下人争英雄，你不如我；推举和任用贤能的人，使他们尽心竭力，保住现在的江东，我不如你。"当晚，这位纵横江东的"孙郎"便死去了。

孙策死后，弟弟孙权接替他的职务，掌管大权。在张昭和周瑜的帮助下，年仅19岁的孙权继承父兄基业，担负起巩固发展江东的重任。

⊙**大事记**

公元195年，孙策前往江东，击溃了扬州刺史刘繇，成功地在江东壮大了自己的势力。

公元196年，孙策攻下会稽（今浙江绍兴），在接下来的几年间，又先后削平了当地的割据势力，大体上统一了江东地区。

公元200年，孙策遇刺身亡，但他为弟弟孙权在江南建国打下了良好的基础。

三顾茅庐

当曹操扫除北方残余势力的时候，在荆州依附刘表门下的刘备，也正寻找机会实现自己的政治抱负。他四处招揽人才，为自己出谋划策。在投奔他的人当中，有个名士叫徐庶，刘备非常赏识他的才智，便拜他为军师。

有一天，徐庶对刘备说道："在襄阳城外20里的隆中，有一位奇士，您为什么不去请他来辅助呢？这位奇士复姓诸葛，名亮，字孔明。此人有经天纬地之才，人称'卧龙'。"

刘备听到有这样的贤才，非常高兴，便决定亲自去拜访诸葛亮。第二天，刘备带着关羽、张飞启程前往隆中。

刘备一行三人来到隆中卧龙岗，找到了诸葛亮居住的几间茅草房。刘备下马亲自去叩柴门，一位小童出来开门，刘备自报姓名，说明了来意。小童告诉他们："先生不在家，一早就出门了。"

几天以后，刘备听说诸葛亮已经回来了，忙让备马，再次前往。时值隆冬，寒风刺骨。他们三人顶风冒雪，非常艰难地走到卧龙岗。当他们来到诸葛亮家，才知道诸葛亮又和朋友们出门了。刘备只好给诸葛亮留下一封信，表达了自己求贤若渴的心情。

刘备回到新野之后，一心想着诸葛亮的事，时常派人去隆中打听消息，准备再去拜谒孔明。三个人第三次去隆中时，为了表示尊敬，刘备离诸葛亮的草房还有半里地就下马步行。到了诸葛亮的家时，碰巧诸葛亮在草堂中酣睡未醒。刘备不愿打扰他，就让关张两人在柴门外等着，自己轻轻入内，恭恭敬敬地站在草堂阶下等候。

诸葛亮被刘备的诚心所打动，他根据自己多年来研究时势政治的心得体会，向刘备详细讲述了自己的政治见解，提出了实现统一的战略方针。他说："现在曹操打败了袁绍，拥有百万兵马，又借天子的名义号令天下，很难用武力与他争胜负了。孙权占据江东，那里地势险要，民心顺服，还有一批有才能的人为他效劳，也不可以与他争胜负，但可以与他结成联盟。"

接着，诸葛亮分析了荆州和益州（今四川、云南和陕西、甘肃、湖北、贵州的一部分地区）的形势，认为如果能占据荆州和益州的地方，对外联合孙权，对内整顿内政，一旦机会成熟，就可以从荆州、益州两路进军，攻击曹操。到那时，功业可成，汉室可兴。

刘备听完诸葛亮的讲述，茅塞顿开。他赶忙站起来，拱手谢道："先生的一席话，让我如拨开云雾而后见青天。"刘备从诸葛亮的分析中看到了自己广阔的政治前景，于是再三拜请诸葛亮出山。诸葛亮见刘备这样真诚地恳求，也就高高兴兴地跟刘备到新野去了。

从那时起，年仅27岁的诸葛亮用他的全部智慧和才能帮助刘备实现政治抱负，建立大业。从此，刘备才真正拉开了称霸一方的序幕。

赤壁之战

曹操统一北方后，于公元208年秋天率兵30万，号称80万，南下攻打荆州。当曹操的军队还没有到达时，刘表就病死了。他的两个儿子——长子刘琦、次子刘琮向来就不和睦，在刘表临终前几个月，刘琦出任江夏太守；刘琮被部下拥戴，继任荆州牧。刘琮是个贪生怕死的人，听说曹操来攻打荆州，暗地派人投降，曹操兵不血刃地占领了襄阳，当时刘备和诸葛亮正在与襄阳一水之隔的樊城（今湖北襄樊）操练兵马，他还不知道刘琮已经投降。曹操大军逼近时，单凭自己的力量抵抗曹操已不可能，便与诸葛亮率军向江陵（今湖北江陵）退去。

刘备在荆州很有影响，当他撤退时，有10多万百姓纷纷随他南下，辎重数千辆，男女老幼互相搀扶，所以每天走得很慢。曹操看出刘备想退守江陵的意图，亲自率5000骑兵，昼夜急行300多里，直奔江陵。曹军在当阳长坂追上刘备，大败刘备。曹操顺利占据江陵，而刘备却逃到刘琦驻守的夏口。此时刘备的军队除关羽的1万水军和刘琦的1万多步兵外，其余损失殆尽。

　　曹操席卷荆州的消息传到江东，孙权部下的文武官员都异常震动，有些人主张投降，孙权犹豫不决。在曹操进兵荆州以前，孙权就曾派鲁肃到荆州去探听虚实，鲁肃在当阳劝刘备把军队移驻到长江南岸的樊口（今湖北鄂城），以便和东吴互通声气。刘备乘机派诸葛亮和鲁肃一同前往柴桑（今江西九江）去见孙权，商议联合抗曹的策略。

　　这时候，孙权接到曹操的恐吓信，声称孙权若不投降，他将率80万大军直捣江东。曹操的威势使一些人吓破了胆，长史张昭就是其中之一。他认为只有投降才是上策。针对这种观点，周瑜批驳说："曹操挥师南下，后边有关西马超、韩遂的威胁，后方一定不稳定。再说曹军习于陆战，不习水战，他们与我们较量是舍长就短。另外，现在是寒冬十月，曹操军马粮草不足，北方士兵远涉江湖之间，水土不服，必生疾病。这些都是曹操致命的弱点。曹操号称80万大军，据我观察，曹操带来的军队不过十五六万，已疲惫不堪；从刘表那里所得军队，最多不过七八万，且人心不稳。这二十二三万军队人数虽多，但不堪一击。将军只要给我5万精兵，就足以打败曹操，请将军放心。"此番话说得孙权非常激动，他拔出宝剑，砍掉奏案的一角，厉声说道："诸将吏谁再敢说'投降'二字，就和这奏案一样！"

　　于是，孙权以周瑜为左督，程普为右督，鲁肃为赞军校尉，率精兵3万，与刘备大军一齐进驻长江南岸的赤壁（今湖北蒲圻西北），与江北曹操的军队隔江对峙。

　　曹操的士兵因来自北方，初到南方个个水土不服，很不习惯南方潮湿的气候，再加上不习惯乘船，没多久就病倒了许多人。曹操见士兵们身体虚弱，只好召集谋士们商量对策。这时，有人献上连环计：将水军的大小战船分别用铁环锁住，十几条船一排，每排船上再铺上宽阔的木板，不仅人可以在上面行走自如，就是马也可以在上面跑起来。曹操听了非常高兴，立即下令：连夜打造连环大钉，锁住大小战船。这样做后，效果果然不错，人在船上走，如履平地，一点也不觉得摇晃。

　　驻防在长江南岸的孙刘联军，看见曹操的战船连在一起，便想用火攻。正在发愁无法将火种靠近敌船时，周瑜手下的大将黄盖主动要求自己假装投降，以便靠近敌船。

　　周瑜很赞成黄盖的主意，两人经过商量，派人给曹操送去一封信，表示要投降曹操。曹操以为东吴的人看清了形势，害怕兵败身亡，便没怀疑黄盖的假投降。

　　周瑜在江东将各路人马布置停当，只等东南风起，火攻曹营。

　　公元208年冬至那天半夜，果然刮起了东南风，而且风势越来越猛。黄盖又给曹操去了一封信，约定当晚带着几十只粮船到北营投降。

　　当天晚上，黄盖率领20只战船，船上装满干草、芦苇，浇了膏油，上面蒙上油布，严严实实地把船遮盖住。每只船后又拴着3只划动灵活的小船，小船里都埋伏着弓箭手。降船扯满风帆，直向北岸驶去。曹军水寨的官员听说东吴的大将前来投降，都跑到船舷来观看。

　　黄盖的大船离北岸约2里左右时，只见黄盖大刀一挥，20只大船一齐着起火来，火焰腾空而起，20只战船像狂舞的火龙，一起撞入曹操的水军中。火乘风势，风助火威，一眨眼的工夫，曹军的水寨成了一片火海。水寨外围都是用铁钉和木板连起来的首尾相接的连环船，一时间拆也无法拆，逃也逃不走，只好眼睁睁地看着大火烧尽战船。黄盖他们则早已跳上小船，不慌不忙地接近北营，向岸上发射火箭。这样一来，不但水寨里的战船被烧，连岸上的营寨也着了火。一时间，江面上火逐风飞，一片通红，漫天彻地。

　　刘备、周瑜一看北岸火起，马上率水陆两军同时进兵，杀得曹军死伤了一大半，曹操败走华容道。刘备、周瑜水陆并进，乘胜追击，一直追到南郡。曹操在战斗中损兵折将。恰在这时，又传来孙权围攻合肥的消息，必须派兵驰援。曹操只得留下曹仁、徐晃驻守江陵，乐进驻守襄阳，自己率领其余的队伍踏上北归的路途。

　　赤壁之战，以孙刘联军胜利、曹操大败而告结束。这是古代时期以少胜多，以弱制强的著名军事战役，为三国鼎立奠定了基础。赤壁之战结束后，曹操再也无力南下，统一全国的愿望化成了泡影。孙权稳定江东，并且向岭南地区发展。刘备占据荆州，向益州发展。

⊙**大事记**

公元207年，刘备三顾茅庐请到诸葛亮。诸葛亮分析天下大势，提出"隆中对"。

公元207年，曹操率兵平定乌桓，回军途中路过碣石（今河北秦皇岛附近），写下了名篇《步出夏门行·观沧海》。

公元208年，赤壁大战，孙、刘联军获胜，曹操退守北方。赤壁之战奠定了三国鼎立的局面。

公元209年，刘表之子刘琦卒，刘备领荆州牧，同时与孙权联姻。

公元210年，曹操下唯才是举令，广纳良才。

刘备入川

赤壁之战以后，周瑜把曹操的人马从荆州赶了出去。在荆州的归属问题上，孙、刘两家发生了分歧。刘备认为，荆州本来是刘表的地盘，他和刘表是本家，刘表不在了，荆州理应由他接管；孙权则认为，荆州是靠东吴的力量打下来的，应该归东吴。后来，周瑜只把长江南岸的土地交给了刘备。刘备认为分给他的土地太少了，很不满意。不久，周瑜病死，鲁肃从战略的角度考虑，认为把荆州借给刘备，可以让他抵挡北方的曹操，东吴便可以借机整顿兵马，图谋大业。为此，他劝说孙权把荆州借给刘备。

借人家地方总不是长远之计，刘备按照诸葛亮的计划，打算向益州发展。正好在这个时候，益州的刘璋派人请刘备入川。

原来，益州牧刘璋手下有两个谋士，一个叫法正，另一个叫张松。两人私交很深，都是很有才能的人。他们认为刘璋是无能之辈，在他手下做事没有出息，想谋个出路。

法正来到荆州后，刘备殷勤地接待了他，同他一起谈论天下形势，谈得十分融洽。

法正回到益州后，就和张松秘密商议，想把刘备接到益州，让他做益州的主人。

过了不久，曹操打算夺取汉中（今陕西汉中市东）。这样一来，益州就受到了威胁。张松趁机劝刘璋请刘备来守汉中。刘璋便派法正带了4000人马到荆州去迎接刘备。

刘备见到法正后，对于是否入川还有点犹豫。那时候，庞统已经当了刘备的军师，他坚决主张刘备到益州去。刘备听从了法正、庞统的劝说，让诸葛亮、关羽留守荆州，自己亲率人马到益州去。后来，张松做内应的事泄露了。刘璋杀了张松，布置人马准备抵抗刘备。

刘备带领人马攻打到雒城（今四川广汉北）时，受到雒城守军的顽强抵抗，足足打了一年才攻下来，庞统也在战斗中中箭而亡。随后，刘备向成都进攻，诸葛亮也带兵从荆州赶来会师。刘璋坚持不住，只好投降。

公元214年，刘备进入成都，自称益州牧。他认为法正对这次攻进益州立了大功，便把他封为蜀郡太守，致使整个成都都归法正管辖。

诸葛亮帮助刘备治理益州，执法严明，不讲私情，当地有些豪门大族都在背地里吐露怨气。

法正劝告诸葛亮说："从前汉高祖进关，约法三章，废除了秦朝的许多刑罚，百姓都拥护他。您现在刚来到这里，似乎也应该宽容些，这样才合大家心意。"

诸葛亮说："您知道的并不全面。秦朝刑法严酷，百姓怨声载道，高祖废除秦法，约法三章，正是顺了民心。现在的情况与那时完全不同。刘璋平时软弱平庸，法令松弛，蜀地的官吏横行不法。现在我要是不注重法令，地方上是很难安定下来的啊。"

法正听了这番话，对诸葛亮十分佩服。

⊙**大事记**

公元211年，曹操以曹丕为世子，任其为五官中郎将。

公元212年，孙权在秣陵营建石头城，改名为建业（今江苏南京）。

公元214年，刘备入川，领益州牧，最终奠定了蜀汉的基础。

七步成诗

东汉建安二十五年（公元220年），66岁的曹操病死在洛阳。曹操死后，太子曹丕继袭他的魏王和丞相位，掌握朝廷大权。这时，有人告发他的弟弟、临淄侯曹植经常喝酒骂人，还扣押了他派去的使者。曹丕便立即派人到临淄把曹植押回邺城审问。

曹丕和曹植都是曹操的妻子卞后所生。曹植是曹操的四子，从小聪明过人，十几岁的时候，就读了不少书，写的文章很出色。

曹操在征战之余，很喜欢文学，也赏识文士。他见曹植文章出众，开始怀疑是别人代写的，试了曹植几次，果然觉得他才华出众，品格质朴，因此对他特别宠爱，多次想把他封为魏王太子，但很多大臣坚决反对，才未决定下来。

曹丕怕自己地位不稳，也想方设法讨曹操喜欢。有一次，曹操出兵打仗，曹丕、曹植一同去送行。临别的时候，曹植当场念了一段颂扬曹操功德的文章，得到大家的赞赏。有人悄悄对曹丕说："大王要离开了，你只要表示伤心就是了。"曹丕果然在与曹操告别时抹起了眼泪。曹操很受感动，也掉下泪来。

曹操在世时，曹丕曾利用弟弟好酒贪杯的弱点，几次设计让弟弟出丑，损害父亲对弟弟的信任。曹丕做魏王后，对曹植依旧嫉恨在心。这一回，就抓住了机会，要处曹植死罪。

卞太后得知消息，急得不得了，赶忙在曹丕面前给曹植求情，要他看在同胞兄弟份上，对曹植从宽处理。

曹丕不能不依从母亲的话。再说，为了一点小事杀了兄弟，也不是体面的事，就把曹植的临淄侯爵位撤了，降为一个比较低的爵位。然后，曹丕把曹植召来，要他在走完七步的时间里作出一首诗。如果作得出，就免他的死罪。

曹植略微思索一下后，就迈开步子，边走边念出一首诗：

煮豆持作羹，漉菽以为汁。
萁在釜下燃，豆在釜中泣。
本是同根生，相煎何太急！

曹丕听后，也觉得自己对弟弟逼得太狠，感到有些惭愧，就免去了曹植的死罪，把他遣回封地。最后，曹植在一个远离京城的小郡忧郁而死。

就在曹丕做了魏王的这一年秋天，他的亲信联名上书，劝汉献帝让位给魏王。

汉献帝做了30多年的挂名皇帝，接到大臣上书后，就让了位，曹丕封他为山阳公。曹丕的亲信大臣还隆重举行了一个"推位让国"的禅让仪式。

公元220年，曹丕称帝，建立魏国，就是魏文帝。东汉王朝到此也正式结束了。

⊙大事记

公元213年，曹操自立为魏公，加九锡。

公元217年，"建安七子"中的王粲、徐干、陈琳、刘桢、应玚皆死于汉末大瘟疫。

公元220年，曹丕称帝，国号魏（公元220~265年），建都洛阳。东汉灭亡。

火烧连营

蜀汉得知曹丕称帝的消息后，大臣们便拥立刘备承继汉家帝位。公元221年，汉中王刘备正式在成都即皇位，这就是汉昭烈帝。

由于孙权重用吕蒙，用计袭取了荆州，杀了关羽，使得蜀汉和东吴的矛盾越来越激化。刘备即位之后，便调集75万大军，以替关羽复仇为名，进攻东吴。刘备出兵前，张飞的部将叛变，杀了张飞投奔东吴。刘备旧恨未报又添新仇，报仇心切的他命令大军急进。蜀军先锋吴班、冯习很快攻占巫县、秭归。

东吴君臣吓得要命，赶紧派使者向刘备求和，但都没有效果。孙权正在着急的时候，大臣阚泽以全家担保举荐陆逊为统帅。于是孙权封镇西将军陆逊为大都督，赐给他宝剑印绶，带领5万人马抵御蜀军。

第二年正月，刘备到了秭归。蜀军水陆并进，直抵彝陵（今湖北宜昌东南）。刘备率领主力，进驻猇亭（今湖北宜都北）。他在长江南岸，沿路扎下营寨，水军也弃舟登陆。从巫峡到彝陵的六七百里山地上，蜀军一连设置了几十处兵营，声势非常浩大。

陆逊看到蜀军士气旺盛，又占据了有利地形，很难攻打，就坚守不出。这时，东吴的安东中郎将孙桓被蜀军包围在夷道（今湖北宜都西北），派人向陆逊求救。陆逊手下的将领，也纷纷要求派兵救援。陆逊对大家说："孙桓很得军心，夷道城池牢固，粮草也很充足，不必忧虑，等我的计谋实现以后，孙桓就自然解围了。"

东吴众将见陆逊既不肯攻击蜀军，又不肯救援孙桓，认为他胆小怕打仗，都在背地里愤愤不平。

刘备在彝陵受阻，从这年（公元222年）一月到六月，一直找不到决战的机会。他为了引诱吴军出战，命令吴班带领几千人马，到平地上扎营，摆出挑战的架势。事先在附近山谷里埋伏了8000精兵，等候吴军。东吴众将以为机会来了，都想出击。陆逊阻止说："蜀兵在平地里扎营的兵士虽然少，可是周围山谷里一定有伏兵。我们不能上这个当，看看再说。"刘备见陆逊不上当，便把埋伏在山谷中的伏兵撤出。这一来，东吴诸将都佩服陆逊了。

陆逊通过观察，心中已经有数了，于是决定进行反击。陆逊先派一支军队试攻蜀军一处兵营。这一仗，吴军虽然打败了，但陆逊却找到了进攻蜀军的办法。

接着，陆逊命士兵每人拿着一把茅草冲入蜀营，顺风点火，发动火攻。那天晚上，风刮得很大，蜀军的营寨都是连在一起的，一个营起火，便延烧到另一个营。顿时，蜀军的营寨陷入了一片火海之中。陆逊率领大军，乘机反攻，一连攻破蜀军四十余座营寨，杀死蜀将张南、冯习等人。蜀军纷纷逃命，包围夷道的蜀军也都溃逃了。

刘备逃到彝陵西北的马鞍山。陆逊督促大军四面围攻，又杀死蜀军1万多人。刘备乘夜冲出重围，逃归白帝城（今四川奉节东）。

这一场大战，蜀军几乎全军覆没，军用物资也全被吴军缴获。历史上把这场战争"彝陵之战"，又称为"猇亭之战"。

⊙**大事记**

公元221年，刘备在成都称帝，国号汉，世称蜀（公元221～263年），以诸葛亮为丞相。

公元222年，彝陵（猇亭）之战，刘备被陆逊所败，蜀汉实力大衰。

公元223年，刘备白帝城托孤，刘禅即位。

七擒孟获

三国时期，在蜀汉的南部，就是今天云南、贵州和四川的南部，当时称为"南中"，散居着许多少数民族，总称为"西南夷"。但蜀在南中的统治并不巩固。蜀汉建兴元年（公元223年）刘备死后，牂牁郡（今贵州凯里西北）太守朱褒、益州郡（今云南晋宁东）的大姓雍闿、越嶲郡（今四川西昌）豪族首领高定纷纷反叛。

因与孙权交战，蜀国实力大为削弱，经过一年多时间的内部整顿，"闭关息民"后，蜀汉建兴三年（公元225年）诸葛亮亲自率兵南征。出师前，他采纳部将马谡的建议，确定了以抚为主的攻心战术。七月，诸葛亮由越嶲入南中，派马忠率东路军进攻牂牁，消灭朱褒的势力；又派李恢率中路军自平夷（今贵州毕节）直趋益州郡。自己亲率主力进入益州。这时雍闿已被高定的部下杀死，孟获代之为统帅，收编雍闿余部与诸葛亮对抗。孟获在当地少数民族中很有威望，所以诸葛亮根据自己的既定方针，决定生擒孟获，令其心服归降。

南蛮王孟获听说蜀兵南下就带兵迎战，远远看见蜀兵队伍交错、旗帜杂乱，心里就想："人们都说诸葛丞相用兵如神，看来言过其实了。"孟获冲出阵去，蜀将王平迎战。没有几个回合，王平掉头就跑，孟获放胆追杀，一口气就追赶了20多里。忽然四面杀声震天，蜀军冲杀了出来，左有张嶷，右有张翼，截断了退路。南兵大败，孟获死命冲出重围。然而前边路狭山陡，后边追兵渐近，孟获只得丢下马匹爬山；紧跟着又是一阵鼓声，埋伏在这里的魏延带领500人冲杀了出来，毫不费劲儿就活捉了孟获。

　　孟获被押到大帐里，诸葛亮问："现在你被活捉了，有何话说？"孟获说："我是因为山路狭陡才被捉住的。"诸葛亮道："你要是不服气，我放你回去如何？"孟获答得倒也干脆："你要是放了我，我重整兵马，和你决一雌雄，那时再当了俘虏，我就服了。"诸葛亮立即让人给孟获解开绑绳，放他回去。

　　孟获回寨以后，派他手下的两个曾被俘虏后又放回的洞主出战，但他们又打了败仗。孟获说他俩是故意用败阵来报答诸葛亮，把他们痛打了100军棍。这两人一怒之下，带了100多个放回的南兵，冲进孟获的营帐，把喝醉了的孟获绑了起来，献给了诸葛亮。

　　诸葛亮笑着对孟获说："你曾经说过，再当俘虏就服了，现在还有什么话说？"孟获振振有词地说："这不是你的能耐，是我手下人自相残杀，这怎么能让我心服呢？"诸葛亮见他不服，就又放了他。就这样捉了放，放了捉，前后捉了孟获七次。

　　到了第七次擒住孟获时，诸葛亮也不和孟获说话，只是给他解了绑，送到邻帐饮酒压惊，然后派人对孟获说："丞相不好意思见你了，让我放你回去，准备再战。"孟获听了这话，流下了眼泪，他对左右说："丞相七擒七纵，从古至今没有发生过这样的事情。可以说，丞相待我仁至义尽了，我要是再不感谢丞相的恩德，可就太不知羞耻了。"说完来到诸葛亮面前，跪倒在地上说："丞相天威，南人永远不再造反了。"诸葛亮当场封孟获永远为南人洞主，蜀兵占领之地，全部退还。孟获及家人感恩不尽，欢天喜地地回去了，诸葛亮便率领大军回到成都。

　　诸葛亮七擒孟获平定南中，不但解除了蜀汉的南顾之忧，稳定了后方，而且从南方调发了大量人力物力，充实了蜀汉的财政力量，从而可以专心于北方，挥兵北进汉中了。

⊙**大事记**

公元225年，诸葛亮南征，攻心为上。

公元229年，孙权称帝，国号吴（公元222～280年），迁都建业。

公元230年，孙权派将军卫温、诸葛直率兵出海，卫温等到达今天的台湾岛后返回。

秋风五丈原

吴王孙权在曹丕、刘备先后称帝后，于公元229年农历四月，正式称帝。蜀汉的一些大臣认为孙权称帝是僭位，要求马上同东吴断绝往来。诸葛亮力排众议，认为蜀汉目前的主要敌人是魏国，应继续保持和东吴的联盟，攻伐魏国。

公元231年，诸葛亮第4次北伐魏国，出兵祁山。魏国派大将司马懿和张郃等一起率领人马开赴祁山。诸葛亮把一部分将士留在祁山，自己率领主力进攻司马懿。

司马懿知道诸葛亮孤军深入，带的军粮也不多，就在险要的地方筑好营垒，坚守不出。后来，魏军将领一再请求出战，并用话来讥刺司马懿。司马懿只好与诸葛亮打了一仗，结果被蜀军打得溃不成军。

诸葛亮几次出兵，往往因为粮食供应不上而退兵，这次又是如此。他接受了这个教训，设计了两种运输工具，叫作"木牛""流马"（两种经过改革的小车），用它们把粮食运到斜谷口（在今陕西眉县西南）囤积起来。

公元234年，诸葛亮作好充分准备后，带领10万大军北伐魏国。他派使者到东吴，约孙权同时对魏国发起进攻，两面夹击魏国。

诸葛亮大军出了斜谷口，在渭水南岸的五丈原构筑营垒，准备长期作战；另派一部分兵士在五丈原屯田，跟当地老百姓一起耕种。魏明帝派司马懿率领魏军渡过渭水，也筑起营垒防守，和蜀军对峙起来。

孙权接到诸葛亮的信，马上派出三路大军进攻魏国。魏明帝一面亲自率领大军开赴南面抵挡东吴的进攻；一面命令司马懿只许在五丈原坚守，不准出战。

诸葛亮焦急地等待东吴进兵的战况，但是结果令他很失望：孙权的进攻以失败而告终。他想跟魏军决战，但是司马懿始终固守营垒，任凭诸葛亮怎样骂阵，就是坚守不出。双方在那里僵持了100多天。

诸葛亮在猜测司马懿的心理，司马懿也在探听诸葛亮的情况。有一回，诸葛亮派使者去魏营挑战，司马懿为了了解情况，假意殷勤地接待使者，跟使者聊天，问道："你们丞相公事一定很忙吧，近来身体还好吧！"使者觉得司马懿问的都是些无关大局的话，也就老实回答说："丞相的确很忙，军营里大小事情都亲自过问。他每天早早起来，很晚才睡。只是近来胃口不好，吃得很少。"

使者走了以后，司马懿就跟左右将士说："你们看，诸葛孔明吃得少，又要处理繁重的事务，能支撑得长久吗？"

不出司马懿所料，诸葛亮由于过度操劳，终于病倒在军营里。后主刘禅得知诸葛亮生了病，赶快派大臣李福到五丈原来慰问。诸葛亮对李福说："我明白您的意思，您想知道谁来接替我，我看就是蒋琬吧。"

过了几天，年仅54岁的诸葛亮病死在军营里。按照诸葛亮生前的嘱咐，蜀军将领封锁了他去世的消息。他们把尸体裹着放在车里，布置各路人马有秩序地撤退。

司马懿探听到诸葛亮病死的消息，立刻带领魏军去追蜀军。刚过五丈原，忽然蜀军的旗帜转了方向，一阵战鼓响起，兵士们转身掩杀过来。司马懿大吃一惊，赶快掉转马头，下命令撤退。等魏军离得远了，蜀军将领才不慌不忙地把全部人马撤出五丈原。

诸葛亮虽然没有实现统一中原的愿望，但是他的智慧和品格，一直被后代的人所称颂。

司马懿篡权

诸葛亮死后的一段时期内，蜀国再也没有足够的力量进攻魏国。魏国虽然外部的压力减弱了，但内部却乱了起来。

公元239年，司马懿奉命去关中镇守。在前往关中的路上，魏明帝曹叡给司马懿连续下了5道诏书，催他火速赶到洛阳。司马懿赶回洛阳宫中的时候，曹叡已经病势沉重，他握着司马懿的手，看着8岁的太子曹芳，说："我等你来，是要把后事托付给你。你要和曹爽辅佐好太子曹芳。"

司马懿说："陛下放心吧，先帝（曹丕）不也是把陛下托付给我的吗？"

曹叡死后，太子曹芳即位，这就是魏少帝。司马懿和大将军曹爽奉曹叡遗诏，共同执掌朝政。司马懿本人才智出众，文武双全。他在曹操执政时期，曾经帮助曹操推行屯田制。曹操儿子曹丕废掉汉献帝，自立为帝，司马懿也帮助出过许多主意，立了大功。因此，他得到曹丕的信任，掌握了军政大权。曹爽这个人没有什么才能，却依仗自己是皇帝宗室，总想排挤司马懿，独揽大权。

曹爽因司马懿年高望重，起初还不敢独断专行，有事总听听司马懿的意见。不久，他任用心腹何晏、邓飏等人掌管枢要，并奏请魏少帝提升司马懿为太傅。司马懿表面上升了官，实际上却被削了权。曹爽又安排自己的弟弟曹羲担任中领军，率领禁兵；曹训任武卫将军，掌管了一部分军权。司马懿对曹爽专擅朝政，很是不满。他索性称风痹病复发，不参与政事，但是暗中却自有打算。

曹爽担心司马懿不是真的有病，正巧自己的心腹李胜调任荆州刺史，于是就命李胜到司马懿那里进行探察。李胜到了太傅府，求见司马懿。司马懿装出重病的样子。李胜回去后，把这次相见的情况告诉了曹爽，并说："司马懿已经形神离散，只剩下一口气，活不了多久了。"曹爽满心高兴，从此便不再防备司马懿了。

一转眼就是新年。少帝曹芳按规矩要到高平陵去祭祀。曹爽和他的兄弟曹羲等人也一道前往。曹爽他们出了南门，浩浩荡荡地直奔高平陵。

等他们走远了，司马懿立刻带着他的两个儿子司马师和司马昭，率领自己的兵马，借着皇太后的命令，关上城门，占据武库，接收了曹爽、曹羲的军营。同时假传皇太后的诏令，把曹爽兄弟的职务给撤了。

曹爽接到了司马懿的奏章，不敢交给曹芳，又想不出主意。司马懿又派侍中许允、尚书陈泰来传达命令，让曹爽早些回去，承认自己的过错，交出兵权，便不会为难他们。

曹爽乖乖地交出兵权，回到洛阳侯府家中。司马懿把少帝曹芳接到宫中，当天晚上就派兵包围了曹爽府第，在四角搭上高楼，叫人在楼上察看曹爽兄弟的举动。没过几天，又让人诬告曹爽谋反，派人把曹爽一伙人全部处死了。

曹爽死后，司马懿担任丞相，掌握了魏国的军政大权。

司马昭之心

司马懿杀了曹爽之后，又过了两年，也逝世了，他的儿子司马师接替了他的职位。魏国大权落在司马师和司马昭兄弟两人手里。大臣中有谁敢反对他们，司马师就把谁除掉。魏少帝曹芳早就对司马师兄弟的霸道行径极为不满，一直想撤掉司马氏兄弟的兵权。但还没等曹芳动手，司马师已经逼着皇太后，把曹芳废了，另立魏文帝曹丕的一个孙子曹髦即了皇位。

魏国有些地方将领本来就看不惯司马氏的专权行为，司马师废去曹芳后，扬州刺史文钦和镇东将军毌丘俭（毌丘，姓）起兵讨伐司马师。司马师亲自出兵，打败了文钦和毌丘俭。但是在回到许都之后，司马师也得病死了。

司马师一死，司马昭便做了大将军。司马昭比司马师更为专横霸道。

魏帝曹髦实在忍无可忍了。有一天，他把尚书王经等3个大臣召进宫里，气愤地说：“司马昭之心，路人皆知，我不能坐着等死。今天，我要同你们一起去诛杀他。"

年轻的曹髦，根本不懂得怎样对付司马昭。他带领了宫内的禁卫军和侍从太监，乱哄哄地从宫里杀了出来。曹髦自己拿了一柄宝剑，站在车上指挥。

司马昭的心腹贾充领了一队兵士赶来，与禁卫军打了起来。曹髦上前大喝一声，挥剑杀过去。贾充的手下兵士见到皇帝亲自动手，都有点害怕，有的准备逃跑。

贾充的手下有个叫成济的，问贾充怎么办？

贾充厉声说："司马公平时养着你们是干什么的！还用问吗？"

经贾充这么一说，成济胆壮起来了，拿起长矛就往曹髦身上刺去。曹髦来不及躲闪，被成济刺穿了胸膛，当场就死了。

司马昭听说他手下人把皇帝杀了，也有点害怕了，连忙赶到朝堂上，召集大臣们商量。

老臣陈泰说："只有杀了成济，才勉强可以向天下人交代。"

司马昭见没法拖下去，就把杀害皇帝的罪责全都推在成济身上，给成济定了一个大逆不道的罪，把他的一家老少全杀了。

之后，司马昭从曹操的后代中找了一个15岁的曹奂即了皇位，这就是魏元帝。

⊙大事记

公元239年，日本邪马台国女王卑弥呼遣使到中国，魏明帝封其为亲魏倭王。

公元260年，魏帝曹髦亲自率人欲杀司马昭，却被司马氏手下杀死。

公元241年，邓艾在淮河流域兴修水利，开垦屯田，是历史上对淮河流域一次有组织的大规模开发。

智出阴平道

魏帝曹髦死后，司马昭的地位更加稳固了。于是，他决定进攻蜀国。

公元263年，司马昭调集了十几万大军，准备一举消灭蜀国。他派邓艾和诸葛绪各自统率3万人马，派钟会带领10万人马，兵分三路进攻蜀国。钟会的军队很快攻取汉中。邓艾的军队也到达沓中，向姜维进攻。姜维得知汉中失守，就将蜀兵集中到剑阁据守，抵御魏军。

钟会兵力虽强，但姜维把剑阁守得牢牢的，一时攻不进去，军粮的供应也发生了困难。钟会正想退兵时，邓艾赶到了。邓艾让钟会在这里与蜀军对峙，自己领兵从阴平小道穿插到蜀国的后方，这样就会攻破蜀国。钟会觉得邓艾的想法根本行不通，但一看邓艾很坚决，也就马马虎虎地应付了几句。

邓艾派自己的儿子邓忠作先锋，每人拿着斧头、凿子，走在最前面，打开小路通道，自己则率领大军紧跟在后。

最后，邓艾他们到了一条绝路上，山高谷深，没法走了。大家一看悬崖深不见底，禁不住抽了一口冷气，好多人打了退堂鼓。邓艾当机立断亲自带头，用毡毯裹住身子先滚下去。将士们不敢落后，照着样子滚下去。士兵们没有毡毯，就用绳子拴住身子，攀着树木，一个一个慢慢地下了山。

邓艾集中了队伍，对将士们说："我们到了这儿，已经没有退路了，前面就是江油。打下江油，不但有了活路，而且能立大功。"镇守江油的将军马邈没料想到邓艾会从背后像天兵一样出现在眼前，吓得他晕头眼花，只好竖起白旗，向邓艾投降了。

邓艾占领了江油城，又朝绵竹方向前进。蜀军驻守绵竹的将军是诸葛亮的儿子诸葛瞻。魏军人数太少，双方一交战，就吃了个败仗。

魏军第二次出去跟蜀军交战时都铁了心，反正打了败仗也不能活着回去。这一仗非同小可，打得天摇地动。两军杀到天黑，蜀军死伤惨重，诸葛瞻和他的儿子诸葛尚都战死在疆场上。魏军胜利地占领了绵竹。

邓艾攻下绵竹，向成都进军。蜀人做梦也没有想到魏军来得这么快，再要调回姜维的人马也已经来不及了。后主刘禅慌忙召集大臣们商议对策，大臣们你一言我一语，都找不出好的办法，最后大臣谯周提议投降。于是后主刘禅就派侍中张绍等捧着玉玺到邓艾军营里去请求投降。

蜀国就这样灭亡了。这时候，姜维还在剑阁据守，听到蜀国投降的消息后，前思后想，决定向钟会投降。钟会赏识姜维是个好汉，把他当作自己人一样看待。后来，姜维利用钟会和邓艾之间的矛盾，劝钟会告发邓艾谋反，杀掉了邓艾。

邓艾死后，兵权就全都掌握在钟会的手里。于是，钟会就想谋反自立。姜维一心想着复国兴汉，觉着有机可乘，便假意赞同钟会的想法。

后来，有人传言钟会和姜维要杀光北方来的将士，一下引起了兵变。钟会和姜维控制不住局面，被乱军杀死。

公元264年，吴景帝孙休病逝，孙皓即帝位，改年号为元光。吴国朝政从此日益衰败，东吴亦一步一步走向灭亡。

⊙**大事记**

公元249年，司马懿发动高平陵之变，以谋反罪名杀死曹爽兄弟，曹魏政权自此落入到司马氏手中。

公元263年，邓艾、钟会攻蜀，至成都，刘禅降，蜀汉灭亡。

西晋醒风

蓄志灭东吴

司马昭灭了蜀汉，又准备进攻东吴。正在这时，他得了重病死了。他的儿子司马炎废掉魏元帝曹奂，自己做了皇帝，建立了晋朝，这就是晋武帝。从公元265年至317年，晋朝都以洛阳为国都，史称西晋。

西晋政权初步稳定以后，晋武帝司马炎接受羊祜的建议，积极准备攻灭东吴，统一中国。

羊祜是蔡邕的外孙，司马师的小舅子，从小喜欢读书，知识渊博，有辩才，文章写得好。有人把他比作孔子的弟子颜回。

从公元269年起，羊祜出任荆州都督，镇守襄阳，很受老百姓的爱戴。他到襄阳的时候，军营里的粮食还不够一百天用的，后来推行屯田政策，让士兵开垦荒地，粮仓里储满了粮食。他还对东吴军民讲究信用，投降过来的士兵想回去的随他们自愿。有些投降的人，回去后都说羊祜的好话。这样，投降的人就越来越多。

晋武帝司马炎非常赞赏羊祜在襄阳的政绩，提升他为车骑将军。

羊祜决心采取一套攻心策略，用道义去争取民心。他每回跟东吴交战，一定按照约定的日子，决不偷袭，决不布置埋伏。将士当中有谁向他献计，只要听到话里有欺诈的苗头，他就拿出上等的好酒，请献计的人喝，让他喝得醉醺醺的，开不得口。羊祜行军的时候，经过东吴的地界，士兵割了稻谷，也必须报告吃了多少粮食，按价赔偿人家。他出外打猎，每次都郑重叮嘱手下将士只准在自己的地界内。碰巧，东吴的将士也在对面打猎，双方各不侵犯。如果有一只飞鸟或者一只野兽，先给吴兵打伤，飞到这边被晋兵抓住，必须送还给对方。因此，吴人对他很是敬重，称他为羊公。

羊祜见时机慢慢成熟起来，积极筹备伐吴。公元276年，羊祜上书，请示晋武帝征伐东吴。不料秦、凉二州的少数民族发生了动乱，朝廷大臣纷纷反对出兵东吴，只有杜预和张华赞成，于是建议被搁置下来。

又过了一年多，羊祜病了，他要求回到洛阳来。晋武帝请他坐车进宫，不必叩拜。后来又让他回家养病，不必上朝。接着，就派张华去向羊祜请教征伐东吴的计策。羊祜说："孙皓暴虐昏庸，今天去征伐，一定能够胜他。要是孙皓一死，吴人另立一个有能耐、爱护老百姓的新君，咱们即使有百万大军，恐怕也打不过长江去了。"

过了几天，张华向晋武帝详细报告了羊祜灭吴的谋略。晋武帝接受了羊祜的建议，让杜预统率荆州所有的军队。杜预受命后，招集兵马，储备粮草，准备伐吴。正在这个时候，羊祜病故了。

羊祜死后的第二年，杜预攻灭了东吴，统一了中国。在庆祝宴上，晋武帝拿起酒杯对大臣说："讨平东吴，统一天下，是羊太傅的功劳啊！"接着，他带领文武大臣到羊祜的墓前去祭奠，告慰已经安眠于地下的羊祜。

⊙**大事记**

公元265年，司马昭之子司马炎迫魏帝禅位，建立晋朝，立都洛阳，是为晋武帝，魏亡。

公元280年，晋派杜预等率兵南下，灭吴，统一全国。

白痴皇帝

从魏国的明帝时开始，社会逐渐蔓延开一种奢侈浮华的风气。晋武帝在奢侈风气中又起了带头作用。统一以后，原来节俭的晋武帝追求起奢靡的生活，大兴土木、修建宫殿。晚年的晋武帝因为荒淫过度，身体状况逐渐下降，他不得不考虑继承人的问题。

晋武帝和他的祖父辈都是善于玩弄权术的人，可是他的儿子——太子司马衷却是一个什么都不懂的白痴。朝廷里的大臣都很担心，晋武帝死后，要是让这个低能儿即位，不知道会把朝政搞成什么样子。有些大臣想劝武帝另立太子，但又不敢开口明讲。

晋武帝也有些犹豫。他想试试他的儿子到底糊涂到什么程度。有一次，他派人给太子送去一卷文书，里面提到几件公事，要太子处理一下。

太子的妻子贾妃，是个脑瓜灵活的女人，见到这卷文书，赶忙请来宫里的老师，替太子代做答。那个老师很有学问，写出的卷子引经据典，讲得头头是道。

贾妃看了非常满意，旁边有个太监却提醒她："这份卷子好是好，只是皇上知道太子平常不太懂事，看了这样一份卷子，难免生疑。万一追究起来，事情就不好办了。"

贾妃经他一提醒，明白过味来，便让略懂文墨的太监另外起草了一份粗浅的答卷，让太子抄写一遍，给晋武帝送去。

晋武帝一看，卷子虽然写得不高明，但是总算有问必答，可以看出太子的脑子还是清楚的，也就不再想废掉太子的事了。

公元290年，晋武帝病重。这时，太子司马衷已经30多岁了。按理说，

30多岁的人可以处理政事了。但是晋武帝还是不放心，临死前立了遗诏，要皇后的父亲杨骏和他叔父汝南王司马亮共同辅政。杨骏想独揽大权，便和杨皇后串通起来，伪造了一份遗诏，指定由杨骏一人辅政。

晋武帝死后，太子司马衷继承皇位，就是晋惠帝。晋惠帝即位以后，根本管不了国家政事，还闹出一些笑话来。

新继位的晋惠帝天生愚钝，呆傻而不明事理。有一天，晋惠帝在皇宫的御花园游玩，见池塘中青蛙正呱呱鸣叫，他扯住一位侍从的衣襟问："青蛙是在为官家叫，还是为私家叫？"侍从早已熟知如何糊弄这位白痴皇帝，便应道："青蛙在官家地里时便为官家叫，在百姓的自家地里时，便是为私家叫。"晋惠帝听后，认为侍从言之有理，还赏了银子给侍从。

有一年，各地庄稼歉收。地方官员把灾情上报朝廷，说灾区饿死很多人。

晋惠帝知道这件事，就问大臣说："好端端的人怎么会饿死呢？"大臣回奏说："当地灾情严重，没有粮食吃。"

惠帝沉思了一下，说："为什么不叫他们多吃点肉粥呢？"大臣们听了，目瞪口呆。

⊙**大事记**

西晋太康六年（公元285年），陈寿的《三国志》成书，为继《汉书》之后又一部纪传体断代史著作，与《史记》《汉书》《后汉书》并称前四史。

公元290年，晋武帝死，太子司马衷即位，是为晋惠帝，但因为晋惠帝痴呆，无法处理朝政，国政日乱。

八王之乱

晋武帝统一全国以后，为了保住司马氏的天下，吸取了曹魏皇权太弱的教训，大封自己的子侄兄弟做王，让他们像众星拱月一样来护卫皇室。然而，晋武帝没有想到，握有兵权的诸王野心越来越大，最终酿成了大祸。

晋惠帝司马衷即位后，军政大权落到杨太后的父亲杨骏手中。杨骏用阴谋权术，排除异己，引起皇后贾南风与晋宗室的强烈不满。

贾后不甘心让杨骏掌权，就暗中联系宗室诸王，让他们进京除掉杨骏。诸王早已心怀鬼胎，楚王司马玮一接到诏书，马上进了京城。贾后即以惠帝名义下诏，宣布杨骏谋反，在皇宫卫队的配合下，司马玮杀死了杨骏，并灭了他的三族，其他凡是依附杨家的官员也都掉了脑袋。

贾后除掉杨家势力后，为稳定大局，召汝南王司马亮入朝辅政。司马亮也是喜欢抓权的人，暗中谋划着夺取司马玮的兵权。贾后感到诸王难以控制，便生出了除掉诸王的想法。她先让惠帝下诏，派司马玮杀了司马亮全家。接着，贾后以司马玮擅杀朝廷重臣的罪名，将司马玮处死。这样，贾后夺得了西晋的全部大权。

可是，贾后没有儿子，她怕大权将来会落到别人手里，就假装怀孕，暗地里把妹夫韩寿的儿子抱来，说是自己生的。有了这个儿子，贾后就决定废掉太子，并派人把他毒死，立抱来的孩子做太子。这个消息传出去以后，宗室群情激愤，以贾后篡夺司马氏天下为名义，起兵讨伐贾后。赵王司马伦当即领兵入宫，派齐王司马冏废掉贾后，接着又将她毒死，之后司马伦废掉晋惠帝，自己称了帝。

在许昌镇守的齐王司马冏，听说赵王司马伦当了皇帝，非常不满，他向各处发出讨伐司马伦的檄文，号召大家共同起兵。成都王司马颖、河间王司马颙也有夺取政权的野心，他们和齐王司马冏联合起来，攻杀了司马伦。

齐王司马冏进入洛阳后，独揽大权，沉湎酒色。长沙王司马乂乘机起兵发难，司马颖、司马颙互相声援。司马冏与司马乂打了几年，兵败被杀。司马乂乘机入朝辅政，控制了朝政大权。司马颙见司马乂又独揽了朝政大权，恼羞成怒，随即发兵讨伐司马乂，与司马颖联合，大举进攻洛阳。正当他们打得昏天暗地的时候，在洛阳城里的东海王司马越乘机偷袭了司马乂，并用火将他烧死了。司马颖也就乘机进入洛阳，做了丞相，控制了政权。

东海王司马越认为自己杀司马乂有功，却没捞到半点好处，很不甘心，就假借惠帝的名义，起兵讨伐司马颖。司马颖挟持着惠帝，到了长安。长安是在河间王司马颙的掌握之中，他看到司马颖兵败势穷，就乘机排挤司马颖，把惠帝控制在自己手里，独揽了朝政大权。

被司马颖打败逃走的东海王司马越见王浚的势力大，就和王浚联合起来，攻打关中。他打败了司马颙，进入长安。后来，司马越又把惠帝和司马颖、司马颙全都带回洛阳，把他们全都杀死，然后，立司马炽做皇帝，这就是晋怀帝。晋怀帝把即位的这一年改年号为永嘉元年（公元307年）。至此，8个王围绕皇权的血腥争夺告一段落。

八王之乱时间长达16年，8个王中死了7个，西晋的力量大大削弱。此后，北方和西部的少数民族乘乱进攻中原，西晋王朝处在了风雨飘摇之中。

李特起义

公元298年，关中地区闹了一场大饥荒，庄稼颗粒无收。略阳（治所在今甘肃天水东北）、天水等六郡十几万流民逃往蜀地。有个氐族人李特和他兄弟李庠、李流也夹杂在流民队伍中。一路上，李特兄弟常常接济那些挨饿、生病的流民。流民都很感激、敬重李特兄弟。

蜀地的百姓生活比较安定。流民进了蜀地后，就分散在各地，靠给富户人家打长工过活，流民的生活总算稳定了下来。

可是过了不久，益州刺史罗尚要把这批流民赶回关中去。流民们听到消息，想到家乡正在闹饥荒，回去没有活路，人人都发愁叫苦。李特得知情况后，几次向官府请求放宽遣送流民的限期。并在绵竹设了一个大营，收容流民。不到一个月，流民越聚越多，约有2万人。

随后，李特又派使者阎彧去见罗尚，再次请求延期遣送流民。阎彧来到罗尚的刺史府，看到那里正在修筑营寨，调动人马，便立即返回绵竹把罗尚那里的情况一五一十地告诉了李特。李特立刻把流民组织起来，准备好武器，布置阵势，防备晋军的偷袭。

到了晚上，罗尚果然派部将带了步兵、骑兵3万人，向绵竹大营进攻。

3万晋军刚进了营地，只听得四面八方响起了一阵震耳的锣鼓声。大营里预先埋伏好的流民手拿长矛大刀，一起杀了出来。这批流民勇猛无比，把晋军杀得丢盔弃甲，四散逃窜。

流民们杀散晋军，知道晋朝统治者不会罢休。大家一商量，一致推举李特为镇北大将军，李流为镇东将军，几个流民首领都被推举为将领。他们整顿兵马，向附近的广汉进攻，赶走了那里的太守。

李特进了广汉，打开了官府的粮仓，救济当地的贫苦百姓。流民组成的军队在李特领导下，纪律严明，军威大振。蜀地的百姓平时受尽晋朝官府的压迫，现在来了李特，生活倒安定起来，都非常高兴。

过了不久，罗尚勾结当地豪强势力，围攻李特。李特在战斗中不幸牺牲，他的儿子李雄继续率领流民与晋军战斗。公元304年，李雄自立为成都王。两年后，又自称皇帝，国号大成。李雄死后，他的侄子李寿即位，改国号为汉。历史上称之为"成汉"。

⊙**大事记**

公元298年，李特率流民入蜀。

公元301年，李特率流民在绵竹起义。

刘渊反晋

李雄在成都称王的那一年，北方的匈奴贵族刘渊也自称汉王，反晋独立。

从西汉末年起，有一些匈奴人分散居住在北方边远郡县，他们和汉族人在一起生活久了，接受了汉族的文化。匈奴贵族以前多次跟汉朝和亲，可以说是汉朝皇室的亲戚，后来就改用汉皇帝的刘姓。曹操统一北方后，为了便于管理，把匈奴3万个部落集中起来，分为5个部，每个部都设一个部帅，匈奴贵族刘豹就是其中一个部的部帅。

刘豹死后，他的儿子刘渊继承了他的职位。刘渊自幼读了许多汉族人的书，文才很好，同时武艺也很高强。后来，刘渊在西晋的成都王司马颖（八王之一）部下当将军，留在邺城，专管五部匈奴军队。

公元304年，刘渊回到左国城，匈奴人想借八王混战之机，复国兴邦，便拥戴他做大单于。他集中了5万人马，亲自率军南下，帮助晋军攻打鲜卑兵。有人不解地问他："为什么不趁这个机会灭掉晋朝，反倒去打鲜卑呢？"

刘渊说："晋朝现在已经腐朽透顶了，灭掉它非常容易，但是晋朝的百姓未必会归顺我们。我看汉朝立国的年代最长，在百姓中还很有影响，我们的上代又与汉朝皇室有血缘关系，不如借用汉朝的名义，也许可以得到汉族百姓的支持。"

于是，建国号为汉，刘渊即汉王，尊蜀汉刘禅为孝怀皇帝，建元元熙。刘渊称王建汉后，势力不断增长。石勒造反兵败，率领部众几千人、乌桓部落2000人归顺刘渊，上郡（今陕西北部）四部鲜卑陆逐延、氐酋大单于徵、东莱王弥等也都投奔刘渊，这样形成了一支由匈奴、鲜卑、氐、羌等各族组成的反晋力量，刘渊称帝的意图也渐明显。为给建立帝业做准备，刘渊四处出兵，频繁侵略晋地。西晋永嘉二年（公元308年）冬十月，刘渊正式称帝。公元309年正月，刘渊又根据太史令宣于修建议，正式迁都平阳（今山西临汾西）。因从汾河水中获得治国玉玺，其上面写有"有新保之"，刘渊认为这对自己非常吉祥。

西晋永嘉三年（公元309年）三月，晋将军朱诞归降刘渊，刘渊于是任命朱诞为前锋都督，刘景为大都督，起大军攻晋。洛阳的老百姓虽然恨透了腐朽的西晋王朝，但是更不愿受外族人统治。所以刘渊两次进攻，都遭到洛阳军民的顽强抵抗，没有占到一点便宜。

西晋永嘉四年（公元310年），刘渊死，刘聪杀刘和而自立为皇帝后，开始攻打西晋怀南各州郡。西晋永嘉五年（公元311年）六月，各路汉军先后攻陷洛阳，俘司马炽，杀王公士民3万余人，纵兵大掠宫内珍宝、财物和宫女，又烧宫庙、官府和平房，史称"永嘉之乱"。同年，晋怀帝被汉兵俘虏到平阳，刘聪封他为会稽郡公，享受三司的礼仪，而且还将小刘贵人嫁给他为妻。

西晋永嘉七年（公元313年）年初，刘聪在光极殿大宴群臣，饭饱酒酣时，命令晋怀帝穿上青衣行酒令取乐。这一情景让晋朝的故臣庚珉、王隽悲愤不已，大声痛哭。刘聪十分生气。二月，刘聪就将晋怀帝和晋朝的旧臣10多个人全都杀害。

晋怀帝被害的消息传到长安之后，太子司马邺举哀服丧，并且于四月即皇帝位，即愍帝，改元建兴。这时他只有14岁。当时的长安城里住户不超过一百，公私加起来也只有4辆车，文武百官既没有官服，也没有印绶，只有桑版刻上官号罢了，皇帝即位的仪式显得十分凄凉。

西晋建兴四年（公元316年），汉军在大司马刘曜的统领下，向长安发起强烈攻势。九月，汉军长安的外城被攻陷。在内无粮草、外无援兵之际，愍帝决定向汉军投降。索琳派自己的儿子去见刘曜，想靠请降来表功，没想到儿子被刘曜杀了。晋愍帝只得自己亲自光着上身，乘着羊车出城向汉军请降。汉帝刘聪降愍帝为光禄大夫，封怀安侯。刘曜被封为大都督，并且大赦天下，改元麟嘉。

至此，西晋共经历司马炎、司马衷、司马炽、司马邺四帝，历时53年（公元265～317年）而灭亡。

西晋灭亡之后，北方的各族人民（主要是匈奴、鲜卑、羯、氐、羌五个少数民族）纷纷起义，许多人像李雄、刘渊一样建立政权，前前后后一共出现16个割据政权，历史上称为"十六国"。

⊙大事记

公元304年，李特之子李雄在成都称王，改元建兴，建立成汉。

公元304年，匈奴刘渊以帮助成都王司马颖为由起兵，后即王位，建国号汉。

公元316年，刘曜进兵关中，围攻长安，晋愍帝出降，被送至平阳。

东晋偏安

王马共天下

西晋永嘉元年（公元307年）七月，朝廷命镇守下邳（今江苏睢宁西北）的琅琊王司马睿移镇建邺（今江苏南京），又任命王衍弟弟王澄为荆州都督，族弟王敦为扬州刺史。西晋建兴四年（公元316年）十一月，愍帝投降。

西晋建兴五年（公元317年）三月，愍帝被杀，公元318年此消息传到建邺，琅琊王的僚属上表劝司马睿即皇帝位。司马睿（公元276～322年），字景文。十日，司马睿于建邺即位称帝，是为晋元帝。东晋王朝正式建立。建邺为了避愍帝司马邺的讳，改称建康。司马睿宣布大赦天下，文武百官都官升二级。

司马睿在西晋皇族中，地位和名望都不太高。晋怀帝的时候，派他去镇守江南。他还带了一批北方的士族官员，其中最有名望的是王导。司马睿把王导视为知心朋友，对他言听计从。

司马睿刚到建康的时候，江南的一些大士族地主嫌他地位低，看不起他，都不来拜见。司马睿为此常常不安，便让王导想想办法。

王导把在扬州做刺史的王敦找来，两人商定了一个主意。

这年三月初三，按照当地的风俗是禊节，百姓和官员都要去江边"求福消灾"。这一天，王导让司马睿坐上华丽的轿子到江边去，前面有仪仗队鸣锣开道，王导、王敦和从北方来的大官、名士，一个个骑着高头大马跟在后面，这个大排场一下轰动了建康城。

江南有名的士族地主顾荣等听到消息，都跑来观看。他们一见王导、王敦这些有声望的人都这样尊敬司马睿，不禁大吃一惊，怕自己怠慢了司马睿，一个接一个地出来排在路旁，拜见司马睿。

从那以后，江南大族纷纷拥护司马睿，司马睿在建康便稳固了地位。

后来，北方战乱不止，一些士族地主便纷纷逃到江南避难。王导劝说司马睿把他们中间有名望的人都招募到王府来。司马睿听从王导的意见，前后招募了一百多人在王府里做官。

司马睿在王导的辅助下，拉拢了江南的士族，又吸收了北方的人才，他的地位就日渐巩固了。

晋愍帝死后，司马睿在建康即位，这就是晋元帝。在这之后，晋朝的国都一直在建康。为了和司马炎建立的晋朝（西晋）区别开来，历史上把这个朝代称为东晋。

晋元帝总认为他能够得到这个皇位，都是凭借王导、王敦兄弟的帮助，所以，对他们特别尊重。他封王导担任尚书，掌管朝内的大权，又让王敦总管军事，又把王家的子弟封了重要官职。

当时，民间流传着这样一句话："王与马，共天下。"意思是东晋的大权，由王氏同皇族司马氏共同掌握。

王敦掌握军权后，便不再把晋元帝放在眼里。晋元帝也看出了王敦的骄横，于是渐渐疏远了王氏兄弟，另外重用了大臣刘隗和刁协。这样，刚刚建立的东晋王朝内部，又出现了裂痕。

⊙**大事记**

公元317年，西晋皇族、琅琊王司马睿在建邺称晋王，派祖逖率兵北伐。

公元318年，晋愍帝的死讯传到建邺，司马睿正式称帝，是为晋元帝，他所建立的晋朝，史称东晋。

祖逖中流击楫

东晋在江南建国的时候，北方的黄河流域成为匈奴、羯、鲜卑、氐、羌等5个主要游牧民族争杀的战场。这5个少数民族分别建立了自己的国家，相互争霸，不断有国家成立和灭亡。

自从匈奴兵攻占了长安，中国开始进入了历史上所称的"十六国"时期，即永嘉之乱的民族大迁徙时期。

在这长达130多年的时间里，先后有前赵（匈奴）、后赵（羯）、前燕（鲜卑）、前凉（汉）、前秦（氐）、后秦（羌）、后燕（鲜卑）、西秦（鲜卑）、后凉（氐）、南凉（鲜卑）、西凉（汉）、北凉（匈奴）、南燕（鲜卑）、北燕（汉）、夏（匈奴）等15个政权，连同西南地区氐族建立的成汉，一共16个国家，称之为"十六国"。这十六国与东晋政权处于长期的对峙状态。

那时，祖逖也夹在汹涌如潮的南逃人群中。在他经过淮泗的路上，他让老人和病人坐在自己家的马车上，自己的粮食、衣物与大家一起享用。遇有劫匪，他总是亲率家丁打退他们。南逃路上的祖逖获得了极好的口碑。

公元313年，琅琊王司马睿听说祖逖的声名，又得知他已经到达泗口，便任命他为徐州刺史。后又调任军谘祭酒，驻防京口要隘。祖逖向司马睿进言说："中原大乱，胡人乘机攻进中原，百姓陷入水深火热之中，人人都想起来反抗。只要下令出兵，派一员大将去讨伐乱贼，一定会收复失地。"

司马睿只想偏安东南半壁江山，对于北伐并不抱太大希望，但是觉得祖逖说话很有道理，就任命祖逖为奋威将军、豫州刺史，发给他1000人吃的粮食、3000匹布，所有甲胄、武器、兵勇，都由祖逖自己解决。

祖逖带着招募的队伍，横渡长江。船到江心的时候，他拿起船桨敲打船舷（文言是"中流击楫"），向大家发誓说："我祖逖如果不能把中原的敌人扫平，就决不返回江南。"

祖逖渡江以后，将队伍驻扎在淮阴，又命人打造兵器，招兵买马，很快聚集了数千人。祖逖见士气旺盛，亲自率领人马进攻谯城，又连续攻破石勒的各地割据武装。至此，祖逖名噪大江南北，北方戎狄贵族闻风丧胆。祖逖乘胜出击，派部下韩潜分兵进驻河南封丘，自己则进驻雍丘，形成掎角之势，黄河以南的土地都回归东晋了。

祖逖北伐得到了中原人民的响应和支持，北伐队伍迅速扩大。祖逖身先士卒，不蓄私产，与将士同甘苦。北伐战争取得一定的成就，迫使石勒不敢窥兵河南。

就在祖逖积谷屯粮、厉兵秣马准备继续北伐、收复黄河以北的土地时，司马睿却任命了戴渊为豫州都督，叫祖逖听他指挥。

祖逖受到了主张偏安、不思进取的朝人牵制，很难施展北伐的抱负了。他心里又是忧虑，又是气愤，终于身染重病，郁郁而亡。

祖逖的北伐事业虽然没有完成，但他中流击楫的气概被后人所称颂。

⊙**大事记**

公元341年，东晋废除侨置郡县，将侨寓户口编入所在郡县，这一举措称为"土断"。

书圣王羲之

在东晋时期，王氏是门第高贵的士族，当时有"王马共天下"的说法。在王氏家族中，出了一个大书法家，他就是王羲之。

王羲之从小酷爱书法，七岁时就开始练习写字。传说他在走路、休息的时候，也用手指比划着练字，仔细揣摩字体的结构和笔法，心里想着，手指在自己身上一横一竖、一笔一画地比划着。日子长了，衣服都被他划破了。他每天写完了字，总是要到自己门前的池塘里去洗刷毛笔和砚台，久而久之，池塘里的水都变成黑色的了。

由于王羲之长期勤学苦练，他的书法达到了炉火纯青的境界。谁能得到他的字，就像获得珍宝一样。据说，山阴地方有个道士很喜欢王羲之的书法，想请王羲之给写一本《道德经》。可是，他知道王羲之不肯轻易替人抄写经书。后来，他听说王羲之最喜欢白鹅，常常摹仿鹅掌划水的动作来锻炼手腕，以便运起笔来更加强劲而灵活。于是他就买了几只小白鹅，精心喂养。几个月以后，鹅长大了，全身羽毛丰满，非常可爱。道士故意把鹅放在王羲之时常经过的地方。一天，王羲之经过那里，看见这些羽毛洁白、姿态美丽的白鹅后，心里有说不出的喜欢，就向道士提出要买下这一群鹅。道士说："鹅是不卖的，不过，如果你能给我写一本《道德经》，我就把这群鹅赠送给你。"王羲之毫不犹豫地答应了，当场写好了一本《道德经》，交给了道士，带走了这群鹅。

王羲之出生在东晋大族士家，本来可以平步青云，做很大的官，可他喜欢逍遥自在，不愿做官。后来，扬州刺史殷浩与他关系很好，写信劝他出仕，他才任职会稽内史。到那里做官，主要还是因为会稽的风景秀丽，可以娱人性情。王羲之曾经与谢安、孙绰等著名文人到会稽山阴（今浙江绍兴）的兰亭举行宴会。这些文人在兰亭会上乘兴作诗，共得诗37首，编成《兰亭集》。王羲之也在酒酣耳热之时，当场挥笔，为诗集作序，写成《兰亭集序》。这篇作品共有28行、324字，它的章法浑然一体，笔法粗细多变，字形疏密相掺，全篇"遒媚劲健，绝代所无"，连墨气也忽浓忽淡，最能体现王羲之书法的最高境界。全篇二十多个"之"字，字字不同，每个字有每个字的写法，笔法千变万化，令后人叹为观止。

关于《兰亭集序》有很多有趣的故事。古人每年三月初三，为求消灾除凶，到水边嬉游，称为修禊。东晋永和九年（公元353年）三月初三，大书法家王羲之和当时的名士谢安、孙绰、许询、支遁等42人来到这里修禊，举行了一次别开生面的诗歌会。一群文人雅士置身于崇山峻岭、茂林修竹之中，众皆列坐曲水两侧，将酒觞置于清流之上，任其漂流，停在谁的前面，谁就即兴赋诗，否则罚酒。据记载，在当时参与其会的42人中，11人各赋诗2首。9岁的王献之等16人拾句不成，各罚酒3觞。王羲之将37首诗汇集起来，编成一本集子，并借酒兴写了一篇序文，这就是著名的"天下第一行书"《兰亭集序》。传说王羲之以后曾多次书写《兰亭集序》都不能达到原来的境界，这不仅验证了艺术珍品需要在天人合一的境界中才可造就，也表明了酒的神力和作用。

《兰亭集序》传到王羲之的后代智永时，由于智永出家当了和尚，临终时将它传给弟子辩才。辩才擅长书画，将《兰亭集序》珍藏在梁间暗槛之中。酷爱王羲之书法的唐太宗遍求兰亭真本，终于了解到它的藏处，于是想方设法谋取，但辩才始终不透露真情。唐太宗无奈，便派御史萧翼专程赶到越州设计骗取真迹。萧翼扮成一个穷书生，带着二王（即王羲之和王献之）的一些杂帖拜访辩才，同他交了朋友。两人经常饮酒赋诗，评论二王书画，在酒酣耳热之时，辩才终于透露出他藏有《兰亭集序》的真本。辩才将萧翼视为"好友"从而失去了警觉，将兰亭真迹置于桌案之上，不再放回梁间暗槛。终于有一天萧翼得知辩才外出，便潜入僧房盗走了兰亭真迹。萧翼偷走兰亭真迹后，来到地方官处，命令地方官传辩才来叩见朝廷御史。辩才到后，萧翼对他说明自己乃是奉圣旨来取兰亭真迹的，现在已经到手，特意唤他来告别。辩才听后，气昏在地，惊悸痛惜而死。唐太宗得到王羲之真迹后，令人摹刻翻拓，赐给他的皇子近臣，他临终时又将《兰亭集序》作为陪葬品埋入昭陵。从此这"天下第一行书"长埋地下，人们再也看不到它的真面目了。而后世流传的都是历代书法家的摹仿之作，难怪诗人陆游诗曰"茧纸藏昭陵，千载不复见"，为此叹息不已。

王羲之的作品虽然都遗失了，但他的书法对后世有着深远影响，唐代欧阳询、虞世南、褚遂良、薛稷、颜真卿、柳公权，五代杨凝式，宋代苏轼、黄庭坚、米芾、蔡襄，元代赵孟頫，明代董其昌，历代书学名家无不学习他。清代虽以碑学打破帖学的范围，但王羲之的书圣地位仍未动摇。他的行书艺术成为后世无法攀越的高峰，世代名家巨子通过比较、揣摩，无不心悦诚服，推崇备至。

桓温北伐

桓温是东晋时谯国龙亢人（今安徽怀远）。桓温的父亲叫桓彝，在苏峻之乱中，被苏峻将领韩晃杀了。那一年桓温刚满15岁，他得知父亲被人杀害的消息后，悲痛欲绝，发誓要为父报仇。桓温长到18岁时，曾参与策划杀他父亲的江播死了，于是他怀揣刀剑大闹灵堂，杀了江播儿子江彪等6人。

生长在永嘉乱世中的桓温，青年时代就崭露头角。晋穆帝永和三年（公元347年），任职安西将军的桓温奉命率兵讨伐蜀地李势。

两军刚交兵时，形势对晋军极为不利，桓温的部下参军龚护战死，桓温的马也中了箭，桓温慌忙命令撤退。但击鼓士兵误解了桓温的意思，反而擂起了前进的战鼓，三军将士奋勇向前。李势完全没有料到桓温攻势这样猛烈，抵挡不住，连夜逃到葭萌关，后来，又派人求降。桓温大军浩浩荡荡进入成都，成汉王朝就这样灭亡了。桓温因此被提升为征西大将军，封临贺郡公，一时间声震朝野。

桓温灭掉成汉王朝，给东晋立了大功。但是东晋王朝内部矛盾很大，晋穆帝表面上提升了桓温的职位，暗地里却猜忌他。桓温上疏北伐，晋穆帝没有同意，另派了殷浩带兵北伐。

殷浩出兵到洛阳，被羌族人打得大败，死伤了1万多人马。桓温再次上奏请求朝廷将殷浩撤职办罪，并再次提出北伐。晋穆帝没办法，只好撤了殷浩的职，同意桓温带兵北伐。

东晋永和十年（公元354年）二月，桓温率4万大军从江陵出发，经襄阳，出武关，越秦岭，大军直指关中，讨伐由氐族人苻氏建立的前秦政权。这是桓温第一次北伐。

前秦王苻坚派太子率5万大军与晋军对抗。这年四月，晋、前秦两军大战于蓝田，前秦军大败。桓温率军占领灞上，抵达前秦都城长安的郊区。当地老百姓纷纷牵牛担酒前来犒劳晋军。老人流涕道："不图今日复见官军！"六月，因军中缺粮，桓温被迫从潼关退兵。前秦军跟踪追击，晋军损失1万多人。

东晋永和十二年（公元356年）六月，桓温进行第二次北伐，从江陵发兵，向北挺进。八月，桓温挥军渡过伊水，与羌族首领姚襄军二次战于伊水之北，大败姚襄，收复洛阳。桓温在洛阳修复西晋历代皇帝的陵墓，又多次建议东晋迁都洛阳。东晋朝廷对桓温的北伐抱消极态度，只求苟安东南，无意北还，桓温只得退兵南归。到东晋升平三年（公元359年），中原地区被慕容氏的前燕政权所占领。东晋隆和二年（公元363年），桓温被任命为大司马，都督中外诸军事，录尚书事，第二年又兼扬州刺史。桓温身为宰相，又兼荆、扬二州刺史，尽揽东晋大权。

东晋太和四年（公元369年），桓温利用执政之机，发动了第三次北伐，讨伐前燕政权。这年四月出发，六月到金乡（今山东金乡）。桓温率水军经运河、清水河进入黄河，一直进军至枋头（今河南浚县西南，黄河重要渡口）。前燕王任命慕容垂为大都督，率5万军队前往抵御。这时，桓温犯了一个错误，他下令由水路运粮，结果燕军占领石门渡口，切断了水运粮道，桓温军队面临断粮的威胁。无奈之下，桓温只好命令全军撤退。退兵时，遭到了慕容垂的拦截，等桓温逃到山阳（今江苏淮安）时，手下已经没有多少人马了。

这次北伐的失利，使桓温已升至如日中天的威信大大降低了。然而，由于桓温长期掌握东晋的军事大权，他的野心却越来越大。他曾经说："男子汉如果不能流芳百世，也应当遗臭万年。"属下知道他的野心，向他献计，说要提高自己的威信，就先得学西汉霍光的办法，把现在的皇帝废了，自己另立一个皇帝。当时在位的皇帝是晋废帝司马奕。桓温带兵到建康，把司马奕废了，另立一个司马昱当皇帝，这就是晋简文帝。桓温当了宰相。

桓温改立新帝后，开始陷害一些政见与他不合的皇族和大臣，将殷、庾两大强族的势力削除殆尽。东晋咸安二年（公元372年）六月，简文帝去世。桓温原本指望简文帝司马昱禅位于他，或自己摄理朝政，但大失所望。桓温于是拒绝入朝，直至东晋宁康元年（公元373年）二月才到建康朝见孝武帝，并带兵入朝。群臣惊慌失措。由于侍中王坦之、吏部尚书谢安应付自如，桓温才没有发难，晋朝得以安宁。三月，桓温退兵。七月，桓温在姑孰病死，终年61岁。

扪虱谈天下

桓温第一次北伐时，将军队驻扎在灞上。有一天，有个穿着破旧短衣的读书人来军营求见桓温。桓温很想招揽人才，一听来了个读书人，便马上请他进来相见。

这个读书人叫王猛，从小家里很贫穷，靠卖畚箕谋生。但是他喜欢读书，很有学问。当时关中士族嫌他出身低微，瞧不起他，但他毫不介意。有人曾经请他到前秦的官府里做小官吏，他不愿意去，后来索性在华阴山隐居了下来。这回他听说桓温来到关中，特地到灞上求见桓温。桓温很想知道王猛的学识才能究竟如何，便请王猛谈谈当今的天下形势。

王猛把南北双方的政治军事形势分析得清晰明了，见解也很精辟，桓温听了暗暗佩服。王猛一边谈，一边把手伸进衣襟里摸虱子（文言是"扪虱"）。桓温左右的侍从见了，都忍不住想笑。但是王猛却旁若无人，照样谈笑自若。

桓温看出王猛是一个难得的人才，从关中退兵的时候，他再三邀请王猛跟他一起走，还封他一个比较高的官职。王猛知道东晋王朝的内部不稳定，就拒绝了桓温的邀请，又回华阴山去了。如此一来，王猛却出了名。

后来，前秦的皇帝苻健死了，他的儿子苻生昏庸残暴，很快就被他的堂兄弟苻坚推翻。

苻坚是前秦王朝中一个有作为的皇帝。他在即位以前，有人向他推荐王猛。苻坚派人把王猛请来相见，两个人一见如故，谈起时事来，见解完全一致。苻坚非常高兴，像刘备得到了诸葛亮一样。

苻坚即位后，自称大秦天王。王猛在他的朝廷里做官，一年里被提升五次，成为他最亲信的大臣。官至吏部尚书、京兆尹等职，主持前秦的政务长达16年。他为政期间对内整顿吏治，压制不法贵族，重视农业生产，增加财政收入，对外加强战备，使得前秦的国力迅速强大，为统一北方奠定了基础。

有了王猛的帮助，苻坚镇压豪强，整顿内政，前秦国力日渐增强。王猛兼任京兆尹的时候，太后的弟弟、光禄大夫强德强抢人家的财物和妇女。王猛一面逮捕了强德，一面派人报告苻坚。等到苻坚派人来宣布赦免强德时，王猛早已把强德杀了。以后几十天里，长安的权门豪强、皇亲国戚有

20多人被处死、判刑、免官。从此以后，谁也不敢胡作非为了。苻坚赞叹说："我现在才知道国家要有法制啊。"

前秦在苻坚和王猛的治理下，国力越来越强大。在十几年内，前秦先后灭掉了前燕、代国和前凉3个小国，黄河流域地区全成了前秦的地盘。

公元375年，王猛得了重病。王猛对前来探望他的苻坚说："东晋远在江南，又继承了晋朝的正统，现在内部和睦。我死之后，陛下千万不要去进攻晋朝。我们的敌人是鲜卑和羌人，留着他们终归是后患。要保证秦国的安全，就一定要先把他们除掉。"

⊙**大事记**

公元351年，苻健定国号大秦，立都长安，建立前秦。

公元357年，苻坚得遇王猛；同年杀苻生，自立为帝。任用王猛举贤才、课农桑、立学校等，使得前秦实力大为增强。

淝水之战

前秦建元十二年（公元376年），前秦统一北方。前秦建元十九年（公元383年）七月，苻坚不顾群臣反对，举大军攻东晋。八月，苻坚发动近百万大军南下，水陆并进。九月，苻坚的弟弟苻融率30万大军到达淮河前线，进攻寿阳。东晋宰相谢安遣尚书仆射谢石为大都督，以徐、兖二州刺史谢玄为前锋，率军8万前往迎敌。又命龙骧将军胡彬率水军5000援救寿阳。十月，苻坚求胜心切，等不及各路人马聚齐，便命令苻融进攻寿阳。

寿阳是军事重镇，它的得失对于整个战局的胜负，具有举足轻重的作用。奉命增援寿阳的晋将胡彬，在半路上就接到寿阳失守的消息，只好退守硖石（今安徽寿县西北）。苻融马上命令部将梁成率众5万进攻洛涧（今安徽淮南市东），切断了胡彬与谢石大军的联系。

苻坚到了寿阳，派尚书朱序到晋军大营去劝降。朱序本来是东晋的将领，4年前在襄阳和前秦军队作战时兵败被俘，留在前秦。现在他见晋秦交战，知道自己为东晋出力赎罪的机会到了。他到晋营后，不但没有劝降，反而向谢石提出打败秦军的建议。他说："这次苻坚发动了百万人马攻打晋国，如果全部人马都到了，恐怕晋军无法抵挡。所以，应乘秦军还没集结的时候，赶快进攻秦军前锋。打败了它的前锋，便可挫伤秦军的士气，这样就可以战胜他们了。"

谢石听从了朱序的建议，派战斗力较强的北府兵将领刘牢之带领一支兵马，在夜晚神不知鬼不觉地来到洛涧，向秦军阵地发起突然袭击。正在睡梦中的秦将梁成听到喊杀声，吓出了一身冷汗，慌慌张张地从床上爬起来，上马迎战，结果被刘牢之一刀砍翻，送了性命。

秦军失去主将，四散奔逃，晋军乘胜追击。谢石带领晋军主力渡过洛涧，在离寿阳城只有4里地的八公山下，扎下营寨，与秦军主力隔淝水对峙。苻坚在寿阳城里接到洛涧秦军失利的消息，有些沉不住气了。

过了几天，谢石派人到寿阳城里，送给苻融一份战书，要求定期决战，条件是秦军把阵地向后撤出一些，腾出一块空地作为战场，让晋军渡过淝水决战。秦诸将都反对晋军的建议，苻坚和苻融却同意晋军的条件，说："让我们的士兵稍稍向后退一点，等他们正在渡河的时候，让我们的骑兵冲上去，一定能把他们消灭。"

谢石、谢玄得到前秦答应后撤的回音后，迅速整顿兵马，指挥渡河。

晋军渡过淝水，勇猛地冲向秦军阵地。朱序见状，就在秦军阵后大声高喊："秦军败了，秦军败了！"正在后退的秦军，听到喊声，一时也分辨不清是真是假，逃的逃、躲的躲，整个队伍溃不成军。

苻融赶快跑到队伍后面，去拦阻队伍，不料连人带马被挤倒在地。他还没来得及从地上爬起来，就被赶上来的晋军一刀砍死。苻坚见形势不妙，吓得丢下士兵，只顾自己逃命。到洛阳（今河南洛阳）时，苻坚收拾残兵，只剩下十几万人了。

晋军乘胜追击，一口气追赶了30多里才收兵。谢石、谢玄连夜派人去建康报捷。当报捷的军士赶回建康的时候，谢安正在与客人下棋，他看过告捷的书信，悄悄地把它搁在床上，不露声色，照常下棋。等到客人问时，才漫不经心地说："孩子们已经打败贼军了。"

⊙大事记

公元383年，东晋谢石、谢玄等拒秦王苻坚于淝水，大破秦军，导致前秦从此衰败下去，北方再度分裂。

南北朝并立

刘裕成帝业

刘裕是丹徒县京口里（今江苏镇江）人，小名寄奴儿，出身贫苦，生逢乱世。刘裕的远祖是汉高祖刘邦的弟弟刘交。汉王朝覆灭后，刘氏家族也渐渐没落。他的祖父刘靖，曾做过东安太守，父亲刘翘却只是个小小的郡功曹。

刘裕一出生，母亲便死了，他也差一点儿被扔掉。后来，他父亲给他取名裕，即多余的意思。婶母给他取了小名叫寄奴儿，即从小寄养他家的意思。刘裕15岁时，刘翘病死了，他的继母带着他和他的两个异母弟弟艰难度日。刘裕便做草鞋换粮食。生活虽然清贫，但他对继母却是十分孝敬，宁可自己饿肚子，也不让继母没有饭吃。

生活在贫困之中的刘裕，一直怀有建功立业的志向，于是他加入了东晋北府兵的行列，成为了一名士兵。后来，东晋北府兵将领孙元终让刘裕在他身边做了一名亲兵，不久又提拔他做司马。

刘裕后来做了参军，更加勤勉卖力。他三次带兵打败了孙恩，迫使孙恩逃到海上，从而被刘牢之当做心腹爱将，逐渐掌握了北府兵权。

后来，桓玄自立为帝，刘裕起兵讨伐。他联络各方豪杰，于公元404年秋正式开始了他的讨桓行动。刘裕的军队只有2000人，但个个英勇无比，在覆舟山一战，把桓玄的军队打得大败。

公元405年，晋安帝司马德宗回到建康，大封平叛有功之臣，刘裕被任命为都督扬、荆、徐等16州军事，成为了一个封疆大吏。

公元409年初，南燕慕容超几次派兵侵犯淮北，杀东晋朝廷命官，抢劫财物，掳掠百姓。刘裕正想找机会立功，便上表请求北伐南燕。刘裕从建康出发，先出兵包围了南燕的国都广固（今山东益都西北）。南燕的国主慕容超着急了，向后秦讨救兵。

后秦国主姚兴派使者到晋军大营去见刘裕，说："燕国和我们秦国是友好邻国。如果你们一定要逼燕国，我们不会坐视不救。"

刘裕听了使者的话，冷笑着说："你回去告诉姚兴，我本来想灭掉燕国之后，休整3年再消灭你们。没想到你们愿意送上门来，那就来吧！"

使者走后，有人问刘裕："您这样做，只怕会激怒姚兴，如果秦兵真的来攻怎么办？"刘裕泰然地说："俗话说：'兵贵神速'，他们如果真想出兵，就会偷偷出兵，为什么先派人来通知呢？这不过是姚兴虚张声势罢了。他连自己都顾不过来，哪有心思救别人呢？"

不出刘裕所料，当时后秦正跟夏国互相攻打，根本无暇出兵救南燕。没过多久，刘裕就把南燕消灭了。朝廷命他兼任青、冀二州刺史，并允许他相机行事。也就是说，他可以自作主张，不必请示朝廷了。

不久，卢循在广州起义反晋，刘裕又率兵南征广州。东晋官兵在刘裕的严令督促下，积极奋战，刘裕带着年仅4岁的儿子刘义隆亲自到前线布防，鼓舞士气。士气高昂的东晋士兵，一举打败了卢循的军队。东晋朝廷又加封刘裕为太尉中书监，加黄钺，从此刘裕正式执掌了朝政大权。

刘裕掌握了大权后，便起了取代晋安帝的念头。晋安帝虽然是个白痴，但生命力却很旺盛。刘裕一心想做皇帝，但苦于安帝不死，便命王韶之入宫，将安帝活活勒死。刘裕见时机还没成熟，就立晋安帝的弟弟司马德文继位，这就是晋恭帝。晋恭帝在刘裕的控制下得过且过，成为了一名傀儡皇帝。

此后，刘裕便培植亲信，铲除政敌。刘毅、诸葛长民、司马休之等与刘裕政见不同的大臣纷纷被罢黜。然后，他第二次北伐，克复关中，于东晋义熙十四年（公元418年）受封为相国、宋公。这个时候，刘裕取代东晋的条件已经成熟。

这样勉强过了一年，已经57岁的刘裕觉得自己时日不多，更加急于当皇帝了。东晋元熙二年（公元420年），手下之人拟好禅位诏，献于刘裕，他拿到晋恭帝处让其抄录，恭帝欣然操笔，书赤纸为"诏"。刘裕筑坛于南部，登上皇位，国号宋，是为宋武帝。刘裕改元永初，定都建康（今江苏南京），改《秦始历》为《永初历》，废晋恭帝为零陵王。第二年六月，刘裕派人将他毒死，开了杀"禅让"退位者的先例。至此，历时104年、共11帝的东晋王朝结束，南北朝时期开始。

刘裕执政时较开明，减轻赋税，赦免奴客士兵。当了两年皇帝后，刘裕于公元422年病死，终年59岁。

⊙**大事记**

公元386年，拓跋珪（即魏道武帝）称代王，旋改称魏，史称北魏（公元386～534年），北朝由此开始。

公元420年，刘裕废晋恭帝称帝，定都建康，国号宋（公元420～479年），史称刘宋。东晋亡，南朝由此开始。

拓跋珪建北魏

前秦淝水之战被东晋打败后，刚统一不久的北方又陷入分裂局面，拓跋珪趁机复国，他创造出"越过坚城，纵深攻击"的战法，以较小代价换取最大收获。在其子拓跋嗣、其孙拓跋焘在位时更得到完善，使北魏逐渐发展壮大。

拓跋珪死后，拓跋嗣取得皇位，当时南朝的宋和西疆的大夏赫连氏是北魏的两大威胁。特别是宋在刘裕时曾攻占长安、洛阳，灭后秦，势力扩展到中原心脏，引起了北方诸政权的不安。拓跋嗣政权巩固后，便决心对抗防御南朝宋了。

拓跋嗣调集军队欲攻打南朝宋的洛阳、虎牢、滑台三处要塞。他以奚斤带两万军队渡过黄河，在滑台东面屯营，准备强攻滑台。名臣崔浩谏道：

南人擅长守城，从前秦主苻坚攻襄阳，一年都没打下来，损失惨重。如今大军团受阻于小城市，一旦敌人增援保卫，我军处境就危险了。不如遣铁骑四面分兵出击，直至淮河以北，掠夺粮食钱帛，把洛阳、滑台、虎牢三地分割在后方，成为孤城，隔断它们与宋都建康的联系，那么守军久无支援，必然会沿黄河撤退，三城即唾手可得。

拓跋嗣认为很在理，于是命奚斤依计而行。刚开始，奚斤军占领了滑台周围仓桓等小城，使滑台成为孤城；但这时奚斤没有纵深攻击，而是存侥幸心理，率北魏军围攻滑台，结果强攻数日未克，奚斤向平城求援。拓跋嗣见奚斤未按计划作战，以致损兵折将，收效甚微，怒不可遏，即命太子拓跋焘留守平城，自率5万大军去增援奚斤。崔浩又谏言：滑台已被围困多日，既已强攻开了，不如继续攻打，指日可下。于是拓跋嗣令奚斤5日内攻下滑台，将功抵罪；再拿不下，二罪归一，决不宽恕。

奚斤率军冒着飞石流矢猛攻滑台，攻势一浪高过一浪。刘宋滑台太守久守孤城，早已力不从心，为了活命，欲举城投降，但手下将士不从，太守只好只身逃跑。城中剩余士兵拒不降魏，奋死抵抗，北魏军攻入城内，刘宋军和敌人展开激烈的巷战，力竭城陷。奚斤乘胜追击，前锋直抵虎牢关。拥有绝对优势的北魏军队相继攻占了虎牢、金塘城、洛阳，当年刘裕打下的河南诸地再次被五胡占去。

拓跋嗣之后，太武帝拓跋焘用此战法攻占大片土地，并于公元439年统一北方。

⊙**大事记**

公元439年，北魏太武帝拓跋焘灭北凉，统一北方。十六国结束。

檀道济唱筹量沙

宋武帝刘裕在南方建立宋朝后，北魏太武帝拓跋焘正在加紧统一北方的大业。公元439年，太武帝灭了十六国中最后一个小国北凉，终于统一了北方。这样一来，在东晋灭亡后的170年的时间里，我国历史上出现了南北两个政权对峙的局面。南朝先后更换了宋、齐、梁、陈四个朝代；北朝的北魏，后来分裂为东魏、西魏；东魏、西魏又分别被北齐、北周取代。历史上把这段时期称为"南北朝"。

宋武帝只做了两年皇帝，就病死了。北魏趁宋朝举行国丧之机，大举渡过黄河，进攻宋朝，把黄河以南的大片土地都抢去了。宋文帝派檀道济率领大军去征讨。

有一回，北魏军进攻济南，檀道济亲自率领将士来到济水边。在20多天里，宋军打了30多场胜仗，一直把北魏军追到历城（在今山东省北部）。

这时候，檀道济有点自大起来，防备也松懈了。北魏军瞅准机会，派两支轻骑兵向宋军的两翼发起突袭，把宋军的粮草全烧光。军粮一断，宋军就无法维持下去了，檀道济便准备从历城退兵。

宋军中有个逃兵，到北魏营把宋军缺粮的情况告诉了北魏的将领。北魏就派出大军追赶檀道济，想把宋军围困起来。宋军将士看到大批魏军围上来，都有点惊慌失措。只有檀道济不慌不忙地命令将士就地扎营休息。

当天晚上，宋军营寨里灯火通明，檀道济亲自带着一批管粮的兵士在一个营寨里查点粮食。一些兵士手里拿着竹筹唱着计数，另一些兵士用斗量米。

北魏军的探子看见一只只米袋里面都是雪白的大米后，赶快去告诉魏将，说檀道济营里有很多军粮，要想跟檀道济决战，准是又打败仗。魏将得到消息，认为前来告密的宋兵是檀道济派来骗他们上当的，就把那个宋兵杀了。

其实，檀道济在营里量的并不是白米，而是一斗斗的沙子，只是在沙子上覆盖着少量的白米罢了。

天亮以后，檀道济命令将士披甲戴盔，自己则穿着便服，乘着一辆马车，不慌不忙地沿着大路向南转移。魏将经常被檀道济打败，本来对宋军就有点恐惧，再看到宋军从容不迫地撤退，害怕宋军在哪儿设下了埋伏，不敢去追。

檀道济以他的镇定和智谋，使宋军安全地回师。以后，北魏再也不敢轻易向宋朝进攻了。

檀道济在宋武帝、宋文帝两代，都立过大功。但是由于他功劳大、威望高，宋朝统治者就对他心存忌惮。

有一次，宋文帝生了一场病。宋文帝的兄弟刘义康就跟心腹商量说："如果皇上的病好不了，留下檀道济总是一个祸患。"他们就假借宋文帝的名义下了一道诏书，说檀道济有谋反的企图，把檀道济逮捕起来。

檀道济被捕的时候，气得眼睛里像要喷射出火焰来。他恨恨地把头巾摔在地上，说："你们这是在毁掉自己的万里长城！"

檀道济终于被杀了。这个消息传到北魏，魏国的将士都高兴得互相庆贺，说："檀道济死了，南方就没有什么叫人害怕的人啦！"

后来，北魏的军队打到江北的瓜步（今江苏六合）。宋文帝在建康的石头城上向远处遥望，感慨地说："如果檀道济活着的话，胡骑就不会这样横行了。"

孝文帝改革

公元471年，北魏孝文帝拓跋宏即位后，顺应历史潮流，实行了一系列汉化改革。

孝文帝改革首先围绕政治、经济制度进行。当时执政的冯太后是孝文帝的祖母，她是颇有才干的女政治家。献文帝死后，5岁的孝文帝继位，她以太皇太后身份临朝称制。

从公元484年开始，冯太后颁布了一系列的改革措施。

第一，整顿吏治，实施俸禄制。北魏前期吏治败坏，地方官员不论政绩好坏，任期都是6年。官吏没有俸禄，生活来源靠自行搜刮，巧取豪夺。冯太后针对吏治的混乱，规定官吏任期由政绩优劣决定，并推行班禄制，即给官吏发俸禄，官吏贪污价值一匹绢以上者一律处死。

第二，实行均田制，发展经济。中原地区经过长期战乱，经济受到严重破坏，土地大片荒芜，世家大族乘机兼并土地，国家财政日益困难。北魏太和九年（公元485年）十月，北魏推行均田制。均田制是北魏政权在奴隶制残余这一特殊历史条件下实行的一种土地分配制度，是封建土地所有制的一种补充形式。同时，均田制使游离的劳动力重新和土地结合起来，扩大了自耕农的数量和政府的纳税面，推动了农业生产的发展和北魏政权封建化的进程。

均田制的具体内容是：一、政府授给均田农民露田。露田只能种植五谷，不许栽种树木，不许买卖，农民年满70岁或身死后须将露田归还官府。二、初授田的男子另给田20亩作为世业，并可终身拥有，但须在3年内栽种桑树50株，枣树5株，榆树3株。三、给予新迁居而来的农民园宅田，每3口1亩，奴婢每5口1亩。四、地方官吏按品级授给公田，刺史15顷，县令、郡丞6顷，不准买卖。五、老幼残疾者没有受田资格。

第三，建立三长制，加强对地方的控制。冯太后废除了宗主督护制，规定5家立一邻长，5邻立一里长，5里立一党长，这三长负责掌管田产、户口，征发租调徭役，维护地方治安等。三长制的建立确立了户籍制度，巩固了地方统治秩序。冯太后的这些改革措施，推动了北方经济的恢复和发展，加强了中央集权。

冯太后病逝后，孝文帝亲政，继续改革，主要进行的是以"汉化"为中心的文治改革。魏都平城地处边塞，气候严寒，农业生产条件差，交通运输也不便利，而迁都是政治经济发展的必然需求，但总是阻力重重。文帝首先取得任城王的支持，并精心编导了一幕"外示南讨、意在谋迁"的喜剧。公元493年，文帝亲率30万大军渡过黄河，进驻洛阳，准备大举南征。当时正值秋雨绵绵，军队疲惫不堪。众大臣纷纷跪在御马前，叩头哭劝，请求停止讨伐南齐。孝文帝让群臣在南征和迁都之间选择，百官宁愿迁都也不愿冒险南征。公元494年，孝文帝把都城迁到洛阳。

迁都洛阳后，孝文帝实行全面汉化政策。从平城迁来的人都得改为洛阳籍，死后也要葬在洛阳。同时，他们都得改穿汉服，学说汉语，并改鲜卑姓为汉姓，号召胡汉通婚。孝文帝改姓为元，并带头娶4个汉姓女子做后妃，又为5个弟弟娶汉人为妻，并把公主们嫁给汉人。

孝文帝改革是成功的，它缓解了民族矛盾和阶级矛盾，巩固了鲜卑贵族在北方的统治，促进了各民族之间的融合，对中国多民族的统一作出了贡献。

⊙**大事记**

公元465年，北魏文成帝死，子拓跋弘即位，因其年幼，由冯太后临朝称制。

公元471年，北魏献文帝传位于太子拓跋宏，是为孝文帝，因其年仅5岁，由祖母冯太后临朝称制。

侯景反复无常

南梁趁北魏内乱之机，曾几次出兵北伐。但梁武帝出师不利，不但没能占到便宜，还死伤了不少军民。此后，双方都无力征伐，彼此相安无事。梁武帝有一天晚上做了个梦，梦见北朝的刺史、太守都来向南梁王朝投降。这个梦无非是他日思夜想造成的。

20天后，恰好西魏的大将侯景派人来，说他跟东魏、西魏都有冤仇，打算投降南梁，还表示愿意把他控制的函谷关以东13个州都献给南梁。

侯景原来是东魏丞相高欢部下的一员大将，高欢让他带兵在黄河以南镇守。高欢临死的时候，怕侯景叛乱，派人召侯景回洛阳。侯景怕自己去洛阳会被害死，就不接受东魏的命令，带着人马向西魏投降了。

西魏丞相宇文泰也不信任侯景，打算解除他的兵权。侯景又转向南梁投降。

梁武帝接受了侯景的投降，把侯景封为大将军、河南王，并且派他的侄儿萧渊明带着5万兵马去接应侯景。

萧渊明带兵北上，受到东魏的进攻。梁军已经很久没有打仗了，人心涣散，被东魏打得几乎全军覆没，萧渊明被俘了。

东魏又向侯景进攻，侯景大败，只带着800多人逃到南梁境内的寿阳。

东魏派使者到南梁讲和，还说愿意把萧渊明送回来。侯景知道了这件事，害怕对自己不利，就决定叛变。

侯景的人马很快就打到了长江北岸，梁武帝急忙派他的侄儿萧正德到长江南岸布防。侯景派人诱骗萧正德做内应，说推翻了梁武帝后，就拥戴他做皇帝。萧正德利欲熏心，秘密派了几十艘大船，帮助侯景的军队渡过长江，还亲自带领侯景的军队渡过秦淮河。之后，侯景顺利地进入建康，把梁武帝居住的台城包围起来。

台城里的军民奋力抵抗，双方相持了130多天。到了后来，台城里的军民有的在打仗中死去，有的病死饿死，剩下的已不到4000人。

到了这个时候，谁也没法挽回败局。叛军攻进了台城，梁武帝也成了侯景的俘虏。

侯景自封为大都督，掌握了朝廷的生杀大权。他先杀了那个一心想做皇帝的萧正德，然后把梁武帝也软禁起来。最后梁武帝连吃的喝的也没有了，活活饿死在台城里。梁武帝死后，侯景又先后立了两个傀儡皇帝。公元551年，他自立为皇帝。

侯景当了皇帝后，到处搜刮掠夺，给百姓带来深重的灾难。第二年，南梁大将陈霸先、王僧辩率领大军从江陵出发，进攻建康，把侯景的叛军打得一败涂地。最后，侯景只带了几十个人出逃，半路上被他的随从杀死。

南梁王朝经过这场大乱之后，分崩离析。公元557年，陈霸先在建康建立了南陈，这就是陈武帝。

⊙**大事记**

公元502年，萧衍在建康称帝，建国号为梁，史称南梁。

公元548年，侯景据寿阳，起兵反梁，是为侯景之乱。

公元557年，陈霸先称帝，立都建康，国号陈，为南朝最后一个朝代。

乾坤变幻

　　隋朝结束了分裂局面，实现了中国历史上又一次大统一。隋朝开创的三省六部制和科举制，对中国政治和文化发展起到了积极作用。唐朝是中国封建社会最为辉煌的时期之一，不仅在中国历史上，而且在人类文明史上也有重要地位。安史之乱之后，唐朝陷入藩镇割据的泥潭，逐渐衰落，最终灭亡。

隋朝兴衰

杨坚建隋

北魏崛起后统一了十六国，北周又进一步扩大了北朝的地域，成为南北对峙中北方的最后一个政权。公元581年，北周相国杨坚迫使自己的外孙、9岁的周静帝退位，自立为帝，改国号为隋，在北周政权的基础上建立了隋朝。杨坚积极改革，增强实力，灭掉了南方陈朝政权，结束了东晋以来数百年分裂的局面，统一了南北。

杨坚生于贵族之家。父亲杨忠是西魏、北周的军事贵族，西魏时因辅佐宇文泰建立政权，受封为十二大将军之一；北周时官至柱国大将军，封为随国公。杨坚后来袭父职，他的妻子独孤氏是鲜卑大贵族独孤信的爱女，他的女儿杨丽华是北周宣帝的皇后。宣帝好酒色，常在后宫酗酒，并实施严刑酷法，统治无道，北周政权日趋衰落。宣帝死后，宦官郑译、刘昉假传遗诏，召杨坚进宫，并极力主张让他入宫辅政，杨坚因此总揽军政大权，并逼迫彦之议交出天子玉玺和兵符。

为防止各地的诸侯王发动兵变，杨坚借口赵王要嫁女儿给突厥，把北周皇室成员召进京都，又让静帝下诏书把威望极高的元老重臣尉迟迥召回京师。尉迟迥统兵数十万，北联突厥，南结陈朝，在相州举兵反杨，同杨坚对抗。杨坚以韦孝宽为行军元帅发兵讨伐，尉迟炯兵败自杀。杨坚在重臣李穆、韦孝宽的支持下，不到半年时间，就平定了各方叛乱。公元580年，杨坚自称隋王，是因其父封随国公，而随字不吉利，国号便改为隋，杨坚即是隋文帝。隋朝建立后，文帝采取加强中央集权和发展社会经济的改革措施，国力渐渐强盛，为统一全国奠定了基础。

隋初，北方突厥的势力强盛，与隋朝对抗。突厥可汗曾率军南下大举侵隋，隋军损失惨重。后突厥内部发生叛乱，隋才得到短暂安宁。不久突厥内部矛盾更加激化，并分裂为东、西两汗国。文帝利用突厥的分裂进攻突厥，突厥大败，东突厥归附隋朝。隋文帝完成了北方的统一，转而集中兵力于南方。

⊙**大事记**

公元581年，杨坚代周称帝，国号隋（公元581~618年），建都长安，是为隋文帝。

公元582年，南朝陈宣帝死，太子陈叔宝即位，是为陈后主。他沉迷女色，不理朝政，陈朝国力更加衰败，根本无力抵挡隋朝的进攻。

文帝灭陈

在北方动乱不安的时候，南陈王朝获得了一个比较安定的时期，经济渐渐发展起来。但是传到第五个皇帝，却是一个荒唐得出奇的陈后主。

陈后主名叫陈叔宝，是个不过问国事、只知道喝酒玩乐的人。他大兴土木，为他的宠妃们造起了三座豪华的楼阁，自己常在里面淫乐。他手下的宰相江总、尚书孔范等人，也都是一伙腐朽不堪的文人。陈后主和宠妃经常在宫里举行酒宴，宴会的时候，就把这些文人大臣召来，通宵达旦地喝酒赋诗。还把他们的诗配上曲子，又挑选了一千多个宫女，专门为他们演唱。

陈后主过着荒唐生活的同时，北方的隋朝却渐渐强大起来，并在为灭掉陈朝做着准备。

杨坚在建国之始，便开始谋划消灭陈朝，统一全国。隋开皇七年（公元587年）十一月，朝中宰相向隋文帝献策说："每年逢江南收获时节，我们便四处扬言说将攻打陈，他们必然放弃农事进行驻防，这样他们的粮食便会减产，财力亦随之日渐困乏。如此再三，他们的防备必将松懈，我们便可以趁机过江攻陈。"隋文帝采纳了此计。同月，隋文帝下令大造巨型战船，准备进攻陈朝。隋将梁萧岩率兵投降陈朝，隋朝有了进攻陈朝的借口。

公元588年，隋文帝造了大批战船，派他的儿子晋王杨广、丞相杨素担任讨陈元帅，贺若弼、韩擒虎为大将，带领51万大军，分8路进兵，向陈朝攻来。

杨素率领的水军从永安出发，其他几路隋军也进展顺利，都将队伍开到江边。北路的贺若弼的人马到了京口，韩擒虎的人马到了姑孰。江边的陈军守将慌忙向建康告急。告急的警报传到建康时，陈后主正跟宠妃、文人们醉得一塌糊涂。他收到警报，连拆都没有拆，就往床下一扔了事。

公元589年正月，贺若弼的人马从广陵渡江，攻克京口；韩擒虎的人马从横江渡江到采石，两路隋军一齐向建康扑来。

到了这个时候，陈后主才如梦方醒。这时城里还有十几万人马，但是陈后主手下的宠臣江总、孔范一伙哪里懂得指挥，隋军很快就攻进了建康城。

隋军打进皇宫，搜了半天也没有找到陈后主。后来，捉住了几个太监，才知道陈后主躲到后殿的井里去了。隋军兵士来到后殿，果然有一口井。往下一望，是个枯井，隐约看到井里有人，就高声呼喊，让井里的人出来。井里没人答应。兵士们威吓着大声说："再不出来，我们就要扔石头了。"说着，拿起一块大石头放在井口比划，做出要扔的样子。井里的陈后主吓得尖叫了起来。兵士把绳索丢到井里，把陈后主和他的两个宠妃拉了上来。

南朝的最后一个朝代陈朝灭亡了。中国自从西晋灭亡起，经过270多年的分裂局面，又重新获得了统一。

科举制的创立

科举就是采用分科考试的办法选拔官吏，是政府以不同科目对学有所长的读书人进行考试的制度。贵族和高官子弟可以通过门第关系做官，除此以外的子弟经过科举取得做官资格后，还需再通过吏部考试，考试合格的才可以做官。科举制是隋朝创立的，完备和兴盛于唐宋，衰落于明清，清朝末年被完全废除，共存在了1300年。它起源于门阀等级制度盛行的时代，是当时先进的政治制度，它采用公平竞争的方式，对各种人才择优而用，是合乎时代潮流的，对后世的政治、文化、生活方式产生了深远的影响。

魏晋南北朝时期，选拔人才使用的是曹魏创立的"九品中正制"。曹操为网罗人才一再宣布"唯才是举"，曹丕在此基础上采用九品官人之法，就是选择有见识的官员，任各地方的中正，负责评审本地读书人的才能德行，将他们分为九品（等级），以此作为吏部授官的依据。

后来九品中正制流弊百出，严重地压制并摧残了优秀人才。由于许多寒门及庶族地主强烈要求参与政治，统治者也迫切需要科举制来选拔人才，为其统治服务。隋文帝即位后，正式废除九品中正制，实行科举。

公元598年，隋文帝设立志行修谨（有德行）和清平干济（有才能）两科，他下诏命令五品以上京官和地方官总管、刺史按这两科推荐人才，这被看作是科举制的开始。隋朝的科举制大体上有两种情况：一种是临时性的特科，一种是常设科目。公元603年隋文帝下诏，以明知古今、通识治乱、究政教之本、达礼乐之源等科目选拔人才。以后科举的名目逐渐增多。

公元607年，隋炀帝下诏以德行敦厚、刚毅正直、执宪不挠、文才秀美、才堪将略、膂力骁壮等十科选拔德、才、体各方面表现突出的人，这些科目都是临时规定的特科，科目较具体，标准较明确，比较公平。比较固定的常设性科目有秀才、明经、进士三科，这些科目必须经过考试。秀才科先考试策，再考杂文，需要应试者具有很高的学识，录取标准很高，隋朝37年的历史中共录取了十多个人；杂文的题目往往是模拟名人名篇，难度很大。明经科主要是测试经典，即测试对某一儒家经典的熟悉程度，考中的人数较多。进士科是隋炀帝所创并且放宽了录取标准，它只试策，不考杂文，主要考文才。考中科举后只是获得了明经进士出身，取得了做官的资格，这之后还要通过吏部的考试才能任命为官员。当时考中的也就是做县尉、功曹等九品小官，他们在当时政治上并不占重要地位，但对后世有重大影响。这样一种新的选官制度在隋朝产生了，由此开始了文官考试制度的历史。

科举制的创立和九品中正制的废除，表明门阀世袭制的衰落和中央集权制的加强，它把读书、应考和做官联系在一起，这就给一般的甚至贫寒的子弟一个公平的机会。同时，它把选官的权力集中在吏部和朝廷，加强了中央集权。

开凿大运河

举世闻名的京杭大运河，与万里长城并称为中国古代最伟大的工程，是世界上开凿最早、最长的一条人工河道。它始凿于春秋末期（公元前5世纪），后经隋朝（7世纪）和元朝（13世纪）两次大规模扩展，成为北起北京、南至杭州的南北交通大动脉。它跨北京、天津以及河北、山东、江苏、浙江四省，沟通海河、黄河、淮河、长江、钱塘江五大水系。

经隋朝数次开凿形成的南北大运河，是世界上最长的运河。它全长1794千米，水面宽50多米，最窄的地方也有30～40米。运河修通后，隋炀帝杨广率领数达几千艘、长达200里的船队，从洛阳出发，一路浩浩荡荡前往扬州游玩。杨广乘坐的龙舟，高15米，宽17米，长达67米。由此不难看出大运河的规模和通航能力。

南北大运河是由广通渠、通济渠、山阳渎和永济渠以及江南运河连接而成。其开凿的时间前后不一，计有20多年之久。

隋开皇四年（公元584年），隋文帝杨坚为了改善漕运，命宇文恺率水工凿渠，"引水自大兴城（即长安）东至潼关三百余里，名曰广通渠"，历时3个月。

隋开皇七年（公元587年），隋文帝出于军事上的需要，下令调集民工，开挖江淮河段，"于扬州开山阳渎"。山阳渎长约300里，疏导了春秋时吴王夫差所开的邗沟，引淮河水入长江。

隋大业元年（公元605年），隋炀帝杨广调集河南诸郡民工100余万人，开挖通济渠。自洛阳西苑引穀、洛水入黄河，又从洛阳东面的板渚引黄河水与汴水合流，然后又分流，折入淮水，直达淮河南岸的山阳。通济渠、山阳渎连接后，淮河南北漕运畅通。

隋大业四年（公元608年）春，隋炀帝又调集河北诸郡民工100余万人开挖永济渠。这个工程先引沁水入黄河，又自沁水东北开渠，到达临清合屯氏河。主要用途是通舟北巡，所以称之为御河。

隋大业六年（公元610年）冬，隋炀帝下令修江南运河。工程从京口（今江苏镇江）开始到余杭入钱塘江，全长800余里，河宽10余丈。

隋朝修筑的南北大运河，以洛阳为中心，北通涿郡，南达余杭，西至长安，把钱塘江、长江、淮河、黄河、海河5条大水系联系起来，形成了一个四通八达的水运网络。这是一项举世闻名的水利工程。

南北大运河开凿的原因，演义小说都归结为隋炀帝醉心游乐。事实上，主要因为是当时社会经济发展和政治方面的客观需要。从经济方面来说，当时政治中心长安和洛阳人口激增，粮食供应严重不足；而江浙一带"有海陆之饶，珍异所聚，故商贾并凑"，资源丰富，十分繁华。南北的经济需要交流，水运方面的状况尤其需要改善，漕运南方的粟米、丝帛到中原地区来，促进了南北之间的贸易往来。从政治军事方面来说，南方广大地区大小起义始终不断，隋王朝鞭长莫及。为了进一步控制南方，隋王朝也需要修建一条运河来及时运兵，以镇压当地的反隋活动。开凿南北大运河是经济、政治和军事的需要，也是时代的需要和历史发展的必然；当朝统治者的个人好恶并不是最主要的原因。

隋朝南北大运河的开凿，功在当时，利在千秋。大运河自从凿通以后，就成为我国南北交通的大动脉，运河中"商旅往返，船乘不绝"。唐代诗人皮日休在《汴河铭》说："今自九河外，复有淇汴（即运河），北通涿郡之渔商，南运江都之转输，其为利也博哉！"在运河两岸，商业都市日益繁荣。自隋唐以后，沿运河两岸如杭州、镇江、扬州、淮安、淮阴、开封等地，都逐渐成为新兴商业都会，这些城市历经宋、元、明、清而不衰，成为繁盛一方的大都市。开挖大运河，要穿越复杂的地理环境，从设计施工到管理，都需要解决一系列科学技术上的难题。工程涉及到测量、计算、机械、流体力学等多方面的科技知识。这一工程的完成，反映了我国古代劳动人民的聪明才智和创造精神。

⊙**大事记**

公元605年，隋炀帝开始营建东都；命人开通济渠，自洛阳通黄河；扩建邗沟。

公元608年，隋朝凿永济渠，开通以洛阳为中心北通北京南通杭州的大运河。

隋炀帝三下江都

隋炀帝当上了皇帝，就开始追求享乐起来。他生性好玩，享乐游玩的兴趣经常更换，因此频繁出巡。

隋炀帝一生中曾8次巡游，其中4次北游，1次西巡，3次游江都。他在位时，待在京城长安的日子加起来还不到一年。他每次出行都劳民伤财，挥霍无度，天下百姓怨声载道，苦不堪言。

隋炀帝曾镇守过江都，所以对江都一直情有独钟。江都虽然经济并不发达，但地域辽阔，风景秀丽，物产丰富，是个令隋炀帝心驰神往的地方。

第一次巡游江都时，隋炀帝下令建造了龙舟、楼船等大小船只数千艘。龙舟高15米，宽17米，长67米。龙舟上有4层建筑，最上层是正殿、内殿和东西朝堂；中间两层是用金玉装饰得金碧辉煌的房间，有120间；最下层是内侍宦官居住的地方。还有比隋炀帝乘坐的龙舟规模略小的翔螭舟，专供皇后乘坐。此外，还有各式各样的船只，数不胜数。

这些船动用拉船的民夫共计8万多人，其中拉漾彩级以上的有9000多人，而仅龙舟就需要1080个身穿华丽服饰的民夫拖曳着前进。其规模之大，前所未有。船队绵延200余多里，当第一艘船已出发50多天之后，最后一艘船才从洛阳驶出。隋炀帝船队浩浩荡荡、壮观无比，当然花费也很大，仅每天所需食物的数量就极其庞大。隋炀帝要求船队所经过的地方，500里内都必须进献食物。进献食物多的州郡甚至用100辆车来运送。所供食物中，空中飞的，水里游的，陆上走的，无所不有，吃不完的在出发时就扔掉。他还下令营建离宫，从长安到洛阳营建了40多处。公元605年仲夏，隋炀帝从显仁宫出发前往江都游玩，这是他第一次巡游江都。

如果隋炀帝第一次巡游江都还有出于巩固其政权、加强对南方豪强士族的控制的考虑，那么隋炀帝第二次巡游江都则完全是为了玩乐。俗话说得好，"人逢喜事精神爽"。自从隋炀帝西巡河右归来后，他一直处于极度兴奋之中。公元611年，隋朝各郡总共增加了24.3万名男丁，新归附的也有64.15万人，人口的增加说明他政策英明、治国有方，这当然是喜事之一。第二件喜事是隋炀帝对全国各地驻军的军械武器进行了一番考察，他看到的都是精美锐利的枪械武器。第三件事是这一年各藩部落酋长都聚集到洛阳，与隋炀帝同乐，显示出当时各民族之间关系和谐，亲如一家。第四件喜事是曾在武力威逼下拒不归顺的琉球也在这一年俯首称臣。这四件喜事令隋炀帝高兴不已，他认为自己这几年励精图治，辛苦劳累了几年没有白费。看到自己的治理成就，他飘飘然了，想好好放松一下，于是便打算第二次巡游江都。为了尽情享乐，他令人在江都营建江都宫等许多宫殿，最有名的当数位于城西北旧观音寺蜀冈东峰的迷楼了。此楼修建得气势恢宏、富丽堂皇，隋炀帝的奢侈腐化由此可见一斑。

公元611年，隋炀帝第二次巡游江都。这次游幸，又是大肆挥霍。不仅如此，隋炀帝一行到了江都，还大摆酒席，宴请江淮以南的名士，炫耀豪华，向百姓摆威风。

公元617年，隋炀帝第三次出游江都时，农民起义的烽火已燃遍大河上下、长江南北，隋王朝的统治已是岌岌可危。可是隋炀帝只顾个人享乐，根本不顾百姓死活。在游江都之前，停泊在江都的几千艘龙舟全被起义军烧毁。隋炀帝马上下令重新建造，规格比原来的还要豪华富丽，耗费了大量的钱财，百姓也已穷困到了极点。

隋炀帝的船队从宁陵向睢阳开进时，常常搁浅，拉纤的民夫用尽力气，一天也走不了几里路。炀帝十分恼火，下令追查这一段河道是哪个官员负责开凿的。经查问，原来这个河段的负责人是麻叔谋。这时，督造副使令狐达乘机上书告发麻叔谋蒸食婴儿、收受贿金等事。于是，炀帝下令查办麻叔谋，并将当时挖这一段河道的5万名民工统统活埋在河岸两旁。

隋炀帝到达江都后，更加荒淫无度，每天都与嫔妃美女一起饮酒作乐。此时，他见天下大乱，心中也常常烦躁不安。一天，他照镜子时对萧后说："我这颗头颅将会葬送谁手呢？"他还准备了毒药带在身边，准备在危急时服毒。

隋炀帝一人出游，几乎是全天下的人民都在为他准备行装、供奉食物。他的游幸，给人民带来了深重的灾难，以致百姓没有饭吃，只能剥树皮、挖草根，或者煮土而食，有的地方还出现了人吃人的现象。至此，隋朝江山已处于风雨飘摇之中了。

⊙大事记

公元611年，王薄据长白山起义；刘霸道、窦建德、翟让等继起，隋末农民起义爆发。

瓦岗起义

隋炀帝穷兵黩武，公元612～614年三次出兵征伐辽东都是无功而返，每次动用几百万人，致使田地荒芜，民不聊生。

河北和山东是隋炀帝进攻辽东的主要军事基地。这里人民受害最深，加以水旱灾荒的发生，起义首先在这里爆发。王薄在长白山起义，揭开了隋末农民大起义的序幕。王薄号召农民不要为打辽东而送死，各地起义者纷纷响应。公元613年，礼部尚书杨玄感乘隋炀帝二征辽东之机起兵反隋。他是隋代两朝重臣杨素的儿子，东征时在黎阳督运粮食，十多万人跟随他攻围东都。隋炀帝极为惊恐，立刻让进攻辽东的隋军回朝，并派遣隋将率军抗击。王薄、杨玄感相继败死，但反隋局面已经形成。隋炀帝被农民起义吓得坐卧不安，每天晚上心惊肉跳，常在睡梦中大叫有贼，要几个美女像哄小孩那样摇抚才能入睡。

隋大业十二年（公元616年），由于各地起义队伍迅速发展，隋炀帝意识到隋王朝危在旦夕，便将注意力放到镇压农民起义上来。隋王朝逐渐加强了对起义军的镇压，但各路起义军经过持久的战斗，壮大了力量，也开始与隋王朝对抗，攻陷了很多郡县，消灭了大量的郡兵和府兵。

在隋王朝集中力量进行镇压的情况下，少数最早的起义军受到挫折。起义军吸取分散作战易于被各个击破的教训，在隋大业十三年（公元617年）初，形成了杜伏威领导的江淮起义军、窦建德领导的河北起义军与李密、翟让领导的瓦岗军三大义军。

瓦岗军的首领翟让原来在东郡衙门里当差，因为得罪了上司，被关进了监牢，还被判了死罪。有个狱吏很同情他，在一天夜里，偷偷地给翟让解下镣铐，把他放了。

翟让出了监牢，逃到东郡附近的瓦岗寨，招集了一些贫苦农民，组织了一支队伍。当地一些青年人听到消息后，都来投奔他。这些人中有一个17岁的青年叫徐世勣，不但武艺高强，而且很有谋略。

翟让听从徐世勣的意见，带领农民军到荥阳一带，打击官府和富商，夺取了大批钱粮。附近农民来投奔翟让的越来越多，队伍很快壮大到1万多人。

这时，有一个叫李密的青年前来投奔翟让，并且帮助他整顿人马。李密对翟让说："从前刘邦、项羽，也不过是普通老百姓，后来推翻了秦朝。现在皇上昏庸残暴，民怨沸腾，官军大部分又远在辽东。您手下兵精粮足，要拿下东都和长安，打倒暴君，是很容易办到的事！"

接着，两人商量了一番，决定先攻打荥阳。荥阳太守见事不妙，慌忙向隋炀帝告急。隋炀帝派大将张须陀带大军前来镇压起义军。

李密请翟让在正面迎击敌人，他自己带了1000人马埋伏在荥阳大海寺北面的密林里。

张须陀根本没把翟让放在眼里，莽莽撞撞地指挥人马杀奔过来。翟让抵挡了一阵，假装败退。张须陀紧紧在后面追赶，追了10多里，路越来越窄，树林越来越密，进入了李密布置的埋伏圈。李密见敌军到了，一声令下，埋伏着的瓦岗军将士奋勇杀出，把张须陀的人马团团围住。张须陀左冲右突，无法突围，最后全军覆没。张须陀也被起义军杀死了。

经过这次战斗，李密在瓦岗军里声望提高了。李密不但号令严明，而且生活俭朴，对起义将士也十分关心。日子一久，将士们就渐渐倾向他了。

后来，翟让觉得自己的才能不如李密，就把首领的位子让给了李密。大家推李密为魏公，兼任起义军元帅。

瓦岗军在洛口建立了自己的政权。不久，又乘胜攻下许多郡县，隋朝官吏士兵都纷纷前来投降。瓦岗军一面继续围攻东都，一面发出讨伐隋炀帝的檄文，历数炀帝的罪行，号召百姓起来推翻隋王朝的统治。这样一来，震动了整个中原。

正当瓦岗军不断发展壮大的时候，它的内部却发生了严重分裂。翟让让位给李密后，翟让手下有些将领很不满意。有人劝翟让把权夺回来，翟让却总是一笑了之。这些话传到李密耳朵里，李密就心生疑虑了，李密的部下也撺掇他把翟让除掉。李密为了保住自己的地位，终于起了杀心。

有一天，李密请翟让喝酒。在宴会中，李密把翟让的兵士支开后，假意拿出一把好弓给翟让，请他试射。翟让刚拉开弓，李密便暗示埋伏好的刀斧手动手，把翟让杀了。

从此，瓦岗军开始走向衰弱了。这时，北方由李渊带领的一支反隋军却日益强大起来。

⊙**大事记**

公元613年，杨玄感在黎阳（今河南浚县东）率运夫起兵反隋，隋炀帝下令隋军回朝镇压起义，杨玄感半年后败死，但反隋大势已成。

公元614年，隋炀帝再征天下之兵征辽东，但士兵沿途逃亡，无法禁止。

公元616年，李密投奔翟让，联合附近各部，壮大瓦岗军，大破隋军张须陀部。

公元617年，翟让、李密取兴洛仓，推李密为魏公，部众日众，声威大震。不久李密设计杀死翟让，使得瓦岗军士气大挫。

大唐气象

李渊起兵

在反隋的割据势力中，李渊父子集团最终扫灭群雄，统一中国。

李渊出生于关陇一个贵族家庭。其祖父原是西魏八柱国之一，北周刚建国时被追封为唐国公。其父原任北周柱国大将军。李渊生于北周天和元年（公元566年），幼年丧父，7岁袭唐国公爵。隋灭北周后，隋炀帝派李渊到太原去当留守（官名），镇压农民起义。但是隋炀帝不信任他，还任命王威和高君雅为太原副留守，以监视李渊。

公元616年，突厥侵入北部边境，隋炀帝命李渊和马邑太守王仁恭合力抵抗。结果战事不利，隋炀帝于是派使者押李渊和王仁恭至江都治罪。李渊一方面托辞不赴江都，故意纵情声色；另一方面加紧策划。

李渊正妻生有四个儿子，其中第二个儿子李世民是个很有胆识的青年，他很喜欢结交朋友。晋阳（今山西太原）县令刘文静就是李世民非常赏识的一个朋友，他跟李密有亲戚关系。李密参加起义军以后，刘文静受到株连，被革了职，关在晋阳的监牢里。

李世民得知刘文静坐了牢，急忙赶到监牢里去探望。李世民拉着刘文静的手，一面叙友情，一面请刘文静谈谈对时局的看法。

刘文静早就知道李世民的心思，他说："现在杨广远在江都，李密正进攻东都，到处都有人造反，这正是打天下的好时机。我可以帮您招集十万人马，您父亲手下还有几万人。如果用这支力量起兵，不出半年就可以打进长安、取得天下。"

李世民回到家里，反复想着刘文静的话，觉得很有道理。但是要说服他父亲，却不是一件容易的事。正好在这个时候，太原北面的突厥（我国古代北方游牧民族之一）可汗向马邑进攻。李渊派兵抵抗，连连打败仗。李渊怕这件事传到隋炀帝那里，要追究他的责任，急得不知怎么办才好。

李世民抓住这个机会，就找李渊劝他起兵反隋。李世民对李渊说："皇上委派父亲到这里来讨伐反叛的人。可是眼下造反的人越来越多，您能讨伐得了吗？再说，皇上猜忌心很重，就算您立了功，您的处境也将更加危险。唯一的出路，只有起来造反。"

李渊犹豫了许久，才长叹一声，说："我思考你说的话，也有些道理，我只是有些拿不定主意。好吧！从现在起，是家破人亡，还是夺取天下，就凭你啦！"

要起兵必须扩大兵力，李渊为太原留守，虽握有重兵，但是仍须招募一支自己的队伍。可是公开招募会引起高君雅、王威的注意。恰在此时，马邑人刘武周杀死了马邑太守王仁恭，占据马邑郡，起兵反隋，且自称皇帝，还勾引突厥兵直驱太原。于是，这为李渊公开募兵提供了借口。

李渊以讨伐刘武周为托词，召集各位将领商议，提出自己招募兵丁。高君雅和王威迫于当时的形势，只好同意说："公地兼亲贵，同国休戚，若俟奏报，岂及事机；要在平贼，专之可也。"于是，李渊命李世民与刘文静、长孙顺德、刘弘基、窦琮等人去招募士兵。不多久，便募兵近万人。这支队伍由李渊、李世民父子私自控制和直接指挥，是晋阳起兵的主力。

公元617年初夏的一天夜里，李渊命令长孙顺德、赵文恪等人带领500壮士和李世民的精兵一起埋伏于晋阳宫城外，严密封锁。第二天清晨，李渊与高君雅、王威在留守府大厅议事。按照计划，刘文静召鹰扬府司马刘政会入厅，说："有密状，知人欲反。"李渊故意让王威先看，但是刘政会不给，并说："所告乃副留守事，唯唐公得视之！"李渊接过密状一看，是控告王、高暗引突厥入侵。王、高正待辩解，刘文静与长孙顺德、刘弘基等将王威、高君雅逮捕入狱。事也凑巧，第二天果然有突厥数万人进攻晋阳，民众以为是王、高所致，于是李渊趁机杀掉高君雅、王威。这标志着李渊父子正式开始晋阳起兵。

晋阳起兵后，李渊父子的目标就是乘虚入关，直取长安，以号令天下，建立新的王朝。在长安（今陕西西安）的统治者听说李渊带兵进攻，忙派大将宋老生和屈突通分别领兵数万，在霍邑与河东抵抗李渊大军。

隋大业十三年（公元617年）七月，李渊率军进攻宋老生驻守的霍邑，却逢秋雨连绵，无法开战，而且道路泥泞，军粮运输困难。相持数日，眼看军粮将尽，李渊准备退兵，李世民劝阻道："今兵以义动，进战则克，退还则散；众散于前，敌乘于后，死之无日。"听了李世民的意见，李渊决定不撤兵。

八月，连日的阴天终于放晴，李渊遂下令攻城，并由李世民率兵诱敌出城，双方展开决战。李世民身先士卒，奋勇冲锋，"砍杀数十人，两刀皆缺，流血满袖"。霍邑一战，李渊大获全胜，斩杀了隋将宋老生，攻下了霍邑。随后，李渊率兵进攻河东郡，虽取得初战的胜利，但是隋将屈突通固守河东郡，李渊久攻不下。后根据李世民的建议，李渊留下部分兵力包围和牵制屈突通，自己率主力部队渡过黄河，直取长安。

同时，李渊在关中地区的家属和亲族也纷纷起兵响应，其中有李世民的胞妹平阳公主、李渊的从弟李神通，李渊的女婿段纶也在蓝田县聚众万余人。

在这种有利形势下，李渊父子一路上采取收揽人心的办法，废除了隋朝的严刑酷法，还开仓济贫。一面收编关中各地的起义军，一面争取关中地主阶级的支持。数月中，李渊、李世民的军队已达20万人，并于十月开始围攻长安。

十一月，长安城破，李渊率军进入长安宫，立年仅13岁的代王杨侑为帝，是为隋恭帝，并改元义宁，遥尊江都的隋炀帝为太上皇。李渊总揽军政大权，晋封为唐王。李建成为唐王世子，李世民为京兆尹、秦公，李元吉为齐公。

隋义宁二年（公元618年）三月，隋炀帝在江都被部下杀死，隋朝灭亡。五月，李渊在长安称帝，定国号唐，李渊就是唐高祖，年号为武德。然后立世子李建成为皇太子，李世民为秦王，李元吉为齐王。

⊙**大事记**

公元617年，李渊起兵于太原，很快便攻下长安城。

公元618年，宇文化及杀隋炀帝，李渊随后称帝，建元武德，国号为唐。立世子李建成为太子，李世民为秦王，李元吉为齐王。

统一全国

从公元618年李渊称帝建国到公元624年统一全国，共历时7年之久。从晋阳起兵到长安建国，李渊是起了决定作用的，但是对于建国、镇压各地农民军、消灭地主武装割据，这些任务大部分是由李世民领导完成的。

李渊建都长安后，面临的形势十分严峻，四周强敌遍布：薛举集团占据兰州、天水一带，并时常进攻关中；李轨集团占据武威一带，亦虎视关中；刘武周则占据马邑，并时常勾结突厥南下威胁晋阳；梁师都占据夏州朔方，在北面威胁着关中地区。因此，消灭四周强敌，完全控制关中、陇西地区（今甘肃省），以关中为根据地，再消灭关东群雄，从而建立统一的中央政权，就成为唐朝统治集团的必然选择。

统一战争的第一步，就是消灭实力较强且经常进攻关中的薛举父子。薛举是河东汾阴（今山西万荣西南宝鼎）人，家私巨万，交结豪强，雄于边朔。公元617年，薛举自称秦王，封儿子薛仁杲为齐公。从公元617年底到公元618年春，唐军曾与薛举进行了两次大战。公元618年十一月，薛举再次进攻长安，不料在出兵前暴病而死，遂由其长子薛仁杲率军出征，李世民率兵迎敌。

李世民见敌军来势凶猛，便下令坚守，避其锋芒，伺机出战。两军相持60余日，秦军粮食耗尽，军心浮动；况且薛仁杲有勇无谋、残暴成性，其部下已有多人投降世民。至此，李世民认为战机成熟，便以少数部队引开秦军，然后亲领主力从秦军背后袭击。秦军溃败，逃往折墌。于是世民率大军乘胜追击，渡过泾水，围攻折墌城。至半夜，守城秦军纷纷投降唐军，薛仁杲走投无路，只好于第二天出城投降。

公元619年，占据河西五郡的大凉皇帝李轨，因内部矛盾重重而使政权分崩离析。户部尚书安修仁与其兄安修贵发动兵变，并俘获李轨，将其押至长安，后处死。

同年，割据马邑的刘武周勾结突厥，向山西发起进攻。数支唐军先后迎战，均被其打败，镇守太原的李元吉闻风趁黑夜逃回长安。刘武周的先锋宋金刚则乘势打到了河东，"关中大骇"。在这种不利形势下，高祖李渊准备放弃河西，固守关西。此时，秦王李世民审时度势，向李渊说道："太原，王业所基，国之根本；河东富实，京邑所资，若举而弃之，臣窃愤恨。愿假臣精兵3万，必冀平殄武周，克复汾、晋。"

于是李渊征调关中全部兵力，由李世民率领由龙门渡过黄河迎战敌军。过黄河后，李世民将大军驻扎在柏壁坚守，与刘武周先锋宋金刚之军队相持。期间，李世民时常离开营阵侦察地形。有一次，世民带领很少的轻骑兵外出侦察敌情。骑兵四散而去，李世民与一名士兵登上一小山丘休息。忽然，敌军从四周包围了山丘，李世民与士兵都没有发觉。恰巧在这个时候，有一条蛇追逐一只田鼠，碰到了士兵的脸。士兵惊醒，发现敌军正在包抄上来，于是赶紧叫李世民上马，眼看就要被敌兵追上。李世民十分镇静，他手取大羽箭，张弓便射，一发就将敌兵的将领射死。敌兵见此，慌忙撤退。

在相持中，李世民派出精兵切断了宋金刚的粮道。两个月后，宋金刚面对强敌无粮草供应，只好撤退。

李世民则率领大军趁机追杀，"一昼夜行二百余里，战数回合"。一直追击到雀鼠谷（今山西介休县西南），终于追上宋金刚部队，"一日八战，皆破之，俘斩数万人。夜，宿于雀鼠谷西南，世民不食二日、不解甲三日矣，军中止有一羊，世民与将士分而食之"。刘武周、宋金刚失败后逃往突厥，均被突厥杀死。公元620年，李世民收复了太原。

公元620年夏，关东地区原有的李密、王世充、宇文化及、窦建德四支强大的军事力量，其中的李密、宇文化及都已失败，只剩下王世充、窦建德两大集团。在消除了来自于背后和侧面的威胁后，唐高祖李渊诏令李世民东征，直指河南一带的王世充集团。

王世充本姓支，字行满，西域人。王世充集团本来是隋炀帝派来镇压瓦岗军的军事力量。打败瓦岗军李密后，王世充于618年在洛阳自立为帝，国号郑。

在唐军的猛烈攻击下，王世充原先所属州县的一些官员纷纷降唐。至公元620年底，洛阳城外的王世充所属州县大部分已落入唐军之手，洛阳城处在李世民大军的包围之中。

洛阳城坚壕深、军备充实，但在唐军的长期围困下，王世充在洛阳孤城中危在旦夕。为了解围，王世充向河北的窦建德求援。

窦建德是河北、山东一带势力最强的一支起义军的领袖，他出身农民，于公元618年称帝，定国号夏。他的部下认为，唐朝在消灭了王世充以后，必将会进攻窦建德。因此，窦建德率领10万大军前来救援王世充。

这样，唐军的处境变得极为危险，内部出现了不同的主张：一种是主张退守新安，寻机再战；另一种是进占虎牢关（河南荥阳西北），挡住窦建德前进的道路，然后趁机消灭他，如此一来，洛阳不攻自破。

李世民采用后一种主张，命屈突通等协助齐王李元吉围困洛阳，自己率精兵3500余人急奔虎牢关，挡住窦建德的前进道路。

两军相持三个月。五月一日，李世民渡河，并假装粮草已尽，让士兵牧马于河北以迷惑窦建德，他本人则于当晚返回虎牢关。窦建德果然中计，第二天早晨全军出击，陈兵汜水，长达20里，鸣鼓大喊而进，要与唐军决战。

李世民胸有成竹，决定按兵不动，以逸待劳，等到敌军疲乏后再出击。

果然，到了中午，窦建德的军队饥饿困乏，互争饮水，席地而坐，已无斗志。李世民看准战机，下令攻击，唐军铁骑直冲向窦建德军队的阵地。窦建德仓促应战，不久其阵势大乱，全线崩溃。唐军追杀30多里，俘获敌军5万多人，窦建德本人中枪，退至本口渚时被俘。

虎牢关之战后，王世充惊惶不已，准备突围南走襄阳，但是部下一致反对，王世充不得不自缚投降。河南、河北尽归唐朝所有。

同时，割据江淮一带的杜伏威归顺了唐朝。大将李靖平定了长江中游的萧铣。后来窦建德的部将刘黑闼、杜伏威的旧部辅公祐分别再次起兵作乱，都被李世民迅速扑灭。公元624年，江南也被唐朝平定。至此，唐朝完全统一了中国。

⊙大事记

公元620年，李世民大破刘武周。

公元621年，李世民打败王世充、窦建德；高祖杀窦建德而赦王世充，王世充旋为仇人所杀。

公元621年，李世民开馆招揽文学之士杜如晦、房玄龄、虞世南、孔颖达等，称十八学士。

公元624年，李靖平定江南，唐朝完成统一大业。

玄武门之变

公元621年，李世民平定王世充、窦建德后大胜而归。高祖李渊认为前代官职皆不足以称之，因此特设天策上将一职，位在王公之上。十月，李世民以天策上将领司徒、陕东道大行台尚书令。

李世民的声望、地位和权势日增，令太子李建成受到威胁。于是在王珪和魏徵的建议下，李建成向高祖请求领兵征战。高祖以李建成为陕东道大行台及山东道行军元帅，于公元623年率军讨伐刘黑闼、徐圆朗。这是李建成在统一大业中立下的唯一重大战功。

李建成与李世民的矛盾，由于统一战争的结束而迅速激化，形成明争暗斗之势。

在朝廷中，最受高祖宠幸的裴寂支持李建成，而支持李世民的大臣有萧瑀、陈叔达等。在后宫中，秦王李世民曾得罪过高祖的宠妃张婕妤、尹德妃，于是这些人便常常在高祖面前说太子李建成的好话，说李世民的坏话。如此一来，朝廷和宫中都有人支持李建成，形势对李建成颇为有利。他们之间的斗争终于因为突厥的进攻而演变成流血事件。

公元626年夏，突厥南下犯边。太子李建成为进一步拉拢李元吉，于是向高祖建议，让齐王李元吉代替李世民出征，被高祖采纳。这样，李元吉当上了主帅。出发前，李元吉请求高祖调秦王府中的大将尉迟敬德、程知节、段志宏、秦叔宝同他一起出征，并从秦王府挑选精锐士兵以补充李元吉的军队，此举目的在于为杀害秦王作准备。李建成与李元吉密谋，在李建成和李世民为李元吉宴别时，安排伏兵，先杀李世民，然后再杀尉迟敬德。李建成对李元吉许诺，即位后立即封他为太弟。有人将李建成与李元吉的密谋报告给李世民，李世民忙与长孙无忌和尉迟敬德商量对策，决定先动手除掉李建成和李元吉。

六月三日，太史令傅奕向唐高祖秘密奏报，说太白星再次出现在秦地，"秦王当有天下"。于是唐高祖询问李世民，李世民趁机向唐高祖告状，指控太子李建成和齐王李元吉淫乱后宫，并且设计谋害自己。高祖听后极为惊讶，决定第二天早朝时进行查问。

六月四日天还没亮，李世民命长孙无忌、尉迟敬德、侯君集、张公瑾等人率领精兵提前埋伏在宫城北面的玄武门，这是李建成和李元吉上朝时的必经之地。六月四日清晨，唐高祖上朝，裴寂、萧瑀、陈叔达等均已入朝，只等李建成兄弟三人到来。此时，李建成、李元吉已进入玄武门，一路走来。当二人行至临湖殿时，发觉情况有些异常，于是立即掉转马头，准备回府。不料此时李世民突然出现，并且在后面呼喊二人，李元吉回身张弓搭箭，射杀李世民，但是连发三箭，都没能射中。李世民的目标是李建成，他一箭就将李建成射死。就在此时，尉迟敬德带着70多名骑兵赶到，朝李建成、李元吉射箭，李元吉坠马后逃入树林中，李世民策马追赶，结果衣服被树枝挂住，也坠马落地。李元吉力气很大，这时跑过来夺取了弓箭要射杀李世民，恰巧尉迟敬德驱马赶到，李元吉慌忙放弃李世民向成德殿逃跑，结果被尉迟敬德一箭射死。东宫和齐王府的将士听说出事了，于是派兵猛攻玄武门。这时，尉迟敬德提着李建成、李元吉的人头赶到，东宫与齐王府的将士见主人已死，立即溃散而逃。

唐高祖对玄武门之事已有所耳闻，于是李世民派尉迟敬德进宫担任宿卫。唐高祖见尉迟敬德头戴铁盔，身穿铠甲，手持长矛，大吃一惊，便问："今日乱者谁邪？卿来此何为？"尉迟敬德回答说："秦王以太子、齐王作乱，起兵诛之，恐惊动陛下，遣臣宿卫。"唐高祖这才明白刚才发生的一切，于是派人将敕令向众将士宣读，交战双方才放下兵器。玄武门之变以秦王李世民的胜利而结束。

六月七日，高祖立李世民为太子，诏书说："自今军国庶事，无论大小悉委太子处决，然后闻奏。"实际上，唐高祖已把国家的全部权力交给了李世民。两个月后，唐高祖下达诏书，让位给太子，自己当太上皇。于是李世民在东宫显德殿即位，改元贞观，即中国历史上著名的唐太宗。

⊙**大事记**

公元626年，秦王李世民发动玄武门之变，杀死李建成、李元吉，高祖立李世民为太子，当年即退位。

以人为镜

由于唐太宗鼓励进谏，并且能够虚心纳谏，因此贞观年间出现了一批敢于直谏的大臣，如王珪、魏徵、刘洎、褚遂良等，形成了以进谏为忠的风气。在众多的谏臣中，最著名的是魏徵。

魏徵，字玄城，巨鹿曲城人，隋末参加李密领导的瓦岗军，曾任窦建德的起居舍人，窦建德兵败之后，入唐任太子洗马。玄武门之变前，魏徵曾建议李建成尽量培植自己的力量，及早除掉李世民。

玄武门之变后，有人向李世民告发了魏徵策划杀他的事。李世民找来魏徵，板着脸问道："你为什么在我们兄弟之间挑拨是非？"魏徵神色自如地回答说："要是皇太子早听我的话，就不会发生今天的事了！"左右大臣都替魏徵捏把汗，没想到李世民竟然转怒为喜。他觉得魏徵很正直，就任命他做了谏议大夫。于是他开始参与朝政的一些重大的决策，后一度拜相任侍中，封郑国公，成为唐太宗的得力助手。魏徵不但有卓越的文治武功，而且还有一套系统的政治思想。他总结了历代治国安邦之道，其功绩在中国古代政治史上是不可比拟的。

魏徵以讽谏出名，被誉为"前代诤臣一人而已"。他曾多次谏止太宗意气用事，有时甚至令太宗下不了台。魏徵还注重提醒太宗要防微杜渐，善始善终。魏徵前后陈谏200余事，曾有"兼听则明，偏听则暗""君好比舟，民好比水，水能载舟，亦能覆舟"等著名的政治谏言。

公元626年，唐太宗派人征兵。有大臣建议说：有些16岁以上的男孩，虽然不满18岁，可长得身材高大，也应该让他们当兵打仗，唐太宗同意了。但是魏徵扣住诏书不发。唐太宗催了几次，魏徵就是不发。唐太宗气得火冒三丈，对魏徵说道："你好大的胆子！竟然敢扣住我的诏书不发？"魏徵不慌不忙地说："我不赞成您这样做！军队强大不强大，不在于人多人少，而在于用兵得法。好比湖里的鱼和水，您把水弄干了，可以捉到很多鱼，但是到明年湖中就无鱼可捞了。如果把那些不到18岁的男子都征来当兵，以后还到哪里征兵呢？"唐太宗虽觉得有理，可就是不服气。魏徵也生气了，不顾一切地说："陛下，您已经好几次说话不算数、失信于民了！"魏徵一席话，说得唐太宗哑口无言。他别扭了好半天，才老老实实承认了自己的错误。于是，又重新下了一道诏书，免征不到18岁的男子。

公元628年，通事舍人郑仁基的女儿年满16岁，花容月貌，长孙皇后得知后，请求太宗召此女入宫，聘为九华。当时诏书已经发出，只是还未派出册封的使者，魏徵得知此女已许给了陆氏，于是忙向太宗进谏。太宗听后，立即以手诏回答魏徵，并表示自责，下令将郑氏女归还旧夫。

由于魏徵敢于犯颜直谏，所以太宗在魏徵面前非常注意约束自己的言行。有一次，唐太宗要去南山巡游，车马都已准备了，却又改变主意不去了，魏徵问唐太宗何故，唐太宗笑着回答说："本来是打算去，后来怕你不高兴，所以就不去了。"还有一次，唐太宗在御花园中玩弄一只新得的鹞鹰，正玩得尽兴，看见魏徵远远走来，太宗忙把鹞鹰藏在怀里。其实魏徵早就看见了，于是故意把汇报时间拖长。等魏徵走后，唐太宗发现鹞鹰已经闷死了。还有一次，唐太宗去洛阳巡视，中途在昭仁宫（今河南寿安）休息，他对用膳安排不周大发脾气。魏徵当面批评唐太宗说："隋炀帝就是因为常常为百姓不献食物而发火，或者嫌进献的食物不精美，使百姓背上沉重的负担而灭亡了，陛下应该从中吸取教训。如能知足，今天这样的食物陛下就应该满意了；如果贪得无厌，即使食物再好一万倍，也不会满足。"唐太宗听后不觉一惊，说："若不是你提醒，恐怕我就难得听到这样中肯的话了。"

公元643年，63岁的魏徵得了重病。唐太宗不断派人前去探视他的病情。这一天，唐太宗听说魏徵病危，急忙领着皇太子，亲自到他府里去看望。唐太宗难过地问魏徵："您还有什么话要说么？"魏徵用微弱的声音说："我最担心的就是国家的危亡啊！如今国家昌盛，天下安定，希望陛下您在太平的时候要想到可能出现的危险局面啊（文言是居安思危）！"唐太宗边听边点头，表示一定记住他的话。几天以后，魏徵病死了。唐太宗十分悲痛，亲自为他撰写了墓碑的碑文。此后，他还时常怀念魏徵。有一次，唐太宗在朝堂上对大臣们说："用铜做镜子，可以整理衣帽；用历史做镜子，可以知道兴亡的道理；用人做镜子，可以明白自己的过失。我常常拿这三面镜子来检察自己的得失。如今魏徵去世了，我就少了一面镜子啊！"

魏徵的忠言直谏和唐太宗的虚心纳谏，使唐朝出现了繁荣的局面，形成了后世历史学家称赞的"贞观之治"的局面。

贞观之治

从公元627～649年，这段时间是唐太宗统治的时期。在这期间，封建统治较为开明，经济发展迅速，社会秩序稳定，历史上把这段时期称为"贞观之治"。

唐太宗经历了隋末农民战争，目睹了强大的隋朝怎样在农民起义的打击中分崩离析，因此他时时注意以隋朝的灭亡为教训，十分重视人民的力量。他常常说："君好比舟，民好比水，水能载舟，亦能覆舟。"因为有了这种认识，唐统治者为了实现长治久安，不得不对人民作出一些让步。

在经济上，唐太宗继续实行均田制。均田制规定：凡18岁以上的男子，分给口分田80亩，永业田20亩。口分田在农民死后要归还国家，由国家另行分配；永业田则归农民所有，可以买卖或传给子孙。与均田制相适应的赋役制度是租庸调制。租是指每年纳粟二石；庸是指每年服役20天，可以让农民纳绢代役；调是指每年纳绢二丈、棉三两或布二丈五尺、麻三斤。唐太宗对租庸调制没有进行重大改革，但是在即位后实行了轻徭薄赋的政策，减轻农民的负担。他尽量减少徭役的征发，即使非征不可的徭役也多改在农闲时征发。如公元631年，皇太子李承乾年满13岁，需要举行加冠典礼，这样要征发各地的府兵作为仪仗队。唐太宗认为当时正是农忙的季节，不应该影响正常农事，于是下诏将冠礼改在秋后农闲时举行。

唐太宗还很重视兴修水利，朝廷设有专门的官员以"掌天下川渎陂池之政令"，另外还命各地兴修水利。他还经常派使者到各地考察官吏，劝课农桑。

在政治上，唐太宗总结了前代的经验教训，对三省六部制进行了适当变革。唐代时的三省是指尚书省、中书省、门下省。尚书省是执行政令的最高行政机关，尚书省下设有吏、户、礼、兵、刑、工六部，尚书省的最高长官是尚书令，因为李世民曾任尚书令。为了避讳，便以左右仆射作为尚书省的最高长官。中书省主要管理军国大事的审议和决定，负责进奏章表、草拟治敕等，因而有"中书出诏令"之说，其最高长官是中书令。门下省的职责是对中书省的决议进行审查，不同意的可以驳回，其长官是侍中。三省六部制的实行巩固了中央集权，行政效率明显提高。也正是因为依靠三省六部制，唐太宗的政令才能畅通。

在地方上，唐实行州县制，设刺史和令为州、县长官。唐太宗十分注重地方官吏的选拔，常把刺史的名字写在寝宫的屏风上，并在每个人的名字下记录他的政绩，以决定奖惩。唐太宗规定，县令须有五品以上的中央官员保举，各州刺史必须由皇帝选拔任命。

为了选拔人才，他还确立了完整的科举制度。科举制度为地主阶级知识分子参与政权提供了机会。唐代科举制已实行分科，其中以进士科最重要。有一次，唐太宗在金殿端门俯视新科进士鱼贯而入的盛况，得意地说："天下英雄，入吾彀中矣。"

在文化教育上，唐太宗尊崇儒学。从唐贞观二年（公元628年）开始以孔子为先圣，在国学中设置庙堂，以备祀典，并下令各州县都置孔子庙。为培养更多通晓儒学的士人，唐太宗大力兴办学校。在朝廷设国子监、弘文馆、崇文馆，在地方设京都学及府、州、县学。国子监规模很大，曾有8000多学生。

唐太宗还十分重视历史的借鉴作用，他曾说："以古为镜，可以知兴替。"因此，在贞观年间，史书编纂取得了重要的成就，编了晋、梁、陈、北齐、北周、隋等朝的史书。除此之外，还开始编修国史。

在个人方面，唐太宗提倡节俭，并以身作则。唐太宗即位后，没有大兴土木，建造新的宫殿，而是住在隋朝时建造的已破旧的宫殿里。公元628年秋天，大臣们想为唐太宗建造一座楼阁，但是当年发生了天灾，于是唐太宗就把这件事阻止了。在建造自己的陵寝时，唐太宗亲自制定规格：以山为陵，能放得下棺材即可。

经过唐太宗的励精图治，唐朝出了政治清明、社会安定、经济发展、文化繁荣的局面。犯罪的人也大大减少了，有一年，全国仅有29人被判死刑。天下百姓路不拾遗、夜不闭户，民风淳朴，呈现出太平盛世的景象。

玄奘取经

玄奘的原名叫陈祎，洛州缑氏（今河南偃师缑氏镇）人，是长安大慈恩寺的和尚。他从13岁出家做和尚起，就认真研究佛学。后来他到处拜师学习，很快就精通了佛教经典，被尊称为三藏法师（三藏是佛教经典的总称）。玄奘发现原来翻译过来的佛经有很多错误，就决定到天竺去学习佛经。

公元629年（一说公元627年），当时唐朝还没有实现全国的统一，突厥经常侵扰中原，边塞局势不稳，唐朝政府禁止出国。玄奘上书朝廷要求出国取经被拒绝。这年秋天，长安闹饥荒，朝廷同意僧侣外出就食，玄奘乘机离开长安，来到边塞重镇凉州。凉州都督执行朝廷命令，逼令玄奘返回长安，幸得当地高僧的帮助得以逃避禁令。他昼伏夜行，风餐露宿，到瓜州时朝廷的通缉令也到了，瓜州州吏为他这种立志求经、勇往直前的精神打动，毅然放他西行。途中他结识了一个西域人，并请他做向导。玄奘越过玉门关不久向导就跑了。他独自一人继续赶路，进入大戈壁。800里的沙漠上无飞鸟，下无走兽，他迷路了，慌乱中又弄翻了水袋。但他曾经发誓，宁可西行而死，决不东归而生，便继续西行。几天后，他昏倒在沙漠里，幸而离绿洲不远，他被凉风吹醒，又找到水源，才摆脱困境。出了大沙漠，玄奘经伊吾国来到高昌国。

高昌王麴文泰也笃信佛教，听说玄奘是大唐来的高僧，十分敬重，请他讲经，还恳切地要他留在高昌。玄奘坚决不肯。麴文泰没法挽留，就给玄奘备好行装，派了25人，带着30匹马护送；还写信给沿路24国的国王，请他们保护玄奘安全过境。

玄奘带着一行人马，越过雪山冰河，经历了千辛万苦，到达碎叶城（在吉尔吉斯北部托克马克附近），西突厥可汗接待了他们。从那以后，玄奘一路上十分顺利，通过西域各国进入到天竺。

天竺摩揭陀国有一座古老的叫作那烂陀的大寺院。寺里有个戒贤法师，是天竺有名的大学者。玄奘来到那烂陀寺，跟着戒贤法师学习。5年后，他把那里的经全部学会了。

摩揭陀国的戒日王是个笃信佛教的国王，他听到玄奘的名声后，便在他的国都曲女城（今印度北方邦境内卡瑙季）为玄奘开了一个隆重的讲学聚会。天竺18个国的国王和3000多高僧都参加了。戒日王请玄奘在会上讲经说法，还让大家讨论。会议开了18天，大家十分佩服玄奘的精彩演讲，没有一个人提出不同的意见。最后，戒日王派人举起玄奘的袈裟，宣布讲学圆满成功。

玄奘的游历，不仅在佛学上取得了巨大成功，还促进了东西方的文化交流。公元645年，他带着600多部佛经，回到阔别10多年的长安。他的取经事迹，轰动了长安人民。在长安西郊，他受到朝野僧侣"空城出观"的热烈欢迎。不久，唐太宗又召见了他，随后下令组织规模宏大的译场，调集高僧协助玄奘翻译佛经。

19年中他共译经论74部，1335卷。他的另一贡献是完成了由他口述、门徒辩机记录而成的世界名著《大唐西域记》。玄奘历时19年，跋涉25000千米的西游取经，直接沟通了唐朝与中亚、西亚、南亚的联系，特别是中国与印度的友好关系，至今人们仍认为玄奘是中印友好的象征。

⊙**大事记**

公元641年，文成公主入藏，与吐蕃赞普松赞干布和亲。

女皇武则天

唐高宗是个懦弱平庸的人，他即位以后，把朝政大事交给他的舅父、宰相长孙无忌处理。后来，他又立武则天为皇后，武则天权力欲很强，逐渐掌握了朝政大权，成为了中国历史上唯一的女皇帝。

武则天（公元624~705年），名曌，并州文水（今山西文水）人。她的父亲武士彟原本是一个很有钱的木材商人，隋末时弃商从戎，成了一名府兵制下的鹰扬府队正。李渊起兵反隋，武士彟转而参加了李渊的军队，后来在唐朝廷为官，官至工部尚书，封应国公。武则天9岁时，父亲死去。14岁时，已经近40岁的唐太宗听说她长得很美，便选她入宫，赐号武媚，人称媚娘，后来又封为才人。

唐太宗死了以后，她和一些宫女依旧制被送到感业寺去做尼姑。唐高宗李治当太子时曾与她有暧昧关系，于是让她蓄发入宫侍寝，封为昭仪。但武则天心里还不满足，想进一步夺取皇后的位子，于是武则天千方百计想陷害王皇后。

武则天生了一个女儿，有一天，王皇后来探望，爱抚地摸了摸，逗了逗。王皇后走后，武则天竟狠心地把女儿掐死，用被子盖好。当高宗来看时，她便诬陷是王皇后杀了她的女儿，使王皇后有口难辩。唐高宗因此大怒，从此动了废王立武的念头。

到了公元655年九月，唐高宗不顾褚遂良、长孙无忌等人的反对，正式提出废王皇后，立武则天为后。

有一天，唐高宗问李勣："我打算立武昭仪做皇后，褚遂良他们坚决反对，你看这事该怎么办呢？"李勣看见高宗废立决心已下，便为武则天说好话，他说："废立皇后，这是陛下的家事，何必一定要得到外人同意呢？"许敬宗也说："乡巴佬多割10斛麦子，尚且想换个新媳妇，何况天子富有四海，立新皇后没有什么不可以的！"于是高宗决定，废王皇后为庶人，册封武氏为皇后。

武则天当皇后以后，很快形成了自己的势力集团，参与朝政。她利用高宗与元老重臣之间的矛盾，在短短几年内，就杀了长孙无忌，罢免了20多个反对她的重臣。武则天对拥护她的人全都重用，李义府、许敬宗因而青云直上，当了宰相。到了后来，武则天甚至同高宗一起垂帘听政，当时朝臣并称他们为"二圣"，即称高宗为天皇，武后为天后。武则天作威作福，高宗一举一动都受她约束。唐高宗很不满，就秘密把大臣上官仪找来，让他起草废武后的诏书。消息传到武则天那里，武则天怒气冲冲地去见唐高宗。她厉声问高宗说："这是怎么回事？"唐高宗十分害怕，没了主意，就结结巴巴地说："我本来没有这个意思，都是上官仪教我这么干的。"武则天立刻命人杀掉上官仪等人。从此大小政事，都由武则天一人定夺。

唐高宗感到武氏一派的威胁越来越大，担心李家的天下难保，就想趁自己还在世，传位给太子李弘（武则天的长子）。但是，武则天竟用毒酒害死了李弘，立次子李贤做太子。不久，又把李贤废为平民，改立三儿子李显为太子，弄得唐高宗束手无策。

公元683年十二月，唐高宗病死，太子李显即位，就是唐中宗。武则天以皇太后的身份临朝执政。后来，她容忍不了唐中宗重用韦氏家族的人，又废了唐中宗，立她的四儿子李旦为帝，就是唐睿宗。同时，她不许睿宗干预朝政，一切事务由她自己做主。

唐载初元年（公元690年）七月，武后的亲信法明、怀义和尚等10人献呈《大云经》，内有女主之文，陈符命，说武则天是弥勒下界，应该做人间主。这一切都是为武则天称帝制造理论根据。九月三日，侍御史傅游艺猜中了武则天的心思，率关中百姓900人上表，请改国号为周，赐皇帝武姓。武则天假装不许，但升傅游艺为给事中。百官及帝室宗戚、百姓、四夷酋长、沙门、道士6万余人又请改唐为周，睿宗皇帝亦不得不上表请改武姓。于是武则天在九月九日宣布改唐为周，改元天授。十二日，武则天受尊号为圣神皇帝，将睿宗皇帝立为皇嗣，赐姓武，以皇太子为皇太孙。十三日，立武氏七庙于神都洛阳，追尊其父王为始祖父皇帝，平王少子武为睿祖康皇帝，又立武承嗣为魏王，武三思为梁王，武氏诸姑姊为长公主。十月，制天下武氏悉免课役。

武则天掌理朝政期间，上承贞观之治，下启开元盛世，经济发展，社会稳定，为唐帝国的全面繁荣奠定了坚实的基础。她重视发展农业，继续推行轻徭薄赋、与民休息的政策；又广开言路，善于纳谏，对符合她意愿的建议她乐意采纳，反对她的意见她在一定程度上也能听取，甚至能容忍对她的人身攻击。

武则天最大的贡献在于改革官制，削弱三省六部制的相权，加强御史台的监督作用；同时打击旧门阀士族，扶植庶族地主出身的官僚，使更多的寒族参与政治。她完善了科举制，为表示对选拔人才的重视，她亲自过问，开创了殿试的先例，并且开设武举，由此培养和选拔了一批文臣武将，如狄仁杰、张柬之等。但武则天任用酷吏、制造冤狱并广开告密之风，形成政治上的恐怖。她生活奢侈，支持佛教，大修宫殿、佛寺，并宠信张易之等小人，朝政日益败坏。

公元705年，武则天病重，宰相张柬之等人发动政变，迫使武则天退位，唐中宗复位。同年，82岁的武则天病死，她生前曾留下"袝庙、归陵，令去帝号，称则天大圣皇后"的遗言，并令人在陵前高高竖起一座无字碑。

⊙大事记

公元674年，唐高宗与武则天并称天皇、天后。

公元683年，唐高宗李治去世，武后立太子李显为帝。

公元690年，武则天废唐立周，成为中国历史上唯一的女皇帝。

公元698年，靺鞨族首领大祚荣建立渤海国。

药王孙思邈

孙思邈（公元581～682年），京兆华原（今陕西耀县孙家塬村）人，是我国隋唐时期伟大的医药学家，后世尊之为"药王"。孙思邈的医学造诣很高，是隋唐时期医药界的佼佼者。宋代林亿称道："唐世孙思邈出，诚一代之良医也。"

孙思邈出生于一个普通的农民家庭。他自幼聪颖好学，敏慧强记，7岁时每天能背诵1000多字，人称神童。他幼年多病，家中为他治病几乎倾家荡产。他经常见到老百姓生病没有钱医治而死去，加上自己的切身体会，10岁时已决心要当一名医生。他花了整整10年的时间来刻苦攻读医书，钻研医学，20岁时已能给亲朋邻里治病，他本人所患的疾病最后也由自己治愈。

30岁时，孙思邈离开家乡，长途跋涉到太白山隐居，边行医采药，边研究炼丹术。这期间他成功地炼成了太一神精丹（即氧化砷）。孙思邈用它来治疗疟疾，疗效非常好。后来这种方法经阿拉伯传入欧洲，引起较大反响。40岁时，孙思邈在切脉诊候和采药制丹等方面已经卓然成家，医术也日臻成熟。

在民间治病救人的同时，晚年孙思邈主要从事著书立说。70岁时，孙思邈积50年医疗实践之经验，编写了《千金要方》，30年后，又写成《千金翼方》。《千金要方》和《千金翼方》相辅相济，成为中医学史上极有实用价值的医学手册。除此以外，孙思邈还著有《枕中素书》《福禄论》《会三教论》《老子注》《庄子注》《明堂图注》《孙真人丹经》《龟经》《玄女房中经》《摄生真录》《千金食治》《禁经》等。

孙思邈一生淡泊名利，隋文帝、唐太宗、唐高宗多次请他出来做官，他都托病辞而不受。他一生大部分时间生活在农村，为百姓治病。病人来向他求医，不论其贫富贵贱，亲近生疏，他都能做到一视同仁。遇到患传染病的危险病人，他也不顾个人的安危，及时为病人诊治。他高尚的医德颇受世人敬重，当时的大学士宋含文、名士孟诜和初唐四杰之一的卢照邻等均以"师资之礼"待他。擅长针灸的太医令谢季卿，以医方针灸著名的甄权、甄立言兄弟，长于药性的韦慈藏，唐初名臣魏徵，都是他的好友。

《千金方》是孙思邈的代表著作，书名取自"人命至贵，有贵千金；一方济之，德逾于此"之义。《千金方》是《千金要方》和《千金翼方》的合称。《千金要方》又称《备急千金要方》，共30卷，分医学总论、妇人、小儿、七窍、诸风、脚气、伤寒、内脏、痈疽、痔漏、解毒、备急诸方、食治、养性、平脉、针灸等法，总计232门，收方5300个。《千金翼方》是对《千金要方》的补编，也是30卷，其中收录了唐代以前本草书中所未有的药物，补充了很多方剂和治疗方法。这两部书，收集了大量的医药资料，是唐代以前医药成就的系统总结，对学习和研究我国传统医学有重要的参考价值。后人称《千金方》为"方书之祖"。

《千金方》首创"复方"形式，是医学史上的重大革新。孙思邈在《千金要方》中发展为一病多方，灵活变通了张仲景《伤寒论》中一病一方的体例。有时两三个经方合成一个"复方"，以增强治疗效果；有时一个经方分成几个单方，以分别治疗某种疾病。

《千金方》把妇科列为临床各科之首，为中医妇科和儿科的发展作出了重要的贡献。

《千金方》在食疗、养生、养老方面也作出了巨大贡献。《千金方》还谈到了系统的养生问题，提出去"五难"（名利、喜怒、声色、滋味、神虑）和"十二少"（思、念、欲、事、语、笑、愁、荣、喜、怒、好、恶），以及按摩、调气、适时饮食等。《千金方》是我国现存最早的一部医学百科全书，在中药学上有很高的价值。

⊙**大事记**

公元682年，医药学家孙思邈去世。孙思邈在《孙真人丹经》中，首先记载了火药的成分。

公元705年，武则天去世前去帝号，其子李显复位，即唐中宗，恢复了唐朝的统治。

公元710年，李隆基与姑母太平公主发动政变，立其父李旦为帝，是为唐睿宗。

名相狄仁杰

武则天对那些反对她的人，进行残酷的迫害；对那些有才能的人，不计较门第出身，破格任用。她手下有许多有才能的大臣，其中最著名的是宰相狄仁杰。

狄仁杰，字怀英，太原（今山西太原）人。祖父狄孝绪贞观年间做过尚书左丞，父亲狄知逊做过夔州长史。狄仁杰在少年时热爱读书。有一次县吏下来询问一桩案情，他周围的人都争着向县吏说出自己的想法，唯独狄仁杰聚精会神地读书，不理不睬。县吏责怪他，狄仁杰说，我正和书中圣贤对话，没有工夫和凡夫俗子搭腔。

公元676年初，狄仁杰升任为大理丞。大理丞是负责掌管案件审判的官员。当时积压了许多纠缠不清的案件，狄仁杰以卓越的才能，一年内处理了17000余件，件件都处理得公平合理，没有一个喊冤叫屈的。

唐高宗知道狄仁杰这人不但有胆气，而且有才识，便擢升他为侍御史。侍御史是负责监察弹劾百官的官员。狄仁杰常常置个人安危于不顾，与那些有权有势的贪官进行斗争。

狄仁杰对朝事直谏也很出名。高宗执政时，大将军权善才误砍昭陵柏树，高宗要杀他，狄仁杰认为权善才罪不该死，据理力争。高宗终因理屈，将其改为流放。狄仁杰重民生业，力革弊政，在任宁州刺史时，妥善处理与戎夏的关系，颇受尊敬。在任江南巡抚使时，烧毁祭典之外的祠庙1700余所。武则天执政后，想建造大像，需要费钱数百万，狄仁杰认为此举劳民伤财，便直言进谏，于是武则天免了此役。

武则天当上皇帝后，更加赏识狄仁杰的才干，不断提升他的官职，最后让他当了宰相。

武周天授二年（公元691年）九月，狄仁杰拜相。有一次，武则天问狄仁杰："卿在汝南（豫州），甚有善政，卿欲知谮者名乎？"狄仁杰回答说："陛下以臣为过，臣请改之；以臣无过，臣之幸也，不愿知谮者名。"武则天被他的宽宏大量所感动，更加重用狄仁杰。

公元692年，酷吏来俊臣诬告狄仁杰谋反，狄仁杰被捕下狱。狄仁杰为了不被冤死，等待时机，就承认自己谋反。来俊臣还要逼狄仁杰供出另外一些同谋的大臣。狄仁杰怒不可遏，气愤地把头向柱子撞去，血流满地，以至来俊臣不敢再审问。后来，狄仁杰乘看管松懈，偷偷写成一纸冤状，放在棉衣里转给儿子。儿子接到冤状急忙向武则天上报，引起武则天的注意。武则天亲自召来狄仁杰，问他为什么要造反。狄仁杰回答说："如果不承认造反，我早死在酷刑之下了。"武则天又问他为什么要写谢罪表。狄仁杰说："没有这样的事。"武则天这才知道是来俊臣阴谋陷害他。

后来，狄仁杰又恢复了宰相官职。这时，武则天在立李氏为太子还是立武氏为太子的问题上犹豫不决。武则天的侄儿武承嗣、武三思为谋求太子地位，在暗地里频繁地活动，曾多次让人劝说武则天立武氏为太子。他们大肆宣扬自古到今从来没有一个皇帝立异姓为太子的。狄仁杰趁武则天还没有拿定主意，便劝她立李氏为太子。他说："陛下您想想，姑侄的关系和母子的关系哪个亲。陛下立儿子为太子，在千秋万岁之后，配食太庙，享受祭祀，承继无穷；如果立侄儿为太子，就没有听说太庙中供姑姑的！"狄仁杰的这些关键的话触动了武则天的心。

狄仁杰做宰相，善于推举贤才。先后推举的有桓彦范、敬晖、窦怀贞、姚崇等数十人，均官至公卿，有的后来成为宰相。

狄仁杰善于用人，能够让他们发挥各自的才能。就是已经归降的少数民族将领，狄仁杰也能使他们充分发挥作用。如契丹部落的两员大将李楷固和骆务整，骁勇异常，屡次打败唐朝军队，许多唐朝将领死在他们手中。后来，这两个人都来归顺唐朝，大臣们纷纷上书，要求处死它们。最后，武则天接受了狄仁杰的意见，赦免了他们的罪过，派他们到边境驻守。这两人驻守边境，尽忠守职，从此边境平安无事。

狄仁杰晚年的时候，武则天更加敬重他，尊称他为"国老"，而不直接叫他的名字。

公元700年，狄仁杰病死。武则天非常悲痛，罢朝三日，追封他为梁国公。以后，每有不能决断的大事，武则天就想起狄仁杰，慨叹地说："老天为什么要那么早夺走国老呢！"言语中，对狄仁杰充满了无限怀念之情。

开元盛世

李隆基（公元685~762年），为唐睿宗李旦第三子，他性格果断，仪容英武，且多才多艺，尤其擅长音律。他初被封为楚王，后改封为临淄王。

李隆基于唐景云元年（公元710年）和姑母太平公主发动政变，将韦后之余党消灭，拥其父睿宗即位。因李隆基除韦后有功，唐睿宗李旦立其为太子。唐延和元年（公元712年）七月，西方出现彗星，经轩辕入太微至大角，于是，太平公主遣方士向睿宗进言："彗星是预示当除旧布新之星；彗星一出，帝座也随之变位，这表明太子要为天子了。"他们向睿宗进此言的意思是李隆基将要弑君篡位，让睿宗赶快将其除掉。睿宗不理解他们的意图，说："传位于太子就可避灾，我已经下了决心，传位于他。"

李隆基知道后，急忙入宫，叩头道："我功劳微薄，越诸位兄弟成为太子，已经觉得日夜不安了，如父皇让位于我，会使我更加不安。"睿宗说："我之所以得天下，都是因为你的缘故。现在帝座有灾，传位于你，为的是转祸为福，你怀疑什么？"李隆基仍再三推辞，睿宗说："你是孝子，为什么非要等我死后在枢前即位呢？"李隆基只好流泪应之。太平公主和其同党也力谏皇帝，认为不可让位，但是睿宗主意已决。于是唐睿宗在七月二十五日诏令正式传位于李隆基。

八月三日，李隆基（玄宗）即位，尊睿宗为太上皇帝。八月七日，唐玄宗李隆基改元为先天，大赦天下。

玄宗即位之初就重用贤相姚崇和宋璟励精图治。姚崇讲究实际，宋璟坚持原则，守法则正，二人鼎力辅佐朝政，使赋役宽平、刑罚清省、百姓富庶。玄宗不仅重视人才的选拔与任用，而且广开言路，虚心纳谏。姚崇提出的抑制权贵、不接受礼品贡献、接受谏诤、不贪边功等建议，玄宗不仅采纳而且严格执行。宋璟敢于犯颜直谏，玄宗对他又敬又怕。

为改变当时的奢侈之风，玄宗下诏将皇帝服御和金银器玩销毁，重新造成有用的物品，交给国家使用；把珠玉锦绣在殿前焚毁，并规定后妃以下，不准穿锦绣珠玉。在玄宗的倡导下，节俭成了时尚。对日益扩大的佛教势力，玄宗下令严禁建造佛寺道观、铸造佛像、抄写佛经，禁止百官和僧尼、道士往来，并精简僧尼人数，从而扼制了寺院势力。

唐开元年间，玄宗采取了一系列措施整顿改革。

为安定皇位，稳定政局，玄宗采取出刺诸王、严禁朝臣交结诸王和抑制功臣等措施。出刺诸王即玄宗解除诸王皇亲国戚的兵权，让他们做外州的刺史并严格限制他们，使他们不能掌握一地的军政大权，从而无法叛乱。而且规定诸王不能同时留居京城，减少他们和京官接触的机会。对那些功臣权势，玄宗或罢免他们的官职或让他们出任地方官。这就消除了动乱的隐患。

为强化皇权，玄宗裁减冗官，加强吏治，革新政治。针对武后以来官吏冗滥的现象，玄宗下令免去员外官、试官、检校官数千人，撤销、合并闲散司、监十余所，从而精简了官僚机构，节约了开支。同时健全监察机构，严格选拔官吏制度，赏罚严明。玄宗对官员实行严格的考核，在唐开元四年（公元716年）组织的县令考试中，不及格的45人立即被罢免。另外，他还鼓励官员外任。

玄宗比较注意发展经济。唐开元元年（公元713年），流民人数巨大，玄宗采取检田括户、抑制兼并的措施，下令在全国清查户口和土地，安置逃亡人口，将籍外土地重新分给农民耕种。这样就打击了豪强地主的兼并活动，增加了国库收入。其次大力兴修水利，发展农业。玄宗当政期间，全国共兴建了56项农田水利工程，相当于全唐水利工程总数的20%以上。

玄宗即位后的一系列改革，使政治清明、百姓富庶、国力强盛、社会繁荣昌盛，唐朝达到了全盛时期。唐开元二十年（公元732年），天下人口786万户、4543万人；唐开元二十八年（公元740年），天下人口841万户，4814万人。唐都长安有人口百万，是著名的国际文化中心，也是当时世界上最大的城市。唐代不仅商业发达，而且对外贸易兴旺，往来于唐和波斯、天竺、大食等地的商船络绎不绝。数以万计的外国使节、商人、僧侣和留学生居住在长安。唐开元五年（公元717年）、二十一年（公元733年），日本派出的遣唐使均在550人以上。气象万千的长安就是开元盛世的最好写照。

⊙**大事记**

公元712年，唐睿宗李旦让位于太子李隆基，是为唐玄宗，唐朝在他的统治下达到顶峰。

公元713年，太平公主阴谋废掉玄宗帝位，玄宗与宰相郭元振、将军王毛仲、内给事高力士等定计，迅速平定叛乱，赐死太平公主，从此掌握朝政实权。

雕版印刷术

印刷术是我国古代四大发明之一。它的发明和推广，推动了社会的进步和人类文明的发展，被称为"文明之母"。

雕版印刷术是印刷术最早的印刷模式，它的出现，标志着印刷术的产生，不愧是人类历史上一项划时代的发明。

关于雕版印刷技术发明的年代，学界有好几种说法，有东汉说、东晋说、魏晋南北朝说、隋朝说、唐朝说、五代说、北宋说。但是根据考古研究，有一点是可以肯定的，那就是雕版印刷技术发明在隋末唐初。在发现的唐代雕版印刷品中，最具代表性的是868年雕印的《金刚经》和韩国发现的武则天时代的《无垢净光大陀罗尼经》。

雕版印刷术的发明有着深刻的历史背景；伴随着物质基础的充裕和技术条件的成熟，雕版印刷术的产生，已成为历史发展的必然。隋唐以前，造字、镂金、制笔、研墨、造纸等奠定了物质基础，制陶、印章、刻石、捶拓、模像、凸版印花等提供了技术条件，这是一个不断积累、由量变到质变逐渐完善的成长过程。

在物质基础方面，主要是指对雕版印刷术发明起决定作用的纸、笔、墨。造纸术发明后，经过蔡伦、左伯和张永等造纸专家的改进和推广，迅速取代了竹帛。到魏晋南北朝时期，发明了帘床抄纸器，造出了匀细的薄纸；采用涂布技术，提高了纸张的吸墨性能；广泛采用染潢技术，使纸的质量不断提高。造笔和制墨技术均发明于先秦，经过近1000年的改进，魏晋时期已经十分成熟。造纸、造笔和制墨技术的成熟，为雕版印刷术的发明奠定了坚实的物质基础。

在技术条件方面，主要是捶拓与石碑拓本技术和镂花模板、刺孔漏印，凸版印花技术，以及印章与佛像模印技术这三种技术方法的成熟。其一，捶拓与石碑拓本这种方法，在印刷术发明以前，是一种较简便的复制文字的方法。具体操作方法是将洇湿的纸平铺于石上，用软刷将纸刷匀，经过捶打使纸紧贴在石面上，然后再用细布包裹棉花做成拓包，蘸上墨汁，在纸面上轻轻拓刷，因为石上的字是凹进石面的，所以有文字的部分受不着墨，把纸揭下来，便成为一件黑底白字的复制品，这就是拓本，也称拓片。其二，镂花模板、刺孔漏印及凸版印花这些方法，是古代纺织业的印染技术。镂版印花，是用两块雕镂成同样花纹的木板或油纸版等，将织物置于两块花版之间，将其夹紧，然后在雕空处注以色浆，印上花纹；刺孔漏印，是在硬纸板上刺孔成像，然后再进行描画或直接从孔透墨印刷；凸版印花，又称木版印花，其花版不镂空，花纹图案呈阳纹凸起状，印花时，将色浆或染料涂在花版的凸纹线条上，然后铺上丝织物加压，织物上便显出花纹。其三，印章与佛像模印。印章是对镂刻甲骨、金石这一传统的继承。印章有阳文和阴文两种，阳文刻的字是凸出来的，阴文刻的字是凹进去的。

雕版印刷是我国古代应用最早的印刷术，其工作原理是：首先把木材锯成一块块的平木板，把要印的字写在薄纸上，反贴到木板上，然后根据每个字的笔画，用刀一笔一笔雕刻成阳文，使每个字的笔画都凸起在木板上。木板雕好以后，就可以印书了。

印书的时候，先用一把刷子蘸了墨，在雕好的板上刷一下，接着，用白纸覆在板上，另外拿一把干净的刷子在纸背上轻轻刷一下，把纸拿下来，一页书就印好了。一页一页印好以后，装订成册，一本书就做成了。这种在木板上雕字印刷的方法，被称为"雕版印刷"。雕版印刷的版材，古人最初一般选用梓木，所以称刻版为"刻梓"或"付梓"。以后也广泛使用梨木和枣木，故刻版亦被称为"付之梨枣"。

雕版印刷术，具备工艺简单、费用低廉、印刷快捷的显著优点，比之早先的手写传抄要优越百倍，所以一经发明，便受到人们的普遍欢迎，迅速得到推广和传播。

雕版印刷在唐代民间广泛应用于以下三个方面：一、宗教活动。大量佛教、道教经典典籍被印刷出版；二、刻印诗集、音韵书和教学书籍。白居易和元稹的诗集被"模勒"出版，受到百姓喜爱；三、历法、医药等科学书籍的印刷。

雕版印刷术是中国的一项独特的发明，它是无数劳动人民集体智慧和经验的结晶。

⊙**大事记**

公元726年，唐朝在黑水靺鞨置黑水都督府，辖地相当于今黑龙江流域中下游地区。

唐玄宗开元二十二年（公元734年），李林甫与张九龄、裴耀卿一同为相。

唐玄宗开元二十八年（公元740年），是年西京、东都米和绢价格便宜，史称"海内富安，行者虽万里不持寸兵"，为开元全盛之时。

李白傲权贵

　　唐玄宗暮年时，宠爱年轻美貌的杨贵妃，并把她的近亲都封了官。唐玄宗和杨贵妃每天都在宫里饮酒作乐，时间一久，宫里的一些老歌词听腻了，他便派人到宫外去找人来给他填写新词。就这样，贺知章推荐李白进了宫。

　　李白字太白，自号青莲居士，又号谪仙人，祖籍陇西成纪，是凉武昭王李暠的后代。李白出生在西域碎叶城，5岁的时候，他父亲才千里迢迢拖儿带女回到内地，在绵州昌隆县（今四川省江油县）青莲乡定居下来。

　　李白的父亲从小就对李白进行严格的教育和培养，所以李白5岁时就能诵六甲，10岁时就读遍了诸子百家的书，连佛经、道书他也拿来读。

　　20岁前后，李白游历了蜀中的名胜古迹，并作了《登锦城敬花楼》《白头吟》《登峨眉山》等名诗。雄伟壮丽的山川，开阔了李白的视野，养育了李白广阔的襟怀、豪迈的性格和对祖国无比热爱的思想感情。李白决心像历史上一些杰出人物那样，干一番轰轰烈烈的大事业。但他不愿像当时的读书人那样，走科举入仕的道路，而是希望依靠自己的学问、品德，获得声誉，一举成名。

　　抱着这种目的，李白在家乡时就开始了"遍访诸侯"的活动。出蜀之后十余年中，李白游历了大半个中国。他的求仕活动未获得成效，他的诗歌却越来越成熟了，而社会的阅历和生活的磨难，更使他洞悉到世态的炎凉。在这期间，李白写下了许多不朽的诗篇，他自己也因而名满天下。后来，贺知章利用唐玄宗找人填写歌词的机会把李白如何有才学、如何想为国出力的情况奏明了唐玄宗。唐玄宗很爱才，对李白的诗也十分欣赏，当即决定召见李白。

公元742年，李白应召进宫。十余年来的愿望终在这一天实现，李白简直有点飘飘然了，于是他口中吟出"仰天大笑出门去，我辈岂是蓬蒿人"的诗句，高高兴兴地面见唐玄宗去了。

李白到长安后，被安置在翰林院，以才华出众经常为皇帝起草诏命，或侍从皇帝出游，写些宫廷题材的诗文；侍从之暇，则在繁华的长安市上游冶饮酒，贺知章金龟换酒的事就发生在这时候。对于他们的宴饮盛况，杜甫在《饮中八仙歌》中有生动的记载，李白的风采最为出众："李白斗酒诗百篇，长安市上酒家眠。天子呼来不上船，自称臣是酒中仙。"

但是由于他本人的桀骜不驯，不但官僚显贵容不得他，连唐玄宗也打消了重用他的念头，把他晾在一边。李白意识到自己的处境，经过一番思索，终于下决心离开。就这样，他怀着怨愤而又眷恋的心情，告别皇帝，告别京城。这时距应诏入京刚好3年。他的名篇《蜀道难》《行路难》《月下独酌》以及一部分《古风》，都写于这个时期。

李白不幸离开长安，却赶上了一个千年的约会。这个意外的相逢，或许是文学史上最美的故事。他出京后，向东到了洛阳，在这里和杜甫相遇。诗仙和诗圣终于会面了，而且还加上了高适。他们三人一同东游梁宋，终日痛饮狂歌，慷慨怀古。这年的秋天，高适一人独自南游，李白和杜甫继续同行，到了齐鲁大地。二人情同手足，"醉眠秋共被，携手日同行"，结下深厚的友谊。

此后李白继续自己的天涯孤旅。他北游燕蓟，南返梁宋，往来于宣城、金陵等地，直到安史之乱爆发，前后一共10年时间。这10年是他创作的高峰期。他或批判现实，或寄情于纵酒求仙，或赞美祖国的大好河山，或怀念真挚的情谊。《梦游天姥吟留别》《将进酒》《梁甫吟》《远别离》《秋浦歌》组诗、《宣州谢朓楼饯别校书叔云》《闻王昌龄左迁龙标遥有此寄》《哭晁卿衡》《赠汪伦》等篇章，就写于这一时期。《宣州谢朓楼饯别校书叔云》写于居留宣城期间。谢朓楼是南朝谢朓担任宣城太守时修建的楼。李白对谢朓十分钦服，登上他的故楼，自然会有万千感慨：

> 弃我去者，昨日之日不可留；
> 乱我心者，今日之日多烦忧。
> 长风万里送秋雁，对此可以酣高楼。
> 蓬莱文章建安骨，中间小谢又清发。
> 俱怀逸兴壮思飞，欲上青天揽明月。
> 抽刀断水水更流，举杯销愁愁更愁。
> 人生在世不称意，明朝散发弄扁舟。

若论感情之奔放激烈，《将进酒》最能代表李白的诗歌特色。一开篇，诗人就用两组奔放跳荡的排比长句，如天风海雨迎面扑来：

> 君不见黄河之水天上来，奔流到海不复回。
> 君不见高堂明镜悲白发，朝如青丝暮成雪。

万里长河是那样的伟大，而生命是如此的渺小脆弱。这是一种惊心动魄的巨人式的悲伤，但是悲伤却不悲观，在诗仙看来，"人生得意须尽欢，莫使金樽空对月"。

全诗笔酣墨饱，由悲转乐、转狂傲、转愤激，如黄河奔流，有气势亦有曲折。感情悲愤而发为狂放，诗句豪纵而不觉其浮嚣，自有一种震动古今的气势与力量。

唐天宝十四年（公元755年），安史之乱爆发。安禄山在范阳起兵，洛阳称帝，攻破潼关。唐玄宗幸蜀，长安沦陷，整个国家陷入混乱之中。

此时李白已年近花甲，他认为当此天下大乱之际，正是壮士立功之秋。他进永王李璘的幕府。唐玄宗幸蜀，太子即位称帝。安史之乱还未完全平复，皇家兄弟先打起来了，结果永王战败。李白沦为朝廷的囚犯，坐监狱，遭流放，甚至几乎被杀头。李白在狱中，亲人朋友多方营救，但是朝廷还是判处他长流夜郎。亲人相送至浔阳江头，然后他只身西行。他仍旧作诗、喝酒，走到了白帝城。这时候朝廷大赦天下，诗人欣喜的心情无法言表，立即返舟东下，重出三峡：

> 朝辞白帝彩云间，千里江陵一日还。
> 两岸猿声啼不住，轻舟已过万重山。

遇赦后，他又作了很多诗。如《自汉阳病酒归寄王明府》《豫章行》，都是很感人的诗篇。《庐山谣寄卢侍御虚舟》一诗中，他这样描写庐山："登高壮观天地间，大江茫茫去不还。黄云万里动风色，白波九道流雪山。"一位饱经沧桑的老人，竟然还能写出如此豪壮的诗句，从古到今，能有几人？

李白以不世之才自居，顽强而执着地追求着惊世骇俗的功业。一直到临终，他还写了一首《临路歌》：

> 大鹏飞兮振八裔，中天摧兮力不济。
> 馀风激兮万世，游扶桑兮挂右袂。
> 后人得之传此，仲尼亡兮谁为出涕。

⊙**大事记**

公元742年，唐玄宗任命安禄山为平卢节度使，后又兼任范阳节度使、河东节度使，实力大增，密谋叛乱。

安禄山叛乱

唐玄宗在位期间，为加强边境的防御，在重要的边境地区设立了10个军镇（也就是藩镇），这些军镇的长官叫节度使。节度使的权力很大，不仅带领军队，还兼管行政和财政。按照当时的惯例，节度使立了功，就有被调到朝廷当宰相的可能。

李林甫掌握朝政大权后，不但排挤打击朝廷的文官，还猜忌边境的节度使。担任朔方等4个镇节度使的王忠嗣立了很多战功，他手下就有著名的将领哥舒翰、李光弼等人。李林甫见王忠嗣的功劳大，威望高，怕他被唐玄宗调回京城当宰相，就派人向唐玄宗诬告王忠嗣想拥戴太子谋反，王忠嗣为此险些丢掉了性命。

当时，边境将领中有一些少数民族。李林甫认为少数民族文化低，不会威胁到自己的地位，就在唐玄宗面前竭力主张重用少数民族。在这些少数民族节度使中，唐玄宗、李林甫特别欣赏平卢（治所在今辽宁朝阳）节度使安禄山。

安禄山经常搜罗奇禽异兽、珍珠宝贝，送到宫廷讨好唐玄宗。他知道唐玄宗喜欢边境将领报战功，就采取许多卑劣的手段，诱骗平卢附近的少数民族首领和将士到军营来赴宴。在酒席上，用药酒灌醉他们，把兵士杀了，又割下他们首领的头，献给朝廷报功。

唐玄宗常常召安禄山到长安朝见。安禄山抓住这个机会，使出他的手段，逢迎拍马讨唐玄宗的喜欢。安禄山长得特别肥胖，又装出一副傻乎乎的样子。唐玄宗一见到他就高兴得不得了。

安禄山得到了唐玄宗和李林甫的信任，做了范阳、平卢两镇及河东（治所在今山西太原）节度使，控制了北方边境的大部分地区。他秘密扩充兵马，提拔了史思明、蔡希德等一批猛将，又任用汉族士人高尚、严庄帮他出谋划策，囤积粮草，磨砺武器。只等唐玄宗一死，他就准备造反。

没过多久，李林甫病死了，杨贵妃的同族哥哥杨国忠借着他的外戚地位，继任了宰相。杨国忠本来是个流氓，安禄山瞧不起他，他也看不惯安禄山，两个人越闹越僵。杨国忠几次三番在唐玄宗面前说安禄山一定要谋反，但是唐玄宗正在宠信安禄山，自然不相信他的话。

公元755年农历十月，安禄山作了周密准备以后，决定发动叛乱。这时，正巧有个官员从长安到范阳来。安禄山便假造了一份唐玄宗从长安发来的诏书，向将士们宣布说："接到皇上密令，要我立即带兵进京讨伐杨国忠。"将士们都觉得事出突然，但是谁也不敢对圣旨表示怀疑。第二天一早，安禄山就带领叛军出兵南下。15万步兵、骑兵在河北平原上进发，一时间，道路上烟尘滚滚，鼓声震天。中原一带已经有一百年左右没有发生过战争，老百姓好几代没有看到过打仗。沿路的官员逃的逃，降的降。安禄山叛军一路南下，几乎没有遭到什么抵抗。

范阳叛乱的消息传到长安，唐玄宗开始还不相信，认为是有人造谣，到后来警报一个个传来，他才慌了起来，召集大臣商议对策。满朝官员没有经历过这样的大变乱，个个吓得目瞪口呆，不知所措。只有杨国忠反而得意洋洋地说："我早说安禄山要反，我没说错吧。不过，陛下尽管放心，他的将士不会跟他一起叛乱。10天之内，一定会有人把安禄山的头献上。"

唐玄宗听了这番话，心情才安稳下来。可是，谁知道叛军在短短的时间内便长驱直入，一直渡过黄河，占领了洛阳。

⊙**大事记**

公元742~754年，鉴真和尚六次东渡，终于到达日本，被日本人尊称为"唐大和尚"，成为日本律宗的始祖。

马嵬驿兵变

潼关形势险要，道路狭窄，是京城长安的门户。封常清与驻屯陕州的大将高仙芝一起退守潼关（今陕西潼关东北）。唐玄宗听信监军宦官的诬告，杀死高、封两人，起用病重在家的大将哥舒翰统兵赴潼关。叛将崔乾祐在潼关外屯兵半年，没法攻打进去。

叛军攻不进潼关，但是关里的唐王朝内部却生起事端。哥舒翰主张在潼关坚守，等待时机；郭子仪、李光弼也从河北前线给唐玄宗上书，请求引兵攻打安禄山的老巢范阳，让潼关守军千万不要出关。但是，宰相杨国忠却反对这样做。他在唐玄宗面前说潼关外的叛军已经不堪一击，哥舒翰守在潼关按兵不动，歼灭叛军的时机会丧失掉。昏庸的唐玄宗听信杨国忠的话，接二连三派使者到潼关，逼哥舒翰带兵出潼关。

哥舒翰明知出关凶多吉少，但是又不敢违抗皇帝的圣旨，只好痛哭一场，带兵出关。关外的叛将崔乾祐早已做好准备，只等唐军出关。崔乾祐派精兵埋伏在灵宝（在今河南省西部）西面的山谷里。哥舒翰的20万大军一出关，就中了埋伏，20万大军几乎被叛军打得全军覆没。哥舒翰也被俘虏了。

潼关失守后，关内已无险可守。从潼关到长安之间的一些地方官员和守兵，都纷纷弃城而逃。到了此时，唐玄宗才感到形势危急，他让杨国忠赶紧想办法。杨国忠召集文武百官商量，大家都失魂落魄，谁也想不出一个好主意来。杨国忠知道留在长安已经没有了生路，就劝玄宗逃到蜀地去。当天晚上，唐玄宗、杨国忠带着杨贵妃和一群皇子皇孙，在将军陈玄礼和禁卫军的护卫下，悄悄地打开宫门，逃出了长安。他们事先派了宦官到沿路各地，让官员准备接待。

谁知，派出的宦官早已经自顾逃命了。唐玄宗一伙人走了半天也没有人给他们送饭。他们走走停停，第三天到了马嵬驿（在今陕西兴平县西）。随行的将士疲惫不堪，饥渴难忍。他们心里越想越气，好好的长安待不住，弄得到处流亡，受尽辛苦。他们认为，这全都是受了奸相杨国忠的拖累，这笔账应该向杨国忠算。

这个时候，有二十几个忍饥受饿的吐蕃使者拦住杨国忠的马，向杨国忠要粮。杨国忠正忙着应付，周围的兵士便嚷起来："杨国忠要造反了！"一面嚷，一面向他射起箭来。

兵士们杀了杨国忠，情绪更加激昂起来，把唐玄宗住的驿馆也包围了。唐玄宗听到外面的吵闹声，问是怎么回事，左右太监告诉他，兵士们已把杨国忠杀了。唐玄宗大惊失色，不得不扶着拐杖，走出驿门，慰劳兵士，要将士们回营休息。

兵士们哪里肯听唐玄宗的话，照样吵吵嚷嚷。玄宗派高力士找到将军陈玄礼，问兵士们不肯散的原因。陈玄礼回答说："杨国忠谋反，贵妃也不能留下来了。"

玄宗说："贵妃常居深宫中，怎知国忠谋反之事呢？"高力士回答说："贵妃实是无罪，但禁军将士已杀其兄国忠，贵妃伴陪陛下左右，将士心中不安。愿陛下三思，禁军将士安则陛下安。"无奈，唐玄宗为了保住自己的命，只好下了狠心，叫高力士把杨贵妃带出去，用带子勒死了。将士们听到杨贵妃已经被处死，总算除了一口恶气，撤回了军营。唐玄宗经过这场兵变打算继续西行，老百姓将他拦住，让他留下来还击安禄山。唐玄宗便分3000人给太子李亨，令太子击破逆贼，收复长安。

唐天宝十五载（公元756年）七月，太子李亨于灵武即皇帝位，是为肃宗，尊唐玄宗为太上皇帝，改元至德。

⊙**大事记**

公元755年，安禄山在范阳发动叛乱，唐朝由盛转衰的标志安史之乱开始。

中兴名将李光弼

李光弼是契丹人，原籍营州柳城（今辽宁朝阳）。父亲李楷洛原本是契丹首领，武则天年间归顺唐朝，被封为左羽林大将军。李光弼从小擅长骑马射箭，为人严肃坚毅，沉着果断，具有雄才大略。早年担任左卫亲府左郎将，后来逐渐晋升为河西节度使王忠嗣的府兵马使，王忠嗣非常赏识他，对他十分优待。

安禄山发动叛乱后，大将军郭子仪知道李光弼是一位了不起的将才，就推荐他为河东节度副使，后任朔方节度使、兵马副元帅。

李光弼执法严明，言行一致。唐肃宗即位后，李光弼奉命来到灵武，做了户部尚书。当时太原节度使王承业政务松弛，侍御史崔众掌握兵权，号令不行，唐肃宗便命李光弼带兵5000人至太原，接过了崔众的兵权。

公元757年，叛将史思明、蔡希德以10万大军围攻太原。当时留守的李光弼军队不足1万人，双方力量相差很大。将士们都主张加固城墙，全力坚守。李光弼认为这是消极防守，应该在防守中积极主动地出击。李光弼动员百姓拆掉房屋做擂石车，叛军靠近则发石攻打。史思明则命令部下建造飞楼，围上帐幕，筑土山接近城墙。李光弼便组织人力挖地道直到土山下，这样，土山便自然倒塌了，然后出其不意派精兵出击。史思明害怕了，留下蔡希德继续攻城，自己先逃走了。李光弼看出叛军力量削弱，军心动摇，便抓住这一时机，组织主力军奋勇出击，史思明军队迅速溃败。

公元760年，史思明杀了安庆绪，改范阳（今北京西南）为燕京，自称为大燕皇帝。不久，史思明整顿人马准备重新攻打洛阳，唐肃宗加封李光弼为太尉、中书令，命令他去攻打叛军。李光弼到了洛阳，当地官员听说叛军势力强大，都很害怕，主张退守潼关。李光弼权衡了一下，认为这个时候官兵决不能退，但可以转移到河阳（今河南孟县）。史思明率兵进入洛阳后，发现是一座空城，只得率军到河阳南面与唐军对峙。

史思明为了显耀自己兵强马壮，每天把一批批战马牵到河边洗澡。李光弼见状，想出一计。他命令将军中500多匹马集中起来，把小马关在厩里，待史思明放马洗澡之时，把母马赶到城外。母马思念小马，便嘶叫起来，而史思明的马听到马群叫声，立即挣脱缰绳，浮水泅过河来。史思明一下子失去了上千匹好马，气得咬牙切齿，立即纠集几百条战船，前面用一条火船开路，准备把唐军浮桥烧掉。李光弼得到消息，命令士兵准备几百条粗长竹竿，用铁甲裹扎竿头。待叛军的船靠近后，唐军几百条竹竿一齐顶住火船，火船无法靠近，很快便烧沉了。唐军又在浮桥上发射擂石机关炮攻击叛军，叛军死伤无数，仓惶逃窜。不久，李光弼打败了史思明。

李光弼多次扫平叛乱，战功卓著，后来被晋封为临淮郡王。不久，图像悬挂于凌烟阁，赐铁券、予一子以三品衔。后因受宦官牵制，在洛阳北邙山战败。宦官鱼朝恩和程元振屡次在皇帝面前进谗言，蓄意加害李光弼，李光弼也一度被撤了帅职。

后来，史思明被他的儿子史朝义杀死。公元763年，史朝义兵败自杀。从安禄山发动叛乱，到史朝义失败，中原地区经历了8年的战火浩劫，史称"安史之乱"。

诗圣杜甫

安史之乱的结束，对于饱受战乱之苦的百姓来说，真是一件大喜事。当时在樟州（今四川三台）过着流亡生活的诗人杜甫得知消息，更是与妻儿老小一起欣喜若狂。

杜甫字子美，出身于官僚地主家庭，祖父杜审言是武则天时的著名诗人。他幼年就失去母亲，父亲外出做官，他被寄养在洛阳的姑母家中。杜甫自幼聪明过人，7岁便开始作诗，10多岁就同当时的文人名士交游，受到广泛的称赞，他们把他的文章和汉代著名文学家班固、扬雄相比拟。杜甫年轻时代正是我国历史上著名的开元盛世，也是他一生中最快意的时期。

公元735年，杜甫回洛阳应试，没有考中。两年后，他又北游齐、赵，与朋友一起呼鹰逐兽，饮酒赋诗，流连于山水之间，这一时期杜甫的诗具有浓厚的浪漫主义色彩。

唐天宝五载（公元746年），杜甫来到京城长安。他先是参加考试，结果奸相李林甫妒贤嫉能，竟然让所有的考生全部落榜，并给皇帝上表称贺，说"野无遗贤"。正规渠道走不通，杜甫只有和众人一样，到处去拜访达官贵人，期望得到他们的帮助。这种生活太伤自尊了，杜甫想起来就觉得屈辱：

朝扣富儿门，暮随肥马尘。
残杯与冷炙，到处潜悲辛！（《奉赠韦左丞丈二十二韵》）

但是生活仍然是那样无可奈何。整整十年的时间，杜甫困守长安，到头来，总算弄到了正八品下的官职——右卫率府兵曹参军，负责管理兵器和仓库门的钥匙。

然而杜甫"走马上任"的官定之日——唐天宝十四载（公元755年）十一月，也就是安禄山造反之时。国家残破，生灵涂炭，杜甫连这个比芝麻还小的官也做不成了。他先是带着一家老小流亡，途中他得知太子李亨即位，便把家人安置下来，自己去投奔皇帝效力，不料却被叛军捉住并押解到长安。又是一个春暖花开的季节来了，漫步在昔日繁盛的曲江边，一切都触动着诗人敏感的神经：

> 少陵野老吞声哭，春日潜行曲江曲。
> 江头宫殿锁千门，细柳新蒲为谁绿？
> ……
> 人生有情泪沾臆，江水江花岂终极！
> 黄昏胡骑尘满城，欲往城南望城北。（《哀江头》）

过了几个月，杜甫冒险从长安逃出，到唐肃宗那里，很快被任命为"左拾遗"，就在御前当值。就任不久，他因上疏营救被罢相的房琯，触怒肃宗，下狱问罪。幸亏有人相救，才保住性命。但是皇帝再也不想用他，于是让他回家探亲。这个打击很沉重，但它给诗人带来了创作的巨大丰收。他的所有反映国运民瘼的代表性作品，都在这时出现了。

《北征》是一首长篇叙事诗。全诗分为五大段，依次叙述了蒙圣恩放归探亲，辞别朝廷登程时的忧虑情怀，归途所见的破败景象和引起的感慨，到家后与妻子儿女团聚的悲喜交集的情景，以及在家中对朝廷局势的关心，最后表达了对国家前途的信心和对肃宗中兴的期望。

《羌村》三首，则具体而形象地描写了探亲还家的种种情景：刚到家时合家悲欣交集的场景、在家时的忧国的苦闷以及邻居相访的情谊。一切都是如实地写来，颇见诗人的白描功力。以第一首为例：

> 峥嵘赤云西，日脚下平地。
> 柴门鸟雀噪，归客千里至。
> 妻孥怪我在，惊定还拭泪。
> 世乱遭飘荡，生还偶然遂。
> 邻人满墙头，感叹亦歔欷。
> 夜阑更秉烛，相对如梦寐。

在夕阳西下的时候抵达家门，满天是峥嵘起伏重叠万状的赤云。迎接归客的是喧闹的鸟雀。爱妻和孩子们第一眼看到我时都愣住了，他们压根没想到，在这人命危浅的年月，亲人还能活着回来。远远旁观的邻人们，看着这一幕历经生死的意外重逢，也不禁心酸而泣下。夜深人静了，可是一家人还沉浸在重聚的喜悦之中，幸福来得太突然了，这一切难道是在梦中吗？

这首诗最为人称道之处，就在于它洗净铅华，于自然平淡之中见出款款深情。"妻孥怪我在，惊定还拭泪""夜阑更秉烛，相对如梦寐"，抓住典型的生活情景与人物的心理活动，故能感人至深。

这一时期，个人的遭遇也就是整个社会的苦难。杜甫在飘零的旅途上，忠实地描绘出时代的面貌和自己内心的悲哀。《北征》《羌村》三首、"三吏""三别"、《春望》《月夜》《自京赴奉先咏怀五百字》等，每一篇都是那个时代的真实的记录。

在这个兵荒马乱的年月，杜甫实在找不到养家糊口的活路了，他想到了此时正在蜀中做官的朋友高适。唐乾元二年（公元759年），杜甫到了成都。第二年春天，在亲友的帮助之下，他在成都西郊的浣花溪畔盖了一所草堂。这下总算有了一个安定的家，虽然简陋，但环境清幽：

> 去郭轩楹敞，无村眺望赊。
> 澄江平少岸，幽树晚多花。
> 细雨鱼儿出，微风燕子斜。
> 城中十万户，此地两三家。（《水槛遣心》）

家安下了，自然会有客人来，这当然是令人高兴的事情：

> 舍南舍北皆春水，但见群鸥日日来。
> 花径不曾缘客扫，蓬门今始为君开。
> 盘飧市远无兼味，樽酒家贫只旧醅。

肯与邻翁相对饮，隔篱呼取尽餘杯。（《客至》）

诗中不仅具体地展现了酒菜款待的场面，还出人意料地突出了邀请邻人助兴的细节，表现了诚挚真率的友谊。但是这种宁静美妙的日子只有两三年的时间，由于他所倚重的朋友几度离开成都，他的生活时时发生危机。草堂经常被大雨淋得屋漏床湿，家里也经常吃了上顿没下顿。在这样的艰难困苦中，杜甫表现出了圣人的淑世情怀。他并不单单地为自己的一己之困而烦心，而是想到了普天之下和自己一样身在困境的人们，祈愿他们能够过得比自己好：

安得广厦千万间，大庇天下寒士俱欢颜，风雨不动安如山。呜呼！何时眼前突兀见此屋？吾庐独破受冻死亦足！（《茅屋为秋风所破歌》）

然而，就是这样的生活也难以为继。杜甫不得不带着家人告别草堂，告别成都，经过将近一年的漂泊，到达了奉节白帝城。依靠地方长官的照顾，他在这里住了下来。又是一段安定的生活，杜甫得以大力的写诗。在大约两年的时间里，杜甫写了430多首诗，诗歌艺术达到了炉火纯青的境地。尤其是他的律诗创作，登上了一个前人没有达到的、后人也无法企及的艺术高峰。后人把他的律诗专称为"杜律"，成为写作律诗的最高准则。《咏怀古迹》5首、《秋兴》8首，以律诗写组诗，是他的律诗里登峰造极的代表之作。其他如《登高》《登楼》《春夜喜雨》《蜀相》《野老》《白帝城最高楼》《旅夜书怀》等，莫不是传诵千古、堪为典则的名篇。仅以《登高》为例：

风急天高猿啸哀，渚清沙白鸟飞回。
无边落木萧萧下，不尽长江滚滚来。
万里悲秋常作客，百年多病独登台。
艰难苦恨繁霜鬓，潦倒新停浊酒杯。

这首诗在声律上极其精密。八句都是工整的对仗句，而全诗这种严整的对仗又被形象的自然流动掩盖起来，精密得不着痕迹。句中平仄谐调，轻重疾徐，变化有致。

三峡的楼台淹留日月，但是诗人开始想念家乡了。唐大历三年（公元768年），杜甫携家人乘舟东出三峡，开始了人生最后一次漂泊。江陵、公安、岳阳、衡阳……但就是回不了他魂牵梦萦的河南巩县。两年时间，江流上的一叶孤舟就是他的家。唐大历五年（公元770年）的冬天，经受一生流离之苦的诗圣，终于停下了浪迹天涯的脚步，静静与天地造化相融为一。"千秋万岁名，寂寞身后事。"这是杜甫写给李白的句子，正好也应在了他自己的身上。他把自己的苦难，化作了彪炳千秋的壮美诗篇，铸成了一部沾溉后世的诗史。

⊙大事记

公元765年，仆固怀恩引吐蕃、回纥兵攻唐，郭子仪联合回纥共打吐蕃，平息了仆固怀恩之乱。

公元770年，诗圣杜甫、边塞诗派代表人物岑参去世。

颜真卿就义

颜真卿（公元709～785年）字清臣，琅琊临沂（今山东临沂）人，唐代杰出的书法家。范文澜称其为"唐朝新书体的创造者"《祭侄文稿》被称为"天下第二行书"。

公元782年，有5个藩镇叛乱，尤以淮西节度使李希烈兵势最强。他自封天下都元帅，向唐境进攻。

五镇叛乱，让朝廷大为惊慌。唐德宗找宰相卢杞商量对策，卢杞说："不要紧，只需派一位德高望重的大臣去规劝他们，无需动一刀一枪，就能平定叛乱。"

唐德宗问卢杞说："你看派谁去合适？"

卢杞推荐年老的太子太师颜真卿，唐德宗马上同意了。

其时，颜真卿已是70开外的老人了。听说朝廷派他到叛镇那里去，许多文武官员都为他的安全担心。但是，颜真卿却不在意，带了几个随从就出发了。

听说颜真卿来了，李希烈便想给他一个下马威。于是在见面的时候，叫他的部将和养子1000多人围聚在厅堂内外。颜真卿刚刚开始规劝李希烈停止叛乱，那些部将、养子们就冲了上来，个个手里拿着明晃晃的尖刀，围住颜真卿进行谩骂、威胁，摆出要杀他的阵势。颜真卿毫不畏惧，面不改色，对着他们冷笑。

李希烈假惺惺站起来保护颜真卿，让他的养子退下。接着，把颜真卿送进驿馆，想慢慢软化他。

过了几天，4个藩镇的首脑都派使者来跟李希烈联络，希望李希烈即位称帝。李希烈大摆筵席款待他们，也请颜真卿参加。

叛镇派来的使者看到颜真卿来了，都向李希祝祝贺说："早听说颜太师德高望重。现在元帅将要即位称帝，太师正好来到这里，不是有了现成的宰相吗？"

颜真卿扬起眉毛，对着四个使者骂道："做什么宰相！我快80了，要杀要剐无所畏，难道会受你们的诱惑，怕你们的威胁吗？"

4名使者被颜真卿凛然的神色震住了，缩着脖子不敢说话。

一年以后，李希烈自称楚帝，又派部将逼颜真卿投降。兵士们在囚禁颜真卿的院子里，架起柴火，倒足了油，威胁颜真卿说："再不投降，就把你烧死！"

颜真卿二话没说，纵身就往柴火跳去，叛将们急忙把他挡住，向李希烈禀报。

李希烈想尽办法也没能使颜真卿屈服，就派人逼迫颜真卿自杀了。

永贞革新

唐德宗宠信宦官，贪得无厌的宦官便想尽办法来盘剥百姓，不择手段地掠夺财物。他们设立了"宫市"，派太监专门到宫外采购宫里需要的东西。这些太监看到他们需要的货物，只付给百姓1/10的价钱，强行购买。后来，索性派了几百个太监在街上瞭望，看中了就抢走，叫作"白望"。

还有一些宦官在长安开设"五坊"。五坊是专门替皇帝养调雕、养鹘、养鹞、养鹰、养狗的地方。五坊里当差的太监，叫作五坊小儿。这批人吃饱了饭不干正经事，专门向百姓敲诈勒索。

那时候，太子李诵住在东宫，由两位官员——王叔文、王伾陪伴读书。太子读书之余，喜欢下棋写字。而王叔文和王伾，一个是个好棋手，一个写得一笔好字，于是他们俩就经常在东宫陪太子读书下棋。

王叔文是下级官员出身，多少了解一些百姓疾苦。他趁跟太子下棋的机会，向太子反映外面的情况。太子听到宦官借宫市为名在外面胡作非为，大为不满。有一次，几个侍读的官员在东宫议论起这件事，太子气愤地说："我见到父皇，一定要告知这件事。"

王叔文说："我看殿下眼下还是不宜管这些事。如果坏人在皇上面前挑拨离间，说殿下想收买人心，皇上怀疑起来，殿下很难辩白。"

太子猛然醒悟说："没有先生提醒，我很难想到这一点。"

从此，太子对王叔文更加信任。王叔文认为德宗已是暮年，太子接替皇位是迟早的事，就私下替他物色朝廷中有才能的官员，跟他们结交。

没想到过了一年，太子得了中风病，说不出话来。年老的唐德宗为此事急出病来，唐贞元二十一年（公元805年）正月二十三日，唐德宗去世，时年64岁。二十六日，太子李诵于太极殿即皇帝位，是为唐顺宗。

唐顺宗即位前，已因中风而不能说话，所以不上朝堂处理国事。

唐顺宗不能说话，只得靠原来在东宫伴他读书的官员王叔文、王伾来帮他处理朝政。王叔文明白自己力量不够，不便公开掌握朝政大权，只好请一个老资格的官员韦执谊出来做宰相，自己当一名翰林学士，为顺宗起草诏书。他和韦执谊、王伾相互配合，又起用了刘禹锡、柳宗元等一些有才能的官员，这才把朝政大权抓了过来。

王叔文掌权后，第一件要做的就是整顿宦官欺压百姓的坏风气。他替唐顺宗下了一道诏书，免了一些苛捐杂税，统统取缔了宫市、五坊小儿一类欺负百姓的事。这个措施一实行，长安百姓个个拍手称快，一些作恶多端的宦官却气歪了脸。

王叔文又对财政制度进行了改革，历史上称为"永贞革新"（"永贞"是唐顺宗的年号）。

王叔文大力度的改革，自然触犯了掌权的宦官。宦官头子俱文珍认为王叔文的权力过大，便以唐顺宗的名义解除了王叔文翰林学士的职务。

不出一个月，俱文珍又勾结一批拥护他们的老臣，以唐顺宗病重不能执政为由，由太子李纯监国。又过了一个月，太子正式即位，这就是唐宪宗。

唐顺宗一退位，俱文珍等一批宦官立刻把王叔文、王伾革职，贬谪到外地去。第二年，又处死了王叔文。"永贞革新"不到一年就全盘失败，那些支持王叔文一起改革的官员也受到了牵连。

⊙**大事记**

公元780年，唐朝废租庸调制，行两税法。

公元801年，杜佑撰成中国第一部典章制度通史《通典》。

公元805年，唐顺宗即位后决心革除弊政，他任命王叔文、王伾等改革，但不久即失败，史称永贞革新。

韩愈直谏

裴度、李愬平定了淮西叛乱后，唐宪宗觉得脸上光彩，决定立一个记功碑，来纪念这一次胜利功绩。裴度手下有个行军司马韩愈，擅长写文章，又跟随裴度到过淮西，了解淮西的情况。唐宪宗就命令韩愈起草《平淮西碑》。

韩愈（公元768～824年），字退之，郡望为河北昌黎，曾经担任过吏部侍郎，死后朝廷又给了"文"的谥号，所以有韩昌黎、韩吏部、韩文公等称谓。他3岁而孤，早年随兄嫂游宦避乱，游离转徙。他7岁读书，13岁能文，后来跟从独孤及和梁肃学习。唐贞元八年（公元792年）韩愈考上进士，然后又去吏部考试，接连3次失败，于是他不得不去当其他官员的幕僚。几年后被任命为四门博士，总算正式地步入了仕途，历任监察御史、刑部侍郎、潮州刺史、国子监祭酒、兵部侍郎、吏部侍郎等职，有过多次遭贬谪的经历。

宋代的苏轼在《潮州韩文公庙碑》一文中评韩愈说："文起八代之衰，而道济天下之溺；忠犯人主之怒，而勇夺三军之帅。"这通常被视为对韩愈其人最为精当的评价。他的一生，在政治、哲学、文学各方面都有较高的成就，而主要成就又在文学方面。

韩愈在文学方面的最大成就是他的散文。他一生致力于散文创作的实践，写出了许多典范性的散文作品。这些作品形式多样，内容丰富，表现力强，无论是抒情说理还是写人叙事，都有强烈的艺术效果。

韩愈的散文大致可以分为论说文、记叙文、抒情文三大类。其论说文或阐明自己的政治和哲学主张，或议论时政的得失，或是针砭世俗发抒内心的牢骚，或是发表自己的文学主张。《原道》《原毁》《谏迎佛骨表》《师说》《马说》《送孟东野序》《进学解》等，都是以后文人们写文论道的样板。他在《送孟东野序》的开篇这样写道：

> 大凡物不得其平则鸣：草木之无声，风挠之鸣。水之无声，风荡之鸣。……金石之无声，或击之鸣。人之于言也亦然。有不得已者而后言，其歌也有思，其哭也有怀，凡出乎口而为声者，其皆有弗平者乎！

韩愈他从自然界的各种天籁得到启发，加以比附，在此基础上鲜明地提出了著名的"不平则鸣"的观点。行文奇偶交错，整齐而富有变化。

韩愈的记叙文，有叙事的，比如《平淮西碑》称颂唐宪宗力排众议平定叛乱的功绩。他写人的文章最多，如《张中丞传后序》记叙张巡、许远、南霁云等英雄，《柳子厚墓志铭》详细记载柳宗元的生平事迹。这些作品记叙十分生动，人物形象非常鲜明。

韩愈的抒情散文，多数见于祭文、书信、赠序。这类文章最能够见出作者真挚的性情，也是韩愈散文中最好读的一类文章。其中有表现骨肉之间深厚感情的，也有表现朋友交往患难情谊的。以《祭十二郎文》为例，作者在追叙兄嫂的抚育之恩以及他与侄儿十二郎幼年时"既又与汝就食江南，零丁孤苦，未尝一日相离也"的患难与共的经历之后，有这样一段抒情：

吾与汝俱少年，以为虽暂相别，终当久与相处，故舍汝而旅食京师，以求斗斛之禄。诚知其如此，虽万乘之公相，吾不以一日辍汝而就也。……呜呼！汝病吾不知时，汝殁吾不知日；生不能相养以共居，殁不得抚汝以尽哀，敛不凭其棺，窆不临其穴。吾行负神明，而使汝夭；不孝不慈，而不得与汝相养以生，相守以死。一在天之涯，一在地之角，生而影不与吾形相依，死而魂不与吾梦相接。吾实为之，其又何尤！彼苍者天，曷其有极！

作者行文朴素，如泣如诉，仿佛是与逝者共话家常，在述说中自然地流露出对于十二郎的怀念与痛悼之情，令人肝肠寸断。

韩愈的古文，气势充沛，纵横捭阖，或诡谲，或严正，如长江大河，浑浩流转。在司马迁之后，他是成就最为显著的散文大家，受到古代文人的高度推崇。后来，人们把他和柳宗元两人称为"古文运动"的倡导者。

韩愈不但文章写得好，还是个直言敢谏的大臣。在他写完《平淮西碑》之后，便做出了一个得罪朝廷的举动。

原来唐宪宗到了晚年，迷信起佛教来。他听说凤翔的法门寺里有一座叫护国真身塔的宝塔，塔里供奉着一根骨头，据说是释迦牟尼佛祖留下来的一节指骨，每30年才能开放一次，让人礼拜瞻仰。人们瞻仰之后，便能够求得风调雨顺，富贵平安。

佛骨崇拜本来就是违背释迦牟尼"四大皆空"的祖训的，但许多寺院为了迎合僧众的迷信需要，就人为制造一些假佛骨（影骨）或假舍利（舍利是火化时修行者体内结石遇高温后的结晶体，假舍利则大多为水晶制品）。唐宪宗对此深信不疑，特地派了30人的队伍，到法门寺把佛骨隆重地迎接到长安。他先把佛骨放置在皇宫里供奉，而后送到寺里让大家瞻仰。下面的一班王公大臣也千方百计想得到瞻仰佛骨的机会。

韩愈向来不信佛，对这样铺张浪费来迎接佛骨很不满意，便给唐宪宗上了一道奏章，劝谏宪宗不要干这种劳民伤财的迷信事。他说，佛法的事，中国古代没有记载，只是在汉明帝以来，才从西域传进来。历史上凡是信佛的王朝，寿命没有长的，可见佛是不可信的。

唐宪宗接到这个奏章，龙颜大怒，立刻把宰相裴度叫了来，说韩愈诽谤朝廷，一定要处死他不可。

裴度连忙替韩愈求情，唐宪宗才慢慢消了气，说："韩愈说我信佛过了头，我还可宽恕他；他竟说信佛的皇帝寿命都不长，这不是在咒我吗？就凭这一点，我决不能饶了他。"

后来，有很多人替韩愈求情，唐宪宗没杀韩愈，把他降职到潮州去当刺史，一年后才回到了长安，负责国子监（朝廷设立的最高教育机构）的工作。就在这一年（公元820年），唐宪宗死在宦官手里。他的儿子李恒即位，是为唐穆宗。

⊙大事记

公元823年，"唐蕃会盟碑"立于拉萨大昭寺前。

黄巢起义

唐朝末年，朝政混乱不堪。尽管唐宣宗是一个比较精明的皇帝，但也不能改变这种局面。唐宣宗死后，先后接替皇位的唐懿宗李漼、僖宗李儇只知寻欢作乐，追求奢侈糜烂的生活，腐朽到了极点。僖宗初年，河南、山东一带连年天灾，庄稼颗粒无收，许多人以草籽、槐树叶充饥，而官府只知向百姓搜刮。于是，唐末大规模的农民起义在这里爆发。

公元874年，濮州（治所在今河南范县）地方有个盐贩首领王仙芝，带领几千农民，在长垣（在今河南）起义。王仙芝称自己为天补平均大将军，发出文告，揭露朝廷造成贫富不等的罪恶，这个号召很快得到贫苦农民的响应。不久，冤句（今山东曹县北）地方的盐贩黄巢也起兵响应。

后来，黄巢和王仙芝两支起义队伍会合了，继而转战山东、河南一带。黄巢决定跟王仙芝分两路进军，王仙芝向西，黄巢向东。不久，王仙芝率领的起义军在黄梅（在今湖北）打了败仗，他本人也被唐军杀死了。

王仙芝失败后，剩余的起义军重新与黄巢的队伍会合，大家推黄巢为王，又称冲天大将军。

当时在中原地区的官军力量还比较强，起义军进攻河南的时候，唐王朝在洛阳附近集中大批兵力准备围攻。黄巢看出官军的企图，决定攻打官军兵力薄弱的地区，于是带兵南下。后来，一直打到广州。

起义军在广州休整后不久，岭南地区发生了瘟疫。黄巢于是决定挥师北上。

公元880年，黄巢统率60万大军开进潼关，声势浩大。

起义军攻下了潼关，唐王朝惊恐万状。唐僖宗和宦官头子田令孜带着妃子，向成都出逃，来不及逃走的唐朝官员全部出城投降。

过了几天，黄巢在长安大明宫称帝，国号叫大齐。经过7年的斗争，起义军终于取得了胜利。

但是，黄巢领导的起义军长期流动作战，攻占过的地方，都没留兵防守。几十万起义军占领长安以后，四周还是官军势力。没过多久，唐王朝便调集各路兵马，把长安围住。长安城里的粮食供应发生了严重困难。

黄巢派出大将朱温在同州（今陕西大荔）驻守。在起义军最困难的时候，朱温竟投降了唐朝。

三月，唐僖宗任用先前因兵败逃往鞑靼部落的李克用父子攻击黄巢军。李克用率沙陀兵5万讨伐起义军，取得成效。四月，联合忠武、河中、义武等军击溃黄巢军，收复长安。

黄巢带领起义军撤退到河南时，又遭到朱温、李克用的围攻。公元884

年，黄巢攻打陈州（今河南淮阳）失利，官军紧紧追赶。最后，黄巢在泰山狼虎谷兵败遇害。

长达10年之久的唐末农民大起义沉重地打击了唐朝政权，导致统一王朝彻底的大分裂。黄巢虽没有灭亡唐朝，但土崩瓦解的唐王朝已名存实亡。

⊙**大事记**

公元874年，王仙芝等起义于长垣；次年，黄巢于冤句起义响应，唐末农民战争开始。

五代十国

海龙王钱镠

后梁开平元年（公元907年）四月，梁王朱温即帝位，国号大梁，建元开平，是为梁太祖。大梁的建立，标志着中国重新分裂，五代十国的混战从此开始。

朱温又名朱全忠，他原本是黄巢部将，后见起义军大势已去，便举兵降唐。唐朝廷授朱温同华节度使、右金吾大将军、河中行营招讨副使，赐名全忠，后授为梁王。朱温先后杀唐昭宗、立幼主、屠诸王、灭朝士，摧残唐王朝的统治。

公元907年农历正月，朱温强迫唐哀帝下诏，定于二月禅位。三月，唐哀帝正式降下御札，禅位于朱温。四月，梁王朱温更名朱晃，服衮冕，登上皇帝宝座，史称后梁太祖。改元开平，国号大梁，以汴州为开封府，称东都。以唐东都洛阳为西都，废唐西京长安，改称大安府，置佑国军。将唐哀帝降为济阴王，迁于曹州，派兵防守，次年将哀帝杀死。将枢密院撤废，另设崇政院，任命首辅敬翔为使。

至此，自武德以来经21帝、289年的李唐王朝为梁王朱温所亡。以后50多年的时间里，中原地区前后更替了5个王朝——梁、唐、晋、汉、周（为了跟以前相同名称的王朝区别，历史上把它们称作后梁、后唐、后晋、后汉、后周），合称为五代。五代时期，在南方和巴蜀地方，还出现了许多割据政权，有的称王，有的称帝，前后建立了九个国（前蜀、吴、闽、吴越、楚、南汉、南平、后蜀、南唐），加上建立在北方的北汉，一共是十国。所以又把五代时期称做"五代十国"时期。

朱温刚一即位，镇海（治所在今浙江杭州）节度使钱镠第一个派人到汴京祝贺，表示愿意臣服于梁。朱温很高兴，立即把他封为吴越王。

吴越王钱镠为唐代镇海、镇东节度使。后梁灭唐后，于后梁龙德三年（公元923年）二月，派兵部侍郎崔协等为使，拉拢钱镠并册封其为吴越国王。从此，吴越开始建国，都城设在杭州。

吴越国王钱镠为杭州临安人，出身寒门。年轻时以贩私盐为生，后应募参军，慢慢掌握军权而占据两浙之地。唐末时被封为越王和吴王。后梁初立，吴越为提高自身地位及加强国力，一改别国的做法而和后梁建立良好的外交关系，被封为吴越王兼淮南节度使。他虽受封却不对梁称臣而称吴越国，次年改元天宝，是一个表面臣属而实际独立的政权。吴越国的版图在十国之中较为狭小，包括杭、越、湖、苏等13州。因其国小力弱，孤处东南，所以一直对北方朝廷示好纳贡，以联络中原抗衡周边政权为国策。

钱镠当了上节度使后，开始追求奢华的生活享受。他在临安盖了豪华的住宅，出门时坐车骑马，兴师动众。他的父亲对他这样的做法，很看不过去。他对钱镠说："我家祖祖辈辈都是靠打鱼种庄稼过日子，没有出过做官的人。你处在今天的位置，周围都是敌对势力，还要跟人家争城夺地。我怕我们钱家今后要遭难了。"钱镠听了很有感触，从那以后，他做事谨小慎微，只求保住这块割据地区。

由于钱镠长期在混乱动荡的环境里生活，使他养成了一种保持警惕的习惯。他给自己做了个"警枕"，就是用一段滚圆的木头做枕头，倦了就斜靠着它休息；如果睡熟了，头从枕上滑下，人也惊醒过来了。他除了自己保持警惕外，还严格要求他的将士。

钱镠就是靠小心翼翼地做事才保持住他在吴越的统治地位的。吴越国虽然不大，但是因为长期没有遭到战争的侵扰，经济渐渐繁荣起来。后来，钱镠征发民工修筑钱塘江的石堤和沿江的水闸，这样就有效地防止了海水倒灌；又叫人把江里的大礁石凿平，方便船只来往。民间因他在兴修水利方面的贡献，给他起了个"海龙王"的外号。

吴越自后梁开平元年（公元907年）建国，至北宋太平兴国三年（公元978年）降宋，共历5主，计71年。

⊙大事记

公元907年，朱温逼唐哀帝禅位，自即帝位，国号梁，史称后梁，唐朝灭亡。五代十国时期开始。

公元910年，吴越王钱镠命人修筑捍海石塘，使近海耕地不受海潮侵蚀，钱塘由此开始富庶起来。

儿皇帝石敬瑭

后唐河东节度使石敬瑭是后唐明宗的女婿，早年与后唐末帝李从珂一齐追随明宗，都以能征善战著称。后来，石敬瑭与李从珂发生了矛盾，上奏弹劾李从珂，后唐明宗大怒，将其免职。

后唐明宗死后，他的儿子李从珂做了后唐皇帝，这就是后唐末帝。后唐明宗在位时，唐末帝已与石敬瑭不和，等到他登基后，两人终于闹到公开决裂的地步。

石敬瑭本是勇将，唐朝沙陀部人，辅佐李克用和李存勖，屡立战功，升至刺史。李嗣源对他很器重，将自己的女儿嫁给了他，让他统领自己的亲军精锐骑兵"左射军"。

石敬瑭不仅在战场上救岳父李嗣源，在遇到政治难题时又是他为李嗣源分析局势，指点迷津，体现出了过人的政治谋略。这方面最突出的就是劝李嗣源顺应时势，在兵乱时取得帝位。石敬瑭后来去河东任节度使，并兼云州、大同军等地蕃汉马步军总管，掌握了河东这块后唐起源地区的军政大权。

石敬瑭不仅在军事和政治方面有勇有谋，有韬略，在地方事务的治理方面也表现出色。在陕州、魏博、河东等地，他都很有政绩。

李从珂派兵讨伐石敬瑭，石敬瑭眼看要抵挡不住了，这时，有个叫桑维翰的谋士给他出个主意，让他向契丹人求救兵。那时候，耶律阿保机已经死了，他的儿子耶律德光做了契丹国主。桑维翰帮石敬瑭起草了一封求救信，对耶律德光表示愿意拜契丹国主做父亲，并且答应在打退唐军之后，将雁门关以北的燕云十六州（又称幽云十六州，指幽州、云州等十六个州，都在今河北、山西两省北部）土地献给契丹。

耶律德光正打算向南扩张土地，听到石敬瑭给他优厚的条件，立刻出五万精锐骑兵援救晋阳。后来，耶律德光来到晋阳，石敬瑭亲自出城迎接，卑躬屈膝地把比他小十岁的耶律德光称作父亲。

经过一番观察，耶律德光觉得石敬瑭的确是死心塌地投靠他，便正式宣布石敬瑭为皇帝。石敬瑭称帝后，立刻按照原来答应的条件，把燕云十六州送给了契丹。

石敬瑭在契丹的支持下，带兵南下攻打洛阳，接连打了几个胜仗。石敬瑭攻下洛阳，灭了后唐，在汴京正式做了中原的皇帝，国号叫晋，这就是后晋高祖。石敬瑭对契丹国主耶律德光感恩戴德，向契丹上奏章，把契丹国主称作"父皇帝"，自己称"儿皇帝"。石敬瑭做了7年的儿皇帝，病死了。他的侄儿石重贵即位，这就是后晋出帝。晋出帝向契丹国主上奏章的时候，自称孙儿，不称臣。耶律德光借机说晋出帝对他不敬，带兵进犯。

契丹两次进犯中原，都被晋朝军民打败了。但是后来，由于汉奸的出卖，契丹兵攻进了汴京，俘虏了晋出帝，把他押送到契丹。后晋便灭亡了。

公元947年，耶律德光进了汴京，自称大辽皇帝（这一年契丹改国号为辽）。

⊙**大事记**

公元916年，耶律阿保机称帝，年号神册，建契丹国。

公元936年，契丹立石敬瑭为大晋皇帝，石敬瑭割幽云十六州给契丹。

周世宗斥冯道

辽兵被迫退出中原的时候，后晋大将刘知远在太原称帝。随后，率领大军向南进兵。刘知远的军队纪律严明，受到中原百姓的欢迎。刘知远很快收复了洛阳、汴京等地。同年六月，刘知远在汴京建都，改国号为汉。这就是后汉高祖。

刘知远只做了10个月皇帝就得病死了。他的儿子后汉隐帝刘承祐即位以后，公元950年十一月，辽军攻打后汉辖地，后汉隐帝任郭威为天雄节度使，前去抗击。郭威率军离去不久，隐帝忽又派使者去杀郭威。郭威大怒，带兵攻入东京，隐帝为郭威部队所杀。另立新帝后，郭威又率大军前去抗辽，行到澶州时，数千名将士鼓噪起来，将黄袍披在郭威身上，要拥戴郭威为皇帝。郭威接受了他们的建议，废刘阴公，自任监国。第二年正月，后汉太后无奈下诏书，授予郭威皇帝玉符，郭威即位（是为后周太祖），国号周，改元为广顺。后汉从此灭亡。

郭威（公元904～954年）字文仲，邢州尧山（今河北隆尧）人，18岁从军。后晋末，曾协助后汉高祖刘知远建国，任枢密副使。后汉隐帝时任枢密使，负责征伐之事，并平定汉中、永兴、凤翔三镇叛乱。称帝后于后周显德元年（公元954年）正月病逝，在位3年，庙号太祖。

后周太祖出身贫苦，很能体恤民间疾苦，同时他也有些文化，注意重用人才，改革政治。在他的治理下，五代时期的混乱局面开始好转。

公元954年，后周太祖死了。他没有儿子，生前把柴皇后的侄儿柴荣收做自己的儿子。柴荣从小聪明能干，练得一身武艺。后周太祖死后，柴荣继承皇位，这就是后周世宗。

即位后，柴荣继承郭威重农恤民的政策和统一中国的大志，重用王朴等贤能之士，浚通漕运，发展文教，虽然在位仅6年，在39岁病逝，但却是一位有作为的皇帝。

柴荣重用王朴，王朴献"平边策"，提出先攻南唐，取江北以控制南方诸国，再取后蜀和幽州，最后解决契丹边患的战略思想；又提出争取民心和避实击虚等建议，柴荣都加以采纳，成功地发动了一系列统一兼并战争。后周世宗刚即位时，北汉国主刘崇认为周朝局势不稳，正是进占中原的大好时机。他集中了3万人马，又请求辽主派出1万骑兵，向潞州（治所在今山西长治）进攻。

消息传到汴京，周世宗立即召集大臣商议对策。他提出要亲自出征。

大臣们看周世宗态度挺坚决，也不好说什么了。这时，有一个老臣站出来反对，他就是太师冯道。

冯道从后唐明宗那时候起，就当了宰相。后来，换了4个朝代，他都能随机应变，一些新王朝的皇帝，也乐得任用他。所以，他一直位居宰相、太师、太傅等职。

周世宗对冯道说："过去唐太宗都是自己带兵最终平定了天下。"

冯道说："陛下与唐太宗相比，谁更英明呢？"

周世宗看出冯道瞧不起他，激动地说："我们有强大的军队，要消灭刘崇，还不是像大山压鸡蛋一样容易。"

冯道说："陛下能像一座山吗？"

周世宗听罢一甩袖子，怒气冲冲地离开了朝堂。后来，由于有其他大臣的支持，周世宗把亲征的事决定了下来。

周世宗率领大军到了高平（在今山西省），与北汉兵相遇，双方摆开了阵势。

刘崇指挥北汉军猛攻周军，情况十分危急，周世宗见状亲自上阵，指挥他的两名将领赵匡胤和张永德各带领两千亲兵冲进敌阵。周军兵士看到周世宗沉着应战，也奋勇冲杀。最后，北汉兵抵挡不住，大败而逃。

高平一战，大大提高了周世宗的声望。过了两年，他又亲自征讨南唐（十国之一），后周显德二年（公元955年）、显德三年（公元956年）、显德四年（公元957年）三次征伐南唐，柴荣每次都胜，后南唐自去帝号，割地请和。后周平定长江以北，得州14、县60。后周又谋取蜀邻地，显德二年（公元955年）大败后蜀，取秦、成、阶、凤4州。显德六年（公元959年），柴荣以契丹没有彻底离开中原为由，决意北伐。后周多次将辽师击败，取燕南之地，柴荣于此役染病班师，很快就病逝，未能完成统一大业。

柴荣在位6年，多施仁政惠民，不只是减免苛政，还在大兵过后，淮南大饥时，命发放米粮与淮南饥民。其未竟之志，在他死后由赵匡胤继续完成。他死后，由年仅7岁的儿子柴宗训接替皇位，就是周恭帝。

⊙大事记

公元937年，徐诰在金陵（今江苏南京）即位，国号唐，史称南唐，是为南唐烈祖。

公元937年，白蛮大姓段思平废杨干贞为僧，建立大理国。

公元938年，契丹改元会同，以临潢府（今内蒙古巴林左旗东南）为上京、幽州为南京、南京（辽阳）为东京，并改部分官名为汉名。

公元951年，郭威建立后周，年号广顺，改革刑法，宽待百姓。

公元954年，郭威去世，柴荣即位，是为后周世宗，他是五代十国时期较有作为的皇帝。

王朝更迭

从北宋建立到清朝灭亡，历代王朝加强中央集权和君主专制，同时各民族之间的政治、经济、文化交流更加广泛和深入，统一的多民族国家进一步发展。但明中叶以后，中国开始落后于世界，到了清朝后期，随着国势衰弱，列强入侵，中国的封建社会走到了末路，最终辛亥革命推翻了清朝统治，结束了 2000 多年的封建专制政体。

宋朝大业

黄袍加身

赵匡胤出生于河南洛阳将门之家，胆识过人，武艺超群。21岁时投奔郭威，成为郭威帐下的一名士兵。公元951年，掌握后汉军权的郭威，谎称契丹入侵，太后命他统军北征。后汉大军渡过黄河，到达澶州时，将士们将黄袍披在郭威身上，拥立郭威为帝。郭威率军掉头南行，回后汉京师东京，建立后周。赵匡胤也逐步升为滑州副指挥。

不久，郭威病逝，其养子柴荣即位，就是后周世宗。世宗有雄才大略，他南征北战，同时励精图治，革新政治。即位之初，北汉勾结辽国大举攻周，世宗率军亲征。双方在高平大战，世宗亲冒矢石督战，当后周军队形势危急时，禁军将领赵匡胤和张永德拼死保护世宗。高平大捷后，赵匡胤被提拔为禁军高级将领，负责整编禁卫军。他精心挑选武艺超群的壮士，组成勇敢精锐的殿前诸班，这以后成了后周战斗力最强的队伍。世宗也由此开始了他"十年平定天下"的战略行动。几乎每次征战，赵匡胤都立下汗马功劳，成为世宗的得力虎将。正当世宗开拓疆土、北征辽国时，不幸英年早逝。

世宗在征辽途中捡到一块木牌，上写"点检做天子"，心中就有几分猜忌。当时张永德任禁军最高统帅殿前都点检，他又是后周太祖郭威的女婿。世宗担心禁军将帅权势过重会发动政变，就匆匆撤掉了张永德，换上了赵匡胤。但这却使赵匡胤的实力更加雄厚，他做了禁军的最高统帅，掌握了后周军权。

世宗死后，他年幼的儿子登基做了皇帝。公元960年，后周接到边境送来的紧急战报：北汉国主和辽国联合出兵，攻打后周边境。

赵匡胤得令后，立刻调兵遣将，带了大军从东京出发。军校苗训自称知天文，找到主帅的门吏楚昭辅说："我看见太阳下边还有一个太阳，而且有一道黑光来回荡漾了好长时间。一日克一日，这是天命啊！"快到夜晚时，部队还没有走出很远，只好在陈桥驿安营扎寨，这时离京城不过20里路。当天晚上，将领们反复商议，说现在皇帝还小，即使战死他也不知道，不如推赵匡胤为天子，大家可以荣华富贵。他们到军营四处游说，煽风点火，一时军士大哗，都聚集在赵匡胤营前喊着："点检当天子！"

赵匡胤的弟弟赵匡义和归德军掌书记赵普知道时机已经成熟，于是连夜派人骑快马回京城，将殿前都指挥使石守信和都虞候王审琦这两个赵匡胤的心腹叫来，商量办法。天快亮的时候，叫喊着的军士们已经逼近赵匡胤休息的房舍，赵匡义和赵普进去，叫起了赵匡胤，走出房门。只见许多军校站在庭院中，手里还拿着武器，一齐叫喊："愿奉点检当天子！"这时早有人从背后给赵匡胤披上黄龙袍，所有在场的都跪倒在地上，高喊着"万岁"，向赵匡胤叩拜。其实这不过是赵匡胤在背后导演的一出闹剧而已。

随即，赵匡胤率大军进入东京城。文武百官齐集崇元殿，为赵匡胤举行受禅大典。但是到了黄昏时分，还没等到小皇帝的禅位诏书，众人都不知如何是好，幸好翰林学士陶谷早有准备，已经拟好了诏书。于是，就用陶谷起草的禅位诏书举行仪式。宣徽使领着赵匡胤来到龙墀的南面，朝北跪拜，接着，宰相们上前搀扶起赵匡胤登上崇元殿，穿上皇帝行大礼的衮服和冠冕，端坐到龙椅上，接受群臣的拜贺，这就算正式登上了皇位。

赵匡胤因为原来做过归德军节度使，并驻扎在宋州（今河南商丘），所以，他把国号改为宋，并以东京为京城。后来，他让后周小皇帝和符太后迁到西宫，并封小皇帝为郑王。

赵匡胤登基后，赐给内外百官军士爵位，实行大赦，凡被贬官的都恢复原职，被流放发配的放回原籍。他派官员祭祀天地，报告改朝换代的事，还派出宦官带了诏书向天下人宣告宋朝的建立。

⊙大事记

公元960年，赵匡胤发动陈桥兵变，称帝，国号宋，后周亡。

杯酒释兵权

赵普，字则平，幽州蓟县人，是陈桥兵变的关键人物。他多谋善策，读书虽然不多，但对政事有独到的见解。曾经担任赵弘殷的军事判官，对赵弘殷很忠心。据说有一次赵弘殷生病，幸亏赵普日夜伺候，方转危为安。赵弘殷感动之余，便认他作同宗。赵弘殷的儿子赵匡胤发现赵普是个人才，见识高远，很想收为己用，便向父亲借调赵普任自己的推官。陈桥兵变时，赵普任掌书记，是赵匡胤的心腹谋士。

赵匡胤的母亲杜太后视赵普为自己亲人，平日里总是以"赵书记"称呼他。陈桥兵变中的关键人物就是赵普，所以赵匡胤建宋后论功行赏，授予赵普右谏议大夫、充枢密直学士。公元962年，赵普任掌管全国军事的枢密使、检校太保，后任宰相。赵匡胤与赵普相交甚久，互相了解，关系非同一般，赵匡胤视赵普为智囊和军师，事无巨细都要与他商量，再作最后的决定。

赵匡胤提倡大臣读书，赵普就狠攻《论语》，并以其中所讲用于政事上。他曾经对赵匡胤说："我有一本《论语》，用半部佐助您平定天下，用半部佐助您治理天下。"以致留下了"半部《论语》治天下"的美谈。赵普的脾气很倔犟，他曾经上奏推荐一个人任职，赵匡胤不用。第二天，赵普还推荐这个人，赵匡胤还是不用。第三天，赵普又推荐这人，赵匡胤大发脾气，将奏折撕碎扔在地上。赵普也不害怕，不慌不忙地跪下把破碎的奏折粘贴起来，第四天又到朝廷上向赵匡胤上奏举荐。赵匡胤没办法，只好下诏重用这个人。

从一建立宋朝起，如何结束和防止唐末五代军阀割据政局不稳的局面一直是赵匡胤的心结，他经常跟赵普谈起这个话题。陈桥兵变后论功行赏，以石守信为归德军节度使，以王审琦为泰宁军节度使、殿前都指挥使，掌握着国家最精锐和数量近全国总兵额一半的禁军，负责出征和保卫皇帝与都城的任务。又让手握重兵的慕容延钊任殿前都点检，韩令坤担任侍卫亲军都指挥使。赵普对此感到很担心，多次在赵匡胤耳边唠叨。赵匡胤说："他们都像我的亲兄弟一样，是靠得住的，不会背叛我。你可能多虑了。"赵普深思后回答赵匡胤："现在他们一定不会反，但是有朝一日，他们被手下有野心的人黄袍加身，到时他们就身不由己了。"他又把赵匡胤与柴荣的关系作了比较，当年柴荣待赵匡胤恩重如山，但赵匡胤还是在部下的鼓动下夺取了后周的政权。生动的事例使赵匡胤如梦初醒。

有一天，他主动找来赵普，说："从唐末以来，几十年时间，出了8姓12个君王，僭称皇帝和篡夺政权的事比比皆是，战乱不断。我想要结束天下的战争，开创长治久安的局面，应该用什么方法呢？"赵普说："陛下考虑到这个问题，是天地神人的福气。我看，关键是节度使权力太大，造成尾大不掉的后果，而危及皇权，只要削弱他们的行政权，剥夺他们的兵权，那些节度使就不敢有什么想法了"。赵匡胤恍然大悟，决心依照赵普说的办。

公元961年，为了保证自己地位不受威胁，赵匡胤首先把讨伐李重进回来的大将慕容延钊的殿前都点检职务免去，改任山南东道节度使，免去韩令坤侍卫亲军都指挥使的职务，改任成德节度使。此后不再设殿前都点检一职。接下来，赵匡胤又谋算起他最亲信的老朋友的军权。有一天晚朝以后，赵匡胤将石守信等大将留下来喝酒叙旧。

赵匡胤趁酒酣耳热之际，命令身边的太监退出。他拿起一杯酒，请大家喝干之后说："我要不是有你们帮助，也不会有今天，但是你们哪里知道，做皇帝也有很多难心事，还不如做个节度使自在。不瞒你们说，这一年来，我就没有睡过一夜安稳觉。"

石守信等人听了很吃惊，连忙问这是什么原因。

赵匡胤说："这不是明摆着吗？皇帝这个位子，谁不眼红呀？"

石守信等人听赵匡胤这么一说，都惊慌失措，跪在地上说："陛下为什么这样说呢？现在天下已经太平无事了，谁还敢对陛下不忠呢？"

赵匡胤摆摆手说："你们几位我是信得过的，只怕你们的部下当中，有人贪图富贵，往你们身上披黄袍，你们想不干，恐怕也不行吧？"

石守信等听赵匡胤这么说，顿时感到大祸临头，连连磕头，流着泪说："我们都是粗心人，想得不周到，请陛下给我们指引一条出路。"

赵匡胤说："我替你们着想，你们不如把兵权交给朝廷，去地方做个闲官，置些田产房屋，给子孙留点家业，平平安安地度个晚年。我和你们结为亲家，彼此毫无猜疑，这样不是很好吗？"

石守信等一齐说："陛下为我们想得太周到啦！"

第二天，石守信等大臣一上朝，每人都递上一份奏章，说自己年老多病，请求辞职。赵匡胤马上准许，收回他们的兵权，赏给每人一大笔财物，打发他们到各地去做节度使。历史上把这件事称为"杯酒释兵权"。

在杯酒释兵权解除了石守信等重臣元老的军权后，赵匡胤又采取措施加强禁军，并用各种手段牢牢控制住禁军，使其成为巩固统治最重要的力量，以对抗实力强大的各地方节度使。

同时，赵匡胤一反五代重武轻文的陋习，重用文人，让文官取得了武官的许多权力，使各地武官的权力大幅缩小，建立起了以皇帝为中心的封建中央集权政治制度，成功解决了军阀割据问题，有利于社会的安定和经济的发展。

北宋开宝九年（公元976年）十月，赵匡胤因病逝世，终年50岁，庙号太祖。

⊙大事记

公元961年，宋太祖设宴，晓谕禁军大将石守信等人罢兵权，归故里，称为杯酒释兵权。

公元963年，北宋刊行《重定刑统》，为我国第一部印行的法典。

宋太宗征辽

后晋高祖石敬瑭为感谢契丹助其灭后唐，入主中原，把幽云十六州割给契丹并自称"儿皇帝"。公元979年北宋灭北汉，以幽云十六州为基地屡扰宋边的辽国成了北宋王朝北面最大的边患。宋太宗积极部署，欲收回幽云十六州。

公元979年农历六月，灭掉北汉的宋太宗踌躇满志，欲北上一举收复幽云十六州。宋太宗亲率大军10万出镇州（今河北正定）北进，突破了辽军在拒马河的阻截，进围幽州，击败城北辽军1万余人。二十六日，太宗命宋渥、崔彦进等四将率军分四面攻城。辽将韩德让和耶律学古一面安抚军民，一面据城固守待援。屯驻清沙河（今北京昌平境内）北的辽将耶律斜轸因宋军势大而不敢冒进，只声援城内辽军。六月二十九日，以耶律沙和耶律休哥为统帅的辽援军赶到，尽管宋军一度登上城垣，但终未能攻入城内，被迫撤退。

七月六日，宋辽两军在高粱河大战。辽军初战不利，稍却。耶律斜轸和耶律休哥及时赶到，分左右横击宋军，城内辽军也杀出参战，宋军大败，宋太宗中箭受伤。辽军乘胜反攻，追至涿州，宋军大量军械资粮落入辽军之手，宋朝第一次幽州会战宣告失败。

高粱河落败后，宋辽平静了几年，但宋太宗积极筹划二度北伐，以雪前耻。公元982年辽景宗去世，耶律隆绪继位，是为辽圣宗，因年幼，其母萧太后摄政。宋雄州守将贺令图以辽帝年幼、内部不稳，建议太宗再攻幽州，太宗心动。参知政事李至以粮草、军械缺乏，准备不充分而反对，但太宗不听，于公元986年三月发兵3路攻辽。东路曹彬10万人出雄州，中路田重进出飞狐（今河北涞源），西路潘美、杨业出雁门，三路合围幽州。

宋西路军很快攻下寰、朔、云、应等州，中路攻占灵丘、蔚州等战略要地，东路夺占固安、涿州。辽国获悉宋军北伐，即派耶律抹只率军为先锋，驰援幽州，萧太后偕辽圣宗随后亲往督战。辽军意图是以南京留守耶律休哥抵御宋东路军，耶律斜轸抵制宋西路和中路军，而圣宗、太后率大军进驻幽州，以重兵击溃宋东路，再击退西、中路。由于辽军主攻点不在西、中路，故宋中、西两路捷报频传，东路宋军将士纷纷主动请战，促主帅曹彬北上。曹彬难抑众愿，遂率军北进，一路不断遭到辽军袭扰。时值夏季，天气酷热，宋军体力消耗很大，抵达涿州时，东路军上下均已疲惫不堪。

此时辽圣宗和萧太后所部辽军已从幽州北郊进至涿州东50里的驼罗口，攻占固安，而与曹彬对峙的是辽悍将耶律休哥，他正虎视眈眈，欲伺机攻击宋军。曹彬鉴于敌军主力当前，难以固守拒战，而己军又面临粮草将尽的形势，令军队向西南撤退。辽耶律抹只和耶律休哥见时机已到，即令辽军追击宋军。五月三日，宋军在歧沟关被辽军赶上，困乏的宋军抵挡不住锐气正盛的辽军，大败。辽军追至拒马河，宋军四散奔逃，溃不成军，死伤数万，所遗弃的兵甲不计其数。

宋太宗得知东路军惨败，遂令中路军回驻定州，西路军退回代州，并以田重进、张永德等沉稳持重的将领知诸州，以御辽可能发起的进攻。东路宋军已遭重创，而西路战事仍在进行。八月宋西路主帅潘美、监军王侁拒绝副帅杨业的合理建议，迫令其往朔州接应南撤的居民，杨业要求在陈家谷设伏以防御辽军追击。杨业与辽西路主帅耶律斜轸在朔州南激战，因遭辽萧挞凛军伏击而败退。杨业按预定计划退到陈家谷，本以为此地有宋军埋伏将截击辽军，哪料潘美、王侁违约，早已率军逃走；杨业愤慨自己被出卖，但仍率孤军力战，终因势单力薄全军覆没。杨业身负重伤后被俘，绝食而亡。

北宋朝廷发起的旨在收回幽云十六州的幽州之战，因自身的种种原因以惨败结束。

⊙**大事记**

公元982年，辽景宗去世，其子耶律隆绪即位，是为辽圣宗，萧太后称制。

公元983年，《太平御览》成书，为我国古代著名类书之一。

公元983年，辽以耶律休哥为南京留守，总管汉地事务，同年改国号为大契丹。

公元986年，李昉等修成《文苑英华》，共1000卷，全书上起萧梁，下迄唐五代，选录作家近2200人，文章近20000篇，以唐代作品最多。

寇准谋国

幽云十六州是中原的天然屏障，直接关系着中原的安危。中原王朝从后周柴荣开始，就开始与辽争夺燕云。赵匡胤建立北宋后，国力无法与辽抗衡，就采取了先南后北的方针。他曾积极储存钱帛，准备或以赎回的方式收回，或用这笔钱作军费，以武力攻取燕云。其弟宋太宗赵光义统一北汉后，就亲征伐辽，要乘胜收复燕云。宋军初战时极为顺利，一直打到幽州，但辽军苦守坚城，幽州久攻不下。宋太宗率军在高梁河与辽国援军展开激战，结果在辽援军的夹击下大败。宋太宗身中两箭，匆忙乘驴车逃走。几年后，宋太宗趁辽国圣宗幼小、母后萧太后专政的机会，兵分3路北伐辽国。但由于东路军不顾进兵计划，贪功冒进，宋军大败。

宋太宗两次伐辽失败，朝廷内外谈辽色变，宋政府采取妥协退让政策，在河北沿边的平原上广修河渠池塘，广植水稻和柳、榆林，阻挡辽国的铁骑。宋真宗即位后对辽更是以和为贵。辽军见宋朝软弱可欺，就不断遣兵南下，威胁宋廷。只是由于大将杨延昭等人奋起抵抗，辽军才无法长驱直入。

1004年，辽国再次南侵。辽圣宗及萧太后亲披甲胄，督军30万，大规模南下，深入宋境内地，直抵澶州北城，离北宋首都东京只有一河之隔。

告急的消息不断地传到已经当了宰相的寇准那里，一个晚上竟来了5次。寇准不慌不忙，只说声"知道了"，照样喝酒下棋。宋真宗慌忙把寇准叫来，问："大兵压境，怎么办？"

寇准说："这好办，只要5天时间就够了。"没等真宗再发问，寇准接着说："现在只有陛下亲自出征，才能长我军士气，灭敌人威风，我们就一定能打败强敌！"站在旁边的一些大臣听后都慌了，怕寇准也让自己上前线，都想赶快走开。

宋真宗也是个胆小鬼，听了寇准的话，脸都吓白了，就想回皇宫躲起来。寇准郑重地说："您这一走，国家的事没人决断，不是坏了大事了吗？请您三思！"在寇准的坚持下，宋真宗才平静下来，商量起亲征的事。

过了几天，辽军的前锋已经打到了澶州（今河南省），情况万分紧急。同平章事王钦若趁机劝真宗迁都避敌，寇准据理力争，真宗才答应亲征。

宋真宗和寇准带领人马离开东京往北，来到韦城（今河南省内）时，听说辽国兵马十分凶猛，宋真宗又害怕了。有的大臣趁机再向他提出到南方去的事。

宋真宗派人把寇准找来，问他："有人劝我到南方去避险，你看怎么样？"寇准心中生气，可还是耐心地说："您千万别听那些懦弱无知的人的话。前方的将士日夜盼您呢！他们知道您亲征，就会勇猛百倍，您要是先走了，军心就会动摇，就要打败仗。敌人在后面紧紧追赶，就是想逃到南方也是不可能的了！"宋真宗听了，还是下不了决心，皱着眉头，一声不吭，停了一会儿，他让寇准出去。

寇准刚出来，遇到将军高琼，连忙对他说："将军这次打算如何为国出力呢？"

高琼说："我是一个武人，愿意为国战死！""好，你跟我来！"

寇准带着高琼又来到宋真宗面前，说："我对您说的，您要是不信，就再问高琼好了！"接着，他又把反对迁都和主张亲征的事说了一遍。

高琼听了，连声对宋真宗说："宰相说得非常对，您应该听他的。只要您到澶州去，将士们就会拼死杀敌，一定会打败辽军！"

寇准激动地接过话，"陛下，机不可失，眼下正是打败辽军的好机会，您应该立即出征！"宋真宗让寇准说得也露出笑容，抬头看了看站在旁边的卫官王应昌。王应昌紧紧握住挂在腰上的宝剑，说："陛下亲征，一定成功，假如停止前进，敌人会更加猖狂！"寇准和两员武将抗敌的坚定态度感染了宋真宗，这才下了决心去澶州亲征。

宋真宗亲征的消息传到前线，宋军将士士气大振。当辽军攻打澶州城的时候，宋军拼死抵抗，威虎军头张瑰眼疾手快，一箭射死了辽军统帅萧挞凛。辽军见统帅未战而死，顿时士气低落。辽军见形势不利便主动提出和谈。而真宗本无抵抗之心，急忙答应与辽议和。他不顾寇准等人的反对，派使臣曹利用前往和谈，告诉曹利用哪怕赔百万白银也行。寇准不得已，告诉曹利用超过30万就杀了他。经过几次讨价还价，双方达成协议：宋辽约为兄弟之国，宋帝尊辽萧太后为叔母，辽主称宋帝为兄；宋朝每年交给辽朝绢20万匹、银10万两等。因议和地点在澶州城下，故称"澶渊之盟"。

澶渊之盟是在宋朝军事有利的条件下订立的屈辱性条约。它开了赔款的先例，成了宋朝财政的重负和民众的重压。但澶渊之盟结束了宋辽之间的战争，使边境相对稳定，宋辽两国由此维持了上百年的和平局面。

⊙**大事记**

公元997年，宋太宗赵光义死，太子赵恒即位，是为宋真宗。

1004年，契丹大举攻宋，双方订澶渊之盟，此后宋辽形成长期并立的形势，多年不再有大的战事。

1023年，交子在中国四川地区发行，为世界最早的纸币。

元昊建西夏

宋真宗一味地妥协求和，这种做法虽然安下了辽朝那一头，但西北边境的党项族（古代少数民族之一）贵族却趁机侵犯宋朝边境，提出无理要求。宋真宗疲于应付，只好妥协退让，封党项族首领李继迁为夏州刺史、定难军节度使。1004年，李继迁死后，又封他的儿子李德明为西平王，每年送去大批银绢，以示安抚。

李德明的儿子元昊是个雄心勃勃的人。他精通汉文和佛学，多次打败吐蕃、回鹘等部落，势力范围不断扩大。他劝说李德明不要再向宋朝称臣。

李德明不肯接受他的意见。直到李德明死后，元昊继承了西平王的爵位，才按照自己的主张，设置官职，整顿军队，准备脱离宋朝的控制，自立门户。

1038年，元昊正式宣布即位称帝，国号大夏，建都兴庆（今宁夏回族自治区银川市）。因为它在宋朝的西北，历史上称作西夏。

元昊称帝以后，派使者要求宋朝承认。那时候，宋真宗已经死去，在位的是他的儿子赵祯，即宋仁宗。宋朝君臣讨论的结果，认为这是元昊反宋的表示，就下令削去元昊西平王爵位，断绝贸易往来，还在边境关卡上张榜悬赏捉拿元昊。元昊被激怒了，就决定大举进攻。

那时，在西北驻防的宋军兵士有三四十万，但是这些兵士分散在24个州的几百个堡垒里，而且各州人马都直接由朝廷指挥，彼此之间没有作战配合。西夏的骑兵却是统一指挥，机动灵活，所以常常打败宋军。

一年后，西夏军向延州进攻，宋军又打了一个大败仗。宋仁宗十分生气，把延州知州范雍革了职，另派大臣韩琦和范仲淹到陕西指挥抗击西夏。

范仲淹到了延州，改革边境上的军事制度。他把延州1.6万人马分为6路，由6名将领率领，日夜操练，宋军的战斗力显著提高。西夏将士看到宋军防守严密，不敢进犯延州。

1041年，西夏军由元昊亲自率领，向渭州进犯，韩琦集中所有人马布防，还选了1.8万名勇士，由任福率领出击。

任福带了几千骑兵迎击西夏兵，两军相遇，双方打了一阵，西夏兵丢下战马、骆驼就逃。任福派人侦察，听说前面只有少量的敌兵，就在后面紧紧追赶。

任福带着宋军向西进兵，到了六盘山下，连西夏兵的影子都没看见。只见路边有几只银泥盒子，封得很严实，兵士们走上前去，端起银泥盒子听了一下，有一种跳动的声音从里面发出。兵士报告任福，任福吩咐兵士打开盒子。只见里面接连飞出了一百多只带哨的鸽子，在宋军的头上飞翔盘旋。

原来，西夏兵采取了诱敌战术。在六盘山下，元昊带了10万精兵，早已布置好埋伏，只等那鸽子飞起时，四面的西夏兵就一齐杀出，将宋军紧紧围在中央。宋军奋力突围。从早晨一直打到中午，大批的西夏兵不断从两边杀出。宋兵边打边退，伤亡不断增加。

任福身上中了10多支箭，兵士劝任福逃脱。任福说："我身为大将，兵败至此，只有以死报国。"他又冲了上去，死在西夏兵刀下。

这一仗，宋军死伤惨重，元昊获得大胜。韩琦听到这消息，非常难过，上书朝廷处分。宋仁宗撤了韩琦的职。范仲淹虽然没直接指挥这场战争，但是被人诬告，也降了职。

从这以后，宋夏多次交兵，宋军连连损兵折将，宋仁宗不得不重新起用韩琦、范仲淹指挥边境的防守。两人同心协力，爱抚士卒，军纪严明，西夏才不敢再进犯。

⊙**大事记**

1038年，党项首领李元昊称帝，建都兴庆，国号大夏，史称西夏。

1027年，医学家王惟一铸针灸铜人，供学习参考之用。

毕昇发明活字印刷术

众所周知，印刷术是我国古代的四大发明之一。隋唐时期出现的雕版印刷术，是最初的印刷模式。雕版印刷虽然比手抄书写要快很多倍，质量也提高很多，但还存在着不少的缺陷。雕版印刷要花费大量的木材，而且用版量很大，不仅存放不便，不好管理，出现错字也不易更正；而且雕版用过之后就变成废物，造成资源的浪费。

北宋庆历年间（1041~1048年），印刷术取得了重大突破。布衣发明家毕昇发明了活字印刷术。活字印刷术弥补了雕版印刷术的不足，大大节省了人力、物力和财力，非常方便快捷。活字印刷术的发明是印刷术发展史上一项具有划时代意义的创造。

关于活字印刷术的发明者毕昇，历史缺少记载，仅能从沈括的《梦溪笔谈》中知道他是庆历年间的一介布衣，生平籍贯均无从考证。

《梦溪笔谈》里记载，活字印刷的程序为：首先选用质地细腻的胶泥，刻成一个个规格统一的单字，然后用火烧硬，即成胶泥活字；把活字分类放在相应的木格里，一般常用字，如"之""也"等字要备用几个至几十个，以备重复使用。排版的时候，在一块带框的铁板上面敷上一层用松脂、蜡和纸灰之类混合制成的药剂，接着把需要的胶泥活字从备用的木格里拣出来，按文字顺序排进框内，排满就成为一版；排好后再用火烤，等药剂开始熔化的时候，用一块平板把字面压平，等到药剂冷却凝固后，就成为固定的版型。这样就可以涂墨印刷了。印完之后，再用火把药剂烤化，用手一抖，胶泥活字就可以从铁板上脱落下来，下次可以再用。

毕昇首创的泥活字版，使书籍的大量印刷更为方便。《梦溪笔谈》说"若印十百千本，则极为神速"。活字印刷，还可以一边印刷，一边排版，胶泥活字还可重复使用，实在是既节省了时间，又节省了材料。活字印刷术的方便快捷由此可见一斑。

毕昇之所以能够发明活字印刷术，来源于他对于生活的耐心观察、思考和体悟。有个有趣的小故事说，毕昇发明活字印刷是受了他两个儿子玩过家家的启发。他的师兄弟们不明白为什么毕昇那么幸运地发明活字印刷术，师傅开口说："毕昇是个有心人啊！你们不知道他早就在琢磨改进工艺了。冰冻三尺，非一日之寒啊！"

毕昇在发明泥活字印刷的过程中，还研究过木活字排版。但是由于他所选用的木材的木质比较疏松，刷上墨后，受湿膨胀不均，干了还会缩小变形，加上不能和松脂药剂粘连，因此没有采用。后来经过人们的反复试验和研究，木活字印刷最终获得了成功。元代的农学家王祯造木活字3万多个，排印自己编撰的书。可以说，毕昇的早期探索，在某种程度上启发了木活字的发明者。

毕昇的创造和探索，开了后世一系列材料活字的先河。南宋时，出现了铜活字。南宋末或元初，有人使用铸锡活字。明代出现了铅活字。清代，山东徐志定使用瓷活字印刷。这些活字都是在毕昇的胶泥活字基础上进行的改进。

活字印刷术的发明和使用，不仅大大推动了中国印刷业的发展，而且对于世界文明的发展产生了巨大的影响。从13世纪开始，活字印刷术开始由中国传入朝鲜、日本等地，后来又经由丝绸之路传入波斯和阿拉伯，再传入埃及和欧洲。在1450年左右，德国人古登堡受活字印刷的影响，发明了铅、锡、锑的合金活字印刷。活字印刷术的传入，为欧洲的文艺复兴和近代科学的兴起提供了重要的物质条件。

活字印刷术的发明，促进了人类文化知识广泛的传播和交流，大大推动了世界文明的发展。

⊙大事记

1069年，宋神宗任命王安石为参知政事，开始实行变法。

1074年，宋朝定四川茶叶同"西番"换马，是我国正式确立茶马政策之始。

王安石变法

宋仁宗在位40年，虽然朝中有像范仲淹、包拯等一些正直的大臣，但是并没有真正使他们发挥作用，因而国家越来越衰弱下去。宋仁宗没有儿子，死后由一个皇族子弟做他的继承人，这就是宋英宗。北宋治平四年（1067年）正月，宋英宗病逝，英宗长子赵顼即皇帝位，是为宋神宗。

宋神宗看到国家衰弱的景象，有心改革一番，可是他周围的人，都是仁宗时期的老臣，就连富弼这样支持过新政的人，也变得暮气沉沉了。宋神宗想，要改革这种现状，一定得找个得力的助手。

宋神宗即位之前，身边有个叫韩维的官员，常常在神宗面前谈一些好的见解。神宗称赞他，他说："这些意见都是我朋友王安石说的。"从那时起，宋神宗就对王安石有了一个好印象。现在他想找助手，便想到了王安石。于是下了一道命令，把正在江宁做官的王安石调到京城来。

王安石是北宋中期的改革家、思想家和文学家。他出生于世宦之家，博学强记，能文善赋，早年就负有盛名，22岁中进士，出任地方官。他年轻时，文章就写得很出色了，得到了欧阳修的赞赏。

王安石在地方做了20年的官，名声越来越大。后来，宋仁宗调他到京城做管理财政的官。他一到京城，就向仁宗上了一份近一万字的奏章，提出他对改革财政的主张。宋仁宗刚刚废除范仲淹的新政，一听到要改革就头疼，便把王安石的奏章束之高阁。王安石知道朝廷没有改革的决心，自己又跟一些官员合不来，就趁母亲去世的时机，辞职回家了。

这一次，王安石接到宋神宗召见的命令，又听说神宗正在物色人才，就高高兴兴地进京来了。他一到京城，宋神宗就单独召见他。神宗一见面就问他说："你看要治理国家，该从哪儿入手？"他从容地回答说："先从改革旧的法度，建立新的法度开始。"

北宋熙宁二年（1069年），宋神宗把王安石提为副宰相。二月，神宗与王安石共同商讨后，为实行变法专门设立了一个机构——制置三司条例司，主要工作就是制定新的财政经济政策，颁行新制，以通天下之利。同年七月，制置三司条例司建议实行均输法，宋神宗采纳后便下诏实行，在"便转输，省劳费，去重敛，宽农民"等方面，收到较好的成效。

九月，王安石主持改革常平仓制度，推行青苗法。青苗法的实施，在限制官僚望族利用高利贷盘剥等方面，收到成效，同时为朝廷获取了大量利息。十一月，宋实施农田水利法，也称农田水利条约或农田水利约束。水利法实行后亦颇见成效，北宋熙宁九年（1076年），兴修水利10793处，受益民田36万多顷，公田1915顷。后有募役法、市易法、方田均税法等出台。

王安石的变法巩固了宋王朝的统治，取得了富国强兵的显著成效。政府的财政状况大有改善，北宋军事实力明显提高。在与西夏交战中，取得了熙河之役的胜利，收复故地二千里，这是北宋历史上十分少见的胜利。然而，由于变法涉及面广，阻力很大，未能真正解决社会矛盾，遭到两宫太皇太后、皇太后及元老重臣如司马光、文彦博、吕公著等守旧派的激烈反对。宋神宗听到反对的人不少，就动摇起来。

王安石眼看新法实行不下去，便上书请辞。宋神宗也只好让王安石暂时离开东京，去江宁府休养。

第二年，宋神宗又把王安石召回京城当宰相。谁知几个月后，天空出现了彗星。这本来只是一种正常的自然现象，但是在当时的人看来这是不吉利的预兆。宋神宗又慌了，要大臣对朝政提意见。一些保守派便趁机对新法攻击诬蔑。王安石竭力为新法辩护，让宋神宗不要相信这种迷信的说法，但宋神宗还是犹豫不定。

后来王安石无法继续贯彻自己的主张，便再一次辞去宰相的职位，回江宁府去了。宋神宗去世后，10岁的宋哲宗即位，太皇太后高氏临朝，起用司马光执政，尽废新法，史称"元祐更化"。宋哲宗亲政后，逐渐恢复新法，但由于新旧党争，新法已没有什么进展了，北宋王朝也逐渐走向衰亡。

《资治通鉴》

王安石虽然罢了相，宋神宗还是把他定下的新法推行了将近10年。1085年，宋神宗病死，年仅10岁的太子赵煦即位，这就是宋哲宗。哲宗年幼，他祖母高太后临朝听政。高太后一向反对新法，她临朝后，便把反对新法最激烈的司马光召到京城担任宰相。

司马光（1019～1086年），字君实，北宋陕州夏县（今山西夏县）人。他父亲司马池，官任天章阁（皇帝藏书阁）待制（皇帝顾问）。司马池为人正直、清廉，这对司马光有深刻的影响，时人赞誉司马光是"脚踏实地的人"。司马光自幼酷爱史学，"嗜之不厌"。宋仁宗宝元元年（1038年）司马光中进士，历仕仁宗、英宗、神宗三朝，任天章阁待制兼侍讲、龙图阁直学士、翰林学士、御史中丞等职。

司马光在当时的大臣中，名望最高。他的名声，从他幼小的时候就已经开始传开了。他7岁那年，就开始专心读书。不论是酷暑，还是严寒，他总捧着书不放，有时候连吃饭喝水都忘了。他不但用功读书，而且很机灵。有一次，他和小伙伴们在后院子里玩耍。院子里有一口大水缸，有个小孩爬到缸沿上，一不小心，掉进缸里。缸大水深，眼看孩子快要没顶了。别的孩子们一见出了事，吓得一面哭喊，一面往外跑，找大人来救。司马光不慌不忙，从地上搬起一块大石头，使尽力气朝水缸砸去。缸被砸破了，水从缸里流了出来，被淹在水里的小孩也脱险了。这件偶然的事情，让幼小的司马光出了名。

宋神宗在位的时候，司马光担任翰林学士。司马光和王安石本来是交往密切的好朋友，后来王安石主张改革，司马光不赞同，两个人就谈不到一块儿去了。

王安石做了宰相以后，提出的一件件改革措施，司马光全都反对。

原来，司马光很喜欢研究历史，他认为治理国家的人，一定要通晓从古以来的历史，从历史中吸取兴盛、衰亡的经验教训。他又觉得，从上古到五代，历史书实在繁杂无序，做皇帝的人没有那么多精力去看。于是，他很早就动手编写一本从战国到五代的史书。宋英宗在位之时，他把一部分稿子献给朝廷。宋英宗觉得这是本对巩固王朝很有好处的书，十分赞赏这项工作，就专门为他设立了一个编写机构，叫他继续编写下去。

宋神宗即位以后，司马光又把编好的一部分稿子献给宋神宗。宋神宗不欣赏司马光的政治主张，但是对司马光编书却十分支持。他把自己年轻时收藏的2400卷书都送给了司马光，让他好好完成这部著作，还亲自为这本书起了个书名，叫《资治通鉴》（"资治"就是能帮助皇帝治天下的意思）。

司马光一共花了19年时间，才完成了这部著作。《资治通鉴》是中国最著名的编年体通史，上起周威烈王二十三年（公元前403年），下迄后周显德六年（公元959年），记载了包括周、秦、汉、魏、晋、宋、齐、梁、陈、隋、唐、后梁、后唐、后晋、后汉、后周在内的16个朝代的1362年历史。分为294卷，共计300多万字，另外《目录》30卷，《考异》30卷，其中《周纪》5卷，《秦纪》3卷，《汉纪》60卷，《魏纪》10卷，《晋纪》40卷，《宋纪》16卷，《齐纪》10卷，《梁纪》22卷，《陈纪》10卷，《隋纪》8卷，《唐纪》81卷，《后梁纪》6卷，《后唐纪》8卷，《后晋纪》6

卷，《后汉纪》4卷，《后周纪》5卷。

司马光是为了巩固当时的封建政权才编写《资治通鉴》的，这就决定了此书的内容主要是政治史。他把历史上的君主依据他们的才能分为五类：第一类是创业之君，比如汉高祖、汉光武帝、隋文帝、唐太宗等；第二类是守成之君，如汉文帝和汉景帝；第三类是中兴之帝，如汉宣帝；第四类是陵夷之君，如西汉的元帝、成帝，东汉的桓帝、灵帝；第五类是乱亡之君，如陈后主、隋炀帝。在司马光看来，最坏的是那些乱亡之君，他们"心不入德义，性不受法则，舍道以趋恶，弃礼以纵欲，谗谄者用，正直者诛，荒淫无厌，刑杀无度，神怒不顾，民怨不知"，像陈后主、隋炀帝等就是最典型的例证。对于乱亡之君，《通鉴》都作了一定程度的揭露和谴责，以为后世君主鉴戒。

高太后临朝听政后，把司马光召回朝廷。这时的司马光已经是又老又病了，但是他反对王安石新法的思想却毫不放松。他一当上宰相，第一件大事就是把新法的思想废除掉。王安石听到废除新法的消息，十分生气，不久就郁郁而终。而司马光的病也越来越重，在同年九月也去逝了。

⊙**大事记**

1084年，司马光的《资治通鉴》书成，为中国第一部编年体通史。

1088年，沈括于本年前后作《梦溪笔谈》；苏颂主持制成水运仪象台（天文钟）。

1090年，秦观著《蚕书》出版，为中国最早养蚕专著。

1100年，李诫著《营造法式》成书，为世界最早的建筑手册。

文豪苏轼

1037年农历一月八日，四川眉山一个清寒的人家里，传出了几声清脆的啼哭声，又一个崭新的生命诞生了。已经28岁的苏洵大喜过望，更让他高兴的是这个孩子生得眉清目秀，体格不凡。苏洵以"夫子登轼而望之"之义为儿子取名为"轼"。苏轼的母亲程氏精通文史，十分注意对子女的早期教育。在她的悉心教育下，苏轼不负众望，少年时期即通经史，习字作文，下笔千言，一挥而就。22岁时，他和弟弟苏辙高中同榜进士，深得欧阳修赏识。

他父亲因自27岁后发愤读书，刻苦励志，为当时名流所重，免试任编纂礼书。"三苏"之名，震动京师。后来，苏洵在任上病故，苏轼兄弟扶榇南归，守制3年。这时苏轼已经年近30，然而，他仍然胸怀壮志，"达则兼济天下"的理想依然在心里激荡澎湃。但这3年中，朝政发生了变化，以王安石为代表的改革派在宋神宗的支持下推行新法。由于新法实施过程中的确存在若干问题，苏轼对新法本来就不十分赞成，所以他上书指出新法中的一些弊病，不料触犯了一些人的利益。知道自己的政见不被采纳后，按照中国官场的惯例，苏轼只得请求出调为地方官。据记载，这段时间，苏轼历任杭州、密州（今山东诸城）、徐州等地知州。苏轼每到一处，都能励精图治，兴利除弊，为当地百姓作出贡献，自然赢得了人民的爱戴和景仰，和改革派也暂时相安无事。可是时局变幻莫测，苏轼又耿直敢言，所以无论是变法的新党还是守旧的老党，都不把他当作自己人。他们吹毛求疵，在苏轼诗集中找一些稍露棱角的句子作为借口，一次又一次地将苏轼逼到悬崖的边缘。

经过"乌台诗案"和其他几次陷害后，苏轼对政治清明的信心已经丧失殆尽。北宋绍圣四年（1097年），因为又一次无中生有的中伤，当权者余恨未解，将刚在惠州安顿好的苏轼转谪到海南。

因为这时苏轼已年近60，他自己也说："垂老投荒，无复生还之望。"伤心之余，他只得把安顿下来的家属留在惠州，独自带着幼子苏过漂洋过海。全家人都预感这次是生死之别，他们静静地听苏轼吩咐后事，默默地看着那一叶小舟消失在巨浪滔天的茫茫海天之际。"生人作死别，恨恨哪可论！"

命运并不因为苏轼的天纵文才和勤政为民而对他有青眼有加，流放到海南7年后，苏轼终于得到一纸赦令，踏上了北归旅程。然而，他没有李白"千里江陵一日还"的幸运。多年的磨难和旅途的劳累，消磨了苏轼全部的生命和精力，他艰难地走到了生命的尽头，1101年，他在友人代为借租的一所房子里溘然长逝。苏轼与世长辞，朝野俱痛，几百太学生自发到佛舍祭奠他，为这样一代文人之厄叹惋哀悼。苏轼的词飘飘欲仙，不惹红尘，自有一种出世脱俗的飘逸，如他的《水调歌头》就是这样：

明月几时有，把酒问青天。不知天上宫阙，今夕是何年？我欲乘风归去，又恐琼楼玉宇，高处不胜寒。起舞弄清影，何似在人间？转朱阁，低绮户，照无眠。不应有恨，何事长向别时圆？人有悲欢离合，月有阴晴圆缺。此事古难全，但愿人长久，千里共婵娟。

这是苏轼在密州任职时所写的，是一首在文学史上负有盛誉的词。苏轼当时和弟弟苏辙已七年没有见面，这种血肉相连的感情在美酒和月华的催化下，终于凝成了一首千古绝唱。在诗人笔下的月亮也通了人意，它转过朱红大门，绕过雕花琐窗，照着天下相思的人们。苏轼不禁又问道："月儿你远离尘嚣，不应该再有什么遗憾的，可为什么偏偏在人间相思难聚的时候圆得如此难堪呢？"看来，人间有悲欢离合，就和月亮有阴晴圆缺一样是难免的啊。想到这里，诗人对远在千里之外的弟弟说："即使我们相隔千里，无法相见，但只要我们能共同沐浴着这一片月亮的清辉，也就该满足了。"这样，本来沉重的思亲之情，在作者几经转折之后，就从抑郁翻转为超脱。

一般都将苏轼看作是豪放派词人，其实问题并不这么简单。苏轼的词包罗万象，风格多变，有豪放旷达如《念奴娇·赤壁怀古》者；有婉约凄恻如《江城子·十年生死两茫茫》者；也有活泼真切如《浣溪沙》五首者。人们之所以用"豪放词人"来评价苏轼，是因为自从苏轼之后，词开始走出了"花间派"专咏风花雪月的路子，转而写生活中积极向上的事物和感情。从根本上看，苏轼真正称得上豪放的，只有《江城子·密州出猎》等几首，像前面所说的《念奴娇·赤壁怀古》可能都不是。词写到最后时，苏轼追古思今，想想自己已经年过四旬，却壮志成空。忍不住悲从中来，说："故国神游，多情应笑我，早生华发。人生如梦，一樽还酹江月。"

苏轼对词的贡献是多方面的，他扩大了词的内容，提高了词的境界。胡寅的《酒边词序》说苏词"一洗绮罗香泽之态，摆脱绸缪婉转之度，使人登高望远，举首高歌，而逸怀浩气超乎尘埃之外矣"。的确如此，从苏轼之后，词不但可以写花前月下的卿卿我我，也可以写政治情怀和民生疾苦，甚至连农村的生活生产也被他纳入词中，这在词史上是一次重大突破。

苏轼还有几首小词写得清新流畅，饶有情趣。如《蝶恋花》：

花褪残红青杏小，燕子飞时，流水人家绕。枝上柳绵吹又少。天涯何处无芳草。

墙里秋千墙外道，墙外行人，墙里佳人笑。笑渐不闻声渐消。多情却被无情恼。

这首词写于作者贬谪途中，苏轼此时仕途不顺，心中极为不适，外出散步时走到一家人的院墙外，听见里面有清脆的笑声传来，他知道这肯定是富人家的女孩在园内赏春。她们青春年少，无忧无虑，正是人生最幸福的时候。而自己空怀壮志，只为一封奏书，就拖家带口一路南奔。这样的日子何时才能结束？相传苏轼的爱妾朝云在唱到这首词泣涕满襟，说："妾所不能歌者，'枝上柳绵吹又少，天涯何处无芳草'也。"这也许正是苏轼感触最深的一联吧。对苏轼个人而言，本来应该大有作为的一生竟会因为一言不慎而付诸东流。这是怎样一种深沉而无奈的悲哀！历史的轻烟已经散去，知道这些隐曲的，可能只有随风而去的古人了。

⊙大事记

1104年，宋徽宗以蔡京的建议，开列文彦博、司马光、苏轼等百余人姓名，刻石庙堂，即"元祐党人碑"。

李纲抗金

就在宋朝国力日渐衰弱的同时，我国东北地区的女真族却逐渐强大起来。1115年，完颜阿骨打建立了金国。之后，强大的金军屡次南侵，宋朝只有抵抗的能力。

北宋宣和七年（1125年），北宋王朝腐败，金军大举南下，消息传到东京，北宋君臣慌作一团，群臣请求徽宗禅位于皇太子赵桓，以便号召各地官兵和百姓起兵勤王。宋徽宗赵佶一听，吓得魂飞魄散，急忙写下了"传位东宫"的诏书宣布退位，自己当了"太上皇"，并且连夜带着亲兵逃出了京城。太子赵桓即位，这就是宋钦宗。他在宫中也六神无主，宰相白时中、杨邦彦乘机劝他弃城逃往襄阳。兵部侍郎李纲听说后，立刻求见宋钦宗。

李纲在殿上责问宋钦宗，说："太上皇把固守京城的千斤重担托付给陛下，现在金兵还没到，陛下就把京城抛弃了，将来怎么向太上皇交代，怎么向全国的百姓交代？"

宋钦宗哑口无言。白时中却怒气冲冲地说："金军来势汹汹，锐不可当，京城哪里能守得住？"

李纲怒视白时中，反问道："天下的城池，还有比京城更坚固的吗？如果京城守不住，那么天下就没有守得住的城了。况且宗庙社稷、百官万民都在这里，丢开不顾，还去守卫什么？如果我们鼓励将士，安慰民心，就一定能守住京城！"

李纲的一片忠心打动了宋钦宗，他马上让李纲负责守卫京城。李纲随即去城楼上调兵遣将，布置好守城的人马准备迎击金军。

几天后，宗望率领10万铁骑，来到东京城下。这一天，天刚亮，金兵就开始疯狂地攻城。他们沿着汴河出动了几十只火船，企图顺流而下，烧掉城楼。李纲早有准备，在汴河里布置了一排排的木桩，又从蔡京府中搬来了大量的假山石，垒塞在门道间，使金军火船无法前进。这时，布置在城下的2000多名敢死队员一齐上前，手执长竿铙钩，牢牢地钩住那些火船，使它进退不得，不久那些火船便化为灰烬。

宗望一计不成又生一计，把他的王牌铁骑搬了出来。他们身穿铁甲，头戴兜鍪，全身只露出两个眼睛，刀箭不入，十分凶悍。但因为是骑兵，在城下施展不开，只能坐在大船里顺流而来。李纲便把城下的兵撤到城头上，也不放箭，只是让那些船只驶近水门前。紧接着一声令下，巨大的石块如暴雨般向下投掷。任凭你的兜鍪怎样坚韧，百十斤重的石块落在头上，也只有脑浆进裂，一命呜呼。船只也被砸碎，跌入汴河的铁甲兵上不了岸，只有活活被淹死。

宋军将士个个斗志高昂，奋勇杀敌。李纲脱去官服，亲自擂鼓激励将士，打退了敌人一次又一次的进攻。

金军统帅宗望孤军深入，千里奔袭宋朝都城，原打算速战速决，却不料东京的防守那样坚固、严密。不仅城池久攻不下，而且损兵折将、伤亡惨重，只好派人议和。

⊙**大事记**

1119年，朱彧在《萍洲可谈》记载指南针应用于航海。

1125年，金兵于应州俘辽天祚帝，辽亡。辽宗室耶律大石率部西行，于今新疆及中亚一带建立西辽。

1125年，宋徽宗禅位于太子赵桓，是为宋钦宗。

靖康之辱

在金将宗望被迫退兵的时候，种师道向宋钦宗建议，趁金军渡黄河之际，发动一次袭击，把金军消灭掉。宋钦宗不但不同意这个好主意，反而把种师道撤了职。

金军退走以后，宋钦宗和一批大臣以为从此可以安稳度日，哪料到东路的宗望虽然退了兵，西路的宗翰率领的金军却不肯罢休。北宋靖康元年（1126年）十月，金军又开始对北宋发动进攻，太原、真定很快失守。十一月中旬，西、东两路金军相继渡过黄河。钦宗君臣知道金军渡河向东京进军的消息后，吓得惊慌失措，不知该怎么退敌。宋钦宗派大将种师中带兵前去援救，半路上被金军包围，种师中兵败牺牲。投降派的一些大臣正嫌李纲在京城碍事，就撺掇宋钦宗把李纲派到河北指挥作战。

李纲明知道自己遭到排挤，但是要他上前线抗金，他也不愿推辞。李纲到了河北，招兵买马，准备抗金。但是朝廷却命令他解散招来的新兵，立刻前往太原。李纲调兵遣将，分3路进兵，但是，那里的将领都受朝廷的直接指挥，根本不听李纲的命令。由于3路人马没有统一领导，结果打了一个大败仗。

李纲名义上是统帅，却没有实际指挥权，只好向朝廷提出请辞。宋钦宗撤了李纲的职，把他贬谪到南方去了。金国君臣最怕李纲，现在李纲罢了官，他们就再没有顾忌了。金太宗又命令宗翰、宗望向东京进犯。

这时候，太原城被宗翰的西路军围困了8个月后，终于陷落在金兵手里。

太原失守之后，两路金军同时南下。各路宋军将领听到东京吃紧，主动带兵前来援救。宋钦宗和一些投降派大臣忙着准备割地求和，竟命令各路援军退回原地。

面对两路金军不断逼近东京，宋钦宗被吓昏了。一些投降派大臣又成天劝宋钦宗向金求和。宋钦宗只好派他弟弟康王赵构到宗望那里去求和。

赵构经过磁州（今河北磁县），州官宗泽对赵构说："金国要殿下去议和，不过是骗人的把戏而已。他们已经兵临城下，是求和的态度吗？"

磁州的百姓也拦住赵构的马，不让他去金营求和。赵构也害怕被金国扣留，就留在了相州（今河南安阳）。

没过多久，两路金军已经赶到东京城下，继而猛烈攻城。城里只剩下3万禁卫军，不久就差不多逃跑了一大半。各路将领因为朝廷下过命令，也不来援救东京。这时候，宋钦宗已是叫天天不应，叫地地不灵了。

眼看末日来到，没有办法，宋钦宗痛哭了一场，亲自带着几个大臣去金营送降书。宗翰勒令钦宗把河东、河北土地全部割让给金国，并且向金国献金1000万锭，银2000万锭，绢帛1000万匹。宋钦宗一一答应，金将才把他放回了城。

宋钦宗派了24名官吏帮金军在皇亲国戚、各级官吏、和尚道士等人家里彻底查抄，前后抄了20多天，除了搜去大量金银财宝之外，还把珍贵的古玩文物、全国州府地图档案等也抢劫一空。

北宋靖康二年（1127年）三月七日，金人扶植张邦昌建立傀儡政权。四月一日，金将宗望、宗翰押着被俘而扣留在金营的宋徽宗、宋钦宗和皇子、皇孙、后妃、宫女等400余人回归金国，同时满载掠夺的大量金银财宝。金军退兵时，还将宋宫中所有的法驾、卤簿等仪仗法物和宫中用品，以及秘阁、太清楼、三馆所藏图书连同内侍、内人、伎艺工匠、倡优、府库蓄积席卷一空。

⊙**大事记**

1127年，金兵攻陷东京，俘徽、钦二帝，北宋灭亡。

1127年，康王赵构在南京（今商丘）即位，改元建炎，南宋开始。

岳家军大败兀术

南宋初年，金军几次南下，威胁南宋政权。南宋军民奋起抗金，金军一举灭亡南宋的计划失败，高宗才得以苟安江南。金国扶植刘豫为大齐皇帝，建立大齐傀儡政权，与南宋对峙。接着，又放宋旧臣秦桧南归，利用他破坏南宋的抗金力量。秦桧到南宋后，千方百计取得高宗的信任，被任命为宰相。尽管南宋处于极为不利的地位，但是当时的抗金战场上依然活跃着无数保家卫国的英雄。岳飞，就是南宋抗金的一面旗帜。

岳飞是相州汤阴（今河南汤阴）人，从小刻苦读书，尤其爱读兵法。他还力大过人，十几岁的时候就能拉开300斤的大弓。后来，他听说同乡老人周同武艺高强，就拜周同为师，学得一手百发百中的好箭法。

后来，岳飞从了军。金兵南下的时候，他在东京当一个小军官。有一次，他带领100多名骑兵，在黄河边练兵，忽然对面来了大股金兵。兵士们都吓得不知所措，岳飞却不慌不忙地说："敌人虽然多，但他们不知道我们有多少兵力。我们可以趁他们没准备的时候击败他们。"说着，就带头冲向敌阵，斩了金军一名将领。兵士们受到岳飞的鼓舞，也冲杀上去，果然把金军杀得落花流水。

从这以后，岳飞的勇猛便出了名。过了几年，他在宗泽部下当了将领。岳飞跟宗泽一样，把抗金作为自己的职责。

宗泽死后，岳飞的队伍仍旧坚持在建康附近战斗。这回趁兀术北撤的时候，他跟韩世忠配合，打得兀术一败涂地。

南宋绍兴四年（1134年），岳飞奉命挥师北伐。仅用3个月，就收复了襄汉地区六州之地，这是南宋建立以来第一次大规模收复失地。年仅32岁的岳飞被封为开国侯和节度使，成为与韩世忠等享有此殊荣的大将中最年轻的一个。之后，岳飞率军收复了河南许多地方。金国见形势不好，就决定与南宋议和。高宗听到议和，喜不自胜，遂复用秦桧为相，同金国订立和议，向金称臣纳贡。岳飞强烈反对议和，并向高宗指出秦桧误国心怀不忠。从此，秦桧对岳飞怀恨在心。

岳家军军纪严明。一次，有个士兵擅自用百姓的一束麻来缚柴草，被岳飞发现，当即就按军法处置了。岳家军行军经过村子，夜里都在路旁露宿，老百姓请他们进屋，没有人肯进去。岳家军中有一个口号，叫作："冻死不拆屋，饿死不掳掠。"

岳飞在作战之前，总是先把将领们召集起来，一起商量作战方案，然后才出战。所以打起仗来，每战必胜。金军将士见到岳家军，没有一个不害怕的，他们中间流传着一句话："撼山易，撼岳家军难。"

1139年，金国内部发生政变，兀术掌握大权。第二年（1140年），兀术撕毁和约，兵分四路向南宋大举进攻，宋金间展了规模空前的激战。在东线，宋将刘琦指挥原八字军取得顺昌大捷，击败兀术的部队10万多人。在中原战场上，岳飞不顾秦桧阻挠，率岳家军进行反攻，收复了河南中部的一些地区，并派军袭击金军后方。兀术趁岳家军兵力分散之机，率精锐骑兵直逼岳家军指挥中心郾城。岳飞命其子岳云率轻骑攻入敌阵，往来冲杀，直杀得金军尸横遍野。勇将杨再兴单骑冲入敌阵，杀死金兵数百人。金军队中突然冲出15000铁骑，中间的金兵"铁浮图"三骑并连，头带双层铁盔，身被重甲，两翼是轻疾如飞的骑兵"拐子马"，向岳家军平推过来。岳飞派步兵手持麻扎刀、大斧，上砍敌兵，下砍马足。一匹马摔倒，其他的两匹也不能动了，行动不便的重骑兵完全失去了威力。岳飞则率领精骑与拐子马激战，金军大败。郾城大捷是宋金双方精锐部队之间的大决战，宋军以少胜多，给金军以沉重打击。

岳家军节节胜利，一直打到距离东京只有45里的朱仙镇。河北的义军得知岳家军打到朱仙镇的消息，都欢欣鼓舞，渡过黄河来同岳家军会合。老百姓用牛车拉着粮食慰劳岳家军，有的还顶着香盆来欢迎，个个兴奋不已。

岳飞眼看形势大好，胜利在望，也止不住内心的兴奋。他鼓励部下说："大家共同努力杀敌吧。等我们直捣黄龙府的时候，再跟各路弟兄痛饮庆功酒！"

⊙**大事记**

1139年，宋金和议成。金归宋河南、陕西地。

1142年，宋金划分地界，高宗以"臣构"名义上誓表，金册康王为宋帝。

莫须有罪名

绍兴和议之后，兀术派使者给秦桧送去密信说："你天天向我们求和，但是岳飞不死，我们就不放心。一定得想法子把他杀掉。"秦桧接到密信，就对岳飞下了毒手。

秦桧先唆使他的同党、监察御史万俟卨（万俟是姓）给朝廷上奏章，攻击岳飞骄傲自满，捏造了岳飞在金兵进攻淮西的时候拥兵观望、放弃阵地等许多"罪名"。万俟卨开了第一炮以后，又有一批秦桧同党接连上奏章对岳飞进行攻击。

岳飞知道秦桧要陷害他，就主动要求辞去了枢密副使的职务。然而，事情并没能到此结束。岳飞原来是大将张俊的部下，后来岳飞立了大功，受到张俊的妒忌。秦桧知道张俊对岳飞不满，就与张俊勾结起来，唆使岳家军的部将王贵、王俊，诬告另一个部将张宪想发动兵变、攻占襄阳，帮助岳飞夺回兵权；还诬告岳飞的儿子岳云曾经给张宪写信，秘密策划这件事。

岳飞、岳云两人被逮捕到大理寺的时候，张宪已被拷打得遍体鳞伤。岳飞见了，心里又难过、又气愤。

万俟卨开始审问岳飞，他拿出王贵、王俊的诬告状，放在岳飞面前，吆喝着说："朝廷并没有亏待你们三人，可你们为什么要谋反？"

岳飞说："我没有对不起国家之处，你们掌管国法的人，可不能诬陷忠良啊！"

秦桧又派御史中丞何铸去审问岳飞，岳飞一句话也不说，他扯开上衣，露出脊梁让何铸看，只见岳飞背上刺着"精忠报国"四个大字。何铸看后大为震动，不敢再审，就把岳飞押回监狱。随后，他又看了一些卷案，觉得岳飞谋反的证据不足，只好向秦桧照实回报。

秦桧认为何铸同情岳飞，不再让他审问，仍叫万俟卨罗织罪名。万俟卨一口咬定岳飞曾经给张宪写信，部署夺军谋反的计划。他们没有物证，就诬说原信已经被烧毁了。

这个案件一拖就是两个月，审讯毫无结果。朝廷官员都知道岳飞冤枉，有些官员上奏章替岳飞申冤，结果却遭到秦桧陷害。

老将韩世忠气愤地亲自去找秦桧，责问他凭什么说岳飞谋反，证据是什么。秦桧吞吞吐吐地说："岳飞给张宪写信，虽然没有证据，但是这件事莫须有（就是'也许有'的意思）。"韩世忠愤怒地说："'莫须有'三个字，怎能叫天下人心服！"

1142年一月的一个夜里，这位年仅39岁的抗金英雄被害牺牲。岳云、张宪也同时被害。

岳飞被害以后，临安狱卒隗顺偷偷地把他的遗骨埋葬起来。直到宋高宗死后，岳飞的冤案才得到平反昭雪。人们把岳飞的遗骨改葬在西湖边的栖霞岭上，后来又在岳墓的东面修建了岳庙。岳飞死后20年，宋孝宗即位后才以礼改葬，建庙鄂州；37年后赐谥武穆；70年后，宁宗追封其为鄂王。

理学的形成

理学作为一种伦理道德，是反映统治阶级利益的官方思想，是维护封建统治的思想武器；它作为一种学术思想和哲学体系，又是我国古代哲学思想发展到较完备阶段的产物。

宋代的理学，又称道学、新儒学，它以儒学为中心，融会佛道而形成。这种思想以"理"或"天理"为宇宙万物的本体，作为人们思想、行为的根本原则，所以称为理学。它又以三纲五常的伦理道德为基本内容，以明道为目标，继承古代的道统，所以称道学。宋代理学以程颢、程颐和朱熹为代表，即所谓程朱理学。

程朱理学是从周敦颐开始的。周敦颐提出了"太极"的概念，认为"太极"是宇宙的本体。他引用了道家思想阐释儒学，建立了理学的宇宙论。程颢和程颐是北宋理学的代表人物，是理学的奠基人，他们都是周敦颐的学生。二程的思想直接继承了理学的开创者周敦颐的思想，吸收了他的《太极图说》中的宇宙生成图式，并发展了他的"太极"说，提出"理"作为宇宙的本体，从而为理学建立了体系。后经朱熹进一步完善，遂成了封建社会官方的正统哲学，并统治元、明、清思想界长达数百年之久。

二程理学体系的核心是理或天理，并把它作为宇宙的本源，说它是先于一切事物而存在的，一切都是理产生的。二程用理来解释一切，认为封建伦理道德如君臣之道、父子之道、夫妇之道都是天理的体现。二程进一步要求去掉欲求。有人曾问程颐，家贫的寡妇是否可以再嫁。他认为饿死是小事，失节可就是大事了。这就是"去人欲，明天理"的主张。

南宋的朱熹是程朱理学的集大成者。朱熹，字元晦，号晦庵，别称紫阳。他是二程的四传弟子，一生精力用于著书讲学，是中国封建社会后期影响最大的哲学家。他完成了儒学的复兴，形成了与汉唐经学不同的新儒学体系。他进一步把"气"引入了理学，并从理与气的关系上探讨天地万物的哲学意义。他认为理是万物的本体，而气则是金、木、水、火等构成万物的材料。理和气两者相依相存，但理先于气，气依理而存在。万物有万理，万理的总和就是太极。万物的形成依赖于气，气又是理的表现。

朱熹把儒学的伦理纲常加以新的解释，赋予了新的内容，他使三纲五常理论化，又在二程的基础上提出了"存天理，去人欲"的道德观，这成为禁锢人性的封建伦理规范。他创建的一套体系严整的新儒学思想，成为宋以后历代封建王朝的官方思想。他是著名教育家，一生讲学不辍，先后在白鹿洞书院、岳麓书院等地讲学，培养出了大批儒学弟子。他编著的《四书集注》，后来成了科举考试的必读书。理学对中国的社会政治、传统文化和思想意识形态产生了巨大的影响。

⊙**大事记**

1200年，哲学家、教育家朱熹卒。后人编其言论为《朱子语类》。

大元帝国

一代天骄

南宋北伐屡屡失败的同时，金国也因内部腐败而渐渐走向衰落。这时，北方的蒙古族却日渐强盛起来。

铁木真出生于蒙古孛儿只斤部。曾祖合不勒统一了蒙古尼伦各部。后来，叔祖忽图刺和父亲也速该也相继做了尼伦部的乞颜部的首领。

也速该英勇善战。在成吉思汗出生的那一天，也速该征讨塔塔儿部凯旋。为了纪念出征的武功，他给这刚出生的儿子取名铁木真。"铁木真"蒙语的意思是"精钢"。青少年时的铁木真武艺超群，才智过人，远近闻名。为了重振家业，铁木真去找父亲的安答（结义兄弟）克烈部首领王罕。在王罕的庇护下，铁木真开始积聚力量，势力迅速壮大。后来，铁木真迁居到怯绿连河上游的桑沽儿小河，建立了自己的营地，铁木真被推举为部族的汗。

1196年，铁木真联合王罕，配合金国军队，在斡里札河围歼了反叛金国的塔塔儿部，杀死了他们的首领。战后，金国封王罕为王，任命铁木真为招讨使，铁木真名声大振。此后，他又战胜了篾儿乞等部，攻取呼伦贝尔草原。1202年，铁木真彻底歼灭塔塔儿部，占领了西起斡难河，东到兴安岭的广大地区。1203年，王罕与铁木真反目，大战于合兰真沙陀，铁木真大败。随后，铁木真重整旗鼓，发动突然袭击，大败蒙古族最强大的克烈部，王罕父子逃亡后被杀。

1204年，铁木真征服蒙古草原上唯一能和自己对抗的乃蛮部的首领。1206年，统一了西起阿尔泰山，东到兴安岭的整个蒙古草原。各部贵族在斡难河源头举行盛大集会，推举铁木真为大汗，建立了强大的蒙古汗国。随后，成吉思汗开始建立蒙古汗国的国家制度。

成吉思汗的黄金家族是蒙古汗国的最高统治集团，拥有全部的土地和百姓。他按照分配家产的方式，将百姓和土地分给自己的子弟亲族。成吉思汗推广了千户制度，将全蒙古的百姓划分为95千户，任命蒙古的开国功臣以及原来的各部贵族担任那颜（意为千户长），世袭管领。为了维护自己的至高无上的统治地位，成吉思汗还建立了一支由大汗直接控制的人数达1万人的常备护卫军。这支强大的护卫军成为巩固蒙古汗国、进行对外战争的有力工具。

成吉思汗还根据畏兀儿文字创造了蒙古文字，用这种畏兀儿蒙古文发布命令，登记户口，编订法律，大大加强了统治，推进了蒙古文化的发展。

成吉思汗又任命自己的养子失吉忽秃忽为大断事官，负责分配民户，后来又让他掌管审讯刑狱等司法事务。成吉思汗还制定了蒙古法律"大札撒"，作为全部蒙古人民都要遵守的准则。法律的制定，对于安定社会，加强蒙古政权的统治起到了积极的作用。

蒙古汗国建立之后，成吉思汗开始向外扩张。他先后三次入侵西夏，迫使西夏称臣纳贡，并随同蒙古一进攻金国。1211年，成吉思汗南下进攻金国，1215年，攻占了中都燕京。

1219年，成吉思汗踏上征讨花剌子模的万里西征之路。1221年，成吉思汗占领花剌子模全境以及中亚的许多地区。1220年，成吉思汗连破花剌子模的要塞不花剌、撒麻耳干等城，花剌子模逃往里海一带，成吉思汗穷追不舍。

1222年，血洗花剌子模中心城市玉龙杰赤后，大军继续西进，并于1223年跨过高加索山，一直打到克里米亚半岛、伏尔加河流域、多瑙河流域。1224年，成吉思汗决定东归，1225年，回到蒙古，这场持续7年的西征终于结束。

⊙**大事记**

1206年，铁木真建蒙古汗国，称成吉思汗。

1214年，金为避蒙古锋芒，迁都南京（今河南开封），史称"宣宗南迁"。

1218年，耶律大石所建的西辽被蒙古灭亡。

蒙古灭金

1206年，铁木真称成吉思汗，在斡难河建立了蒙古汗国，成为北方草原地区新兴的强大势力。蒙古汗国一直受女真贵族建立的金国统治，金国统治者经常向蒙古部族勒索各种贡物，激起了蒙古族人民的不满和反抗。蒙古汗国确立奴隶制以后，奴隶主贵族掠夺财富的欲望不断膨胀；成吉思汗建国以后，开始发动南侵金国的战争。

1211年农历二月，成吉思汗率众南下，开始了对金的侵略战争。蒙古军首先突袭金军要隘，金军士气低落，无力抵抗，金军守将仓皇撤兵。蒙古军顺利占领抚州（今内蒙古集宁市东）后，成吉思汗率众继续追击，经过3天鏖战，金军损失惨重。十月，蒙古军过紫荆关、居庸关，前锋部队直逼中都（今北京市）。1212年春，蒙古军攻打中都时，遭到金守将完颜天骥的埋伏和夜袭，蒙古军被迫撤军。

1212年秋，成吉思汗再次南侵，攻打金的西京府（今山西大同市）。蒙古军队与金援兵元帅左都监奥屯襄部发生激战，金军全军覆没。蒙古军在围攻西京时，遇到金左副元帅兼西京留守赛里的顽强抵抗。成吉思汗在作战中身中流矢，再加上一时也攻不下西京，只好撤回阴山。

1213年秋，成吉思汗又从阴山南下，一直打到怀来，与金尚书左丞完颜纲10万军队展开激战，金军精锐全部溃散，损失极其惨重。成吉思汗率军乘胜进攻，相继占领河北、河东广大地区，直抵黄河北岸。然后又向东攻占山东诸地，直到海滨，对中都形成包围之势。金国无奈，只好提出议和的要求，蒙古大军携带掠夺来的人口和财富得胜而归。

1214年农历五月，金宣宗不愿再受蒙古军队的骚扰，迁都南京（今河南开封市）。成吉思汗又立即派兵南下，进占中都。同时，蒙古木华黎部攻占金东京（今辽宁辽阳市）和北京（今内蒙古宁城县西），金国实力大减。

1217年八月，被封为太师兼国王的木华黎，率兵出征，接连攻克太原、汾州（今山西汾阳县）、绛州（今山西新绛县）、潞州（今山西长治市）、平阳。1221年，木华黎大军直指陕西，进攻延安，金延安知府固守城池，蒙古军只好撤退。1222年八月，木华黎转攻被金国收复的太原府，太原再次失守。不久，蒙古军攻占河中府（今山西永济县）。

1223年春，木华黎决定亲率大兵10万，先攻打凤翔府（今陕西凤翔县），再取京兆（今陕西西安市），但是在进攻的过程中，却遭到沉重打击，只好撤兵。

1227年七月，成吉思汗病逝。1229年八月，成吉思汗第三子窝阔台继承汗位。窝阔台继位后，大举侵金。此次用兵，窝阔台旨在消灭金国。

庆阳之战、卫州之战、潼关凤翔之战后，1231年五月，窝阔台分兵三路合围汴京（今河南开封市），中路窝阔台率兵攻陷河中府，左路斡陈那颜进兵济南，右路拖雷出凤翔，攻破宝鸡，直指汴京。经过钧州三峰山之战，金国军队主力损失殆尽，主要将领大多战死，元气大伤，灭亡指日可待。1232年一月，蒙古军队围攻汴京，虽然金国军民奋力保卫汴京，但金哀宗却逃到了蔡州，汴京、中京（今河南洛阳市）相继陷落。

1233年，蒙古与南宋达成协定，协力围困蔡州。蔡州被困3个月后城破，金哀宗自杀，金国灭亡。

⊙大事记

1234年，蒙古灭金，金哀宗自杀，末帝死于乱军之中。蒙古旋即南下攻宋。

1259年，南宋寿春府制成突火枪，以巨竹为筒，为人类最早用火药发射子弹的管状火器。

贾似道误国

蒙古、南宋联合灭了金国以后，南宋出兵想收复开封、河南一带土地。窝阔台借口南宋破坏协议，向南宋发起进攻。从这以后，蒙宋双方不断发生战争。

到窝阔台的侄儿蒙哥即位后，派他弟弟忽必烈和大将兀良合台进军云南，占领了西南地区。1258年，蒙哥分3路进兵攻打南宋。他自己亲率主力进攻合州（今重庆合川），忽必烈攻打鄂州（今湖北武昌），另一路由兀良合台率领，从云南向北攻打潭州（今湖南长沙），3路的进军路线，都直指临安。

警报一个接一个送到临安，南宋朝廷震动了。宋理宗命令各路宋军援救被忽必烈围困的鄂州；又任命贾似道担任右丞相兼枢密使，去汉阳督战。贾似道，字师宪，台州天台（今属浙江）人，南宋嘉定六年（1213年）生于官宦之家。他少年时整天游荡赌博，不思上进，后来靠父亲的关系，荫补为嘉兴司仓。他的姐姐做了宋理宗的贵妃后，贾似道开始官运亨通，一两年内便由正九品籍田令升为正六品军器监，并于南宋嘉熙二年（1238年）中进士。理宗还特别召见了贾似道，予以勉励。新任丞相的他，原本是个不学无术的二流子。这一回，宋理宗派他上汉阳前线督战，他只好硬着头皮去了。

忽必烈攻城越来越猛。贾似道眼看形势紧张，就瞒着朝廷，偷偷地派了一个亲信到蒙古大营去求和，表示只要蒙古退兵，宋朝就愿意称臣，进贡银绢。正巧这时候，忽必烈接到他妻子从北方派人送来的密信，说蒙古一些贵族正准备立他弟弟阿里不哥做大汗。忽必烈见汗位要被弟弟占了，就答应了贾似道的请求，订下了秘密协定，赶着回去争夺汗位去了。

贾似道回到临安，瞒着私自订立和约的事，还抓了一些蒙古兵俘虏，吹嘘各路宋军大获全胜，不但打跑了鄂州的蒙古兵，还把长江一带的敌人也全部肃清了。

宋理宗听信了贾似道的谎言，认为贾似道立了大功，特意下了一道诏书，赞赏贾似道指挥有方，给他加官晋爵。贾似道由此进一步掌握了大权。他随即使人编造左相吴潜罪状上奏理宗，吴潜被罢相。宦官董宋臣已在吴潜为相时被斥出朝，支持董宋臣的阎妃在同年七月病死。贾似道进而清除朝中异己，一手把持了政权。从此，贾似道在理宗、度宗两朝独专朝政长达15年。

贾似道隐瞒求和真相，骗取权位，陆续对抗蒙有功的将士给予打击。贾似道又实行所谓"打算法"，只要在抗战中支取官物作军需的人，一律治罪。贾似道控制御史台，反对贾似道的官员都被御史台以各种罪名予以免官。

南宋景定五年（1264年），理宗赵昀养子赵禥即皇帝位，即宋度宗。次年，宋度宗加封贾似道为太师。赵禥认为贾似道有"定策"之功，每逢他朝拜，也定回拜，称贾似道为"师臣"，而不呼其名。朝廷百官都称贾似道为"周公"。

忽必烈打败了阿里不哥，稳定了内部以后，在1271年称帝，改国号叫元，他就是元世祖。元世祖借口南宋不履行和约，派大将刘整、阿术出兵进攻襄阳，把襄阳城整整围了5年。贾似道把前线来的消息一一封锁起来，不让宋度宗知道。有个官员向宋度宗上奏章告急，奏章落在贾似道手里，那个官员马上被革职了。最终，襄阳还是被元兵攻破了。消息传来，南宋朝廷大为震惊。这个时候，贾似道再想瞒也瞒不住了，就把责任推给襄阳守将，免了守将的职了事。

元世祖见南宋这样腐败，便决定一鼓作气消灭南宋。他派左丞相伯颜率领元军20万，分兵两路，一路从西面攻鄂州，另一路从东面攻扬州。这时，宋度宗病死了，贾似道拥立一个4岁的幼儿赵㬎做皇帝。伯颜攻下鄂州后，沿江东下，直指临安。贾似道一面带领7万宋军驻守芜湖，一面派使臣到元营求和。伯颜拒绝议和，命令元军在长江两岸同时发起进攻，宋军全线溃败，贾似道逃回扬州。到了这个时候，南宋灭亡的局势已经无法挽回。

⊙**大事记**

1260年，忽必烈在开平即大汗位，即元世祖。

1264年，忽必烈定都燕京，改称中都（即今北京），改元至元。

1271年，忽必烈取《易经》"大哉乾元"之意，改国号为大元，国号加"大"字始于元朝。

襄樊之战

1268年，忽必烈纳南宋降将刘整，下决心拿下襄阳，而后浮汉入江，直趋临安。九月，忽必烈派都元帅阿术、刘整率军进围襄樊。针对宋军长于守城和水战的特点，蒙古军依据襄樊宋军设防在城西，便南筑堡连城，切断城中宋军与外界的联系，完成了对襄樊的战略包围。阿术还建立水师以防备宋水军援襄——刘整造船5000艘，并日夜操练，以改变战术上的劣势。

蒙古军修筑的鹿门堡、白河城使襄阳处于孤立无援的境地，宋军几次反包围，都归于失败，伤亡惨重。1269年七月，宋将张世杰率军自临安来援，与蒙古军大战于樊城外围，被阿术打败。八月，宋将夏贵率军救援襄阳，遭蒙古军和被改编的汉军夹击，兵败虎尾洲，损失2000人及50艘战船。1270

年春，襄阳守将吕文焕率军出城攻万山堡，阿术诱敌深入，而后令部将张弘范、李庭反击，宋军大败，退回襄阳。九月，宋援军范文虎水军又为蒙古水陆两军击走。翌年初，元气恢复的范文虎卷土重来，阿术亲率大军迎击，宋军大败，损失战舰100余艘。3年中，宋蒙双方在襄樊外围反复争夺，宋军终未能突破包围圈。

1271年，忽必烈改国号为元，随即采取措施加紧对襄樊的围攻。1272年初，元军对樊城发起总攻，三月，阿术率军攻破城郭，增筑重军，并进一步缩小了包围圈，宋军退至内城坚守。四月，宋名将李庭芝招募荆楚等地民兵3000人，派张顺、张贵兄弟率领驰援襄阳。临行前张顺激励士卒说："此次援襄任务艰巨，人人都要有必死的决心和斗志。你们当中若有人贪生怕死，就请趁早离开，免得影响大家。"3000士卒群情振奋，皆表示愿拼死报国。五月，张顺、张贵在高头港集结船队，每只船都安装火枪火炮，结成方阵，备好强弩利箭，张贵突前，张顺殿后，驰入元军重围。在磨洪滩，3000勇士强攻密布江面的元军舰只，将士先用强弩射向敌舰，靠近后再用大斧猛砍敌人，元军被杀溺而死者不计其数，张顺、张贵军冲破层层封锁，如愿进入襄阳城中。这一行动的胜利极大地鼓舞了襄阳军民抗敌的信心。张顺在这次战斗中战死，几天后，襄阳军民在水中找到他的尸体，只见他依然披甲执弓，怒目圆睁。军民怀着沉痛和敬佩的心情安葬了他，并为之立庙祭祀。

张顺、张贵带来的大批军用物资缓解了襄阳危机，但在元军重重封锁下，形势仍很严峻。张贵与郢州殿帅范文虎相约南北夹击，打通襄阳外围交通线。范文虎率5000精兵驰龙尾洲接应，张贵率所部出城会合范文虎。张贵按约定日期辞别吕文焕，率部顺汉水东下，临行检点人数，发现少了一名因犯军令而遭鞭笞的士卒，他知道计划已泄露，决定迅速行动，在元军采取措施前实现与范文虎会师。张贵军乘夜放炮开船，突出重围。阿术忙遣数万人阻截，封死江面。张贵军接近龙尾洲时，遥见龙尾洲方向旌旗招展，战舰无数，张贵以为是范文虎之接应部队，遂举火晓示，对方即迎火光驶来。等至近前，张贵才发现：哪里是什么范文虎，尽是元军，他们接宋军叛卒告密，早占领了龙尾洲，专等张贵。于是两军在此处展开激战，由于元军是以逸待劳，宋军是长途跋涉，极度疲惫，结果宋军失败，张贵被俘，不屈就义。元军令四名宋降卒抬着张贵尸体到襄阳城下昭示宋军开城出降，吕文焕杀掉四个降卒，将张贵与张顺合葬，立双庙祭祀。

1272年秋，元军为了尽快拿下襄樊，决定先攻樊城，襄、樊唇亡齿寒，樊城一失，襄阳即指日可下。1273年初，元军从三个方向进攻樊城，忽必烈又遣炮匠至前线，造炮攻城。元军烧毁了樊城与襄阳间的江上浮桥，使襄阳宋军眼见樊城危急却只能望江兴叹。刘整率元军战舰抵达樊城城下，用炮击塌城西南角，元军弃岸鼓噪而入城内。宋将牛富率军与元军展开巷战，终因势孤力单，牛富投火殉国。另一宋将天福见城告破，痛不欲生，拒降元军，也入火自焚，樊城失陷。

樊城沦落，襄阳更加危急。城中军民拆屋作柴烧，苦苦支撑。吕文焕数次遣人突围而出向朝廷告急，但宋朝奸相贾似道当权，对告急置之不理，却在皇帝耳边大言"天下太平"。1273年二月，元骁将阿里海牙炮轰襄阳城。由于孤立无援，敌人攻势猛烈，城中人心动摇，城中将领纷纷出城投降。吕文焕自感大势已去，遂开城投降。

◎大事记

1272年，元朝改中都为大都。

1279年，元军破崖山，陆秀夫负幼帝蹈海卒。宋亡，元朝统一中国。

文天祥抗元

元军乘胜南下，眼看就要打到临安了。4岁的皇帝赵㬎自然无法处理朝政，他祖母谢太后和大臣们一商量，赶紧下诏书，要各地将领带兵到临安救驾。诏书发到各地，响应的人寥寥无几，只有赣州的州官文天祥和郢州（今湖北钟祥）守将张世杰两人立刻起兵救援。

文天祥接到朝廷诏书，立刻招募了3万人马，排除种种干扰，领兵到了临安。右丞相陈宜中派他到平江（今江苏苏州）防守。这时候，元朝统帅伯颜已经渡过长江，3路进兵攻取临安。其中一路从建康出发，越过平江，直取独松关（今浙江余杭）。陈宜中得到消息，马上命令文天祥退守独松关。文天祥刚离开平江，独松关已经被元军占领，想再回平江，平江也在这时陷落了。

谢太后和陈宜中惊慌失措，赶紧派了一名官员带着国玺和求降表到伯颜大营求和。伯颜却指定要南宋丞相亲自去谈判。陈宜中害怕被扣留，不敢到元营去，偷偷地逃往了南方。张世杰不愿投降，一气之下，带兵出海去了。谢太后无可奈何，只好宣布文天祥接替陈宜中做右丞相，让他到伯颜大营去谈判投降。

文天祥答应到元营去，但是他心里却另有打算。他带着大臣吴坚、贾余庆等到了元营，根本不提求和的事，反而义正辞严地责问伯颜说："你们究竟是想跟我朝友好呢，还是想存心消灭我朝？"

伯颜说："我们皇上（指元世祖）的意思很清楚，没有消灭宋朝的打算。"

文天祥说："既然是这样，那么请你们立刻把军队撤回。如果你们硬要消灭我朝，南方军民一定会跟你们打到底，那样对你们也不会有好处的。"

伯颜把脸一沉，用威胁的口气说："你们再不老实投降，就饶不了你们。"

文天祥也气愤地说："我是堂堂宋朝宰相。现在国家危急，我已经准备拼死报答国家，哪怕刀山火海，我也毫不畏惧。"

文天祥的气势把伯颜的威胁顶了回去，周围的元将个个都惊呆了。之后，伯颜让别的使者先回临安去跟谢太后商量，却把文天祥扣留了下来。

随同文天祥到元营的吴坚、贾余庆回到临安，把文天祥拒绝投降的事向谢太后奏报了一番。谢太后一心想投降，便改任贾余庆做右丞相，到元营去求降。伯颜接受降表后，把文天祥请进营帐，告诉他宋朝廷已另外派人来投降。文天祥气得痛骂了贾余庆一顿，但是投降的事已无法挽回了。

1276年，伯颜带兵进入了临安，谢太后和赵㬎出宫投降。元军把赵㬎当做俘虏押往大都（今北京市），文天祥也被一同押走。一路上，他一直在考虑怎样逃脱。路过镇江时，他和几个随从人员商量好，趁元军没防备之机，逃出了元营。

后来，扬州的宋军主帅李庭芝听信谣言，以为文天祥已经投降，便悬赏缉拿他。不得已，文天祥等人日行夜宿，历尽千难万险，从海口乘船到了温州。在那里，他听说张世杰和陈宜中在福州拥立新皇帝即位，就决定去福州。

文天祥复任右丞相兼枢密使。南宋景炎二年（1277年），他进兵江西，收复州县多处，后因寡不敌众，败退广东，依旧坚持抵抗元兵。南宋景炎三年（1278年）十二月，文天祥在五坡岭（今广东海丰北）被俘。

投降元朝的张弘范劝说文天祥招降张世杰，他写了《过零丁洋》诗作为答复。元朝专横跋扈的宰相阿合马来威逼利诱，文天祥不为所动。后来，陆秀夫背着南宋皇帝赵昺投了海，张世杰也以身殉职，南宋灭亡。

南宋灭亡以后，张弘范又劝文天祥投降，文天祥嗤之以鼻。到了元朝的大都以后，南宋的前丞相留梦炎、受封为瀛国公的宋恭帝赵㬎前来劝降，都碰了一鼻子灰回去了。文天祥的慷慨陈词、义薄云天让所有的人都无计可施。从这以后三年当中，他一直被关在阴暗潮湿的监狱中。在此期间，他读到投降元朝的弟弟和在监狱中的妻子儿女的来信。但他没有被百般的折磨吓倒，没有被千般的利诱迷惑，更没有被万般的亲情感动，始终没有投降，表现了自己的气节。1283年农历一月八日，元世祖忽必烈召见文天祥，进行最后一次劝降。文天祥回答说："我是大宋的状元宰相，宋朝灭亡，我只能是死，不能活。"第二天就慷慨就义。

文天祥著有《文山先生全集》。他前期的诗文大多是应酬之作，赣州起兵以后，风格迥然不同，诗词散文都悲壮刚劲，被人传诵至今。

马可·波罗来华

元世祖在位时期，中国是世界上最强大最富庶的国家，西方各国的使者、商人、旅行家纷纷慕名来中国观光，其中最有名的要数马可·波罗。

马可·波罗的父亲尼古拉·波罗和叔父玛飞·波罗是威尼斯的商人，兄弟俩常常到国外去做生意。有一次，忽必烈的使者在布哈拉经过，见到这两个欧洲商人，感到很新奇，便邀请他们一起来到上都（今内蒙古自治区多伦县西北）。忽必烈听到来了两个欧洲客人十分高兴，把他们召进行宫，问这问那，特别热情。

忽必烈从他们那儿听说了一些欧洲的情况，要他们回欧洲给罗马教皇捎个消息，请教皇派人来传教。两人就告别了忽必烈，离开了中国。他们在路上走了3年多，才回到威尼斯。那时候，尼古拉的妻子已经死去，留下了已经15岁的孩子马可·波罗。

马可·波罗听父亲和叔父说起中国的繁荣景象，羡慕得不得了，央求父亲带他一块儿去中国。尼古拉觉得让孩子一个人留在家里不放心，就决定带他同去。尼古拉兄弟拜见了教皇，随后带着马可·波罗到中国来。路上又花了3年多时间，在1275年到了中国。那时候，忽必烈已经即位称帝，听说尼古拉兄弟来了，便派人到很远的地方迎接，一直把他们接到上都。

尼古拉兄弟带着马可·波罗进宫拜见元世祖。元世祖一看尼古拉身边站着一位少年，诧异地问这是谁，尼古拉回答说："这是我的孩子，也是陛下的仆人。"元世祖看着英俊的马可·波罗，连声说："你来得太好了。"当天晚上，元世祖特地在皇宫里举行宴会，欢迎他们。后来，又把他们留在朝廷里办事。

马可·波罗聪明伶俐，很快学会了蒙古语和汉语。元世祖见他进步这样快，十分赏识他。没有多久，就派他到云南去办事。马可·波罗每到一处，都留心观察风俗人情。回到大都，就详细向元世祖汇报，元世祖高兴地夸奖马可·波罗能干。马可·波罗在中国整整住了17年，被元世祖派到许多地方视察，还经常出使到国外。

日子一久，3个欧洲人开始思念起家乡来，三番五次向元世祖请求回国。但是元世祖宠爱着马可·波罗，舍不得让他们回去。到了后来，元世祖见他们思乡心切，只好答应。

马可·波罗回国后，向人们讲述了东方和中国的情况。有一个名叫鲁思梯谦的作家，把马可·波罗讲述的事记录下来，编成一本叫作《马可·波罗游记》的书。在这本游记里，马可·波罗把中国的著名城市都作了详细的介绍，称颂中国的富庶和文明。这本书一出版，便激起了欧洲人对中国文明的向往。

从那以后，中国和欧洲人、阿拉伯人之间的来往更加密切。阿拉伯的天文学、数学、医学知识开始传到中国来；中国古代的三大发明——指南针、印刷术、火药，也传到了欧洲（中国的另一个大发明造纸术传到欧洲要更早一些）。

⊙**大事记**

1351年，元末农民起义开始。颍州刘福通、蕲州徐寿辉等相继起义，号红巾军。

红巾军起义

元朝从成宗以后，又传了9个皇帝，皇室斗争日趋激烈，政治也越来越腐败，人民生活在水深火热之中。最后一个皇帝元顺帝妥懽帖睦尔即位后，荒淫残暴，百姓没有了活路，纷纷起来造反。

河北有个叫韩山童的农民，聚集了不少受苦受难的百姓，烧香拜佛，后来慢慢发展成了白莲会（一种秘密宗教组织）。韩山童对他们说：佛祖见天下大乱，将要派弥勒佛下凡，拯救百姓。

正巧这时黄河在白茅堤决口，两岸百姓遭受了严重的水灾。1351年，元王朝征发了汴梁（今河南开封）、大名等地民工15万和兵士2万人，到黄陵冈开挖河道，疏通河水。

韩山童决定利用这个机会起事。他先派几百个会徒去做挑河民工，在工地上传播一支民谣："石人一只眼，挑动黄河天下反。"

民工们不懂这首歌谣是什么意思，开河开到了黄陵冈，有几个民工忽然挖出一座石人来。大家好奇地聚拢来一瞧，只见石人脸上正是一只眼，都不禁呆住了。这件新鲜事很快地在十几万民工中传开，大家心里想，民谣说的真的应验了，既然石人出来了，天下造反的日子自然也来到了。

不用说，这个石人是韩山童事先派人偷偷地埋在那里的。百姓被鼓动起来了。韩山童便挑选了一个日子，聚集起一批会徒，杀了一匹白马、一头黑牛祭告天地。大家都推举韩山童做领袖，号称"明王"，并约定日子，在颍州颍上（今安徽阜阳颍上）起义，起义军用红巾裹头作为标记。然而正在歃血立誓的时候，有人走漏了消息。官府派兵士抓走了韩山童，押到县衙杀了。韩山童的妻子带着他儿子韩林儿，逃脱了官府追捕，到武安（今河北武安）躲了起来。

韩山童的伙伴刘福通逃出包围，把约定起义的农民召集起来，攻占了颍州等地。在黄陵冈开河的民工得到消息，也杀死了河官，纷纷投奔刘福通。起义兵士头上裹着红巾，历史上称做"红巾军"。不到10天的工夫，红巾军已经发展到10多万人。

刘福通的红巾军陆续攻下了一些城池。江淮一带的农民早就受到白莲会的影响，也纷纷响应刘福通起义。

1354年，元顺帝派丞相脱脱动用了西域、西番的兵力，号称百万，围攻占领高邮的张士诚起义军。起义军正处在危急存亡之时，元王朝突然发生内乱，脱脱被撤掉官爵。元军失去了统帅，不战自乱，全军崩溃。

第二年二月，刘福通把韩山童的儿子韩林儿接到亳州正式称帝，国号宋，称韩林儿为小明王。

刘福通是反抗蒙古统治战争中的领导者，他率领新兴的武装力量，打击了军事力量强大的蒙古帝国。元朝把亳州大宋政权看作是心腹大患，令丞相脱脱率大军前往镇压。为了避开元军的攻击。1358年，刘福通攻陷汴梁恢复宋的首都后，分三路向蒙古进兵，发动总攻。其中毛贵的东路军一直打到元大都城下。刘福通亲自率领大军攻占了汴梁，然后把小明王韩林儿接来，定汴梁为都城。

元王朝不甘心失败，纠集地主武装加紧镇压红巾军，致使三路北伐军先后失利，汴梁重新落在元军手里。元王朝又用高官厚禄招降了张士诚。刘福通保着小明王逃到安丰（今安徽寿县）后，受到张士诚的袭击，1363年，刘福通战死。北方红巾军失败后，南方红巾军还在活动。蒙古帝国和韩宋的力量相互完全消耗，元朝的灭亡近在眼前。

处于南北红巾军之间的朱元璋，利用这一有利条件，按照徽州老儒朱升提出的"高筑墙，广积粮，缓称王"的建议，自1356年占领集庆后，先后削平了陈友谅、张士诚、明玉珍等势力，势力扩张到苏南、浙江、安徽一带。刘福通战死后，朱元璋救出皇帝韩林儿，将其迎往滁州。1366年，朱元璋命令廖永忠迎韩林儿至应天府，途中韩林儿落水淹死。最后，朱元璋命令大将徐达挥师北上，推翻了元朝统治，于1368年建立了明朝。

⊙**大事记**

1355年，中原红巾军建立政权，立韩山童之子韩林儿为帝，号小明王，年号龙凤。

1363年，朱元璋与陈友谅大战于鄱阳湖，陈友谅大败，突围途中中箭而死。

1368年，朱元璋在应天称帝，国号明，建都南京，明军入大都，元朝灭亡。

明的集权与裂变

和尚皇帝

在刘福通带领红巾军征战的同时，据守在濠州的郭子兴领导的红巾军也在日益壮大。濠州虽处在元军的包围中，但义军将士们英勇不屈，众志成城，使元军无计可施。

一天，在凛冽的寒风中，匆匆赶来了一位衣衫褴褛的年轻和尚。城卫怀疑他是元军的奸细，一面将他捆在拴马桩上，一面派人去通报元帅郭子兴。郭元帅闻讯赶到城门，只见绳索紧缚的和尚相貌奇伟，气度非凡，心里不禁暗暗称绝。此人便是后来的大明开国皇帝朱元璋。

朱元璋祖籍江苏沛县，本名朱重八。当时布衣百姓一般都不取正式名字，只用行辈或父母年龄合计数作为称呼。

朱元璋小时候一有空就跑到皇觉寺去玩耍，这寺内的长老见他聪明伶俐，讨人喜欢，便抽空教他识文认字。朱元璋天赋过人，过目不忘，天长日久，便也粗晓些古今文字了。

朱元璋17岁那年，淮北发生旱灾、蝗灾和瘟疫，他的父母、长兄在不到半个月的时间里相继死去，乡里人烟稀少，非常凄凉。朱元璋走投无路，只好剃发进了皇觉寺，当了一个小行僧，整天扫地上香，敲钟击鼓，还经常受到那些老和尚的训斥。为了混口饭吃，朱元璋只好忍气吞声。

后来，灾情越来越严重，靠收租米度日的皇觉寺再也维持不下去了。主持只好把寺里的和尚一个个打发出去云游化斋，自谋生路。进寺刚刚50天的朱元璋也只得背上小包袱，一手拿木鱼，一手托瓦钵，穿城越村，加入了云游僧人的队伍。

云游中，朱元璋亲眼目睹了混乱不堪的世事，对当时的社会有了深刻的认识，人生经验也大大丰富。他决定广泛交游，等待出人头地的时机。3年后，他回到了皇觉寺，不久，接到了已在郭子兴部队当了军官的穷伙伴汤和的来信，邀他前去投军。于是他连夜奔往濠州城。在征战过程中，朱元璋知人善任，为人豁达大度，文士冯国胜、李善长等为他出谋划策，英勇善战的常遇春、胡大海也来投奔他。攻下滁州和和州后，他整顿军纪，申明纪律，禁止军队抢掠奸淫，因此深得百姓的拥护。郭子兴死后，朱元璋被升为左副元帅，第二年，他率众占领建康，成为红巾军内部一支力量强大的武装力量。

此后，朱元璋逐渐把郭子兴的旧部全部纳入自身旗下，并以建康为根据地，不断扩充势力。当时，在他北面的刘福通、韩林儿所率红巾军正受到地主武装的袭击；西面的徐寿辉被部将陈友谅所杀，陈友谅不能服众，将士离心；明玉珍因为不服陈友谅的领导，在四川自立，国号大夏；东面的张士诚和方国珍受到元政府的劝诱，接受了元的官号。元朝的主力指向刘福通等人，朱元璋便趁机在浙东发展，逐渐控制了皖南、浙东地区。

由于红巾军内部的分裂腐化和元政府的镇压，刘福通一部在1363年时兵败，刘福通牺牲，红巾军力量削弱，起义失败。朱元璋这时占据浙东，发展生产，罗致人才，巩固统治，实力渐渐壮大。

鄱阳湖大战

当朱元璋向南方发展势力的时候，遇到了一个强敌名叫陈友谅。陈友谅占据江西、湖南和湖北一带，地广兵多，自立为王，国号叫汉。1360年，他率领强大的水军，从采石沿江东下，进攻应天府，想一下子吞并朱元璋占领的地盘。

朱元璋赶忙召集部下商量对策。大家七嘴八舌，议论纷纷，只有新来的谋士刘基待在一旁，一声不吭。

朱元璋犹豫不决，散会后，把刘基单独留下来，问他有什么主意。刘基说："敌人远道而来，我们以逸待劳，还怕不能取胜？您只需用一点伏兵，抓住汉军的弱点痛击，就可以打败陈友谅了。"朱元璋听了刘基的话，非常高兴。

朱元璋有个部将康茂才，跟陈友谅是老相识。朱元璋把康茂才找来，和他定下了引陈友谅上钩的计策。

康茂才回到家里，按照朱元璋的吩咐写了封信，连夜叫老仆去采石求见陈友谅。陈友谅见了这封信，并不怀疑，问老仆说："康公现在在什么地方？"

老仆回答说："现在他带了一支人马，在江东桥驻守，专等大王去。"

陈友谅连忙又问："江东桥是什么样子？"老仆说："是座木桥。"

陈友谅在老仆走后，立刻下令全体水军出发，由他亲自带领，直驶江东桥。没想到到了约定地点，竟没见木桥，只有石桥。

一霎间，战鼓齐鸣，朱元璋安排在岸上的伏兵一起杀出，水港里的水军也加入战斗。陈友谅遭到突然袭击，几万大军一下子溃败下来，被杀死的和落水淹死的不计其数。此后，朱元璋的声势越来越大。

1363年农历四月二十三日，陈友谅乘朱元璋率军北援安丰（今安徽寿县）红巾军、江南空虚之机，挥师号称60万，取道水路，围攻洪都（今南昌），并占领吉安、临江、无为州。守将朱文正率军奋力固守，坚持两月；并派人向朱元璋告急。朱元璋闻讯后，令朱文正继续坚守，以疲惫消耗陈军；随即亲率水军20万于七月六日救援洪都。陈友谅围攻洪都85天不克，闻朱元璋来救，即撤围移师鄱阳湖准备决战；朱元璋十六日亦进至鄱阳湖口。

为把陈军困于湖中，朱元璋先部署一部分兵力扼守泾江口和南湖嘴，切断陈友谅归路；又调信州（今江西上饶）兵守武阳渡（今南昌东），切断陈军侧后；然后亲率水师由松门（今江西都昌南）进入鄱阳湖，形成关门打狗之势。

二十日，两军在康郎山（今江西鄱阳湖内）水域遭遇。陈军巨舰联结布阵，展开数十里，颇有气势；但睿智的朱元璋看出其首尾相接、不利进退的弱点，于是将己方舰船分为20队，每队都配备大小火炮、火铳、火蒺藜、神机箭和弓弩。命令各队接近敌舰时，先发火器，再射利箭，继以短兵相搏。次日，双方激战开始。朱元璋爱将徐达身先士卒，率舰队奋勇冲击，击败陈军前锋，毙敌1500余人，缴获巨舰一艘。俞通海乘风发炮，焚毁20余艘陈军舰船，陈军死伤甚众，朱军伤亡也不少。战至日暮，双方鸣金收兵，战斗告一段落。

二十二日，陈友谅率全部巨舰出战。朱军因舟小，不能正面进攻，接连受挫。下午，东北风起，朱元璋纳部将郭兴的建议，改用火攻。他选择敢死士驾驶7艘渔船，船上装满火药柴薪，逼近敌舰，顺风放火，一时风急火烈，迅速蔓延，湖水尽赤。陈军巨舰被焚数百艘，死者过半，陈友谅弟陈友仁、陈友贵及大将陈普略均被烧死。朱元璋挥军乘势猛攻，又毙敌2000余人。二十三日，陈友谅瞅准朱元璋旗舰发起猛攻。朱元璋刚刚移往他舰，原舰便被陈军击碎。二十四日，俞通海等率领6疾舰突入陈军舰队，勇往直前，如入无人之境。朱军士气振奋，再次猛烈攻击。陈友谅不敢再战，转为防御。为控制长江水道，当晚，朱元璋进扼左蠡（今江西都昌西北），陈友谅亦退至渚矶（今江西星子南）。

相持3天，陈友谅屡战屡败；陈军左、右金吾将军见大势已去，投降朱元璋，陈军军心动摇，形势越发不利。朱元璋乘机致书陈友谅劝降，陈为泄愤，尽杀俘虏；而朱元璋却反其道而行之，放还全部俘虏，并悼死医伤，以分化瓦解敌军。为阻止陈军逃遁，朱元璋移军湖口，命常遇春率舟师横截湖面，又在长江两岸修筑木栅，并置火筏于江中。陈友谅被困湖中一个月，军粮殆尽，将士饥疲，于是孤注一掷，冒死突围。八月二十六日，陈友谅由南湖嘴突围，企图进入长江，退回武昌，却陷入朱军的包围。陈军复走泾江，又遭朱军伏兵截击，陈友谅中箭身死。残部5万余人于次日投降朱元璋，只有张定边逃回武昌。1364年农历二月，朱元璋兵抵武昌，陈友谅子陈理投降，朱元璋的势力扩大到两湖。

朱元璋再三申明军纪，告诫出征将士，北伐不是攻城略地，而是平定中原、推翻元朝、解除人民痛苦。随后还发布了由宋濂起草的告北方官吏和人民的檄文，文中提出"驱逐胡虏，恢复中华，立纲陈纪，救济斯民"的口号，这对中原地区的广大汉族人民具有很强的号召力；檄文还表示，对于蒙古人和色目人若愿为新皇朝臣民，则与中原人民一样看待。

北伐军节节胜利，迅速攻下山东诸郡。元至正二十八年（1368年）四月占领开封，平定河南，同时攻克潼关。八月，攻克元朝首都大都（今北京），元顺帝见孤城难守，于是带着后妃太子慌忙弃城逃走，奔向漠北，统治中原长达97年的元朝灭亡。

在南征北伐不断取得胜利的情况下，元至正二十八年（1368年）正月，40岁的朱元璋告祀天地，于应天南郊登基，建国号大明，改元洪武，以应天为南京。经过16年的征战讨伐，朱元璋终于实现了自己的梦想，从一个横笛牛背的牧童、小行僧，成为明朝的开国皇帝。

1371年，明军入川，夏主明升降，四川平定。1381年，朱元璋命傅友德、沐英、蓝玉进攻云南，次年攻破大理，基本上完成了南方的统一。1387年，冯胜、傅友德、蓝玉奉命进攻辽东元朝残将纳哈出，纳哈出无路可走，只好投降，辽东平定。至此，除漠北草原和新疆等地外，全国已基本统一。

⊙**大事记**

1370年，明朝诏定科举制度，规定八股格式；宋濂等续修《元史》。

1376年，明朝废除元朝行中书省制度，分全国为十三布政使司。

1380年，明朝罢中书省，废丞相制，政归六部，封建王朝皇帝专制达到顶峰。

燕王进南京

明太祖杀了一些权位很高的大臣，把他的24个儿子分封到各地为王。明太祖认为这样做，可以巩固他建立的明王朝的统治，却不料后来引起了一场大乱。

明太祖60多岁的时候，太子朱标死了，朱标的儿子朱允炆被立为皇太孙。各地的藩王大都是朱允炆的叔父，眼看皇位的继承权落到侄儿的手里，心里不服气。特别是明太祖的第4个儿子——燕王朱棣，他多次立过战功，对朱允炆更是瞧不起。

朱允炆的东宫里，有个官员叫黄子澄，是朱允炆的伴读老师。有一次，黄子澄见朱允炆一个人坐在东角门口，心事重重，便问他为什么发愁。朱允炆说："现在几个叔父手里都有兵权，将来如何管得了他们。"黄子澄跟朱允炆讲了西汉平定七国之乱的故事来安慰他。朱允炆听后，心总算放宽了一点。

1398年，明太祖逝世，皇太孙朱允炆继承皇位，这就是明惠帝，历史上又叫建文帝（建文是年号）。当时京城里就听到谣传，说几位藩王正在互相串通，准备谋反。建文帝听了这个消息害怕起来，忙让黄子澄想办法。

黄子澄找建文帝另一个亲信大臣齐泰一起商量。齐泰认为诸王之中，燕王兵力最强，野心最大，应该首先把燕王的权力削除掉。黄子澄不赞成这个做法，他认为燕王已有准备，先从他下手，容易引发突变。于是，两人商量好先向燕王周围的藩王下手。建文帝便依计而行。

燕王早就暗中练兵，准备谋反。为了麻痹建文帝，他假装得了精神病，成天胡言乱语。齐泰、黄子澄不相信燕王有病，他们一面派人到北平把燕王的家属抓起来，一面又秘密命令北平都指挥使张信去抓捕燕王，还约定燕王府的一些官员做内应。不料张信是站在燕王一边的，反而向燕王告了密。

燕王是个精明人，知道建文帝毕竟是法定的皇帝，公开反叛，对自己不利，就说要帮助建文帝除掉奸臣黄子澄、齐泰，起兵反叛。历史上把这场内战叫作"靖难之变"（靖难是平定内乱的意思）。

这场战乱，差不多打了3年。到了1402年，燕军在淮北遇到朝廷派出的南军的抵抗，战斗进行得十分激烈。有些燕军将领主张暂时撤兵，燕王却坚持打到底。不久，燕军截断南军运粮的通道，发起突然袭击，南军一下子垮了。燕军势如破竹，进兵到应天城下。

过了几天，守卫京城的大将李景隆打开城门投降。燕王带兵进城，只见皇宫火光冲天。燕王派兵把大火扑灭时，已经烧死了不少人。他查问建文帝的下落，有人报告说，燕兵进城之前，建文帝下令放火烧宫，建文帝和皇后都跳到大火里自焚了。

随后，燕王朱棣即了位，这就是明成祖。七月初一，朱棣于南郊大祀天地后，回到奉天殿，诏令当年六月以后，仍以洪武三十五年为纪，第二年（1403年）为永乐元年。建文帝所改易的祖宗成法，一律恢复旧制。七月初三，又诏令把建文时更定的官制改回洪武旧制。九月初四及次年五月，朱棣先后两次赐封靖难功臣。十一月十三日，朱棣册立妃徐氏为皇后。

朱棣即帝位后，为了巩固自己的皇位，又进行了大量的充满血腥的屠杀活动。他将建文帝亲信大臣50余人列为奸臣，悬赏捉拿。捉住后，不仅将其本人杀害，还株连九族。

⊙**大事记**

1399年，燕王朱棣起兵于北平，靖难之役起，四年后进兵南京，即位为帝，是为明成祖。

1405~1433年，明朝派郑和、王景弘等7次出使西洋，历30余国，为世界航海史上的奇迹。

兴建北京城

故宫气势恢宏，庄严华丽，是明清两代的皇宫，亦是中国古代宫殿建筑的扛鼎之作。

故宫又称紫禁城，紫禁二字是从紫微星垣而来。大家知道，我国古代天文学家把天上的恒星分为三垣、二十八宿和其他星座。其中的三垣为太微垣、紫微垣和天市垣，紫微星垣（北极星）位于三垣的中央，是所有星宿的中心。紫，即为"紫微正中"，皇宫是人间的"正中"；"禁"是指皇宫大内，严禁侵扰。

故宫修建于1406年，工程的营建者是明成祖朱棣。朱棣曾在北京做燕王，对北京的地理有深刻的认识。

《明史》记载，修建故宫时征集了全国著名工匠10多万名，役使民夫达100万之多，整个工程历时15年，直到1421年才最后完成。此后又多次重建和扩建，但整体面貌保持未变。

故宫是一座砖木结构建筑，所用的建筑材料来自全国各地。木料主要来自京郊房山悬山中，也有部分来自湖广、江西、山西等省。汉白玉石料亦来自房山县。宫殿里砌墙用的砖叫澄浆砖，是在山东临清烧制的；铺地用的方砖叫作金砖，是在苏州烧制的。整个紫禁城用砖超过了1亿块。

施工所用的材料作工非常精细。譬如砌墙用的澄浆砖，是先把泥土放入池水中浸泡，经过沉淀，然后取出过滤后的细泥，最后才把细泥晾干做坯。还有就是砖块之间、石板之间的黏合剂，材料是煮过后捣碎的糯米和鸡蛋清，选用这种黏合剂，不仅黏力强，而且效果平整美观。

　　建成后的故宫占地面积72万平方米，内有房屋有9999间，外有高达10米的城墙（南北960米，东西760米），四角各有一座屋顶有72条脊的角楼。在最外端，还有一条宽52米的护城河环绕四周。

　　故宫的建筑布局整体分为外朝和内廷两大部分。外朝是明清皇帝治理朝政的主要场所，以太和、中和、保和三大殿为中心，文华殿和武英殿分列两翼。内廷是皇帝处理日常政务和皇族后妃们居住的地方，一般称为"三宫六院"，主要包括乾清宫、交泰殿、坤宁宫、东西六宫以及御花园。

　　外朝三大殿是故宫中轴线上的主要建筑。三殿均建在汉白玉砌成的8米高巨大平台上，台分3层，中上层各9级，下层台阶21级，每层都有汉白玉栏杆围绕，总面积约8.5万平方米。太和殿也称"金銮殿"，是紫禁城的正殿，也是建筑群中最为高大的建筑。它高26.92米，东西面宽63.96米，南北进深37.20米。中和殿位于太和殿的后面，是一座亭子形方殿，高18.87米。保和殿为三大殿的末殿，屋顶为歇山式，高20.87米。

　　故宫建筑设计严谨，表明了我国古代的木构建筑设计到明清时期已经非常的规范化和程序化。在这一时期，殿式建筑以"斗口"作为基本模数。每一个等级的各部分用料尺度是一定的。确定了斗口，就确定了各种尺度，大大简化了工程营建的程序。拼合梁柱构件技术也是这一时期的重大成果。通过小块木料的拼合组成可用的大木料，大大节省了工程用料。在建筑施工中，广泛采用了模型设计的方法，称之为"烫样"。

　　故宫是我国同时也是世界上现存规模最大最完整的古代木结构建筑群，是我国木结构建筑的典范。1987年，联合国教科文组织世界遗产委员会将其列为世界文化遗产。

⊙**大事记**

1424年，明成祖朱棣去世，仁宗即位不足一年因病而死，其子朱瞻基即位，是为明宣宗，开创了仁宣之治。

1433年，郑和派人去往天方（今阿拉伯半岛），带回麒麟、狮子以及许多奇珍异宝。

郑和下西洋

明成祖夺得皇位后，有一件事总使他心里不安稳，那就是皇宫大火扑灭之后，没有找到建文帝的尸体。为了把这件事查个水落石出，他派出心腹大臣去各地秘访建文帝的下落，但是这件事不好向外公开，就借口说是求神问仙。

后来，明成祖又想，建文帝会不会跑到海外去呢？于是，他就决定派一支队伍，出使海外。他想到跟随他多年的宦官郑和，是最合适的人选。

郑和（1371~1433年），本姓马，小字三保。郑和自幼受到家庭探险精神的熏陶，为他日后出海远洋打下了基础。明初，郑和入宫做宦官，因靖难立战功，赐姓郑名和，人称"三保太监"。

1405年六月，明成祖正式派郑和为使者，带一支船队出使"西洋"。那时候，人们叫的"西洋"，指的是我国南海以西的海和沿海各地。郑和带的船队，一共有2.78万多人，除了兵士和水手外，还有技术人员、翻译、医生等。他们驾驶62艘大船，从苏州刘家河（今江苏太仓浏河）出发，经过福建沿海，浩浩荡荡，扬帆南下。

郑和第一次出海，到了占城（在今越南南方）、爪哇、旧港（在今印度尼西亚苏门答腊岛东南岸）、苏门答腊、满剌加、古里、锡兰等国家。他每到一个国家，先把明成祖的信递交国王，并且把带去的礼物送给他们。许多国家见郑和带了那么大的船队，而且态度友好，都热情地接待他。

郑和这一次出使，一直到第三年九月才回来。西洋各国国王见郑和回国，也都派了使者带着礼物跟着他一起回访。各国的使者见了明成祖，送上大批珍贵的礼物。明成祖见郑和把出使的任务完成得很出色，高兴得合不拢嘴。

后来，明成祖觉得没有必要再去寻找建文帝了，但是出使海外的事，既能提高中国的威望，又能促进与各国的贸易往来，有很多好处。此后，郑和又进行了6次出海航行：1407年9月~1409年7月，1409年10月~1411年7

月，1413年11月~1415年7月，1417年5月~1419年8月，1421年1月~1422年8月，1430年6月~1433年7月。郑和出海7次，先后一共到过印度洋沿岸30多个国家。

前三次的出行，郑和最远都只到达古里。他们在东南亚及南亚一带活动，打通航道，建立贸易中转站。后面几次主要进行商品贸易，郑和航队给所经国家带去大量中国的瓷器、铜器、丝绸、锦绮和茶叶，同时带回来许多亚洲国家的特产，像胡椒、象牙、宝石、药材、香料和珍禽异兽等，大大促进了中国与亚洲各国的经济交流。每到一处，郑和都派人了解当地风俗习惯，宣扬中华文明。

第四次出海到达非洲东海岸的麻林国时，麻林国遣使随贡，献上麒麟、天马、神鹿等吉祥珍兽，给京城带来了轰动。成祖龙颜大悦，认为异邦进贡麒麟是国势鼎盛、尧舜再世的征象。

在第七次即将航行出使时，成祖驾崩，仁宗即位，下令停止下西洋。宣宗即位后，看见因下西洋活动的停止，海外诸国来朝日益减少，就决定再次遣使下西洋。这时郑和已年近60，又踏上了最后一次下西洋的航程。1433年农历三月船到古里时，郑和因积劳成疾而病逝，王景弘代郑和率船队于七月抵达南京，结束了伟大的航程。

郑和七下西洋，时间持续29年，行踪遍及亚非10多个国家，最南到达爪哇，西北到波斯湾和红海，最西侧非洲东海岸，是历史上空前的壮举，其时间之早，规模之大，都是后来的哥伦布和麦哲伦所不及的。郑和下西洋，增加了中国与南洋各地联系，传播了中华文明，影响十分深远。

⊙**大事记**

1435年，明宣宗死，其子朱祁镇即位，是为明英宗，因年幼，与宦官亲近。

1442年，太皇太后去世后，宦官王振势力日大，捣毁官中"内臣不得干预政事"的铁碑。

1449年，明英宗亲征瓦剌，在土木堡被俘；景帝立；也先挟英宗逼京师，于谦率军击退。

土木之变

明成祖从他侄儿手里夺得皇位，怕大臣不服他的管制，便特别信任身边的宦官。这样一来，宦官的权力就渐渐大起来。到了明宣宗的时候，连皇帝批阅奏章也交给宦官代笔，宦官的权力更大了。

有一年，皇宫要招收一批太监。蔚州（今河北蔚县）地方的一个二流子，名叫王振，年轻的时候读过一点书，参加几次科举考试都名落孙山，便在县里当了教官。后来因为犯罪该判充军，听说皇宫招太监，就自愿进了宫，从而充了罪罚。宫里识字的太监不多，王振粗通文字，所以大家都叫他王先生。后来，明宣宗派他教太子朱祁镇读书。朱祁镇年幼贪玩，王振就想出各种各样法子让他玩得高兴。

宣宗卒时，朱祁镇仅有9岁，朝臣有人欲立襄王为帝。在大学士杨士奇、杨荣等人力争下，终使朱祁镇于正月初十即皇位，是为明英宗，以第二年为正统元年（1436年）。二月，尊皇太后为太皇太后。太皇太后主持军政大事，下令停办所有不急之务，勉励幼小的皇帝好学上进。

这一做法致使仁宣时期政治较好的状况得以延续，"海内富庶，朝野清晏""纲纪未弛"。同时，杨士奇、杨荣、杨溥等元老重臣依然在朝中发挥重大作用。他们遵从宣宗遗嘱，在太皇太后的领导下尽心辅佐幼主，对稳定明王朝政局、保持良好的局面，起到了重要的作用。

当时，侍奉朱祁镇读书的太监便是王振，他善于迎合朱祁镇的心理，深受朱祁镇赏识。朱祁镇即位后不久，王振便当上了司礼监太监，帮助明英宗批阅奏章。明英宗年少好玩，根本不问国事，王振趁机掌握了朝廷军政大权。朝廷大员谁敢顶撞王振，不是被撤职，就是被充军发配。一些王公贵戚都讨王振的好，称呼他"翁父"。王振的权力可以说是顶了天了。

这个时候，我国北方的蒙古族瓦剌部已经强大起来。1449年，瓦剌首领也先派3000名使者到北京进贡马匹，要求赏金。王振发现也先谎报人数，而且还将进贡的马匹减少了，于是就削减了赏金。也先又为他的儿子向明朝求婚，也被王振拒绝。这一来，也先被激怒了，他率领瓦剌骑兵进攻大同。守大同的明将出兵抵抗，被瓦剌军打得溃不成军。

边境的官员向朝廷告急，明英宗召集大臣商量对策。大同离王振家乡蔚州不远，王振在蔚州有大批田产，他怕家产受损失，竭力主张英宗带兵亲征。兵部尚书邝埜（埜同野）和侍郎于谦认为朝廷准备不够充分，不能亲征。明英宗是个没主见的人，王振怎么说，他就怎么听，不管大臣劝谏，就冒冒失失决定亲征。

明英宗叫他弟弟朱祁钰和于谦留守北京，自己跟王振、邝埜等官员100多人，带领50万大军从北京出发，浩浩荡荡向大同开去。

过了几天，明军的前锋在大同城边被瓦剌军打得全军覆没，各路明军也纷纷溃退下来。明军退到土木堡（在今河北怀来东）时，太阳刚刚下山，有人劝英宗趁天没黑，再赶一阵，进了怀来城（今河北怀来）再休息，即使瓦剌军来了，也可以坚守。可是王振却想着落在后面装运他家财产的几千辆车子，硬要大军在土木堡停下来。土木堡名称叫作堡，其实没有什么城堡可守。不久，明军就遭到了瓦剌军的伏击。明军毫无斗志，丢盔弃甲，狂奔乱逃。瓦剌军紧紧追赶，被杀和被乱兵踩死的明军不计其数，邝埜在混乱中被杀死，祸国殃民的奸贼王振也被禁军将领樊忠一铁锤砸死。明英宗做了俘虏。历史上把这次事件称做"土木之变"。

此一战役，明军死伤数十万，文武官员亦死伤50余人。英宗被俘消息传来，京城大乱。廷臣为应急，联合奏请皇太后立朱祁钰即皇帝位。皇太后同意众议，但朱祁钰却推辞不就。文武大臣及皇太后正在左右为难之时，英宗秘派使者到来，传口谕命朱祁钰速即帝位。朱祁钰于九月初六登基，是为景帝，以第二年为景泰元年，奉英宗为太上皇。瓦剌自俘虏明英宗，便大举入侵中原，并以送太上皇为名，令明朝各边关开启城门，乘机攻占城池。十月，攻陷白羊口、紫荆关、居庸关，直逼北京。

于谦守京城

英宗被俘的消息传到北京后，满朝文武大臣乱作一团，没有一个人能拿出好主意。翰林侍讲官徐珵主张走为上策，向南撤退。此时，朝中你一言，我一语，吵吵嚷嚷，毫无结果。正在关键时刻，兵部侍郎于谦挺身而出，说："京都是国家的根本，如果朝廷一撤出，大势就完了，大家难道忘了南宋的教训吗？"

于谦（1397~1457年），字廷益，浙江钱塘人。为明永乐十九年（1421年）进士，曾任监察御史、兵部侍郎、大理寺少卿、山西、河南巡抚、兵部尚书等职。

于谦的主张得到许多大臣的赞同。皇太后和朱祁钰眼看在这关键时刻，能站出一位力挽狂澜的忠臣，当然满心欢喜，立即委以于谦兵部尚书的重任，让他负责指挥军民守城。

明景泰元年（1450年）九月，景帝即位不久，瓦剌军进逼宣府城下。于谦面对敌我兵力悬殊的态势，一面抓防卫，一面抓备战，大力征募新兵，调运粮草，赶制兵器，不到一个月，就征集了20万人马，做好一切迎敌的准备。

十月，也先挟持着被俘的皇帝明英宗攻破紫荆关，兵逼北京城。于谦主张先打掉也先的嚣张气焰，鼓舞士气。他调集了22万军队，做好迎战准备，并作了周密布置：都督王通、副都御史杨善率部守城，其余将士分别驻扎在9个城门外，列阵待敌。

明军副总兵高礼首先在彰义门外告捷，歼敌数百，夺回民众千人。狡猾的也先眼看明军有于谦等将领指挥，硬攻不能取胜，便变换手法，以送还英宗为名，准备诱杀于谦等人，但被于谦识破了。

也先见此计不成，便采取强攻。而于谦不在正面与敌人拼杀，他派骑兵佯攻，把敌军引入伏击圈内，便用埋伏好的火炮轰击。瓦剌军伤亡惨重，也先的弟弟勃罗也在炮火中丧生。

瓦剌军围攻京都，屡遭挫败，进攻居庸关又遭守将罗通的抵抗。也先怕归路被明军切断，忙带着英宗向良乡（北京房山）后撤。明军乘胜追击，大获全胜。也先带着残兵败将逃回塞外。

北京之战，瓦剌军受到重挫，引起内部不和。也先见留着明英宗也没有多大作用，就把他送回了北京。从此，瓦剌军再也不敢进犯明朝了。

于谦迫使瓦剌于明景泰元年（1450年）释放英宗，并说服景帝迎英宗归国。他改革亲军旧制，创立团营，整肃军纪，加强训练，毫不松懈。他本人才识过人，忧国忧民，深受景帝器重。明天顺元年（1457年）正月，于谦被陷害致死。他曾有"粉身碎骨全不怕，要留清白在人间"的著名诗句，不幸竟成为他自身的写照。后人辑这位民族英雄的诗文为《于忠肃集》流世。

宪宗即位后，为于谦平反，恢复官衔。孝宗即位后，又追赠其为太傅，谥肃愍，为他建"旌功祠"。后神宗改谥为"忠肃"。

⊙**大事记**

1457年，宦官曹吉祥等迎太上皇英宗复位，废景帝，史称夺门之变。

1487年，明宪宗死，太子即位，是为明孝宗。明孝宗在位时，相较之前宪宗和之后武宗时期，政治较为清明，史称"弘治中兴"。

1505年，明孝宗死，太子朱厚照即位，是为明武宗。

戚继光抗倭

明朝嘉靖年间，我国东南沿海一带倭患猖獗，他们滋扰抢掠，杀人放火，给当地人民带来了极大的痛苦和灾难，人民纷纷起来进行抗倭斗争。在抗倭斗争中功绩最大的就是戚继光率领的戚家军。在以戚家军为代表的抗倭行动下，倭寇之患基本被荡平，保障了东南沿海人民的生命和财产安全。

倭寇最早出现在元末明初，当时日本处于南北朝分裂时期。日本西南的封建割据势力除了互相争战外，还常勾结海盗、商人和浪人武士在中国沿海进行武装掠夺和骚扰，形成了最初的倭患。永乐时因为军备整饬，加强了海防，又同日本政府交涉，所以倭寇没能进行大规模骚扰。但到了正统年间以后，明朝政治日益腐败，海防松弛，倭寇侵扰又渐渐猖獗起来。嘉靖时，随着东南沿海一带商品经济的发展，一些经商的富豪地主与倭寇勾结，形成武装劫夺集团，气焰十分嚣张，倭患达到高潮。明政府曾派朱纨做浙江巡抚，监督抗倭。朱纨看到问题症结在于闽浙富豪通倭，便打击了一些地主奸商，并积极加强海防抗倭，但因触犯了富豪大户的利益而处处受到阻挠，被迫自杀。

后来，朝廷派熟悉沿海防务的老将俞大猷去平乱。俞大猷一到浙江，就打了几个胜仗。可是不久，江浙总督张经被严嵩的同党赵文华陷害，俞大猷也被牵连坐了牢。沿海的防务没人指挥，倭寇又猖獗起来。朝廷把山东的将领戚继光调到浙江，这个局面才得到扭转。

戚继光，字元敬，山东蓬莱人。戚继光的六世祖戚详原是朱元璋部将，东征西讨近30年，最后在云南战死。明太祖追念戚详的功绩，授他的儿子戚斌为明威将军，世袭登州卫（今山东蓬莱）指挥佥事。

1544年，父亲戚景通病死，17岁的戚继光承袭了登州卫指挥佥事，从此开始了他的军职生涯。两年后，戚继光分工管理屯田事务。这时，卫所的军丁大多逃亡，屯田遭到破坏，海防受到很大影响。戚继光了解了这些情况，进行清理整顿，很快收到成效。

戚继光调到浙江抗倭前线后，发现军队缺乏训练，临阵畏缩，根本不能打仗。针对明军兵惰将骄、纪律松弛、战斗力低等弱点，戚继光两上《练兵议》，并以"杀贼保民"为号召，在嘉靖三十八年（1559年）九月亲自往义乌、金华招募素质良好的矿工和农民入伍，经过数月的精心编制与严格训练，组成了3000多人的新军。

新军在戚继光领导下，纪律严明，作战英勇，对百姓秋毫无犯，多次建立战功，战斗力非常强，被人们誉为"戚家军"。

1561年四月，倭寇聚集了1万多人，驾数百艘战船，又一次大举侵扰浙东的台州和温州，骚扰了大片地区，声势震动了整个东南。戚家军迅速出击，先在龙山和雁门岭打败倭寇，接着驰援台州，在台州外上峰岭设伏。戚家军士兵每人执松枝一束，隐蔽住身体，使倭寇以为是丛林，等倭寇过去一半，立刻发起进攻。士兵一跃而起，居高临下，猛烈冲锋，全歼了这股倭寇。台州的战斗历时一个多月，共斩杀倭寇1400多人，烧死溺死4000多人。戚继光因功升为都指挥使。

这时，福建沿海倭患严重，福建巡抚向朝廷一再告急。戚继光奉命到福建抗倭，仅仅3个月，就荡平了横屿、牛田、林墩3个倭寇巢穴。戚继光升任都督同知、总兵官，镇守福建全省及浙江金华、温州二府。

不久，倭寇又聚集了2万多人，陆续在福建泉州、漳州、兴化等地登陆。戚家军分成数支，和倭寇展开激战，在一个月内就打了12次胜仗，杀死倭寇3000多人。1563年十一月，2万多倭寇围攻仙游。仙游军民昼夜在城上死守，情势十分危急。戚继光调各路明军，切断仙游倭寇与福建其他各处倭寇的联系，对围攻仙游的倭寇发起总攻，一举把这批倭寇消灭了。仙游大捷是以戚家军为主力的明军继平海卫之战后的又一重大胜利，共歼灭倭寇2000多人。

接着，戚继光又在同安、漳浦两地指挥戚家军大败倭寇，使福建境内倭患平定下来。1565年以后，广东总兵俞大猷官复原职，戚继光任职副总兵配合抗击倭寇。经过戚继光、俞大猷等抗倭将领的共同努力，以及沿海军民的浴血奋战，到1566年时，横行几十年的倭患，终于得到基本解决。

⊙**大事记**

1571年，明朝封俺答汗为顺义王，居所为归化城（今内蒙古呼和浩特），开互市，自此解除了西北边患。

1572年，明穆宗死，太子朱翊钧即位，是为明神宗，年号万历。

李时珍论药

明世宗在位期间，贪图享乐，但又担心有死掉的那一天，享乐的日子就此结束。于是，他便挖空心思想得到长生不老的药剂，并下令让各地官吏推荐名医。正在楚王府里做医生的李时珍，便被推荐到朝廷做太医。

李时珍（1518～1593年），字东璧，亦名可观，晚年号濒湖山人，湖北蕲州（今湖北蕲春蕲州镇）人。

李时珍出身于医学世家，其父李言闻是当地有名的医生，曾做过太医吏目。他从小爱好读书，14岁考中秀才，后来参加乡试考举人，屡试不中。

20岁那年，李时珍身患"骨蒸病"（即肺结核），幸得父亲精心诊治痊愈，于是下决心弃儒从医，潜心钻研医学。李时珍24岁开始学医，此后大量阅读了《内经》《本草经》《伤寒论》《脉经》等古典医学著作。

1545年，蕲州一带洪水泛滥成灾，灾后瘟疫流行，人民贫困，无钱求医。李时珍有志学医，又体恤民众疾苦，借此机遇临床实践，治好了许多病人。由于勤奋钻研，37岁的李时珍已成为荆楚一带的名医，"千里求药于门"者，络绎不绝。

有一次，楚王的儿子得了一种抽风的病，久治不愈。楚王慕名派人请李时珍为他儿子诊病。李时珍看了病人的气色，又按了按脉，知道这孩子的病是由肠胃引起的。他开了调理肠胃的药方，楚王的儿子吃过药后，病就全好了。楚王非常高兴，挽留他在府中任"奉祠正"兼楚王私人医生，李时珍同意了。他知道楚王一向与郝、顾两个富绅交往密切，而这两家藏书很多，借此机会可以弄到《神农百草经》《征类本草》等历代药典研究，既可以丰富自己的医学知识，又可以为今后撰著《本草纲目》打下基础。

不久，明世宗下令让全国名医集中太医院，楚王只好遵旨推荐李时珍赴京都太医院任职。李时珍也借此机会，更好地与各地名医切磋交流医术，同时，阅读了许多民间看不到的善本医学经籍。在此期间，他几次提议编撰《本草》一书，但都被拒绝。李时珍只在太医院待了一年，就告病归乡了。

回乡后，他边行医，边查阅前贤著述、药典、典故、传奇等。此外他踏遍青山，尝尽百草，足迹遍及河南、河北、江西、安徽、江苏等省，又攀登了天柱峰、茅山、武当山，采集标本，求教于药农、果农，亦冒险品尝了仙果（榔梅），熟食鼓子花（旋花）。

李时珍花了将进30年的时间，写成了著名的医药著作《本草纲目》一书。《本草纲目》共有52卷，190万字，分为16部（水、火、土、金石、草、谷、菜、果、木、服器、虫、鳞、介、禽、兽、人）62类，载有药物1892种，其中载有新药374种，收集医方11096个，绘图1111幅。在药物分类上改变了原有上、中、下三品的简单分类法，采取了"析族区类，振纲分目"的科学分类，过渡到按自然演化的系统上来。这种从无机到有机、从简单到复杂、从低级到高级的分类法在当时是十分先进的。其中对植物的科学分类，比瑞典的林奈早200年。《本草纲目》是一本既有总结性又有创造性的著作。

《本草纲目》除了在药物学方面有巨大的成就外，在化学、地质和天文等诸多方面也有突出贡献。譬如在化学方面，记载了纯金属、金属、金属氯化物、硫化物等一系列的化学反应。

《本草纲目》不仅是我国的一部药物学巨著，而且也是我国古代的百科全书。正如李时珍儿子李建元在《进本草纲目疏》中说的："上自坟典、下至传奇，凡有相关，靡不收采，虽命医书，实该物理。"

《本草纲目》在万历年间就已经流传到了日本，以后又传到朝鲜和越南，并在17、18世纪传到了欧洲。

⊙**大事记**

1578年，李时珍著《本草纲目》成书。

1567~1572年，明穆宗隆庆年间，开始施行人痘接种术。

张居正改革赋役

明世宗千方百计寻找长生不老的药方，不但没有得到，反而误服了有毒的"金丹"，命丧九泉。明世宗死后，他的儿子朱载垕即位，这就是明穆宗。

明穆宗在位期间，大学士张居正才华出众，得到穆宗的信任。明隆庆六年（1572年）五月，仅仅执掌朝政6年的明穆宗病危，他诏令大学士高拱、张居正、高仪为顾命大臣，令他们辅佐幼帝。二十六日，穆宗于乾清宫病逝，享年36岁，葬于昭陵。六月初十，皇太子朱翊钧遵遗诏继承帝位，改次年为万历元年（1573年），是为明神宗。

大学士张居正（1525~1582年），湖广江陵县（今湖北江陵）人，字叔大，号太岳。明嘉靖二十六年（1547年）进士，历任编修、礼部侍郎兼翰林院学士、吏部左侍郎兼东阁大学士、礼部尚书兼武英殿大学士，加少保兼太子太保等职，是明代著名政治家。

隆庆六年（1572年）七月，他与宦官冯保的私交很好，且两人共同辅助幼年明神宗执掌朝政。神宗即位只过了一个月，大学士张居正即利用宦官冯保将高拱排挤掉，代之为首辅，并推荐礼部尚书吕调阳兼文渊阁大学士，参预机务。至此，张居正、冯保两人执掌明王朝政权。张居正根据穆宗的嘱托，像老师教学生一样，辅导年仅10岁的明神宗。他自编了一本图文并茂的历史故事书，叫作《帝鉴图说》，每天讲给神宗听。

神宗把张居正当作严师看待，既尊敬又惧怕。再加上太后和宦官冯保支持张居正，朝中大事几乎全部由他做主。为扭转嘉靖、隆庆以来军政腐败、财政空虚、民不聊生的局面，以除旧布新、振纲除弊和富国强兵为宗旨，张居正在整顿吏治、整饬边防、整顿经济、兴修水利等众多方面进行了一系列的改革。

那个时候，沿海的倭寇已经肃清了，但北方的鞑靼族还不时入侵内地，对明王朝构成威胁。张居正把抗倭名将戚继光调到北方去镇守蓟州（在今河北北部），戚继光从山海关到居庸关的长城上修筑了3000多座堡垒，以防鞑靼的进攻。戚家军号令严明，武器精良，多次打败鞑靼的进攻。鞑靼首领俺答汗见使用武力不行，便表示愿意议和，要求通商。张居正奏明朝廷，封俺答汗为顺义王。以后的二三十年中，明朝和鞑靼之间没有发生战争，北方各族人民的生活也安定下来。

当初，由于朝政腐败，大地主兼并土地，巧取豪夺，地主豪绅越来越富，国库却越来越穷。张居正下令清查土地，结果查出了一批被皇亲国戚、豪强地主隐瞒的土地，这一来，使一些豪强地主受到了抑制，增加了国家的收入。

丈量土地后，张居正又把当时名目繁多的赋税和劳役合并起来，折合成银两来征收，称为"一条鞭法"。经过这种税收改革，一些官吏就不能营私舞弊了。

经过10年的努力，张居正的改革措施起到明显的效果，使十分腐败的明朝政治有了转机，国家的粮仓存粮也足够支用10年的。但是这些改革触犯了一些豪门贵族的利益，他们表面不得不服从，背地里却对张居正恨之入骨。

由于张居正的权力太集中了，明神宗长大后，却反而闲得没事干。这时候，就有一批亲近的太监在内宫用各种办法给他取乐。

后来，由张居正做主，把那些引诱神宗胡闹的太监全部赶出宫去，太后还让张居正代神宗起草了罪己诏（皇帝责备自己的诏书）。这件事发生后，使明神宗对张居正从惧怕发展到了怀恨。

1582年，张居正病死，明神宗亲政。那些对张居正不满的大臣纷纷攻击张居正执政时专横跋扈。第二年，明神宗把张居正的官爵全部撤掉，还派人查抄了张居正的家。张居正的改革措施也遭到极大的破坏，刚刚有一点转机的明朝政治又昏暗下去。

⊙**大事记**

1578年，张居正下令丈量天下田亩，并对破坏清丈者下诏切责。

1616年，努尔哈赤称汗，国号金，史称后金。

努尔哈赤建后金

当明王朝政治越来越腐败的时候，满族的前身女真族那时正居住在今松花江南北以及黑龙江一带。早在11世纪时，女真族的完颜部就曾建立过政权。元时一部分女真人迁入中原，另一部分仍留在东北。明初女真生产渐渐发展，出现了阶级分化。作为满族主体的建州女真定居于赫图阿拉（今辽宁新宾一带），接受明政府的有效管辖，定期交纳贡赋。建州女真不断扩大势力，渐渐强大起来，它的首领是爱新觉罗·努尔哈赤。

努尔哈赤出生在建州女真的贵族家庭里。祖父觉昌安和父亲塔克世都被明朝封为建州左卫的官员，努尔哈赤从小就学习骑马射箭，练得一身好武艺。

努尔哈赤25岁那年，建州女真部土伦城城主尼堪外兰，引来明军攻打古勒寨城主阿台。阿台的妻子是觉昌安的孙女，觉昌安便带着塔克世到古勒寨去，途中碰上明军攻打古勒寨，觉昌安和塔克世都死在混战中。

努尔哈赤痛哭了一场，葬了他的祖父、父亲，但是想到自己的力量太弱，不敢得罪明军，就把怨恨全集中在尼堪外兰身上。努尔哈赤满腔悲愤地回到家里，找出了他父亲留下的盔甲，分发给他手下的兵士，向土伦城进攻。尼堪外兰根本不是努尔哈赤的对手，狼狈逃走。努尔哈赤攻克了土伦城后，趁机又征服了建州女真的一些部落。

努尔哈赤灭了尼堪外兰，声名远扬。过了几年，他统一了建州女真。这样一来，引起女真族其他部落的恐慌。当时女真族有三部，除了建州女真之外，还有海西女真和野人女真。海西女真中数叶赫部实力最强。1593年，叶赫部联合了女真、蒙古9个部落，合兵3万，分3路向努尔哈赤进攻。

努尔哈赤听到九部联军来攻，便在敌军来路上埋伏了精兵；在路旁山岭边，安放了滚木石块。九部联军一到古勒山下，建州兵就派出100骑兵挑战。叶赫部一个头目冲过来，马被木桩绊倒，建州兵上去把他杀了，另一头目当时被吓昏过去。这样一来，九部联军没有了统一指挥，四散逃窜，努尔哈赤乘胜追击，打败了叶赫部。又过了几年，努尔哈赤统一了女真族各部。

努尔哈赤统一女真后，把女真人编为8个旗。旗既是一个行政单位，又是军事组织。为了麻痹明朝，努尔哈赤继续向明朝朝贡称臣，明朝廷认为努尔哈赤态度恭顺，便封他为"龙虎将军"。

1616年，努尔哈赤认为时机成熟，就在八旗贵族拥护下，在赫图阿拉即位称汗，国号金。历史上为了跟过去的金国区别把它称为"后金"。

⊙大事记

1618年，努尔哈赤以"七大恨"誓师攻明，在萨尔浒大败明军。

萨尔浒之战

1618年，努尔哈赤召集八旗首领和将士誓师，宣布跟明朝结下七件冤仇，叫作"七大恨"。第一条就是明朝无故杀死了他的祖父和父亲。为了报仇雪恨，他决定起兵征伐明朝。

努尔哈赤亲自率领2万人马攻打抚顺。他先写信给抚顺明军守将李永芳，劝他投降。李永芳见后金军来势凶猛，无法抵抗，就投降了。后金军俘获人口、牲畜30万。明朝的辽东巡抚派兵救援抚顺，也被后金军在半路上打垮了。

明神宗得知消息后，派杨镐为辽东经略，讨伐后金。杨镐率总兵杜松、马林、刘綎、李如柏，又通知朝鲜叶赫出兵助攻，合11万人，浩浩荡荡杀奔后金。杨镐令总兵马林率1.5万人出开原，入浑河上游，从北面进攻；总兵杜松领3万人担任主攻，由沈阳出抚顺关入苏子河谷，从西面进攻；总兵李如柏率2.5万兵由西南进攻；总兵刘綎率兵1万与朝鲜兵1.5万由南进攻；杨镐坐镇沈阳指挥，四路大军会攻赫图阿拉。

经过侦察，努尔哈赤得知山海关总兵杜松率领的中路左翼是明军主力，他们正从抚顺出发，打了过来。努尔哈赤决定集中兵力，先对付杜松。

杜松是一位身经百战的名将。从抚顺出发时，天正下着大雪，杜松立功心切，不管气候恶劣，急急忙忙冒雪行军。他先攻占了萨尔浒（今辽宁抚顺东）山口；接着，把一半兵力留在萨尔浒扎营，自己带了另一部分精兵攻打后金的界藩城（今新宾西北）。

努尔哈赤一面发兵增援吉林崖，一面亲率4.5万旗兵直扑驻萨尔浒的明军西路主力。两军展开激战，杀得天昏地暗。杜松军点燃火炬照明以便准确炮击，后金军利用明军的火光，以暗击明，集矢而射，杀伤甚众。时起大雾，努尔哈赤趁雾引一路军越过堑壕，拔掉栅寨，攻占明军营垒。明西路军遂溃，死伤逾万。与此同时，杜松万余军在吉林崖也遭后金军重创，杜松战死，明西路军全军覆没。

明军主力被歼，南北二路显得势弱，处境孤单。马林率北路军进至尚间崖时，得知杜松覆灭，不敢前进，就地防御。他环营挖掘三层堑壕，将火器部队列于壕外，骑兵继后；又命潘宗颜、龚念遂各率万人屯于大营数里外以成掎角之势，并环战车以迟滞后金。努尔哈赤在击灭杜松后，已率八旗主力转锋北上，迎击明北路军。随后，后金军一部骑兵横冲龚念遂阵营，并以步兵正面冲击破明军车阵，龚军大败。主力后金军与马林部明军大战于尚间崖，刚击溃龚念遂的后金骑兵已迂回到马林军侧后，与主力前后夹击，马林大败。努尔哈赤挥军乘胜追击，八旗骑兵又冲垮潘宗颜军，北路明军大部被歼。坐镇沈阳的杨镐接到两路人马覆灭的消息，连忙派快马传令另外两路明军立刻停止进军。

中路右翼的辽东总兵李如柏胆小谨慎，行动也特别迟缓，他一接到杨镐的命令，急忙撤退。剩下的是南路军刘綎。杨镐发出停止进军命令的时候，南路军因迷路未能如期到达目的地，而又不知明北、西二路已被歼，仍向北开进，当快到萨尔浒时，努尔哈赤已击败马林，挥师南下，作好了迎战准备。努尔哈赤以主力埋伏于赫图阿拉南，另以少数士兵冒充明军，持着杜松令箭，诈称西路明军已迫近赫图阿拉，要刘綎速进会攻。刘綎毫不怀疑，带着人马进入了后金军的包围圈。后金军里应外合，四面夹击，明军阵势大乱。刘綎虽然英勇，但毕竟寡不敌众，战死在乱军之中。

这场战争从开始到结束，只有5天的时间，杨镐率领的10万明军损失过半，文武将官死了300多人。这就是历史上著名的"萨尔浒之战"。

萨尔浒之战后，明朝元气大伤。两年后，努尔哈赤又率领八旗大军，接连攻占了辽东重要据点沈阳和辽阳。1625年三月，努尔哈赤把后金都城迁到沈阳，把沈阳称为盛京。从那以后，后金就对明朝的统治构成了威胁。

⊙**大事记**

1620年，明神宗、明光宗相继去世，朱由校即位，是为明熹宗。他在位期间，明朝宦官乱政达到顶峰。

袁崇焕大战宁远

萨尔浒大战之后，明王朝派老将熊廷弼出关指挥辽东军事。熊廷弼是个很有指挥才能的将领，可是担任广宁（今辽宁北镇）巡抚的王化贞却怕熊廷弼影响他的地位，百般阻挠熊廷弼的指挥。1622年，努尔哈赤向广宁进攻，王化贞带头出逃。熊廷弼面对混乱的局事，只好保护一些百姓退到山海关内。

广宁失守后，明王朝不问事由，便把熊廷弼和王化贞一起打进大牢。熊廷弼一死，派谁去抵抗后金军呢？

这时，详细研究了关内外形势的主事袁崇焕向兵部尚书孙承宗说："只要给我人马军饷，我能负责守住辽东。"

袁崇焕（1584～1630年），字元素，广东东莞人。明万历四十七年（1619年）进士，历兵部主事、监军佥事、宁前兵备佥事。明天启三年（1623年）九月奉命筑宁远城，进而升为右参政、按察使职，驻守宁远。

那些被后金的攻势吓破了胆的朝廷大臣听说袁崇焕自告奋勇，都赞成让袁崇焕去试一试。明熹宗给了他20万饷银，要他负责督率关外的明军。

袁崇焕到了关外，在宁远筑起三丈二尺高、两丈宽的城墙，装备了各种火器、火炮。孙承宗还派了几支人马分别驻守在宁远附近的锦州、松山等地方，与宁远互相支援。

袁崇焕号令严明，辽东的危急局面很快就扭转过来。正当孙承宗、袁崇焕守卫辽东有了进展之时，却遭到魏忠贤的猜忌。

魏忠贤先是排挤孙承宗离了职，又派了他的同党高第指挥辽东军事。高第是个庸碌无能之辈，他一到山海关，就召集将领开会，说后金军太厉害，关外防守不了，让各路明军全部撤进山海关内。

袁崇焕坚决反对撤兵，高第见说不服袁崇焕，只好答应袁崇焕带领一部分明军在宁远留守，但却要关外其他地区的明军，限期撤到关内。

努尔哈赤看到明军撤退时的狼狈相，认为明朝容易对付。1626年，他亲自率领13万人马，渡过辽河，向宁远进攻。

努尔哈赤带领后金军气势汹汹地到了宁远城下，冒着明军的箭石、炮火，猛烈攻城。明军虽然英勇抵抗，但是后金兵倒下一批，又上来一批，情况十分危急。袁崇焕下令动用早就准备好的大炮，向后金军轰击。炮声响处，只见一团火焰，后金兵被炸得血肉横飞，纷纷后撤。

第二天，努尔哈赤亲自督战，集中优势兵力攻城。袁崇焕登上城楼瞭望台，沉着应战。等到后金军冲到逼近城墙的地方，他便命令炮手瞄准敌人密集的地方发炮。这样一来，后金军伤亡就更大了。正在后面督战的努尔哈赤也受了重伤，不得不下令全军撤退。

袁崇焕见敌人退兵，就乘胜杀出城去，一直追了30里，才得胜回城。

努尔哈赤受了重伤，回到沈阳后，伤势越来越重，没过几天，就咽了气。他的第八个儿子皇太极接替了他，做了后金大汗。

宁远大捷后，袁崇焕升任辽东巡抚。其后他积极调兵遣将，修缮城池，有力地遏制了后金的军锋。

⊙**大事记**

1627年，明熹宗死，其弟朱由检即位，是为明思宗，年号崇祯。

1629年，崇祯二年，思宗中反间计，将袁崇焕下狱，第二年以谋叛罪杀袁。

皇太极用反间计

努尔哈赤死后的第二年，皇太极亲自率领人马，攻打明军。后金军分兵三路南下，先包围了锦州城。袁崇焕料定皇太极的目标是宁远，决定自己镇守宁远，派部将带领4000骑兵援救锦州。果然，援兵还没出发，皇太极已经派兵来攻打宁远。袁崇焕亲自到城头上督战，用大炮猛轰后金军；城外的明军援军也配合战斗内外夹击，把后金军打跑了。

皇太极把人马调到锦州，但是锦州的明军守得很严密，皇太极只好退兵。

袁崇焕虽然打了胜仗，可是魏忠贤阉党却把功劳记在自己的名下，还责怪袁崇焕没有亲自救锦州是失职。袁崇焕知道魏忠贤有心跟他过不去，就辞了职。

明天启七年（1627年）八月，明熹宗于乾清宫病逝，年仅23岁，临终遗诏："以皇五弟信王由检嗣皇帝位。"朱由检为明光宗的第五子，明万历三十八年（1610年）生。他于明熹宗死的那天晚上进宫，第3天即皇帝位，诏次年为崇祯元年（1628年），历史上称他为明思宗。

崇祯帝即位后，并没有真正掌管朝政，当时是魏忠贤独霸朝纲，崇祯帝第一件要做的事就是把权力从魏忠贤手里抢回来。到了那时，他才能成为真正有权的皇帝。而此时的魏忠贤已经意识到熹宗早亡使自己失去了靠山，虽然手中仍有一定势力，但不敢如以前那样放肆。九月，魏忠贤请辞东厂职，崇祯帝未批准；他又"乞止生祠"，但只被允止少许。十月以后，魏忠贤集团自身发生了矛盾，有人弹劾魏忠贤之罪。崇祯帝趁机向魏忠贤开刀，他先是下令将魏忠贤安置于凤阳，继而又下令逮捕。魏忠贤知道这个消息后自缢而死。

崇祯帝又把袁崇焕召回朝廷，提拔他为兵部尚书，负责指挥整个河北、辽东的军事。

袁崇焕重新回到宁远，选拔将才，整顿队伍，士气大振。有一次，东江总兵毛文龙作战不力，虚报军功。袁崇焕使用崇祯赐给他的尚方剑，把毛文龙杀了。

皇太极打了败仗，当然不肯善罢甘休，他知道宁远、锦州防守严密，决定改变进兵路线。1629年农历十月，皇太极率领几十万后金军，从龙井关、大安口（今河北遵化北）绕道河北，直扑明朝京城北京。

这一招出乎袁崇焕的意料。袁崇焕得到情报，赶忙带着明军赶了两天两夜到了北京，没顾上休息，就和后金军展开激烈的战斗。

后金军退走后，崇祯帝亲自召见袁崇焕，慰劳了一番。但是一些魏忠贤的余党却到处散布谣言，说这次后金军绕道进京，是由袁崇焕引进来的。

崇祯帝是个疑心极重的人，听了谣言，也有些怀疑起来。正在这时，有一个被后金军俘虏去的太监从后金军营逃了回来，向崇祯帝报告，说袁崇焕和皇太极订下了密约，要出卖明朝。

崇祯帝把袁崇焕召进宫拉长了脸责问说："袁崇焕，你为什么要擅自杀死大将毛文龙？为什么金军到了北京，你的援兵还迟迟不来？"袁崇焕一时不知如何回答才好。他正想答辩，崇祯帝已经喝令锦衣卫把他捆绑起来，押进大牢。崇祯帝拒绝大臣的劝告，到了第二年，下令把袁崇焕杀了。

皇太极用反间计除掉了对手袁崇焕，高兴得无法形容。到了1635年，皇太极把女真改称满洲；又过了一年，皇太极在盛京称帝，改国号为清。皇太极就是清太宗。

清朝兴衰

闯王李自成

崇祯帝即位的第二年，陕西闹了一场大饥荒，老百姓没粮吃，连草根树皮也被吃光了。在这种情况下，一些地方官吏还照样催租逼税。于是，陕西各地爆发了农民起义。

这年冬天，明王朝从甘肃调了一支军队开赴北京。这支军队走到金县（今陕西榆中）时，由于兵士们领不到军饷，闹到了县衙门。带兵的将官出来弹压，有个年轻兵士引头，把将官和县官杀了。这个兵士就是李自成。

李自成是陕西米脂人，出生在一个农民家庭，少年时就喜欢骑马射箭，练得一身好武艺。

这一次，李自成在金县杀了朝廷命官，带着几十个兵士一起投奔王左挂领导的农民军。不久，王左挂禁不住高官厚禄的诱惑，投降了朝廷，李自成不得不另找队伍。后来，他打听到高迎祥领导一支队伍起义，自称"闯王"，就去投奔了高迎祥。高迎祥见李自成带兵来投奔，十分高兴，立刻叫他担任一个队的将官，大家把他叫作"闯将"。

李自成所率军队纪律严明、作战勇敢，对百姓秋毫不犯，虽经受过几次挫折，但最终发展成为起义军中力量最强大的。面对各地农民纷纷揭竿而起的局面，明政府改变了招抚的政策，转而采用剿杀的政策。但是义军实行游击战，且基础深厚，官军虽连连取胜，但怎么也剿除不净。

为了对付官军围剿，高迎祥把13家起义军的大小头领约到荥阳开会，商量对敌办法。李自成认为起义军应该分成几路，分头出击，打破敌人的围剿。大家听了，都觉得李自成说得有道理。经过商量后，13家起义军分成了6路。有的拖住敌军，有的流动作战。高迎祥、李自成和另一支由张献忠领导的起义军向东打出了包围圈。

1633年底，高迎祥、李自成等率起义军突破黄河天险，杀入明朝的心脏地带——河南。他们乘势前进，转而向安徽方面挺进。1635年，起义军攻下明皇室凤阳老巢，那里有朱元璋的祖坟。起义军进城后，焚毁皇陵宫殿，刨了皇家祖坟。崇祯帝闻知祖坟被挖大为吃惊，下罪己诏请求祖先在天之灵宽恕自己。崇祯帝悲伤过后，命兵部尚书杨嗣昌全力剿杀。有一次，高迎祥带兵向西安进攻。陕西巡抚孙传庭在盩厔（今陕西周至）的山谷里埋下了伏兵，高迎祥没有防备，被捕牺牲，李自成带领余部杀了出来。将士们失去了主帅，心情十分沉痛。大伙认为闯将李自成是高迎祥最信任的将领，加上他有勇有谋，就拥戴他做了闯王。从那以后，李闯王的名声就在远近传开了。

李闯王的威名越高，越使明王朝害怕和仇恨。崇祯帝命令总督洪承畴、巡抚孙传庭专门围剿李自成，李自成的处境一天比一天困难起来。在这个困难的时刻，另两支起义军的首领张献忠、罗汝才都接受了明朝的招降，李自成手下的将领也有叛变的，这使李自成处于极其危险的境地。

1638年，李自成从甘肃转移到陕西，准备打出潼关去。洪承畴、孙传庭事先探听到起义军的动向，便在潼关附近的崇山峻岭中，布置了三道埋伏线，然后故意让开通向潼关的大路，诱使李自成进入他们的包围圈。李自成中了敌人的计，起义军经过几天几夜的搏斗，几万名将士在战斗中阵亡，队伍被打散了。

李自成和他的部将刘宗敏等17个人冲出重重包围，翻山越岭，排除了千难万险，才到了陕西东南的商洛山区，隐藏起来。

⊙大事记

1633年，徐光启卒。著有《农政全书》，曾与利玛窦合译欧几里得《几何原本》。

1644年，李自成起义军攻占北京，崇祯帝自缢，明亡。

1644年，清军入北京，以北京为都城；明福王朱由崧在南京即帝位，建立南明弘光政权。

冲冠一怒为红颜

在官军的围追堵截下，李自成处境艰难，暂时处于低潮。1641年，李自成进入河南，转而又攻克洛阳，杀死福王朱常洵。崇祯帝知道后，非常生气，只恨恨地骂各地官吏围剿不力，但自己也拿不出好办法来。李自成起义军纵横驰骋，来回奔袭，官军只能跟在起义军屁股后团团转。1642年，李自成率军三围开封，经过一番战斗，围剿起义军的官军不但没有把起义军剿灭，反而被起义军歼灭大部，起义军开始转入战略进攻。1643年，李自成在襄阳建立革命政权，准备进行新的斗争。

1644年，李自成在西安建立了政权，国号大顺。不久，李自成亲自率领100万起义军渡过黄河，兵分两路进攻北京。两路大军势如破竹，到了这年三月，就在北京城下会师了。北京城外驻守的明军最精锐的3大营全部投降。十七日，李自成亲率大军环攻九门。十八日，大顺军将士架云梯奋力攻城，越墙而入，攻破外城。与此同时，明太监曹化淳献彰义门出降。

崇祯帝听到大兵进城的消息，立即命其3个儿子更衣出逃，逼周皇后自缢，拔剑将长女乐安公主手臂斩断，又杀妃嫔数人，然后换上便服，携太监王承恩等数十人，出东华门，企图出逃，未成功，又返回宫内。十九日清晨，大顺军攻破内城。崇祯帝亲自敲钟召集百官，竟无一人响应。他见已无力挽回败局，便与太监王承恩入内苑，于煤山（今景山）寿皇亭树下自缢。统治中国277年的明王朝，就此灭亡。

大顺政权一面出榜安民，一面惩治明王朝的皇亲国戚、贪官污吏。李自成派刘宗敏和李过勒令那些权贵、官僚交出平时从百姓身上搜刮来的赃款，充当大顺军的军饷。有个叫吴襄的大官僚，也被刘宗敏抄了家产。有人告诉李自成说，吴襄的儿子吴三桂是明朝的山海关总兵，手下还有几十万大军。如果招降了吴三桂，就可以解除大顺政权的一个威胁。

吴三桂原来是明朝派到关外抗清的，驻扎在宁远一带防守。吴三桂收到父亲吴襄的劝降信，便打算到北京去看看情况再说。他带兵到了滦州，遇到一些从北京逃出来的人，找来一问，听说他父亲被抓，家产被抄，顿时心生恨意。后来，又听说他最宠爱的歌姬陈圆圆也被大顺军抓走，不禁勃然大怒，便率兵折回山海关，发誓与大顺军誓不两立。吴三桂势单力孤，仅据山海关一隅，根本无力与大顺军对抗，便想到与清兵联手对抗大顺军，于是派信使去见多尔衮。

这时，清军在多尔衮的率领下正计划由蓟州、密云地区破城墙而入，行军至翁后遇到了吴三桂的使者，便改变行军路线，直接向山海关进发。当时，李自成已亲率大军进逼山海关，准备与吴三桂展开激战。多尔衮四月二十一日到达山海关，屯驻于欢喜岭，蓄锐不发，按兵观望。四月二十二日吴三桂亲自出关，面见多尔衮，提出条件，正式降清。吴三桂与多尔衮约定，清兵帮助吴三桂打败了李自成后，黄河以北归清，以南归明，并封吴三桂为王。当日，多尔衮就率军进入山海关，不费一兵一卒便实现了多年夙愿。

大顺军从南面开到山海关边，与吴三桂的军队展开激战。李自成骑着马登上西山指挥作战。吴三桂带兵一出城，就被大顺军的左右两翼合围包抄。明兵东窜西突，无法冲出重围；大顺军个个奋勇，喊杀声震天动地。

这时候，多尔衮看准时机，命令埋伏在阵后的几万清兵一起杀出，向大顺军发动突然袭击。大顺军没有防备，也弄不清是哪儿来的敌人，心里一慌张，阵势乱了起来。

李自成在西山上发现清兵已经进关，想稳住阵脚，已经来不及了，只好传令撤兵。多尔衮和吴三桂的队伍里外夹击，大顺军惨败。李自成带领将士边战边退，吴三桂仗着清兵的势力，在后面紧紧追赶。大顺军退到北京时，兵力已经大大削弱了。李自成回北京后在皇宫大殿里举行了即位典礼，接受官员的朝见。第二天一清早就率领大顺军，匆匆离开北京，向西安撤退。

1644年十月，多尔衮把顺治帝从沈阳接到北京，把北京作为清朝国都。从那时起，清王朝就开始统治中国了。

吴三桂降清改变了当时整个战局，是清入主中原的关键性转折。第二年，清军兵分两路攻打西安；一路由阿济格和吴三桂、尚可喜率领，一路由多铎和孔有德率领。李自成被迫放弃西安，向襄阳转移。几个月后，大顺军在湖北通山县遭到当地地主武装袭击，李自成战败被杀。

⊙大事记

1645年，清兵破扬州，史可法殉难。

1646年，清兵俘虏南明隆武帝，将其杀死在福州。

康熙帝削藩

清顺治十八年（1661年）正月初七夜，顺治帝福临病逝。初九，其子玄烨即位，时年8岁，以第二年（1662年）为清康熙元年。

康熙帝亲自执政后，大力整顿朝政，使新建立的清王朝渐渐强盛起来。但是，南方的三个藩王却成了康熙帝的一块心病。

三藩问题由来已久。早在顺治年间，平西王吴三桂、平南王尚可喜、靖南王耿继茂奉命南征，为清王朝一统天下立下了汗马功劳。因而顺治帝在统一天下后，并没有及时撤除三藩，而是命令他们留守其地。日积月累，三藩势力日盛，成为威胁中央的地方割据势力。三藩拥兵自重，把持地方财政，欺压百姓，甚至利用沿海交通的便利条件，置朝廷的海禁政策于不顾，大肆进行走私活动。

康熙帝即位之初，四大臣辅政。他们对三藩采取笼络、包容之策，企图借助他们的力量对付南明、农民军余部，因而对三藩的所作所为不闻不问，三藩的势力更加嚣张。康熙帝亲政后，敏锐地看出三藩已成为国家的心腹之患，把它列为自己亲政所必须解决的几件大事之一。

康熙帝亲政之前就采取措施，逐步削弱三藩的势力，他收缴大将军印，裁兵节饷，严禁欺行霸市、借势扰民，解除藩王总管云贵两省事务的职务。亲政以后，康熙专心学习经史典籍，借鉴历朝历史，他清楚地认识到：三藩的性质不是同宋初的开国功臣一个类型，而是同唐末藩镇一个性质。于是他更加抓紧整顿财政，筹措军费，扩大兵力，并主动缓和满汉矛盾，以争取民心，为撤藩工作做准备。

康熙帝虽有撤藩之意，但鉴于"三藩俱握兵柄"，不敢贸然行动。正在他犹豫不决的时候，平南王尚可喜给他提供了一个机会。清康熙十二年（1673年）三月，尚可喜上奏要求"归老辽东"，主动提出了撤藩问题。康熙帝立即抓住机会，顺水推舟，应允了尚可喜的要求，并对他的行为加以表彰。

一石激起千层浪，康熙帝的行为引起了其他二藩的恐慌。其时，吴三桂之子吴应熊正在京师，他立即派人快马加鞭送给其父书信一封，信中写道："朝廷久疑王，今二王皆有辞职疏，而王独无，朝廷之疑愈深。速拜疏岁使来，犹可及也。"吴三桂为了消除皇帝的疑心，便接受了其子的建议，立即上疏"请求撤回安插"，耿继茂之子耿精忠迫于形势，也上书一封，请求撤回安插。

两王上书到达京城，朝臣对是否撤藩的事情意见不一，大多数官员惧怕吴三桂的势力，主张暂时妥协，先行撤去耿精忠的藩国。康熙帝认为与其等吴三桂蓄谋已久，养痈成患，不如痛下决心，三藩并撤。于清康熙十二年（1673年）八月，康熙帝派礼部侍郎折尔肯、翰林院学士傅达礼带手诏前往云南，户部尚书梁清标赴广东，吏部右侍郎陈一炳往福建，会同地方官员料理三藩迁移事务。

但是吴三桂申请撤藩不过是故作姿态，没想到康熙帝竟然如此迅速地批准他撤藩。吴三桂感到愤愤不平，即与其党羽密谋起兵。九月初，康熙帝所遣办理迁移事务的大臣到达云南后，吴三桂阳奉阴违，表面上接受诏书，暗地里却一再拖延动身日期，加紧叛乱的步伐。十一月二十一日，吴三桂杀死云南巡抚朱国治，逼使云贵总督甘文焜自杀，扣留了折尔肯，自称"周王"，决定以次年为周王元年，公开反叛清朝。

吴三桂反叛的消息传到北京，举朝震惊。大臣中主张向吴三桂妥协的人很多，大学士索额图竟然要求将"前议三藩当迁者，皆宜正以国法"。康熙帝也知情势严重，但他知道撤藩的决策没有错，此时向吴三桂妥协，只能长他的气焰，灭自己的威风，便下定决心要与吴三桂一比高低。吴三桂起兵前后，曾经致书平南、靖南二藩，台湾郑经以及贵州、四川、湖广、陕西等地官吏，他还发布了蛊惑人心的"反清檄文"。一时间，滇、黔、湘、蜀纷纷响应。吴三桂主力东侵黔湘，很快兵力便达到14万。接着河北总兵察禄也反于彰德，塞外又有察哈尔部布尔民的叛乱，可谓"东南西北，都在鼎沸"。

康熙帝没有退路可走，当即采取措施，布置兵力，"增派八旗精锐前往咽喉要地荆州固守"，停撤广州和福州二藩，孤立吴三桂，拘禁额驸、吴三桂之子吴应熊及家属，赦免散处各地的原属吴三桂的官员，削除吴三桂爵位，并悬赏捉拿吴三桂。

清康熙十四年（1675年），吴三桂与清王朝的对抗达到了顶峰。叛军在全国形成了三大战场：耿精忠控制的福建、浙江、江西为东线，湖南是正面战场，以及四川、陕西、山西、甘肃为西线。康熙帝分析形势，定下战略方针：以荆州为战略立足点，顶住湖南战场的吴军主力，只对峙而不主动出击；主攻从侧翼入手，先解决耿精忠、王辅臣两股主要叛军，然后再集中力量对抗吴三桂。康熙帝还并用剿灭、招抚两手，亲自致书王辅臣、耿精忠等人，表示只要他们"投诚自归"，即赦免前罪，仍像从前一样对待他们。清康熙十五年（1676年），王辅臣兵变降清。十月，耿精忠投降。十二月，尚可喜之子尚之信也公开反吴。康熙帝践约，一律优待他们。如此一来，那些蒙受蛊惑的将领和将官纷纷投降，吴军渐渐分化瓦解。

　　清康熙十七年（1678年）八月，吴三桂暴病身亡。其孙吴世璠即大周皇位，改元洪化。他见势不妙，退居贵阳。清军在解决两翼之后，开始战略反攻，进入湖南。康熙十八年（1679年）正月，清军攻克岳州。接着势如破竹，一路收复长沙、常德、衡州。至此，湖南、四川、贵州、广西被收复。康熙帝又下令兵分三路，进军云南。清康熙二十年（1681年）十一月，昆明城破，历时八年的内战以吴三桂的覆灭而告终。

⊙**大事记**

1683年，郑克塽降清，康熙帝统一台湾。

1673~1681年，康熙帝平定三藩之乱。

雅克萨之战

　　明朝末年，明、清双方都忙着打仗，北方边境的防务就无人顾及了。沙皇俄国趁机向我国黑龙江地区进犯。他们在我国掠夺财物，杀害人民。直到清朝稳定了局势，才派兵打击沙俄侵略军，收复了被俄国占领的黑龙江北岸的雅克萨（在今黑龙江呼玛西北，漠河以东）。

　　后来，康熙帝为了平定三藩，把大批兵力调到西南去。有个俄国逃犯带了84名匪徒逃窜到我国雅克萨，在那里筑起堡垒，到处抢掠。他们把抢来的貂皮献给沙皇，沙皇不仅赦免了逃犯的罪，还任命为首的歹徒做了雅克萨长官，想永远霸占我国土地。

　　康熙帝平定了三藩之乱后，听到东北边境遭到侵犯，便亲自来到盛京，派将军彭春、郎谈借打猎为名到边境侦察。

1683年农历三月，康熙帝再次致书俄国沙皇，要求俄军撤走，两国以雅库茨克为界，但再遭拒绝。康熙帝终于看清：若非"创以兵威，则罔知惩畏"，于是决意征剿。九月，清朝勒令盘踞在雅克萨等地的俄军撤出中国领土。俄军不予理睬，反而窜至瑷珲劫掠，被清宁古塔副都统萨布素率军击败，清军全部拆除了黑龙江下游俄军建立的据点，使雅克萨成为孤城。俄军不但不肯退出，反而向雅克萨增兵，跟清朝对抗。于是，康熙帝发布了进军的命令。

一月二十三日，康熙帝命都统彭春赴瑷珲，负责收复雅克萨。四月二十八日，彭春和刚被委任的黑龙江将军萨布素、建义侯林兴珠率领由满、汉、蒙古、达斡尔等民族组成约2000人的军队，携战舰、火炮和刀矛、盾牌等兵器，从瑷珲出发，分水陆两路向雅克萨开进。五月二十二日清军主力抵达雅克萨城。彭春向俄军头目托尔布津发出最后通牒，但托尔布津自恃巢穴坚固，将军役人员全部撤入城内，以负隅顽抗。五月二十三日清军战船集于城东南，火炮列于城北，陆军布阵于城南，准备攻城。二十四日，从尼布楚增援雅克萨的一队哥萨克兵乘筏顺江而来，清军于江面截击。林兴珠率福建藤牌兵裸而入水，冒藤牌于顶，持片刀以进，俄军惊所未见。藤牌兵疾劈猛砍，俄军一个个被打入江中；藤牌兵随即跃上竹筏，冲杀这批哥萨克兵。俄军死伤大半，余众溃散而逃，而清军未丧一人。

二十四日夜，清军开始攻城。在城南，彭春派萨布素等进兵，设置挡牌木垒，施放箭镞；在城北，副都统温岱、提督刘兆奇等以红衣大炮猛烈轰击；两翼又有护军参领博里秋、营门校尉乌沙等放神威大将军炮协攻；在江南，都督何佑、副都统雅齐纳、镇守达斡尔提督白克等密布战舰，以备救援。清军众志成城，协调配合，猛烈攻城。二十五日黎明，清军加大炮轰，俄军100多人被击毙，塔楼与城堡破坏无遗，商铺、粮仓、教堂、钟楼，尽被火药箭烧毁；清军还在城下堆积柴薪，准备焚城。托尔布津被迫乞降，遣使要求在保留武装的条件下撤离雅克萨。当日，彭春等遵照谕旨，允许城内俄军携带武器、行李撤走。被沙俄窃踞长达20年之久的雅克萨重返祖国。清军平毁雅克萨城后回师，留部分兵力驻守瑷珲，另派兵在瑷珲、嫩江一带屯田，加强黑龙江防务。

俄军撤离雅克萨后，积蓄兵力，图谋再犯。1685年秋，莫斯科派兵600名增援尼布楚。托尔布津获悉清军撤走后，即率500余人，携带大炮，再度侵占雅克萨。俄军在雅克萨废墟上重建城堡，四周围以长40俄丈、下底宽36俄丈、上底宽4俄丈、高1.5俄丈的长方形木城，城上起筑炮垒，城外挖掘壕堑。在堑外陆地一侧还竖立木栅，直抵江边。俄军这一背信弃义的做法引起清政府的极大愤慨。1686年初，康熙帝下令反击，令萨布素速修战舰，统领乌喇（今吉林市）、宁古塔官兵，驰赴黑龙江城；林兴珠的八旗汉军和福建藤牌兵也参与作战。五月，清军2000余人再次围攻雅克萨。清军施放炮火，奋勇进攻，通宵达旦，予敌重创。七月十四日，清军再次发起攻城高潮，城内俄军不得不藏在地穴中躲避炮火。清军见强攻不下，遂改为围困，每日向城内发炮轰击。八月，托尔布津登塔楼侦察时，被清军炮弹击中，右腿齐膝被炸断，旋即毙命；改由拜顿代行指挥，继续顽抗。清军进一步加强对雅克萨的围困：在城西要地设立营寨，控制江面，切断尼布楚方向援敌通道；城内无井，饮水全靠黑龙江水道，清军激战4昼夜，断其水源。在清军围攻下，俄军人数逐日减少。十月严冬来临，俄军饥寒交迫，处境更蹩。到第二年春，原来826名俄军只剩66人。雅克萨城旦夕可下，清政府再次建议沙皇以谈判解决两国边境问题。沙皇鉴于失败已成定局，而俄国重心又在欧洲，遂同意了。

1687年农历三月二十五日，清军解除对雅克萨的封锁，并准许俄军残部撤往尼布楚，历时3年的雅克萨抗俄战争至此结束。

1689年，清政府派出代表索额图，与沙俄政府代表戈洛文在尼布楚举行和谈，签订了《尼布楚条约》。条约划分了两国边界，肯定了黑龙江和乌苏里江流域的广大地区都是中国领土。

⊙大事记

1685年，康熙帝命都统彭春与林兴珠等率兵赴黑龙江，与俄国侵略者大战于雅克萨，俄国侵略者投降。

1685年，纳兰性德死。纳兰性德为大学士明珠之子，善骑射，工诗文，所著《纳兰词》清新秀隽，自然灵逸。

三征噶尔丹

在《尼布楚条约》签订后的第二年，沙俄政府不甘心失败，又唆使准噶尔（蒙古族的一支）的首领噶尔丹向漠北蒙古进攻。

那时，蒙古族分为漠南蒙古、漠北蒙古和漠西蒙古三个部分。除了漠南蒙古已归属清朝外，其他两部也都向清朝臣服了。准噶尔部是漠西蒙古的一支，本来在伊犁一带过着游牧生活。自从噶尔丹统治准噶尔部以后，他先兼并了漠西蒙古的其他部落，又向东进攻漠北蒙古。漠北蒙古人逃到漠南，请求清朝政府保护。康熙帝派使者到噶尔丹那里，叫他把侵占的地方还给漠北蒙古。噶尔丹依仗沙俄撑腰，不但不肯退兵，还大举进犯漠南。

康熙帝决定亲征噶尔丹。1690年，康熙帝兵分两路：左路由抚远大将军福全率领，从古北口出兵；右路由安北大将军常宁率领，从喜峰口出兵，康熙帝亲自带兵在后面坐镇。七月十四日，康熙帝离开北京，不料途中忽患感冒，只好取消亲征计划。

七月十五日，气焰嚣张的噶尔丹向清军宣战，屯兵于西巴尔台（今内蒙古克什克腾旗土河），然后又逐步南下，占据了距京师仅有350千米的乌兰布通。噶尔丹把几万骑兵集中在大红山下，后面有树林掩护，前面又有河流阻挡。他把上万只骆驼缚住四脚放倒在地，驼背上加上箱子，用湿毡毯裹住，摆成长长的一个驼城，叛军就在那箱垛中间射箭放枪，阻止清军进攻。

噶尔丹还派使者向清军提出交出他们的仇人的要求。康熙帝命令福全反击。八月一日，清军向乌兰布通推进，向噶尔丹大军发起猛攻。清军用火炮火枪对准驼城的一段集中轰击。驼城被打开了缺口。清军的步兵骑兵一起冲杀过去，福全又派兵绕出山后夹击，把叛军杀得七零八落，噶尔丹乘夜逃跑。

噶尔丹回到漠北，一面伪装向清朝政府表示屈服，一面在暗地里重新招兵买马，图谋东山再起。康熙三十三年（1694年），康熙帝约噶尔丹会见，订立盟约。噶尔丹不但不来，还派人到漠南煽动叛乱。

康熙三十四年（1695年），噶尔丹又燃叛乱战火，率领骑兵3万，向漠南大举进攻。

康熙三十五年（1696年），康熙帝决定再次御驾亲征，分三路出击噶尔丹：黑龙江将军萨布素从东路进兵；大将军费扬古率陕西、甘肃军兵，从西路出兵，拦截噶尔丹的后路；康熙帝亲自带中路军，从独石口迎击噶尔丹大军。

康熙帝的中路军到了科图，遇到了敌军前锋，但东西两路还没有到达。这时候，有人传言沙俄要出兵帮助噶尔丹。随行的一些大臣害怕起来，劝康熙帝退兵。康熙帝气愤地说："我这次出征，还没有见到叛贼就退兵，怎么向天下人交代？再说，我中路一退，叛军全力对付西路，西路不是更危险了吗？"

康熙帝决心已定，继续进兵克鲁伦河，并且派使者去见噶尔丹，告诉他康熙帝亲征的消息。噶尔丹在山头望见清军黄旗飘扬，军容整齐，便连夜拔营逃走了。康熙帝一面派兵追击，一面派快马通知西路军大将费扬古，让他们在半路上截击噶尔丹。

噶尔丹带兵奔走了五天五夜，到了昭莫多（在今蒙古人民共和国乌兰巴托东南），正好与费扬古军相遇。费扬古在树林茂密的地方设下埋伏，然后派先锋把叛军引到预先埋伏的地方，叛军一到，便前后夹击。叛军死的死，降的降。最后，噶尔丹只带了几十名骑兵逃走了。清军大获全胜。

昭莫多之战后，噶尔丹流窜于塔米尔河流域。为了彻底消灭噶尔丹的势力，康熙帝采取收服降众、断绝噶尔丹外援的策略，彻底地孤立了噶尔丹。噶尔丹之侄策妄阿拉布坦也遣使入朝，接受了清朝的册封，噶尔丹已处于四面楚歌的境地，但他顽固不化，拒不接受清廷的招抚。

清康熙三十六年（1697年）二月六日，康熙帝第三次率兵亲征噶尔丹。出京城，经过山西大同、陕北府谷、神木、榆林等地，三月二十六日康熙大军抵达宁夏。这时，噶尔丹原来的根据地伊犁已经被他侄儿策妄阿拉布坦占领；他的左右亲信听说清军来到，也纷纷投降，愿意做清军的向导。噶尔丹走投无路，服毒自杀。五月十六日，康熙帝胜利回京。

从那以后，清政府重新控制了阿尔泰山以东的漠北蒙古，分封了当地蒙古贵族称号和官职。随后，又在乌里雅苏台设立将军，统辖漠北蒙古。

⊙大事记

1686年，设广州十三行，洋行制度始于此。

1689年，中俄《尼布楚条约》签订，划分中俄东段边界。

1697年，康熙帝第三次亲征噶尔丹，最终噶尔丹兵败自杀。

曹雪芹写《红楼梦》

曹雪芹，名霑，字梦阮，"雪芹"是他的别号，又号芹圃、芹溪。约生于清康熙五十四年（1715年），卒于清乾隆二十七年（1763年）除夕。曹家在康熙朝盛极一时，曾祖曹玺，祖父曹寅及其伯父曹颙、父亲曹頫等任江宁织造一职前后达60余年。曹寅工诗能词，又是有名的藏书家，著名的《全唐诗》就是他主持刻印的。曹雪芹就是在这种繁盛荣华而又充满书香气的家境中度过了他到13岁为止的少年时代。

雍正即位后，曹頫被查办革职，抄没家产。曹家全部迁回北京后，曹雪芹曾在一所学堂当差，境遇潦倒，常常要靠卖画才能维持生活。他最后流落到北京西郊的一个小山村，生活困顿。清乾隆二十六年（1762年）秋，他唯一的爱子夭亡。不久，他也含恨谢世，只留下一位新娶不久的继妻和一部未完成的书稿。《红楼梦》第一回记述道："曹雪芹于悼红轩中披阅十载，增删五次。"他去世时，全书仅完成前八十回和后面的一些残稿。

小说一开始的十几回，写林黛玉初入荣国府的见闻，写宁国府为秦可卿出殡时的声势，写元春选妃、省亲，像缓缓拉近的长焦镜头一样，层层推进地表现出贾府特殊的社会地位和令人目眩的富贵豪奢。但就在这烈火烹油、鲜花着锦的繁华景象中，透出了它不可挽救的衰败气息。钱财方面坐吃山空，内囊渐尽。而人才方面的凋零则是贾府衰败的真正原因，贾府的男性或炼丹求仙，或好色淫乱，或安享尊荣，或迂腐僵化。

贾宝玉是《红楼梦》的核心人物。在他身上应该有作者早年生活的影子，但也渗透了他在后来的经历中对社会与人生的思考。在贾宝玉身上，集中体现了小说的核心主题：新的人生追求与传统价值观的冲突，以及这种追求不可能实现的痛苦。小说的第一回，作者也似乎在有意识地运用一个神话模式作为小说的框架。作者以女娲补天神话为象征，女娲炼石补天时剩的一块石头，时间一久，通了灵性，便因自己不能有补天之用而日夜悲号。一僧一道将它化为一块美玉，就是后来贾宝玉出生时口中所衔的"通灵宝玉"，也就是"宝玉"本人。这个神话故事揭示了宝玉这一形象的本质特征——他是一个具有良材美质的"废物"。这似乎有些矛盾，但事实就是这样：他聪明过人，却厌恶读书；他是母亲眼中的命根子，但却是父亲眼中的"逆子"；他和大观园中的女孩们如胶似漆，但对老妈子却很少有什么好感；对秦钟他一见如故，但却视贾雨村为禄蠹……总之，凡是沾了利禄之气的人或物，都遭到他的蔑视和抛弃，因而，他就成为他的"诗礼簪缨之族"的"废物"，也成了社会政治结构的"废物"。贾宝玉便把他的全部热情灌注在一群年轻女性的身上。他是一个天生的"情种"。一岁时抓周，"那世上所有之物摆了无数"，他"一概不取，伸手只把些脂粉钗环抓来"；七八岁时，他就会说"女儿是水作的骨肉，男人是泥作的骨肉。我见了女儿，我便清爽；见了男子，便觉浊臭逼人"；更有一句因林黛玉而起、对紫鹃所说的话："活着，咱们一处活着；不活着，咱们一处化灰化烟，如何？"在贾宝玉看来，爱情已经成了生命的唯一意义。

在《红楼梦》中，宝黛两人既有一层表兄妹的现实关系，更有一层木石前盟的神话结构中的前身相爱关系。在现实关系中，他们的爱情是因长年耳鬓厮磨而形成，又因彼此知己而日益加深。但这种爱情注定不能够实现为两性的结合，因为在象征的关系上，已经规定了他们的爱情只是生命的美感和无意义人生的"意义"。

包括黛玉在内的青年女性，寄托着作者的感情和人生理想，但她们在小说中无一例外地走向毁灭：有的被这腐败没落的贵族之家所吞噬，有的随着这个家庭的衰亡而沦落。由女孩们所维系着的唯一净土也不能为现实的世界所容存，所以《红楼梦》终究是一个永远也无法实现的梦。

高鹗所续的后四十回，给人的感觉是收束有些急促，显得变故迭起，一片惊惶。语言文字上也相对逊色，不过从总体上看，后四十回还是保持了原作的悲剧气氛，这是难能可贵的。后四十回中写得最好的，是宝玉被骗与宝钗成婚、同时黛玉含恨而死的情节，在很大程度上感动了许多读者，以致有怀疑那可能就是曹雪芹的原稿。

《红楼梦》在艺术上达到了中国小说前所未有的成就。从《红楼梦》前八十回看，这部作品的结构已经突破了原来章回长篇小说的模式。它以贾、林、薛、史四人的情感纠葛为中心线索，以他们生活的大观园为主要舞台，以贾、王、史、薛四大家族的兴衰为社会背景，组织一个庞大的叙事结构。而这个结构据原作推测，又放在一个巨大的神话叙事结构中。贾、林、薛、史等人从情天幻海而来，终将回归仙境。

《红楼梦》最值得称道的，是人物形象的塑造。在《红楼梦》的主要人物中引人注目的，首先是王熙凤，作为荣国府的管家奶奶，她是《红楼梦》女性人物群中与男性的世界关联最多的人物。她"体格风骚"，玲珑洒脱，机智权变，心狠手辣。她貌似精明强干，在支撑贾府勉强运转的背后，她挖空心思地为个人攫取利益，放纵而又不露声色地享受人生。迟发月银用来放高利贷；私了官司以谋取暴利；而借机敲诈更是她的拿手好戏，连丈夫贾琏都不放过。因此作者将加速贾府沦亡的过错，有意无意地集中到了她身上，"机关算尽太聪明，反误了卿卿性命"。王熙凤在《红楼梦》中，无疑是写得最复杂、最有生气、最新鲜的人物。

薛宝钗的精明能干不下于王熙凤，但她温良贤淑，所以她的言行举止就显得委婉内敛。她有很现实的处世原则，能够处处考虑自己的利益，但她同样有少女的情怀，有对于宝玉的真实感情。但她和宝玉的婚姻最终却成了一种有名无实的结合，作为一个典型的"淑女"，她也没有获得幸福。

林黛玉是一个情感化的、"诗化"的人物。她的现实性格聪慧伶俐，由于寄人篱下，有时显得尖刻。另一方面，正因为她是"诗化"的，她的聪慧和才能，也突出地表现在文艺方面。在诗意的生涯中，和宝玉彼此以纯净的"情"来浇灌对方，便是她的人生理想。作为小说中人生之美的最高寄托，黛玉是那样一个弱不禁风的"病美人"，也恰好象征美在现实环境中的病态和脆弱。

值得注意的是，《红楼梦》中不仅写出了林黛玉、薛宝钗、史湘云、贾探春以及女尼妙玉这样一群上层的女性，还以深刻的同情精心刻画晴雯、香菱、鸳鸯等婢女的美好形象，写出她们在低贱的地位中为维护自己作为人的自由与尊严的艰难努力。晴雯勇补雀金裘、笑撕纸扇、愤寄指甲，鸳鸯以死怒拒贾赦的淫威等，都给人以美好和光明的希望。

贾府中的男性如贾赦、贾珍、贾琏、贾蓉等，大都道德堕落，行止不端。他们享受着家族的繁华，是一群对财色贪得无厌的寄生虫。刘姥姥在《红楼梦》中，尤其是在后半部分，基本上成了重要人物。这位乡间老妇本是深于世故，以装痴弄傻的表演，供贾母等人取乐。然而，这一个出场时极似戏曲中丑角的人物，后来却成了巧姐的救命恩人。她可笑可怜却又可敬，人性含蕴十分丰富。在她的身上，表现了曹雪芹对下层人物的理解。

《红楼梦》的语言，既是成熟的白话，又简洁而略显文雅，或明朗或暗示，描写人情物象准确有力。它的对话部分，尤能切合人物的身份、教养、性格以及特定场合中的心情，活灵活现，使读者似闻其声、似见其人。

《红楼梦》是一部具有历史深度和社会批判意义的爱情小说。它颠覆了封建时代的价值观念，把人的情感生活的满足放到了最高的地位上，用受社会污染较少、较富于人性之美的青年女性来否定作为社会中坚力量的士大夫阶层，从而表现出对自由的生活的渴望。

⊙大事记

1782年，《四库全书》成书。

乾隆帝禁书修书

清王朝经过康熙、雍正两朝的经营，经济发展很快。到雍正帝儿子清高宗弘历（也叫乾隆帝）在位的时候，已经可以称得上国富民强了。清朝初期的文治武功在这个时期都达到了鼎盛。

1757年，原来已归服清朝廷的准噶尔贵族阿睦尔撒纳发动叛乱。乾隆帝派兵两路进攻，平定了叛乱。

乾隆帝跟他祖父、父亲一样，不仅注意武功，还十分重视文治。他一面继续招收文人学者做官；一面又大兴文字狱，镇压有反清嫌疑的文人。乾隆时期文字狱之多，大大超过了康熙、雍正两朝。

但是，乾隆帝明白，光靠文字狱来实行文化统治去不了根，还有成千上万的书籍贮藏在民间。如果里面有不利于他们统治的内容，那就无可奈何了。后来，他想出一个一举两得的办法，就是集中全国的藏书，来编辑一部规模空前巨大的丛书。这样做，一来可以进一步笼络大批知识分子，显示皇帝重视文化；二来借这个机会正好可以把民间藏书统统审查一下。

1773年，乾隆帝正式下令开设四库全书馆。派了一些皇亲国戚和大学士担任总管，那些皇亲国戚大多是挂名监督的。真正担任编纂官的都是当时一些有名的学者，像戴震、姚鼐、纪昀等人。

要编这样一套规模巨大的丛书，先得收集大量的书籍。乾隆帝下了命令，叫各省官员搜集、收购各种图书，并且定出了奖励办法，私人进献图书越多，奖励越大。这道命令一下，各地图书便源源不绝送到北京。两年之中，就聚集了2万多种，再加上宫廷里收藏的大量图书，数量就很可观了。书收集得差不多了，乾隆帝就下令四库全书馆的编纂官员对图书进行认真检查。凡是有"违碍"（对清统治者不利）字句的，一律毁掉。经查发现在明朝后期的大臣奏章里，提到清皇族的上代时不那么尊重，乾隆帝认为这是很不体面的，就下令把这类图书一概烧毁。据不完全统计，在编《四库全书》的同时，被查禁烧毁的图书也有3000多种。

后来，这部规模巨大的《四库全书》终于编出来了。编纂者们对大批图书进行编辑、校勘、抄写，这套丛书按经、史、子、集四部44类编排，共收图书3461种，多达7万多卷，共计3.6万册。《四库全书》始修于清乾隆三十八年（1773年），完成于清乾隆五十八年（1793年）。在清乾隆四十七年（1782年）缮写完第1部之后，又缮写6部及副本1部，分别藏于故宫文渊阁、圆明园文源阁、沈阳故宫文溯阁、承德避暑山庄文津阁等处。后来历经战火，《四库全书》或被抢，或被烧，保存比较完整的仅有藏于承德避暑山庄文津阁的那一部，现收藏于国家图书馆。

乾隆帝编修《四库全书》是结合从《永乐大典》中搜辑佚书和大规模地征集民间遗书两项活动同时进行的，因而《四库全书》及《四库全书总目》两书的收书范围和质量都远远地超过了前代。不论乾隆帝当初的动机怎样，这部书对后代人研究我国古代丰富的文化遗产，毕竟是一项重大而珍贵的贡献。

⊙ **大事记**

1793年，英国使臣马戛尔尼来华，求通商，乾隆帝予以拒绝。

1799年，乾隆帝死，嘉庆帝开始亲政，他治和珅之罪，有"和珅跌倒，嘉庆吃饱"之语。

1813年，林清等攻入紫禁城，因人少而失败。

民族英雄林则徐

在乾隆、嘉庆在位期间，清朝的国力开始由强盛走向衰弱。与此同时，英、美、法等国正逐渐完成工业革命，资本主义需要广阔的商品市场和原料产地，英国首先将目光投向了中国。

鸦片，俗称大烟，是用罂粟汁熬制而成的麻醉毒品，吸食者极易上瘾，长期吸食能导致身体萎顿、精神颓靡。早在清初，鸦片就已随其他商品一起输入到了中国。以英为首的西方殖民者为扭转贸易逆差，改变白银大量流向中国的局面，转而采用倾销鸦片的恶毒手段，以此敲开中国的大门。英国是最大的鸦片贸易贩子，美国次之，俄国也从中亚向中国北方输入鸦片。鸦片的大量流入，使殖民者们大发横财，但却给中国带来了巨大灾难，鸦片大量输入严重冲击了中国封建经济，清政府在对外贸易中开始处于逆差地位。大量白银外流，使清政府国库空虚，财政拮据，百业萧条。鸦片也最初只在沿海行销，后来逐渐深入内地，吸食上瘾者不可胜数，严重毒害了中国人的肉体和心灵。鸦片贩子大量行贿也使清政府的吏治更加腐败。

种种情况促使人民要求禁烟的呼声越来越强烈，政府和一些正直官员也逐渐认识到禁烟的重要性。1838年六月，鸿胪寺卿黄爵滋等人上奏，痛陈鸦片祸害，揭发官吏包庇鸦片烟贩，主张坚决遏制鸦片的输入。他认为要禁绝鸦片，必先加重严惩吸食者。湖广总督林则徐和两江总督陶澍等人十分赞成黄爵滋的主张。1838年农历七月到九月，林则徐三次复奏道光帝，指出若不禁烟，长此以往，数十年后，"中原几无可以御敌之兵，且无可以充饷之银"。林则徐的话坚定了道光帝严禁鸦片的决心。

林则徐是福建侯官（福州）人，他的父亲林宾日是个以教书为业的秀才。林则徐27岁那年被选为翰林院庶吉士。在京时期，他与南方出身的清流派小京官结成文学团体"宣南诗社"，社友中有陶澍、黄爵滋、龚自珍等人。他们之间常常议论时局，讨论治世的学问，这自然为林则徐日后出任封疆大吏，建立斐然政绩打下了良好的基础。

1839年农历一月，林则徐离开北京，宣布这次出差将自备车轿，自带役夫，沿途供应不许铺张，若有犯者，言出法随。这种严肃的态度使英国的毒贩们感到了情势的转变。到达广州后，林则徐又在行馆门外张贴告示：严禁收取地方供应，所有随从人员不得擅离左右。在两广总督邓廷桢的帮助和合作下，林则徐暗访密查，充分掌握了广州鸦片走私和经营情况，然后下令收缴外商鸦片，还让他们保证以后来船永不再夹带鸦片，如果有，货全部没收，人立即正法。广州人民也纷纷行动起来，配合林则徐的缴烟命令。鸦片贩子不愿交出鸦片，操纵广州的外商商会破坏禁烟行动。林则徐便下令中止中英贸易，命令海关禁止外人离开广州，终于从四月到五月二十一日收缴了鸦片2万多箱。

清道光十九年（1839年），林则徐在虎门开始销烟，在场群众成千上万，争相观看这一次焚烟活动。林则徐先让兵士在海滩上挖成两个15丈见方的池子，池底铺上石条、四壁栏桩钉板，防止渗漏。又在前面设一涵洞，后面通一水沟。之后，将水车从沟道推入池子，将盐撒进，又把鸦片切成小块投入卤水中，浸泡半小时后再将石灰投入，池中立刻水汤滚沸，围观群众欢呼声震天动地。退潮时，兵士启放涵洞，池中水汤随浪潮涌动送入大海。然后再用清水洗刷池底，不留下半滴烟灰。在连续20多天的时间里，收缴的鸦片全部被销毁。

林则徐指导中国人民的禁烟斗争，具有了反抗侵略、悍卫民族生存权利的伟大意义。虎门销烟谱写了近代史上中国人民反对外国侵略光辉篇章的第一页。

⊙大事记

1833年，英国传教士郭士立在广州创办《东西洋考每月统记传》，为外国人在中国境内出版的第一家中文期刊。

1839年6月3日，林则徐在虎门海滩销毁收缴的鸦片。英国以此为借口，发动了第一次鸦片战争。

第一次鸦片战争

当英、美、法、日等列强进行如火如荼的资本主义革命时，清政府正闭关锁国，自以为"天朝上国"，不思改革，遂使中国在世界上落伍。英国通过鸦片贸易从中国攫取了大量白银，同时使我国军民身衰体弱，统治阶级有识之士纷纷要求禁销鸦片。

1839年，湖广总督、钦差大臣林则徐奉命于1月底到达广州，他一方面整顿海防，允许人民群众持刀杀敌；一方面宣布收缴鸦片。3月，英国鸦片贩子被迫交出鸦片237万余斤。6月3日，林则徐下令把这些鸦片在虎门海滩当众销毁，以示中国政府禁烟的决心。

英国政府以此为借口向中国发动了战争，1840年1月，以懿律和义律为正副全权代表，懿律为侵华英军总司令，出兵中国。5月，英国舰船40余艘、士兵4000多名先后到达澳门附近海面，鸦片战争爆发。懿律率英军进犯广州海口，看到广州军民早已严密布防，遂转攻厦门，又被邓廷桢军击退。6月，英军北上攻占定海作为军事据点。8月，英舰抵达天津大沽口外。

道光帝慑于英军武力，又为投降派的劝说所动摇，遂改变态度，罢免了林则徐，改派直隶总督琦善为钦差大臣去天津和英军谈判。而此时英军因夏秋换季，疾疫流行，遂放弃定海，于8月中旬南返，双方议定在广州谈判。琦善到广州后，一反林则徐所为，命令撤除海防水勇，镇压抗英群众，一心议和。1840年12月，琦善与义律在广州开始谈判。英军趁中方严防撤除、又因谈判而致海防松懈无备之际，于1841年1月7日发动突袭，攻陷了虎门附近的沙角、大角两炮台，并单方面宣布所谓"穿鼻草约"。1月26日，英军攻占了香港。

道光帝得知琦善开门揖盗，丢失两炮台后，下令锁拿琦善，并向英宣战，派侍卫内大臣奕山为靖逆将军，调兵万余赴粤抗英。英军先发制人，出动海陆军攻虎门，广州提督关天培亲率清兵迎击，清军刀矛不敌英军坚枪利炮，关天培中弹牺牲。2月26日，英军攻占虎门、猎德、海珠等炮台，溯珠江直逼广州。4月，奕山率大军抵达广州。5月24日，英军进攻广州，一路占领城西南的商馆，一路由城西北登陆，包抄城北高地，不久攻占城东北各炮台，并炮击广州城。奕山执行"防民甚于防寇"的方针，对英军侵略消极抵抗，在英军的迅猛攻势下，他与英人签订《广州和约》并征得道光帝批准，以缴银600万元换得英军撤出广州地区。

与清政府的妥协投降态度相反，广州三元里人民在广州北郊牛栏冈附近同窜入这里的千余英军英勇作战，打死打伤英军数十人，并把四方炮台围得水泄不通。在广州知府的调停下，英军才得以解围。

英政府并不满意懿律和义律在中国获得的权益，改派璞鼎查（后来的首任港督）为全权代表来华，扩大侵略战争。1841年8月21日，璞鼎查率37艘舰队、陆军2500人离开香港北上，攻破厦门，占据鼓浪屿；10月1日再次攻陷定海，定海总兵葛云飞英勇殉国。10日英军攻占镇海（今属宁波），钦差大臣、两江总督裕谦战死，英军旋占宁波城。道光帝闻讯大惊，忙派吏部尚书大学士奕经调兵赴浙以收复失地。1842年3月，奕经在准备不充分的情况下全面反击，清军数战不利，撤回原地。

战败消息传到京师，朝野上下震动，道光帝无奈，只得派盛京将军耆英和伊里布赴浙向英军请和。璞鼎查不理会耆英的乞和，继续深入。1842年5月18日，英军攻取浙江平湖乍浦镇，6月16日攻吴淞口，吴淞炮台守将陈化成壮烈牺牲，宝山、上海沦陷。英军溯长江西上，于7月21日陷镇江，8月，英舰陆续到达南京下关江面。清政府已无心再战，遂接受英方停战的条件，29日在英军舰"汉华丽"号上，耆英、伊里布与璞鼎查签订了中国近代史上第一个不平等条约《南京条约》。条约共7条，主要内容是：割让香港，赔款2100万银元，广州、福州、厦门、宁波、上海五口通商等。

鸦片战争严重侵害了中国的主权，标志着中国开始逐步陷入半殖民地半封建社会。

⊙**大事记**

1842年，中英签订《南京条约》，是中国近代史上第一个丧权辱国的不平等条约。

太平天国

英国人用鸦片掠夺中国，又用炮舰保护了罪恶的鸦片贸易。《南京条约》签订后，外国货物如潮水般涌入中国，清政府为支付战争赔款，加重了对人民的剥削，广东首当其冲。不久，太平天国起义在两广地区爆发了。领导起义的首领就是洪秀全。

洪秀全出生在广东省花县的一个农民家庭里。他7岁时到村中私塾读书，由于天性好学，聪明过人，到了18岁，他在史学和文学方面的造诣已经远近闻名了。后来，他的父母相继死去。服孝期满后，他来到广州赶考，结果名落孙山。1843年，他重整旗鼓又赴广州考秀才，结果仍然落榜。

洪秀全在广州应试期间，曾得到一本基督教的宣传品《劝世良言》。他无意中翻阅之后，觉得书的内容十分新奇，他对书中所描述的人人平等、善良的大同世界十分神往，从此开始信奉上帝。

1843年7月，洪秀全约合了老同学冯云山和族弟洪仁玕，来到官禄布村外一条叫石角潭的小河，跳进水中，洗净全身，这是依照基督教行"洗礼"仪式。此后，三人结为一个秘密的团体——拜上帝会。洪秀全称自己是上帝的次子，耶稣是上帝的长子，他相信这种舶来的新教将会吸引许多信众。

洪秀全建立拜上帝会后做的第一件事，就是砸毁了家里的孔、孟牌位，然后便和冯云山赴广西紫荆山区传教。洪秀全等到组织基本建立后回到广东，开始了两年多的著述活动。他写了《原道救世歌》《原道醒世训》《原道觉世训》等书，阐发了农民的平等和平均思想，第一次提到社会上的两大对立面：正义与邪恶。

与此同时，冯云山在紫荆山区烧炭工人中发展会员，很快会员就发展到数千人，初步形成了以洪秀全、冯云山、杨秀清、萧朝贵、石达开、韦昌辉等人为首的领导核心。

1850年，道光帝旻宁病死，咸丰皇帝即位，历史上称为清文宗。当年9月，洪秀全下令各地会友在10月4日前到桂平县金田村集合，并计划在洪秀全38岁生日那天举行武装起义。

拜上帝会在各地的会员接到命令后，向金田聚集。很快，人数就超过了2万。一天，洪秀全、冯云山正在花洲山人胡以晃家中密谋起义，官府得知这一消息，派兵包围了那里。杨秀清等人听说后立即派兵救援，并全歼了清兵。这就是太平天国史上著名的"迎主之战"。

1851年1月11日，太平军按原定计划举行隆重仪式，正式宣布起义。由此，太平军揭开了纵横18省、坚持14年的农民革命战争的序幕。

洪秀全颁布《天命诏旨书》作为太平军的军令，挥师东进。3月，洪秀全称天王。9月，太平军攻克了出战以来的第一座州城永安，太平军在此进行建制，颁布了封王诏令，封杨秀清为东王、萧朝贵为西王、冯云山为南王、韦昌辉为北王、石达开为翼王，同时规定诸王皆受东王节制，天王领导于上，正式确立太平天国的领导核心，史称"永安建制"。

1852年5月，太平军离开广西进入湖南，明确提出了推翻清王朝的战斗号召，受到热烈响应。1853年3月，太平军攻克南京，将其改为"天京"，正式定都，建立起与清王朝对峙的农民政权，并乘胜东进，攻克镇江、扬州等地，建立起统一防御体系，结束了起义以来流动作战的局面。

⊙**大事记**

1843年，英国强迫清政府签订了《南京条约》附件：《五口通商章程》和《虎门条约》。洪秀全创立拜上帝教，目的是推翻清朝统治。

1844年，美国强迫清政府签订了《望厦条约》。同年冬，法国强迫清政府签订了《黄埔条约》。

1851年，洪秀全在广西桂平县金田村宣布起义，建号"太平天国"。秋，太平军攻占永安，初步建立了政权，称"永安建制"。

翼王大渡河败亡

太平军起义后，势如破竹，把清军打得抱头鼠窜，革命形势一片大好。可是没几年，太平军发生了内讧，东王杨秀清竟然逼洪秀全亲到东王府封他为万岁。洪秀全一面答应这个要求，一面密令北王韦昌辉和翼王石达开回京处理这件事。北王韦昌辉对杨秀清早就心怀不满，接密令后，立即率军回天京，于1856年八月初三深夜包围东王府，第二天清晨将杨秀清及其眷属、家丁、部属全部杀死。八月中旬，石达开从湖北赶回天京，对韦昌辉滥杀的行为进行批评，韦又杀了石达开全家，幸好石达开逃脱。韦昌辉还想趁机谋害天王洪秀全，但终未成功。韦昌辉的滥杀，激起天京太平军将士的愤怒，将士们面见天王洪秀全，请求将韦昌辉处死，洪秀全答应了这个请求，于十月将韦昌辉处死。十月底，石达开回天京，受命处理政务。但杨、韦事件后，洪秀全对石达开也心存戒心，于是封了自己的兄弟洪仁达和洪仁发为安、福二王，以牵制和削弱石达开的势力。

不久，石达开愤而出走，还带去了十几万的太平军。他先在江西、福建等地转战，后来率领队伍开向湘桂川一带活动。此后，军心开始涣散，渐渐陷入困境。先是卫辉应、张志公、鲁子宏等人叛变投敌，部分人因思念亲人和条件艰苦也离开队伍。后来，吉庆元、朱衣点等人因看不惯石达开的消沉和元宰张遂谋的专横，率部回归了洪秀全的统率之下。

1863年，石达开的部队在大渡河南岸的紫打地（今石棉县安顺场）被清军及当地的反动土司围困，陷入绝境。石达开知道突围的可能性微乎其微，便以太平天国圣神电通军主将翼王的身份，给松林地区的总领王千户写了一封信。信中阐明了自己战斗到底的立场，同时希望王总领以大局为重，认清形势，早日退兵让路。

此后，他又亲赴清营谈判，请求四川总督骆秉章奏请太后，赦免士兵，愿意务农的就放他们回家，愿意当兵的就编入军队。骆秉章不仅拒绝了石达开的请求，还背信弃义地于当晚下令以火箭为号，袭击了石达开的队伍。一夜之间，2000多名起义军官兵遭到血洗，侥幸逃出的寥寥无几。

石达开被捕后被押往成都。他对审讯他的骆秉章说道："成则为王，败则为寇。今生是你杀我，怎么会知道来生不是我杀你呢？"不久，他被凌迟处死。石达开从行刑开始到停止呼吸，昂然挺立，神情镇定，没有一点畏缩的表现，不发一声痛苦的呻吟，连清军都不得不感叹道："真奇男子啊！"此时，石达开年仅33岁。

石达开之死，预示了太平天国离覆灭不远了。

天京事变破坏了太平天国的内部团结，削弱了军队战斗力，给太平天国事业带来了不可弥补的损失。

虽然洪秀全为了弥补太平王国的损失，培养了李秀成等一部分新生力量，并取得了一些成就，但还是没能改变太平天国灭亡的命运。清同治三年（1864年）正月，李秀成率部进攻曾国藩大营时，反被湘军攻陷天保城，湘军进而逼向天京东北部太平门及神策门外，将天京团团围住，太平军粮源断绝。同年四月二十七日，洪秀全去世。五月初三，洪秀全长子洪天贵福（洪福瑱）继位，为幼天王。月底，地堡城失守，湘军借居高临下之优势对天京城日夜不停地进行炮击，同时挖掘地道准备用炸药轰城。六月十六日，轰塌天京城墙20多丈，天京失陷。李秀成、林绍璋等人保护着幼天王突围出城。九月二十五日，幼天王在江西石城荒山之中被清军俘获，并在十月二十日于南昌被害。

太平天国运动历时14年，战火烧及10多个省，最终在中外反动势力的联合绞杀下失败。

⊙**大事记**

1853年，太平军攻占南京，改名天京，定为都城，正式建立农民政权，同清政府对峙。

1856年，太平天国发生天京变乱：韦昌辉杀杨秀清后被处死，石达开率兵出走，后来在四川大渡河全军覆没。

火烧圆明园

圆明园始建于明朝。1709年，康熙帝将它赐给四子胤禛，并赐名为圆明园，"圆"乃"君子之灵魂"，"明"为"用人之智慧"，是康熙帝授其子孙为人治国之计。雍正即位后，将圆明园大规模扩建，清乾隆三十五年（1770年）圆明园三园格局基本形成。后来圆明园又经过嘉庆、道光、咸丰等皇帝的经营，才营造成为一座规模宏伟、景色秀丽的宫苑。清朝皇帝每到盛夏就来此避暑听政，所以圆明园也被称为"夏宫"。

圆明园共经营了150多年，它由圆明园、万春园、长春园三园组成，其中以圆明园最大，此外它还有许多属园，建筑面积达16万平方米，园里共有100多个景点。它继承了中国历代优秀的造园艺术，汇集了全国的名园胜景，是我国园林艺术的集大成之作。同时，它也大胆吸收西方建筑形式。有一组中西合璧的"西洋楼"建筑群，兼备中西风格。除此之外，圆明园还是一座皇家博物馆，珍藏了无数的孤本秘籍、名人字画、鼎彝礼器、金珠珍品和铜瓷古玩等，堪称人类文化的宝库。

1856年，正当清政府忙于镇压太平天国运动之时，英法联军在俄国和美国的支持下，发动了新的旨在扩大《南京条约》所取得权益的侵略战争，这就是第二次鸦片战争。在这次战争中，中华文化遭受了一次空前的劫难。著名的皇家园林圆明园不仅被残暴洗劫，甚至被野蛮的侵略者们付之一炬。

1860年10月5日，英法联军兵临北京城下，听说清军驻守力量在北城最薄弱，便绕道安定门、德胜门，进犯圆明园。首先闯入的是法国侵略军，当法军攻破宫门时，园内太妃董嫔恐受辱而自缢身亡，护园大臣亦投水自尽。侵略者们见物就抢，口袋里装满了珍品宝物。刚开始司令部还对士兵们有所节制，后英军亦赶到，联军司令部发出了"自由抢劫"的通知，一万多名士兵军官贪婪地扑向琳琅满目的珍藏，进行疯狂的洗劫，能抢就抢，能运就运，对于那些搬不走的大件器物，他们就丧心病狂地砸碎破坏。大肆洗劫后，额尔金在英国首相支持下，竟下令烧毁圆明园。

10月7日到9日，迈克尔率英军第一师持火燃园，园内300多名太监、宫女、工匠都葬身于火海，大火连续烧了三天三夜，这座世界名园化为一片焦土。10月13日，侵略军攻占了安定门，控制了北京城，10月18日再次抢劫万寿山、玉泉山和香山等多处珍贵文物，并进行第二次大焚烧。

这次焚烧圆明园的事件之后，有些偏僻角落和水中景点并没遭劫，清廷30多年间仍将此处当成重兵看守的禁苑，进行一系列的修复工程，同治、光绪和慈禧还常到此巡游。1900年八国联军侵华，圆明园再次遭受劫难，遗址被彻底破坏。

圆明园被焚使中国文化蒙受了巨大的损失，大量的珍奇、瑰宝、文物流落国外。它见证了外国列强无耻侵略我国的罪恶，提醒我们不忘国耻、奋发向上，为祖国的振兴和强大而不停奋斗。

⊙**大事记**

1860年，英法联军侵入北京，劫掠、焚毁圆明园；奕䜣代表清政府分别与英、法、俄等国签订《北京条约》。

1861年1月，清廷设立总理各国事务衙门，管理各国通商事务。

慈禧夺权

在内忧外患的交迫下，咸丰帝身染重病，一病不起。1861年7月，咸丰帝在多次昏厥之后，知道自己将要去世，便考虑托孤一事。他知道懿贵妃（就是慈禧）是权力欲极强的女人，而皇后钮钴禄氏（慈安）没有主见。为了防止出现后宫专权的局面，他把辅政的重责交给协办大学士、尚书肃顺和怡亲王载垣、郑亲王端华等八大臣。在他看来，八大臣联手足可以对付懿贵妃，即便是恭亲王站在懿贵妃一边也不怕。

但是，由于咸丰留下了"御赏""同道堂"两枚印章，便埋下了后宫垂帘听政的祸根。原来，"御赏"是咸丰帝赐皇后钮钴禄氏的私章，"同道堂"是咸丰帝赐给独子载淳的私章。这两枚私章成为皇权的象征，咸丰帝的意思已十分明确：用这两颗印章来制约八大臣。

不久，八大臣上了一个极有利于懿贵妃的章疏：尊皇后钮钴禄氏为慈安皇太后；尊懿贵妃叶赫那拉氏为慈禧皇太后。

幼帝的生母叶赫那拉氏原为咸丰的宫人，因生载淳而被封为懿贵妃，载淳继位后被尊为慈禧太后。时年26岁的慈禧有着极强的权势欲，很想个人把持朝政大权。咸丰在位时，慈禧曾帮咸丰帝批阅奏折，这给她提供了很好的学习机会。按照清朝家法，太后可以垂询国事，此所谓"听政"。慈禧利用此规矩，在先帝驾崩后就向东宫慈安太后提出应废除"顾命体制"，而改为垂帘听政之制。慈安太后宽厚和平，不懂朝政，一切听慈禧的安排。贸然提出垂帘主张，必然会招致大臣的反对和清议的不满，慈禧于是开始拉拢恭亲王奕䜣共商计策，两人一拍即合。

1861年10月，皇室护送咸丰灵柩回京，两宫太后偕幼帝载淳先到北京。11月2日，慈禧发动政变，以幼帝之命发布上谕，解除载垣、端华、肃顺的职务，并处以死刑。同时宣布两宫太后垂帘听政，命奕䜣为议政王，入军机处，改年号为"同治"。虽然垂帘听政的是两位皇太后，但实际上实权只掌握在慈禧一人之手。由于得到多数文武大臣的支持，又采取了不予株连的明智政策，所以政局没有发生重大动荡。这次政变因发生在辛酉年，因此被称为辛酉政变。

从此，慈禧便掌握了清王朝的政权。她依靠曾国藩、李鸿章等组织的汉族地主武装，勾结外国侵略势力，先后镇压了太平天国及其他几处起义，使清王朝的统治得到暂时稳定。中日战争中，她一味求和，幻想列强出面干涉、调停，导致了甲午战争的失败，与日本签订了丧权辱国的《马关条约》。1898年，光绪帝为了振兴国家而决定变法，慈禧发动政变，扼杀新政，囚禁光绪帝于瀛台，开始复出训政。1900年，八国联军入侵北京，慈禧挟光绪帝出逃西安，并于第二年签订了丧权辱国的《辛丑条约》。1908年11月14日，光绪帝逝，她命立年仅3岁的溥仪为帝，年号宣统，自己也于次日病死，结束了对清朝长达47年的统治。

⊙**大事记**

1861年，咸丰帝去世后，慈禧太后发动政变，杀肃顺，载垣、端华自尽；改元同治，两宫太后垂帘听政，是为辛酉政变。

1864年，俄国强迫清政府签订《勘分西北界约记》，割占中国巴尔喀什湖以东、以南44万多平方公里领土。

1864年夏，天京陷落，标志着太平天国运动最终失败。

洋务运动

洋务，又称夷务，泛指包括通商、传教、外交等在内与西方资本主义有关的一切事物。洋务运动指清政府一批具有买办性质的官僚军阀在19世纪60年代到90年代为挽救统治危机，自上而下推行的一场以引进西方的军事装备、机器生产和科学技术为主要内容，以富国强兵为目的的自救运动。

洋务派在中央以总理衙门大臣奕䜣、侍郎文祥等为代表，在地方上以曾国藩、李鸿章、左宗棠、张之洞等为代表，同治登基后他们握有实权，可以左右清朝的政局。洋务派的指导思想是"中学为体，西学为用"，他们认为中国的政治制度比西方好得多，只是火器比不上西方列强，只要清政府掌握了西方的近代军事技术和装备，就可以强盛起来。洋务运动分为前、后两个阶段，19世纪60年代为第一阶段，洋务派打着"自强"的旗号，依照西方资本主义国家的办法制造新式枪炮和船舰，兴办了一批军事工业企业；19世纪70年代到90年代为第二阶段，以"求富"为口号，洋务派开始兴办民用工业企业。

在第一阶段洋务派建立的军工厂中规模较大的有江南制造总局、金陵机器局、福州船政局、天津机器局等。李鸿章在曾国藩支持下在上海创立江南制造总局，创办经费为54万余两白银，工人2000余人，主要生产枪炮、弹药和小型船舰，还附设译书馆来翻译西方书籍，这是洋务派创办的规模最大的军工企业。这些军工企业全部都是官办企业，由清政府和湘、淮系军阀控制，具有浓厚的封建性，同时对外国有着严重的依赖性，从设计施工、购置机器设备、生产技术直到原料供应完全依赖于外国，并长期受外国人控制，但这些近代企业毕竟也具备了一定的资本主义因素。

由于在创办军工企业的实践中遇到资金、原料、运输等困难，洋务派认识到必先求富才能自强，所以决定发展民用企业以积累资金，有了雄厚经济基础后才能制造洋枪炮以自强御侮。19世纪70年代起，洋务派开始大力发展工业企业，到19世纪90年代就已创办了大约20多家民用企业，包括交通运输、采矿、纺织、冶炼等各个行业。规模较大的有上海轮船招商局、上海机器织布局、电报总局、铁路交通运输业等。在这些企业中，上海轮船招商局是最有成就的一个，它是1872年李鸿章在上海创办的，是中国第一家近代轮船航运公司，也是洋务派兴办的第一个民用企业。这个企业在经营过程中屡遭英美轮船公司的排挤，但并没有被挤垮，一直在夹缝中求生存。

洋务派在兴办军工、民用企业的同时，还进行了筹建海军、加强海防、设立外文学馆、派遣留学生等活动。1875年，两江总督沈葆桢、直隶总督李鸿章等人奏请筹建北洋、南洋、粤洋三支海军。1885年，三洋海军已初具规模。1862年，奕䜣设立京师同文馆，以教习外语为主，同时兼习天文、历史和数理化。此后，各类学堂学馆在各地纷纷建立。1872年，中国首次派遣留学生到国外，30名学生由上海赴美留学。此后，清政府还多次派遣留学生到国外学习。

洋务派的活动旨在维护清王朝封建统治。他们创办了中国第一批近代工业企业，培养了近代中国第一批新型的科技、军事和翻译人才，是近代最早觉醒的先行者。洋务派向西方学习的探索，尽管带有浓重的封建性和对外国的强烈依赖性，但其进步作用也是不容忽视的。

⊙**大事记**

1861年12月，中国曾国藩创办安庆内军械所，洋务运动始于此。

甲午战争

1868年明治维新以后，日本开始大力发展资本主义，建立近代国家，并具有强烈的军国扩张欲望。明治政府一建立就制定了旨在征服中国和世界的所谓"大陆政策"：侵占中国台湾，再征服朝鲜，进一步侵占中国的东北和蒙古，继而征服全中国，最后独占亚洲，称霸世界。

1894年春，朝鲜爆发了东学党起义，以"除暴安良"和"逐灭夷倭"为口号。起义很快席卷了朝鲜南部很多地区，朝鲜政府无力镇压，便向清政府求援。清派直隶提督叶志超等率兵2500人赴朝助剿。日本伺机而动，决定出兵朝鲜，趁机挑起中日冲突以发动侵略战争。朝鲜东学党起义被镇压后，清政府照会日本，建议中日两国同时撤兵。日本拒不撤兵，蓄意扩大事态。面对日本的挑衅，清统治集团内部出现了主战和主和两派意见。以光绪帝为首的帝派力主加强战备，以武力遏制日本的扩张，但实权掌握在慈禧太后和李鸿章手上，他们对日避战求和。日本重兵压境，驻朝清兵多次请添援军，李鸿章不予理会，反而把解决中日争端的希望寄托在国际列强的调停上，但西方列强对日本发动战争均持默许和支持的态度。

7月底，清援军途经丰岛海面时，突遭日舰袭击，清军官兵死伤惨重，日不宣而战，正式挑起侵华战争。1894年8月1日，中日两国同时正式宣战。9月，日陆军分4路会攻平壤，清军与日军在城外展开激战。左宝贵指挥清军英勇抵抗，死守城北玄武门一带，并亲自登城开炮轰击日军，不幸中炮牺牲，玄武门失守，主将叶志超逃跑。

9月17日，中日在黄海海面上进行了激烈的海战。提督丁汝昌率领北洋舰队与日军展开激烈战争，丁汝昌受伤后仍坐于甲板上鼓舞士气，由"定远"号管带刘步蟾代其指挥督战。"致远"号管带邓世昌在鏖战多时、船舰受重创情况下，下令舰船猛撞日舰，不幸中鱼雷，全舰官兵壮烈殉国。"经远"号亦在其管带林永升指挥下坚持战斗到最后一刻。黄海海战北洋舰队虽然损失了5艘军舰和近千士兵，但也重创了日舰。由于李鸿章实行"保船制敌"的消极防御方针，命令北洋海军集于威海卫，不准出战，致使日本掌握了黄海制海权。

10月，日军偷渡鸭绿江成功，九连城、安东等相继失守，日军进逼辽阳。与此同时，日军另一支军队由辽东半岛的花园口登陆，南犯金州。徐邦道率部分清军与日在金州激战，因寡不敌众、后援不济而退守旅顺，另一清军将领赵怀业不战而逃，弃守大连。11月17日，日军进攻旅顺，只有徐邦道一部奋勇迎敌，孤立无援，旅顺失守。22日，日军进入旅顺，进行了惨绝人寰的大屠杀，历时4天，杀害2万多人，血流成河，尸横遍野。旅顺失守后，清政府多次派人向日本求和，日军不予理会，将进攻重点转向北洋舰队基地威海卫。当时北洋舰队实力尚存，可与日军一战，但李鸿章严禁其出击，造成了被动挨打的局面。威海一战，北洋舰队全军覆灭，提督丁汝昌拒降自杀，定远管带刘步蟾亦自杀殉国。1895年初，日军战略重点转向辽东半岛，辽东半岛沦陷。3月，清政府派李鸿章赴日议和。1895年4月17日，李鸿章屈服于日本的压力，与伊藤博文签订了《马关条约》，甲午战争结束。《马关条约》是继《南京条约》以来最严重的不平等条约。日本割占了中国大片领土，进一步破坏了中国的领土完整，助长了列强侵略中国的野心，引发了列强瓜分中国的狂潮，给中华民族带来了空前严重的危机。

戊戌政变

1895年到1898年，在中国发生了一场颇有声势的资产阶级维新变法运动。到了1898年，百日维新成为这次运动的高潮。这是一场由资产阶级改良主义者领导的改革。维新运动的主要领导人是康有为。

中日甲午战争后，帝国主义列强掀起瓜分中国的狂潮，民族危机空前严重。就在德国强占胶州湾的消息传出后不久，康有为第5次赴京上书光绪帝，提出变法自救的强烈主张。这份上书亦被阻，但其内容已在北京广为传抄。1898年初，光绪帝知道了上书内容，想召见康有为，但被恭亲王奕䜣所阻，光绪帝只好指派翁同龢、李鸿章等五大臣接见康有为。后康有为第6次上书光绪帝，即著名的《应诏统筹全局折》，继续强调变法的急迫性，并提出具体措施。光绪帝一心想改变国事贫弱的局面，于是决心接纳维新主张。

1898年5月，恭亲王奕䜣病死，变法阻力减少。康有为即刻鼓动帝党官员上书敦请变法，光绪帝接受建议，于6月11日颁布由翁同龢草拟的《定国是诏》，变法运动正式开始。16日，光绪帝在颐和园召见康有为，商讨具体变法措施。光绪帝任命康有为总理衙门章京上行走一职，准予专折奏事；赏杨锐、刘光第、谭嗣同、林旭四品卿衔，擢为军机章京，参与新政。变法期间，光绪帝发布了上百道变法诏令，包括：政治方面设制度局，裁减冗员，提倡西学等；军事方面设厂制造军火，改用西法精练军队。这些措施虽然是没有触及根本政治制度的变革，但都有利于民族资本主义经济的发展和近代资产阶级进步思想文化的传播。

随着变法运动的高涨，以慈禧为首的顽固派与维新派的矛盾也日益尖锐。

慈禧太后首先逼迫光绪帝下令将翁同龢革职。接着，逼迫光绪帝任命荣禄为直隶总督兼北洋通商大臣，统率北洋三军，这实际上是把北京控制在她的手里。慈禧太后又用光绪帝的名义，宣布在10月19日去天津检阅军队，准备到时发动政变，逼迫光绪帝退位。

在这危急的时刻，光绪帝便与维新派的主要人物反复商量，认为唯一的办法，就是依靠袁世凯的军事力量。

袁世凯早年曾在天津小站督练新建的陆军，当时是荣禄的部下，是北洋三军中的重要将领。当光绪帝皇位难保之时，谭嗣同挺身而出，表示愿意冒险去找袁世凯，说服他出兵帮忙。

当天深夜，谭嗣同独自到了袁世凯的寓所，拿出光绪帝的密诏，并将维新派的全部计划和盘托出，要袁世凯扶持光绪帝诛杀荣禄，消灭后党。谭嗣同慷慨激昂地说："今天只有你能救皇上。如果你愿意，就请全力救护；如果你贪图富贵，就请到颐和园告密，你可以升官发财！"

袁世凯正颜厉色地说："你把我袁某看成什么人了！皇上是我们共事的圣主，救驾的责任，你有，我也有！"

第二天，光绪帝召见了袁世凯，要他保护新政。退朝之后，袁世凯匆匆赶回了天津。一到天津，他就去向荣禄告密。荣禄得报后，连夜乘专车进京，赶往颐和园去向慈禧太后报告。

第二天凌晨，慈禧太后就带着大批人马，气急败坏地从颐和园赶到紫禁城，下令把光绪帝囚禁在中南海的瀛台。对外则宣布光绪帝生病，不能亲理政务，由慈禧太后"临朝听政"。同时，下令大肆搜捕维新派和倾向维新派的官员。百日维新期间推行的新政，除了京师大学堂等少数几项措施以外，全部被废除。这一年是戊戌年，所以，通常把这场政变称为"戊戌政变"。

维新派领袖康有为得知消息后，从天津搭乘英国轮船逃往香港。梁启超当天得到日本使馆的保护，化装逃往日本。

1898年9月28日，慈禧太后下令杀死谭嗣同、康广仁、刘光第、林旭、杨锐、杨深秀六人，他们被称为"戊戌六君子"。

至此，资产阶级改良主义运动彻底失败了。戊戌变法虽然失败了，但它对中国历史发展产生了不可磨灭的影响，留下了深刻的历史教训。它是资产阶级领导的一次政治改革运动，也是一场思想启蒙运动，符合中国近代社会发展的趋势，具有爱国救亡的积极意义。它的失败证明，在半封建半殖民地社会的中国，资产阶级改良的道路是行不通的。

⊙**大事记**

1888年，康有为写5000多字的《上清帝第一书》，请皇帝及时"变成法，通下情"，十年之内"富强可致"。

1896年，黄遵宪、梁启超创办的《时务报》在上海刊行。该报以宣传"变法图存"为宗旨，风靡海内外。

末代皇帝

光绪帝在位34年，最终抑郁而死。在光绪帝病死前，醇亲王载沣被宣入中南海，跪在慈禧的帏帐前。

慈禧开口说："载沣，你得了两个儿子，这是值得喜庆的事。光绪已将不起，我又在病重之中。现国家有难，朝廷不可一日无君，我决定立你的长子溥仪为嗣，继承皇位，赐你为监国摄政王！"向来懦弱的载沣，听了这番话，如五雷轰顶，手足无措，不知该怎么办才好，只是反复念叨说："溥仪仅仅3岁，溥仪仅仅3岁……"慈禧马上劝慰说："这是神意，也是列祖列宗牌位前卜卦请准了的！明天，你将溥仪带进宫，准备举行登基仪式。"

慈禧的决定传到醇亲王府，醇亲王府立即炸锅了。溥仪的祖母不等念完谕旨就昏了过去。刚苏醒过来，便一把夺过溥仪，紧紧抱在怀里，一把鼻涕一把泪地说："你们把自家的孩子（指光绪）弄死了，却又来要咱的孙子，这回咱是万万不能答应的！"

对于慈禧的歹毒，她是领教过的，所以她止不住地哭闹着，不忍心让孙子再落入慈禧的魔掌。后来，府中的人不得不把她扶走。这时候接皇帝的内监要抱溥仪走，但3岁的溥仪见到这些男不男、女不女的生人，拼命地挣扎，他一点也不管"谕旨不可违"的说教，连哭带打不让太监来抱。于是，太监们一商量，决定由载沣抱着"皇帝"，带着乳母一起去中南海。1908年11月14日，一群太监将溥仪带入皇宫。第二天，慈禧便一命呜呼了。到了12月2日，清廷举行了隆重的皇帝登基大典。

登基大典开始时，不满3周岁的溥仪坐在皇帝的龙床宝座上竟哇哇地大哭起来。他父亲载沣侧身坐在龙床上，双手扶着他，叫他不要再哭闹。

根本还不懂事的溥仪，见那些文武百官不断地磕头，高呼"万岁、万岁、万万岁"，加之山崩地裂般的锣声、鼓声、钟声，更加害怕，哭声也更大了。载沣觉得在这样的盛典上，皇帝却哭闹不止，太不像话，心中一急，不由脱口而出，叫道："就快完了！就快完了！马上回老家了！一完就回老家了！"

话一出口，文武官员们不由得窃窃私语起来："怎么说是'快完了'呢？说要'回老家'是什么意思呢？"回满族老家？不就是结束270年的统治吗？

载沣这一番话，竟不幸得到了应验。到了1911年，溥仪当皇帝不到3年，辛亥革命就爆发了，在重重压力下，隆裕皇太后不得不替溥仪宣布退位，大清帝国就此宣告灭亡。

⊙**大事记**

1908年，光绪帝、慈禧太后相继死去，三岁的溥仪登基，是为末代皇帝宣统帝。

中国同盟会的成立

革命形势的迅速发展和爱国运动的广泛开展，使革命党人深切意识到有必要把分散的革命力量联合起来，建立一个全国性的统一革命组织和政党来领导革命运动。孙中山敏锐地觉察到中国已处于革命高潮的前夕。为联合各种革命力量，从1902年到1905年，他进行了一次环球旅行，致力于在各地宣传革命思想、组织革命团体，进一步扩大革命的影响。

1905年夏，孙中山从欧洲到达中国留学生集中的日本东京，同留日革命团体领导人黄兴、宋教仁、陈天华等会晤，商议筹建统一的革命政党。7月，来自各省的革命志士70多人在东京召开筹备会议。会上，孙中山发表演说，阐明革命的原因、形势及联合组织、统一团体的必要性。孙中山提议该团体定名为中国革命同盟会，经过反复讨论，最后定名为"中国同盟会"，简称"同盟会"，并以孙中山提出的"驱除鞑虏，恢复中华，创立民国，平均地权"16字为政治纲领。为进一步扩大革命影响，由黄兴和宋教仁发起，在东京召开了中国留学生和华侨欢迎孙中山的集会。孙中山当场发表激动人心的演说，给与会者以巨大鼓舞，革命热情迅速高涨。

8月，孙中山和黄兴等联合兴中会、华兴会和光复会等革命团体的成员，在东京正式举行了中国同盟会成立大会。大会通过了黄兴等人起草的同盟会章程，确定16字纲领为同盟会宗旨，推举孙中山为总理，黄兴等人为执行部干事。章程规定同盟会本部设于东京，本部机构在总理之下设执行、评议、司法3部；在国内设东、西、南、北、中5个支部，国外设南洋、欧洲、美洲、檀香山4个支部，支部以下按地区、国别设立分会。

同盟会是中国第一个全国性的，具有比较明确的政治纲领的资产阶级政党。它成立后，海内外革命者纷纷加入，革命队伍日益壮大，为资产阶级革命运动的全面高涨奠定了基础。

⊙**大事记**

1909年，张之洞去世，张之洞为晚清名臣，洋务运动领导人物。

1911年，四川保路运动，赵尔丰制造了"成都血案"，吴永珊建立了第一个县级（荣县）革命政府，为武昌起义的成功创造了条件。10月10日，武昌起义，即辛亥革命爆发。

辛亥革命

同盟会成立后，以孙中山为首的革命派积极宣传革命思想，夺取思想阵地的领导权，为推翻清朝做舆论准备。与此同时，革命派组织和发动了一系列武装起义，由于群众基础薄弱，这些起义都相继失败了，但它有力地冲击了清朝的反动统治，扩大了革命影响，激发了全国人民的斗志，鼓舞了更多的志士仁人投身于反清斗争。

武汉地处长江中游，号称"九省通衢"，是当时的水陆交通中心，又是帝国主义侵略中国的重要据点和清朝统治的一个重心，也是资产阶级革命党人活动非常活跃的地区。1904年，武汉成立了第一个革命团体科学补习所，随后又成立了日知会、文学社和共进会等革命团体。革命党人在武汉长期进行革命宣传和组织工作，大批青年学生、群众加入革命队伍。革命党人深入新军中进行宣传，把反革命武装变为革命武装。到武昌起义前夕，新军中已有1/3的士兵参加了革命组织，成为武昌起义的主力军。

1911年的广州起义和四川保路风潮，推动了革命形势的迅速发展，尤其是四川保路运动爆发后，清朝调湖北新军入川镇压，统治阶级在武汉的兵力减弱，武昌起义的时机成熟。9月，在同盟会中部总会的推动下，文学社和共进会在武昌召开联席会议，成立了起义临时总指挥部，推举文学社领导人蒋翊武为总指挥，共进会领导人孙武为参谋长，并制订了起义计划，预定在中秋节起义。同时，拟定文件，绘制旗帜，制造炸弹，为起义做准备。起义前夕，孙武在汉口俄租界赶制炸弹时不慎爆炸受伤，革命机关遭到破坏，革命的旗帜、文告及党人名册全被搜走，起义计划暴露。起义总指挥部及其他机关也被破坏，起义领导人大批被捕或逃亡。革命党人和新军中的革命士兵见事态紧急，决定自行秘密联络，提前发动武装起义。

10月10日晚，武昌城内新军工程第八营的革命党人和广大士兵在熊秉坤率领下首先发难，打响了武昌起义的第一枪。他们杀死镇压起义的反革命军官，冲出营房，占领楚望台军械库。各处响应的起义士兵齐集楚望台，并临时推举吴兆麟担任指挥，向总督衙门发动进攻。湖广总督吓得惊魂丧胆、走投无路，急忙从总督署后围墙上打开一个洞逃之夭夭。各起义部队在统一指挥下，经过一夜激战，攻占了总督衙门，占领了武昌，武昌起义胜利。随后，起义军又占领了汉阳和汉口，革命军在武汉三镇取得胜利。

武昌起义胜利后，由于同盟会主要领导人孙中山、黄兴等均不在武汉，革命党人便推举新军协统黎元洪为都督。湖北军政府成立后，宣布国号为"中华民国"，废除大清年号。同时，号召各地发动起义，共同推翻清朝的统治，建立共和制。

辛亥革命是以孙中山为首的资产阶级革命派领导起义以来第一次取得的胜利，它在中国历史上第一次树起民主共和国的旗帜，是一次完整意义上的资产阶级民主革命。作为反帝反封建的伟大革命，辛亥革命极大地影响了各国的民族解放运动，掀起了各国人民反抗压迫的民族解放热潮。

⊙**大事记**

1912年，隆裕太后以宣统帝名义宣布退位，清朝结束。